都铎王朝

The Tudors

THE SPANISH ARMADA

西班牙无敌舰队

Robert Hutchinson

[美]罗伯特·哈钦森——著 李庆丰 金娜——译

新世界出版社

著作权合同登记号：京权图字号 01-2020-1411

图书在版编目（CIP）数据

西班牙无敌舰队 / (美) 罗伯特 · 哈钦森著 ; 李庆丰 , 金娜译 . -- 北京 : 新世界出版社 , 2020.5
(都铎王朝)
ISBN 978-7-5104-6974-9

Ⅰ . ①西… Ⅱ . ①罗… ②李… ③金… Ⅲ . ①海军舰队—军事史—西班牙 Ⅳ . ① E551.9

中国版本图书馆 CIP 数据核字 (2019) 第 253732 号

西班牙无敌舰队

作　　者 : [美] 罗伯特 · 哈钦森
译　　者 : 李庆丰　金　娜
策划编辑 : 熊文霞
责任编辑 : 熊文霞
责任印制 : 王宝根
出版发行 : 新世界出版社
社　　址 : 北京西城区百万庄大街 24 号(100037)
发 行 部 : (010) 6899 5968 (010) 6899 8705 (传真)
总 编 室 : (010) 6899 5424 (010) 6832 6679 (传真)
http://www.nwp.cn
http://www.nwp.com.cn
版 权 部 : +8610 6899 6306
版权部电子信箱 : nwpcd@sina.com
印　　刷 : 北京亚通印刷有限责任公司
经　　销 : 新华书店
开　　本 : 880mm × 1230mm　1/32
字　　数 : 365 千字　　印　　张 : 16.25
版　　次 : 2020 年 5 月第 1 版　2020 年 5 月第 1 次印刷
书　　号 : ISBN 978-7-5104-6974-9
定　　价 : 78.00 元

献给艾丽西亚和孩子们：

马塞尔、朱利安和吉塞尔，

及艾利森和西尔维娅

目录

作者的话

1588年，西班牙无敌舰队之役改变了欧洲的历史进程。如果当时无敌舰队总司令梅迪纳·西多尼亚能够护送帕尔马公爵及其侵略部队从佛兰德斯（Flanders）出发，助其成功横渡狭窄的海峡入侵英格兰，伊丽莎白一世政府和及新教在英格兰的地位将是另一番景象。

这无疑是一个重大的历史性“假设”。

西班牙士兵身经百战，饱受战火洗礼，假若当时他们在肯特郡马盖特（Margate）附近成功登陆，以伦敦防御力量之薄弱，该城极有可能在不到一周的时间内沦陷，女王及其臣僚将沦为俘虏。天主教会将在英格兰再度复辟，而大英帝国或许将永远不会出现在这个世界上。

梅迪纳·西多尼亚确已尽其所能，但最终还是一败涂地，不仅未能完成使命，还遭遇了海军史上最惨重的灾难之一。

这场战役充满神话色彩，关于它的著述不胜枚举。而本书将向读者详尽呈现这场发生在英吉利海峡的海战的始末：双方的战前冲突，战争的高潮——加来附近海面上的火攻船上演的大戏、格里夫兰海战，及无敌舰队随后在爱尔兰西海岸遭遇的无妄之灾。

鲜为人知的是，在这场战役中，即便在当时的英格兰国内，伊丽莎白为抵抗西班牙入侵和捍卫王权所做的努力也遭遇了重重阻力。面对迫在眉睫的入侵，很多人漠不关心：避战者有之，拒绝出资资助抗战者有之。沿海不少乡绅不愿留下来捍卫家园，而是提前打理好金银细软，拖家带口搬到内地。民兵则装备简陋、缺乏训练，海岸前沿阵地上竟闹起了哗变。在很多人看来，指望驻扎在多塞特的部队抗击西班牙人是靠不住的，他们不内讧、不自相残杀已经是谢天谢地了。时下流行的观念与都铎王朝大力弘扬的爱国主义截然相反，当时的人们对国家并没有多么深厚的感情。

无敌舰队之役是宗教战争的高潮，是天主教会与羽翼渐丰的英格兰圣公会之间的一场对决。当时英格兰国内仍以天主教徒为主，伊丽莎白的大臣们从始至终都在担心民众，唯恐女王御下的臣民会揭竿而起，夹道欢迎侵略者。西班牙人的战舰上亦不乏英格兰天主教徒的身影。在他们眼中，英格兰女王就是个残忍地压制着他们的信仰的压迫者。他们纷纷踊跃加入无敌舰队，意图推翻伊丽莎白的统治。

此前，西班牙国王腓力二世也曾希望能与伊丽莎白喜结连理，却遭到了无情的拒绝。现在，他不惜重金也要与英格兰异教徒打一场圣战。此外，他之所以发动战争还有一个上不了台面的动机：他想君临英格兰，成为英格兰国王（尽管他本人矢口否认）。因此，本质上来说，16世纪80年代的英西战争源于两国君主之间的个人恩怨。只因两人均囊中羞涩，只能彼此隔空攻讦谩骂。而其中最令人称奇的莫过于“关心信仰，但更关心钱袋子”的教皇西克斯图斯五世。对于英西两国之间的冲突，他是作壁上观，基本上置身事外。更让人尴尬的是，他还时常在公开场合表达对英格兰女王的仰慕之情。

在今天的人们看来，无敌舰队之役堪称第一场现代意义上的战争。其原因无外有二。其一，双方展开激烈的间谍战，动用了诸多我们今天耳熟能详的间谍手段（这方面的研究仍待挖掘）。其二，双方均动用宣传机器，彼此攻讦，以此来消耗对方士气。即使是在 4 个世纪之后，希特勒的“信息部长”约瑟夫·戈培尔（Joseph Goebbels）乐此不疲地发扬光大的可能依然还是数百年前的伎俩。

此役中，伊丽莎白的财政状况每每捉襟见肘，其本人又生性吝啬，以至于英格兰舰队常常面临火药和弹药断供，最终也未能给予“史上最幸运的伟大海军”以致命一击。

在过去，人们一直认为，正是英格兰人信奉的“新教上帝”（Protestant God）出手襄助，阻止了无敌舰队对英格兰的入侵。而今天，我们更倾向于认定，气候的变化才是粉碎腓力二世那先天不足的征讨英格兰的计划的真正原因。

本书采用的材料大多来源于历史文献，均为当时的书面材料或口述文字材料。

本书的纪年采用“新式纪年”——即 1582 年教皇格列高利十三世（Gregory XIII）引介，1587 年之后为西欧大多数国家广泛采用的公历纪年（又称“格列高利历”）。英格兰自然拒绝效法，仍沿用旧儒略历（Julian calendar）长达一个多世纪之久。旧儒略历纪年在时间上比公历纪年晚 10 天。

致谢

倘若没有爱妻莎莉（Sally）长期以来的热心襄助，本书就不会面世。身为船长的女儿，她帮助我梳理了16世纪海战繁复庞杂的方方面面，及无敌舰队一役中英格兰和西班牙双方的战斗序列。这些对我来说既神秘又让我左支右绌。

本书成书过程中，朋友和同事给了我慷慨的支持与宝贵的帮助，帮我在英国和欧洲其他国家查找珍贵的手写稿和书籍。我要再次感谢罗宾·哈科德·威廉斯（Robin Harcourt Williams），承蒙其慷慨襄助，我才接触到了哈特菲尔德庄园索尔兹伯里侯爵（Marquis of Salisbury）收藏的塞西尔家族档案卷宗。感谢伦敦伯灵顿庄园（Burlington House）古文物协会图书馆馆藏部主任希瑟·罗兰（Heather Rowland）及助理馆员阿德里安·詹姆斯（Adrian James）；感谢伦敦蓓尔美尔街文学会（The Athenæum in Pall Mall）的凯·沃尔特斯（Kay Walters）及其团队成员，感谢他们提供的无可比拟的文献资源；感谢坐落于苏塞克斯郡法尔默（Falmer）的苏塞克斯大学图书馆乐于助人的工作人员，感谢坐落于邱园（Kew）的国家档案馆（The National Archives）团队提供的鼎力支持，感谢位于圣潘克拉斯（St Pancras）的大英图书馆（British Library）提供的珍贵藏书、手稿及图书馆人文资料阅览室。

韦登菲尔德和尼克尔森出版社的艾伦·萨姆森（Alan Samson）和露辛达·麦尼尔（Lucinda McNeile）一如既往地给了我很多鼓励与帮助，特此致谢；本书编辑安妮·奥布莱恩（Anne O' Brien）和道格拉斯·马修斯（Douglas Matthews）将庞杂的索引编排得井然有序，在此本人一并表示感谢。最后，我还要感谢我的代理人安德鲁·劳尼（Andrew Lownie）。

当然，书中出现错误和纰漏在所难免，由本人负全部责任。

罗伯特·哈钦森

2013 年于西苏塞克斯

序言

所谓人之常情，姐姐的死岂能让我不心伤。千钧重担落在我肩，我惊骇不已……我必遵从上帝的安排，一切皆是命中注定。此刻，我不禁想大声呼喊，既然王权重担托付于我，我愿凭借上帝恩典，做上帝旨意的虔诚布道者。

——伊丽莎白一世在获悉自己继承英格兰王位后的真情流露，
于哈特菲尔德庄园，1558 年 11 月 17 日[1]

位于赫特福德郡（Hertfordshire）的哈特菲尔德庄园坐落在伦敦以北 32.3 千米处。庄园内绿草如茵，其中有一株古橡树亭亭如盖。据说伊丽莎白·都铎所经受的漫长的痛苦、折磨、焦虑和恐惧全都郁积在古橡树遮天蔽日的枝蔓下。1558 年 11 月 17 日，这团多年的积郁终于烟消云散了。

英格兰女王玛丽一世枢密院的 6 位重臣与下议院议长威廉·科德尔（William Cordell）[2]一道，一路快马加鞭，气喘吁吁来到哈特菲尔德庄园。他们跃过草坪，要向伊丽莎白公主报告一个好消息，她多年以来梦寐以求的好消息——但在那至暗而又令人绝望的日子里，她曾不止一次担心这一天或许永远也不会到来。

伊丽莎白顶着11月凛冽的寒流已在庄园门口的草坪上等候。诸大臣匆忙下马跪拜，郑重向其宣布了其同父异母的姐姐英格兰女王玛丽一世驾崩的噩耗。

披着一头红发的伊丽莎白时年25岁，她是安妮·博林（Anne Boleyn）和英格兰国王亨利八世之女。从这天起，她终于登上英格兰王宝座，称伊丽莎白一世。

为了这则从伦敦传来的重大消息，她已经朝思暮想，期盼多时。但是，真的听到这个消息时，她还是震惊了。她不禁也拜倒在地，祈祷起来。她由衷地感谢上帝让她撑到了继位这天。最后，在"好一番衷肠尽诉"之后，她才感受到了涌遍浑身上下的酣畅淋漓的愉悦。她用拉丁语说出了自己成为新君后的第一句话。这句话出自《旧约》赞美诗第118篇第23节："这是耶和华所作的，在我们眼中看为希奇"。[3]

当天上午7时，先王英格兰女王玛丽一世在伦敦圣詹姆士宫（St James' Palace）辞世。当时，众人正忙着在她的寝殿参加弥撒，圣饼已被庄严举起，然而人们还没来得及念祝词，玛丽便咽了气。她已意识恍惚多日，最终还是被卵巢囊肿和子宫癌夺去生命。那是个死亡无孔不入的年代。前两年，一场流行病——或为"汗热病"，病毒性肺炎的一种[4]——夺去了她1/5的臣民的生命。而死亡的阴霾并未散去，染病者众。玛丽去世还不到12小时，其钦定的坎特伯雷大主教——枢机主教霍金纳德·波尔（Reginald Pole）便也因汗热病一命呜呼。

亨利八世的子女秉性各异，现在却只剩下伊丽莎白这棵独苗来继承大位了。很多人都认为，伊丽莎白能撑到这一天简直是个奇迹。所以，伊丽莎白在获悉自己继承王位的消息时，第一反应便是感谢上帝隆恩浩荡便不足为奇了。都铎王朝的历代君主对历史运行轨迹皆有极其精准的判断力，因此有理由相信，这番话她曾经认真地预演过不止一次。

一直以来，伊丽莎白通向王座的道路上布满了荆棘和致命的陷阱。

伊丽莎白的父亲亨利八世专横跋扈，一直强烈渴望有个儿子继承自己的大位。她的母亲安妮·博林生性争强好胜，亨利八世却对其异常痴迷，为此甚至不计后果，公然与罗马教廷决裂。16世纪30年代英格兰成立“变节教会”（renegade church）（背弃天主教的英国圣公会）最根本的原因也在于此。此后，也仅仅是在玛丽执政期间，教廷的权威才在英格兰得到短暂复辟。亨利八世的执拗引发了严重的恶果，造成了长达数十年的宗教矛盾，天主教和新教对立，双方成百上千名善男信女因此丧命。

伊丽莎白出生才3个月（1533年9月7日伊丽莎白出生于格林尼治宫），他们便举家迁往哈特菲尔德庄园。不久，17岁的玛丽——亨利八世和他西班牙妻子阿拉贡的凯瑟琳（Katherine of Aragon）的唯一女儿——也被贬到哈特菲尔德。亨利八世随即宣布与玛丽母亲的婚姻无效（尽管此事引起了巨大非议）。因此，从法律意义上来说，玛丽就成了私生子，被正式剥夺了公主头衔。

玛丽被贬到哈特菲尔德庄园时，安妮·博林的舅舅，即第三代诺福克公爵（Third Duke of Norfolk）托马斯·霍华德（Thomas

Howard）揶揄玛丽，问她是否要“拜谒伊丽莎白公主并向她献殷勤”，玛丽厉声呵斥道：“英格兰公主唯有一人，那就是我……彭布罗克伯爵夫人（Marchioness of Pembroke）（安妮·博林在成为王后之前曾被封为彭布罗克伯爵夫人）的女儿充哪门子公主。法律写得清清楚楚，公主头衔非我莫属，其余任何人休想染指。”只有面对共同的敌人时，玛丽才会和伊丽莎白结盟。亨利八世的私生子里士满公爵（Duke of Richmond）亨利·菲茨罗伊（Henry Fitzroy）（其母是凯瑟琳的侍女贝茜·布朗特）便是他们共同的敌人。对玛丽来说，无论是亨利·菲茨罗伊还是伊丽莎白都不过是父王的私生子而已。诺福克公爵询问玛丽是否要其向国王带话，玛丽答道：“无须带话，只消说父王之女威尔士公主向其问安即可。”诺福克公爵自然不敢如实向国王禀奏。玛丽便以不容分说的口吻命令他：“那就休要聒噪，让我一个人清静清静。”[5]

伊丽莎白见母亲最后一面的时间大约是在 1536 年 1 月。彼时伊丽莎白还在蹒跚学步，应该没有什么印象。当时，流放于亨廷顿郡（Huntingdonshire）金博尔顿城堡（Kimbolton Castle）的阿拉贡的凯瑟琳在清苦中孤独离世，这个消息让亨利八世宫廷上下欢呼雀跃。安妮王后重赏送信人一件“相当贵重的礼物”。安妮的父亲威尔特郡伯爵（Earl of Wiltshire）托马斯·博林（Thomas Boleyn）讥讽道，只可惜玛丽“没有陪着她的母亲（去尽孝）”。时任西班牙驻英格兰大使尤斯塔斯·查普（Eustace Chapuys，伊丽莎白始终极其讨厌此人）在向西班牙国王汇报时称，英格兰国王专程“派人去接他自己的‘小杂种’，还抱着她接受群臣拜谒”。[6]

然而，快乐的日子总是短暂的。发誓要捍卫都铎王朝的亨利八世饱受无嗣之痛的折磨，一次又一次地希望破灭让他暴跳如雷。安妮王后纵然先后 3 次怀孕，可悲的是依然没有完成她最重要的使命：为国王生一个健康的王子。他愤怒了！

5 月 19 日，新任坎特伯雷大主教托马斯·克兰默（Thomas Cranmer）宣布安妮和国王亨利八世婚姻无效。安妮被指控犯叛国罪、通奸罪，及莫须有的与其弟乔治·博林（George Boleyn）乱伦罪等多项罪名。4 天后，安妮·博林在绿塔（Tower Green）被亨利雇用的法国刽子手斩首。伊丽莎白随即沦为私生子。新《嗣位法》（*Act of Succession*）宣布伊丽莎白为非婚生子，她被"完全取消、排除及禁止像（国王的直系血亲后代）一样……主张、挑战或谋求任何只有合法后嗣才有资格享有的继承权"。[7] 然而，在都铎王朝时期，世事难料：1543 年，英格兰又颁布新《嗣位法》，重申了伊丽莎白和玛丽的继承人身份。法案还规定，若爱德华无嗣而终，王位传于玛丽；若玛丽同样死后无嗣，王位传给伊丽莎白。[8]

伊丽莎白是在剑桥圣约翰学院（St John's College）接受的教育，指导她的都是一些宗教改革学者。后来她曾向玛丽坦承自己"从未研习过古老的（天主教）信仰"。[9] 伊丽莎白能说一口流利的法语、意大利语、希腊语和拉丁语，但是直到 20 岁后，她才开始学习西班牙语。1547 年 1 月亨利八世去世。爱德华，即亨利的第三位王后简·西摩（Jane Seymour）的儿子、伊丽莎白同父异母的弟弟继承王位，是为爱德华六世（Edward Ⅵ）。爱德华六世颇为自负，在给伊丽莎白的信中他写道："我想我无须安慰你——我最亲爱的姐姐，因为以你的学识，你知道该怎么做……我认为你会平静地面对和思考父王的离世。"[10]

爱德华六世执政时间不长，但其推行的激进的新教主义政策却席卷了英格兰和威尔士各教区教堂。政府清理天主教圣像，并不失时机地将其教具等物什变现，以充实年轻国王空虚的国库。然而就在新教运动开展得如火如荼之时，玛丽竟依然旁若无人地在自己家中唱诵弥撒。爱德华的枢密院大臣愤怒了，他们要求玛丽停止这样做。不出所料的是，她的答复直截了当：

> 你们控告我坚守自己的信仰，违背、破坏法律——但我要正告你们，我信奉的宗教是全体基督徒所共同信奉的，是父王治下的王国正式承认过的。而现在，你们竟然试图用法律改变这一切……你们休要再来用信仰这类问题打搅我，这便是我对相关问题的终极答复。[11]

离奇的是，执政数年，爱德华六世便患上了肺结核和麻疹。在一位所谓的“巧妇人”的照料下，病情未见好转，反而使他走上了黄泉路。爱德华尸骨未寒，玛丽就决然地送走了她同父异母的弟弟爱德华六世最中意的继承人简·格雷（Jane Grey）夫人。1553 年 8 月 3 日，玛丽以胜利者的姿态入主伦敦继承英格兰国王王位，是为英格兰女王玛丽一世。令人诧异的是，玛丽在继位之初仍沿用其父的“英格兰教会最高首领”这一头衔（直到 1554 年官方文件弃用该头衔为止），并继续通过售卖罚没充公的亵渎圣灵的教会物什获益。但她一继位便迅速恢复了天主教在英格兰的地位。[12]1557 年，威尼斯驻英格兰大使乔瓦尼·米希尔（Giovanni Michiel）离开英格兰。当时他在报告中提到英格兰新开了 7 家修道院；[13]“去教堂的人增多了，教堂里的圣像也焕然一新，古老的天主教仪式得以恢复，人们可以像往常一样举办弥撒了，异教徒也得到了镇压”。[14]然而，“镇压”一词并不足以刻画彼时英格兰上演的悲剧。在短短 4 年时间中，280 名不愿意放弃信仰的新教徒被玛丽送上了火刑柱——这就是“血腥玛丽”这个臭名昭著的历史名词的起源。

1553 年 9 月 8 日，在庆祝圣母马利亚诞辰的节日庆典上，伊丽莎白生平第一次听到了弥撒曲。但从此以后，但凡参加类似宗教仪式，她总是会犯这样或那样的错误。在西班牙驻英格兰大使西蒙·雷纳德（Simon Renard）看来，伊丽莎白所表现出的对天主教的热忱全是装出来的，她并未真心皈依天主教。他尖锐地指出：“在去教堂的路上，伊丽莎白一直不停地大声抱怨，还直说自己肚子痛。”而在礼拜仪式上，她“总是一副备受煎熬的神情”。[15]

伊丽莎白深得父亲真传：他们同样是一头红发；同样专横跋扈；同样继承了都铎家族动不动就火冒三丈的暴脾气；同样钟爱恢宏的场面和各种花里胡哨的仪式。尽管处死自己母亲的正是自己的父亲，但在伊丽莎白的内心深处，依然珍藏着和父亲之间点点滴滴的回忆，并将其视为楷模。威尼斯公使曾这样评价伊丽莎白公主：她“以父为傲，以父为荣；在所有人的眼中，伊丽莎白都要比英格兰女王玛丽更像她们的父亲”。[16]

对于伊丽莎白，玛丽心存戒备，视其为对手，而非怀有手足之情。令玛丽女王心忧的是，这个对手不仅比她年轻，而且还在伺机而动，只等她一闭眼或被废黜后，便可加冕称王。米希尔对此可谓洞若观火，他说，“玛丽女王对我们这位伊丽莎白公主……

可能采取‘邪恶处置’。无论玛丽女王怎么装作若无其事，都难以掩饰她对伊丽莎白的鄙夷和恶意”。[17]1554 年，英格兰爆发起义，反对玛丽和西班牙国王查理五世（Charles V）的儿子腓力的成婚计划。起义事件加深了玛丽对伊丽莎白的猜忌。玛丽的大法官（Lord Chancellor）——佞臣温彻斯特（Winchester）主教斯蒂芬·加德纳（Stephen Gardiner）曾在亨利八世执政期间担任宗教保守党领袖，加德纳担心伊丽莎白将在新教复兴运动中扮演核心角色。这位高级神职人员向雷纳德坦言，只要伊丽莎白公主还活在这个世界上，“他就很难对英格兰王国的和平与安定不抱希望”。此前曾出现过流言，暗示伊丽莎白参与了流产的怀亚特叛乱事件（Wyatt rebellion）。而在此之前，加德纳就曾催促过玛丽，希望早点将伊丽莎白关入伦敦塔。

加德纳的担忧并非完全没有道理。3 月 14 日，数千人蜂拥而至，来到伦敦奥尔德斯盖特街（Aldersgate Street）聆听“城墙内圣灵发出的神奇声音”。众人高呼“上帝保佑玛丽女王”，城墙内的圣灵一言不发；而当人们转而高呼“上帝保佑伊丽莎白公主”时，城墙内的圣灵则响应道：“诚如所愿！”一个好事的家伙问：“弥撒的本质是什么？”“圣灵”答道：“偶像崇拜！”这场恶作剧的始作俑者是伊丽莎白·克罗夫特（Elizabeth Croft）——“一个只有 18 岁的乡下姑娘”。她随即被囚禁于伦敦塔，后被杀害：

> 圣保罗大教堂搭起了新的断头台，此次处决的是藏在奥尔德斯盖特街城墙内又是吹口哨又是发言的少女……她款款跪倒在地，声泪俱下地祈求上帝宽恕自己和女王陛下。她呼吁

人们睁大眼睛，不要被虚假教义蒙蔽了双眼。因为，据她本人所说……（上帝已经许诺了）真正的善恩典与她。[18]

此次伦敦城西城门发生的反叛事件平息之后，玛丽女王下令将伊丽莎白收监伦敦塔。押解途中难免会有人高呼煽动性口号，支持伊丽莎白。为防止出现类似情况，玛丽指示温彻斯特侯爵和苏塞克斯伯爵由水路押解伊丽莎白前往伦敦塔。

得知自己命悬一线，伊丽莎白马上给姐姐写了一封陈情表。陈情表采用斜体字，字迹清秀工整，写得情真意切：

俗语云“君无戏言”，倘若有人胆敢质疑此言，臣伏地跪拜恳请陛下以臣为例，昭示天下：陛下不会忘了臣与陛下之间唯一的请求和承诺了吧；若臣谨守为臣之道则姐妹情深，若臣大逆不道则天理难容，任凭陛下处置。请允臣陈情，再对臣进行处置。

臣谨守己诺，不敢越雷池半步。然枢密院领陛下钧旨，要押解臣前往伦敦塔——伦敦塔乃关押言而无信的叛国者之地，而臣则是信守诺言的真臣民……

臣以为信诺者不应落此下场，然在您治下之土，此事似已不可避免。臣向上帝祈祷，若臣真做了这些勾当，让臣不得好死。

但臣向上帝发誓……臣从未实施、密谋或默许任何有损于陛下与王国之事……

恕臣鲁莽，臣赤子丹心，又念陛下天性善良，才敢写这封信。

> 臣听闻，王室沟通不畅而蹉跎抱憾之事屡见不鲜……臣祈求上帝……愿你我姐妹不受佞臣小人之离间……臣顿首再拜，唯求能向陛下一吐衷肠。
>
> 至于叛国者怀亚特，其人或（偶尔）寄书与臣。然臣以信仰担保，臣断未收到其任何来信。[19]

为防止有人在信上做手脚，伊丽莎白在信纸剩下的 2/3 空白处画上了对角线。

在她给玛丽女王写陈情表时，“河水已经上涨，由威斯敏斯特通往伦敦塔的必经之路伦敦桥下已无法行船”，所以，由水路押解其前往伦敦塔的行程不得不推迟至次日，即 3 月 18 日。这天恰逢棕枝全日（Palm Sunday）。[20] 伊丽莎白乘坐的小船途经中世纪建造的伦敦桥的 19 孔桥洞时，速度飞快，伊丽莎白差点落水。等小船来到伦敦塔下时，她断然拒绝下船，她不愿去爬上伦敦塔那幽暗的台阶。她一屁股坐在船上不愿移步下船，以抗议对自己的抓捕。她抗议道：“坐在外面总比关在里面要强。”[21] 当天暴雨如注。最终，与其说是颇感为难的押解员的苦苦哀求，不如说是恶劣的天气才迫使她下了船，她宣称：“今日此时，于此地挪步上岸之囚徒乃是一个地地道道的守法臣子。”她走过吊桥，看到伦敦塔外森严的灰色外围墙，再看到墙内更加阴森的白塔（White Tower），即伦敦塔白色的主塔楼，感受到了深深的恐惧。那一刻，她觉得自己终将逃不过母亲 18 年前的悲惨命运。在经过绿塔的行刑台时，她内心的恐惧到了极点。5 周前，简・格雷夫人刚刚在这里被送上了行刑台。

在被关押期间，伊丽莎白写下了下面这份布道词。凄凉的文字无声地诉说着她当时孤独无助的心情：

救救我吧上帝。除了您，我现在没有朋友了。

（我恳求您）让我立于磐石之上而非流沙之中。如此，再大的风浪，再恶劣的寒流也不能将我摧垮！[22]

上帝似乎听到了她在黑暗之中的哀鸣，因为她所承受的考验和苦难即将过去。4月11日，身着镣铐的托马斯·怀亚特（Sir Thomas Wyatt）爵士被押往海德公园（Hyde Park）旁干草山（Hay Hill）行刑场，与另外33名反叛首领一同被执行绞刑、车裂和分尸。英政府将其肢体悬挂于伦敦城外的各主干道上以儆效尤。瞧瞧，这就是叛国者的下场。[23] 怀亚特死前坚贞不屈，断然否认伊丽莎白公主曾参与了谋划。

费了九牛二虎之力，玛丽最终还是没能找到能证明伊丽莎白卷入了这场叛乱的有力证据，无法将其像怀亚特一样送上断头台。更让加德纳懊恼的是，伊丽莎白于5月19日（周六）从伦敦塔被释放[24]。随后，她又被软禁在牛津郡（Oxfordshire）的伍德斯托克（Woodstock）王室猎场。软禁的日子漫长，她用一枚钻戒在玻璃窗的窗棂上刻下了一首小诗：

罪名千万

确凿无一

囚徒伊丽莎白书[25]

此时，玛丽女王刚与西班牙的腓力完成大婚。她对他的爱像潮水般汹涌。1556 年，腓力的父亲退位，腓力继西班牙王位，是为腓力二世。联姻后，两人共享如下尊贵的荣誉与头衔："腓力和玛丽，蒙上帝恩典，为英格兰、西班牙、法国、耶路撒冷及锡利群岛（the Scillies）和爱尔兰[26]的国王与王后，信仰的捍卫者，奥地利大公与女大公（Archdukes of Austria），勃艮第（Burgundy）、米兰、布拉班特公爵与女公爵（Dukes of Burgundy, Milan and Brabant），哈布斯堡、佛兰德斯与蒂罗尔伯爵与女伯爵（Counts of Habsburg, Flanders and Tyrol）"。玛丽不仅成了西班牙王后，还成了"西属东、西印度群岛及近海远洋各岛屿和陆地的王后"。

然而在新郎的眼中，他们的婚姻不过是一场没有爱情的政治联姻罢了。玛丽比腓力年长 11 岁；16 世纪 20 年代，玛丽甚至还曾与腓力的父亲有过婚约。因此，两人的婚姻不过是玛丽一厢情愿的单相思。或许，腓力还曾色眯眯地打量过妻子的宫廷侍女——身材高挑、金发碧眼的玛格达莱妮·达克雷（Magdalene Dacre）曾透露说，某天早上自己正在洗澡，国王从窗户探手进来想摸她的乳房。她顺手抄起一根木棍（难道"防狼棒"是都铎王朝时期的女性居家的标配吗？）打在了他胳膊上，也打消了他的情欲。他只好讪讪地夸她确实够端庄。[27]

于情于理，腓力二世都没有把英格兰挂在心上。在这块新领地上，他并未驻留多久，混个脸熟便匆匆离去。然而众人却都燃起了希望，认为玛丽怀上了腓力二世的孩子了。1555 年 4 月，伊丽莎白被召回到汉普敦宫（Hampton Court），一起见证玛丽的继承人降生这一大喜时刻。

可是实际上伊丽莎白还并没有完全重获女王的信任。她心情仍然沮丧，也没有做好当姨妈的准备。此时，伊丽莎白家里俨然成了新教徒颠覆者的温床，这样的名声自然也让她很难取信于玛丽：1554 年 7 月，伊丽莎白手下一位家仆因为煽动性言论和行为被囚；1555 年 4 月，另一名仆人也因同样的原因被监禁；5 月，伊丽莎白的意大利语老师巴蒂斯塔·卡斯蒂廖内（Battista Castiglione）因涉嫌在伦敦煽动叛国行为而被囚于伦敦塔。但他坚称自己来伦敦只是为了给女主人的鲁特琴买一根新弦而已[28]，最后，政府无奈只得将其释放。因此，伊丽莎白现在依然处于被监禁状态——"不得随意迈出房门。门外有士兵把守，其姿态俨然与古代的看守和警卫一样"。[29]

然而，玛丽只是承受了假孕之苦，却并没有诞下继承人。事后不久，丈夫腓力二世很快就离开了英格兰，这使她越发伤心、羞愧到无以复加。此前，腓力曾劝玛丽女王把伊丽莎白当作假定继承人一样予以善待，并劝阻她宣布伊丽莎白为父王的私生子，或者把其流放国外。然而，看似和善的背后，却掩藏着腓力二世的如意算盘：假如玛丽同父异母的妹妹最终未能继位，法国人必定会施压，宣称不久前刚和法国国王亨利二世（Henri Ⅱ）的儿子、王太子弗朗索瓦（François）订婚的苏格兰女王玛丽才是英格兰王位的合法继承人。无论何时，西班牙人都绝不能坐视英格兰由法国所支配。

闹剧收场，伊丽莎白返回哈特菲尔德庄园。在接下来的数年时间里，同父异母的姐姐玛丽女王多次给她做媒，意图摆脱掉这个像"杜鹃"一样觊觎王位"鹊巢"的大麻烦，但都被伊丽莎白拒绝了。

1558年8月，玛丽女王42岁，开始频繁高烧，苦不堪言。她的臣僚下属开始谨慎地考虑王位继承人这个棘手的难题，而其余人则开始攀附伊丽莎白。威尼斯外交官米希尔·苏里安（Michiel Surian）向威尼斯执政官（Doge of Venice）汇报时称："英格兰大批要人开始光顾伊丽莎白所住庄园，去的人越来越多，频率也越来越高。"[30] 无论他们私下的商议、密谋如何小心翼翼，但秃子头上的虱子明摆着，朝臣们已经开始筹划伊丽莎白继位的相关事宜了。西班牙公使雷纳德注意到，人们开始（像对待储君一样）"认可并尊重"伊丽莎白，要剥夺其继承权为时已晚。雷纳德敦促国王腓力二世抓紧为伊丽莎白在国外觅得佳偶，萨伏依公爵（Duke of Savoy）就是不错的人选，"既对上帝虔诚又忠于陛下"。[31]

玛丽也终于清醒地认识到这样一个让人无语的现实：她永远也不可能怀上孩子了，她必须妥善解决自己的继承人问题。但她依然不愿指定伊丽莎白为王储。10月22日，玛丽在遗嘱附录上签字，字面承认"截至目前上帝尚未给我子嗣"，同时要求其"继承人即英格兰王位的继任者"遵其遗嘱，特别是遗嘱中修道院及设立军队医院等相应条款。[32] 然而，在继承人的归属问题上依然只字未提。

玛丽已是油尽灯枯，开始越来越频繁地说胡话。11月6日，枢密院大臣们终于说服玛丽，迫使其同意指定伊丽莎白为王位继承人。随后，女王的近侍简·多默（Jane Dormer）携带着珠宝和女王殷切的嘱托来到哈特菲尔德觐见伊丽莎白——女王希望伊丽莎白继续执行奉天主教为国教的政策。时隔多年后简回忆称，伊丽莎白向其保证自己是一名真正的天主教徒，如其不然，“愿天崩地陷，让自己坠入深渊”。然而这与其他人的回忆相去甚远。在别人的记忆中，伊丽莎白并未立下毒誓，而只是说：“我只能保证，若信奉天主教确系上帝的旨意，我不会改弦更张，信奉上帝乃是我信仰基石和做人的原则。”[33]

在前来拜会伊丽莎白的客人中，另一位客人也很特殊，他就是西班牙国王的特使、西班牙驻英格兰公使、第五代费里亚伯爵戈麦斯·苏亚雷斯·德·费格罗亚（Gómez Suárez de Figueroa）。他此行的目的是刺探伊丽莎白对英西联盟的态度。他向伊丽莎白暗示道，伊丽莎白的储君之位久拖未决，其姐夫腓力二世认为自己也有责任。伊丽莎白当即反驳道，“我能继承英格兰王位靠的是英格兰人民的爱戴……与腓力二世毫不相干。”公使向国王汇报称：

> 伊丽莎白公主的结论是：即便陛下您和玛丽女王一致反对，她依然会登上英格兰王位的宝座。因此，她觉得自己不欠您任何人情。
>
> 我告诫她，西班牙王国有自己的看法，必要时将不惜武力捍卫自己的观点，然而，公主依然不为所动。

费里亚伯爵的结论是：英格兰新君将“不会受任何人支配”。他十分懊恼地说，伊丽莎白“虽聪慧无比，却贪慕虚荣。她一定仔细研读过其父的为人处事方式。我担心的是，她在宗教问题上不认同天主教。她从异教徒中选拔臣僚，由此不难看出其倾向。而且据我所知，其身边女性也皆是异教徒”。[34]

根据腓力二世和玛丽的婚姻协议，玛丽的逝世意味着此时身在佛兰德斯的腓力二世已不再是英格兰名义上的国王。对于妻子的离世，腓力二世似乎并不痛心。他像例行公事般草草写下两句评语："她的离世令我感到相当惋惜。哪怕仅此而已，我也会想念她。"[35] 更让他痛心的似乎是可能面临的财物损失，即那些"存放于已故女王玛丽的白厅寝宫内一个大箱子里"的黄金、珠宝及其在荣获嘉德勋章（Order of the Garter）时所穿的那身华丽衣袍。现在，他手中只剩两张涂了又涂、改了又改的财物申领单。[36]

伊丽莎白开始行使手中的王权了，这让她心花怒放。她下令重组枢密院，命其"多进良言、献良策"，并训诫道，"为国效忠，忠诚至上……须谨记，权之所在，责之所系，唯精忠卫国，效力王权也"。她还任命自己的前地产总管威廉·塞西尔爵士为国务大臣，并直言自己对他的评价：

> 面对恩惠、贿赂，你不变色，坚持自我、拒绝腐化。你深明大义，不会为君王而置国家利益于不顾。凡利于国家、朝廷之良策，你必不肯独享；凡君国大事，你必只对我一个人诉说。[37]

从这一天开始直到1598年离世，塞西尔勤勤恳恳效忠伊丽莎白女王凡40载。

对伊丽莎白来说，还有一些旧账要算。局势发展之快令费里亚伯爵目瞪口呆："须臾之间，一个个新面孔、异教徒和叛国者便完全掌控了整个王国。凡玛丽女王会选用的人手，伊丽莎白一概不用。可惜玛丽女王已身在天国。凡曾在玛丽继位前服侍其左右的老臣，伊丽莎白皆弃之如敝屣。”而老臣们和天主教徒个个皆“敢怒不敢言”。

> 依臣所见，伊丽莎白实在是比她的姐姐还可怕，她独断专行的样子活脱脱就是其父再世。

费里亚伯爵又补充道：“牝鸡司晨，何谈奢望？纵然年轻睿智，却锐气有余而谨慎不足。对天主教，其态度也一天天地越发恶劣。”[38]

1559年1月15日，礼拜日，伊丽莎白在威斯敏斯特教堂行冠冕礼。仪式上，伊丽莎白呵斥修道士撤下天主教祭祀所用蜡烛，刻薄地说：“我还没瞎，还看得见！”[39]

约翰·海沃德爵士（Sir John Hayward）却对这位新君敬仰无比，他写道：

> （女王）天资聪颖……聪慧过人。（她）不高不矮，身材纤细笔挺，长相温婉可人。她的一举一动、一笑一颦，无不彰显王室的尊严与高贵……她天庭饱满，皮肤白皙；她明眸善睐，目光含情，却不好高骛远；[40]她鼻梁挺拔。她集诸美德于一身。有了这些美德，即使一个埃塞俄比亚人也会美丽夺人。越了解她，就会越认同她，越倾慕她，越爱慕她。[41]

都铎王朝曾在王位继承人的问题上噩梦不断。现在，这个问题依然萦绕在很多人的心头。因此，伊丽莎白甫一继位，便被她的婚姻问题缠身。腓力二世指示其特使费里亚伯爵代表自己正式向自己的小姨子求婚。不过，连腓力二世自己也不得不承认，他对伊丽莎白还是有顾虑的。首先在宗教上伊丽莎白就不太可靠，“如果她信奉天主教，那就再好不过了。可是……此外……即便这桩婚姻成了，西班牙也会和法国彻底闹翻。法国人必定会支持的长期以来一直声称自己才是英格兰的王位真正继承人的苏格兰女王玛丽。果真如此，此后必然战事不断”。让腓力二世坐立不安的还不止于此，一方面国库亏空，另一方面他还要为此事“在英格兰破费”。然而，毕竟维持天主教在英格兰的统治才是大事，因此，他已做好“摒弃成见，牺牲自我”的打算，来迎娶伊丽莎白。为了成就上帝的丰功伟绩，这点牺牲并不算什么。对于这桩婚姻的前景，腓力二世颇为踌躇，他说“自己就像一个等待命运降临的罪人”。遍览古今，哪个准新郎不是充满了期待，像腓力二世这样的打着灯笼也难找吧。[42]

西班牙国王为提亲准备的礼金实在称不上体面。伊丽莎白并未立即回复，而是一拖再拖，害得西班牙特使提心吊胆地一等再等。到了 2 月，伊丽莎白突然意识到，接受腓力二世的求婚有一块巨石横亘在她与腓力二世之间——如果他们联姻，这意味着自己要嫁给同父异母的姐姐的丈夫——自己的姐夫。想到这层障碍，伊丽莎白不禁兴奋起来，她引述《旧约》《利未记》第 20 章 21 节来申明自己的看法：“ 人若娶弟兄之妻，这本是污秽的事，羞辱了他的弟兄，二人必无子女。”当年自己的父亲亨利八世在宣布他与阿拉贡的凯瑟琳的婚姻无效时用的就是这一招。她又怎么可能嫁给腓力二世呢？这不是摆明羞辱自己父亲吗？父王在她的心中可是完人。此外，“如果这么做，无异于断然否认”罗马的权威性，教皇也绝不会特许她这么做。

她肯定在心中反复玩味咀嚼此番回复有多么讽刺。此外，已经有人提醒过她，腓力二世完婚后会“立刻”打道回府返回西班牙。费里亚伯爵在回复主子时称：“这便是她的回复，她还边说边放声大笑，似乎我的心思她已一览无余。她似乎已经摸透了我们的想法，我甚至怀疑她读了陛下寄给我的信件。”[43]

3 月，伊丽莎白最终给出了明确答复。这答复好似踩着高跟鞋一路走来不断卖弄风情的骚娘们儿。她说她可不想冒犯自己的“模范姐夫”，自己只是个异教徒，万万娶不得。费里亚的汇报信中写道：女王“起初显得心神不宁，忽而又兴奋异常，最终下定决心恢复其父留下的宗教遗产……（据她说）教皇每年从这个国家掠夺了太多的财物，主教们既懒惰又怯懦，她必须结束这一切”。[44]特使大人吓得浑身哆嗦：“这个国家……已经落在这个妇人手里，她是魔鬼的女儿，是这片土地上闻所未闻的大无赖、异教徒。”[45]然而，死心后，腓力二世很快冷静了下来，次年便娶了瓦卢瓦的伊丽莎白公主（Elizabeth of Valois）——法国国王亨利二世及其妻凯瑟琳·德·美第奇（Catherine de Medici）的长女为妻。这又是一场政治联姻。[46]

尽管并不缺追求者，有的人还十分热烈，伊丽莎白却并没有结婚的打算。她一边安抚议会称“王国不会一直没有继承人”，一边承诺“会在适当的时机”为自己挑个如意郎君，但目前，她决定先单身一段时间。[47]

目前亟待解决的问题是英格兰该以新教还是天主教为国教。有时，伊丽莎白女王似乎对无休无止的烦琐细碎的礼（拜）仪（式）之争不耐其烦，她曾没好气地对一位法国公使说："世上只有一个耶稣基督，也只有一种真正的信仰，其余所有的争议都不过是不足挂齿的鸡毛蒜皮之事。"[48] 在伊丽莎白的王国，新教才是真正的信仰。然而，与此同时，她既不希望疏远也不希望得罪天主教臣民。最终的妥协结果是，伊丽莎白决定执行以爱德华六世的新教政策为基础的宗教政策，与此同时允许圣餐会上穿着教会法衣。同时，她决定放弃其父高高在上的"英格兰教会的最高首领"的头衔，转而接受"英格兰教会的最高统治者"这一头衔，因为在（当时那个蒙昧的年代）很多人眼中，女性不宜担任"最高首领"。这些宗教政策经过调整被正式载入《至尊法案》（Act of Supremacy）[49] 和《信仰划一法》（Act of Uniformity）。[50] 两部法案规定，所有臣民均须参加教堂仪式。1552 年英文版《祈祷书》（*Prayer Book*）出版，成为英格兰和威尔士唯一法定祈祷书。

不经意间，延续数十年的宗教骚乱已经埋下了祸根。在伊丽莎白执政的 44 年中，共有 200 多名天主教徒和教士被处死——当然，他们并非死于火刑柱，而是以背叛君主的罪名被押上行刑台。

英格兰和罗马教廷之间的巨大分歧和决裂也成了英西战争的催化剂。这场持续长达 19 年之久的战争使双方都付出了沉重的代价，给两国的臣民带来无尽的痛苦。而对伊丽莎白本人来说，她要面临的不仅是西班牙的入侵威胁，她本人也成了天主教徒们行刺的目标。

第一章

祸起萧墙

我们（这群可怜的人）……天可怜见……饱受您的御用刽子手压迫……刽子手行径令人发指……作为猥亵，（声言）我们因背叛您的信仰而终将遭受非难……我们皆被扣以“嗜血者”的恶名……据信，陛下曾言，天主教邪众遍地，恐终究会血流成河。

——天主教虔诚信徒、女王的忠实臣民致女王的一封请愿书，1585 年 3 月[1]

1568 年 5 月 16 日晚 7 时，伊丽莎白一世的宿敌踏入了一片前途未卜之境。这位宿敌拖着疲惫的身躯，在英格兰西北部那片遥远的海滩登陆。这天是星期六。旷野上，风在呜咽。

伊丽莎白一世的这位宿敌，便是她的表侄女——信奉天主教的苏格兰女王玛丽。在横渡索尔威湾（Solway Firth）暗礁密布的浅滩后，玛丽女王终于逃出了苏格兰。而后，玛丽女王乘着一艘小渔船在坎布利亚（Cumbria）沃金顿（Workington）附近登陆。和内战中两眼一抹黑的逃难者并无二致，她也是满身淤泥，除了一身污秽不堪的行头，已是身无分文。然而，纵使困难重重，追随者已所剩无几，且个个筋疲力尽而又心灰意冷，这位一头褐色长发、身高1米8、年仅25岁却结了3次婚的女人[2]，依然傲然伫立在他们面前，浑身上下散发出一个女王应有的、难以掩饰的气魄和威严。只不过，连续数月的恐惧、心碎和窘迫之后，她红褐色的眼眸已不再明亮。

3天前，她手下的6000名将士在兰塞德（Langside）即今天格拉斯哥（Glasgow）的南部[3]，被她同父异母的弟弟——她父亲的私生子莫里伯爵（Earl of Moray）[4]詹姆士·斯图亚特（James Stewart）——率领的效忠于苏格兰新教贵族的小股武装一举击溃，战事历时仅45分钟。而在此之前，她已经被逼逊位。其年幼的儿子被拥立为苏格兰国王，是为詹姆士六世（James Ⅵ）。莫里伯爵则出任全权摄政王。现在破晓将至，玛丽投书表姑伊丽莎白，哀求能私下谒见，渴望她能施以援手助自己夺回王位，并让那些乱臣贼子血债血偿。

作为访客，玛丽这个表侄女确实不怎么招人待见。她曾将英格兰、法国和苏格兰的纹章并置于自己的私人纹章之上。彼时的她是何等英姿飒爽！此举无异于宣称她不仅是苏格兰女王，同时也是英格兰王位的合法继承人，因为她是亨利八世的妹妹、长公主玛格丽特（Margaret）这位曾经的苏格兰王后的后人[5]。

伊丽莎白一世和玛丽相处得不甚融洽，她还曾拒绝了玛丽立其为自己的继承人的要求，但她依然很同情自己这个表侄女的不幸遭遇。在她看来，君权神授，苏格兰逼迫女王退位背离天道。但与此同时，她很清楚，在自己治下的那些信奉天主教的臣民眼中，她伊丽莎白才是异端。在他们看来，自己不过是父亲亨利八世在合法妻子——来自西班牙的阿拉贡的凯瑟琳尚未过世时，便和安妮·博林媾和而产下的孽种。多少人都在祈祷，祈祷不久之后头戴英格兰王冠的是玛丽而不是她伊丽莎白，对此她同样心知肚明。

伊丽莎白的首席大臣威廉·塞西尔则与伊丽莎白所虑不同。他既没有她作为王室一员的兔死狐悲，也没有她对神圣王权可能受到侵犯的种种隐忧。在他看来，苏格兰女王玛丽踏上英格兰的领土，不仅对其主子的王位构成了严重威胁，还威胁到了他自身的政治地位，乃至自己的身家性命。

不仅如此，苏格兰女王玛丽笃信天主教，她的到来无异于将羽翼日渐丰满的英格兰新教置于险境。新教目前的地位来之不易，是多少殉教者在英格兰女王玛丽一世执政时期从血与火的抗争中争取的。所以，这位苏格兰女王来到卡莱尔城堡（Carlisle Castle）东南塔楼伊始，纵然城堡再舒适，她还是立刻意识到自己受到了全天候严密监视。但这一切已不足为奇了。即使是在噩梦中她又何曾想过，接下来她会被伊丽莎白当作最不受待见的客人囚禁长达 18 年之久。虽然获准保留苏格兰女王的虚衔和待遇，但她将不得不面对残酷的现实，她将被关押在英格兰北部，继而被押解到中部地区，常年受到严密看防，每日度日如年。

塞西尔很不安，因为他很清楚，在英格兰国土上的不少地区，人们依然虔诚地信奉天主教。伊丽莎白治下臣民凡 300 万之众，一多半都是顽固的天主教徒。例如，直到 16 世纪末，兰开斯特郡（Lancashire）大部分臣民都还信奉着天主教。[6]在苏塞克斯郡和汉普郡这些沿海战略要地，在保守的乡绅和逃亡神父的滋养下，天主教这一陈年老教竟依然散发着蓬勃生机。在苏塞克斯郡，很多教堂的圣坛依然傲然矗立着圣坛屏[7]，公然向政府叫板。1568年的一份官方报告同样让人忧心忡忡：在那些已经拆除圣坛屏的教堂，“教众还精心保管着圣坛屏，时刻准备拿出来再派上用场”。圣像并未毁掉，而是被藏匿了起来。“天主教其他教具也都被藏了起来，如果要做弥撒，一天之内就能凑齐所需的全部用具”。圣杯也悄然藏匿，静待天主教古老仪式的回归。在参加新教会仪式时，教众带的竟然是弥撒书；而女人们和老家伙们公然谈论着念玫瑰经时应该戴什么样的念珠，全然将上帝的福音抛在脑后；牧师们身着黑袍却在衣领处佩戴白色领巾。[8]在汉普郡，主教罗伯特·霍恩（Robert Horne）发现想找一名能传播“合乎教义的、可靠的真理”的牧师竟比登天还难。他还发现，即便是在温彻斯特大教堂，顽固鼓吹“天主教的权威和教义”的牧师也不乏其人。对此，他极为愤慨。[9]

苏格兰女王玛丽的到来是个不祥之兆，必然遗毒无穷，这就是塞西尔对此的精确研判。其后发生的事情也印证了他的判断。第四代诺福克公爵托马斯·霍华德在英格兰可谓身份显赫，贵为一等勋爵，却是个自私又自负之人。翌年，即1569年上半年，这位天真到近乎愚蠢的家伙竟紧锣密鼓地谋划着要迎娶囚牢中的苏格兰女王为妻，做着有朝一日成为王配（king consort）的春秋大梦——即便做不了英格兰女王的王配，总要混个苏格兰王配当当。而玛丽本人也心甘情愿当他的同谋。为了摆脱伊丽莎白的既不情不愿又强人所难的好客之道，她信誓旦旦地说自己真的爱上了这个天真到家的公爵，然而机关算尽，却只落得事与愿违。她又密信通知虔诚的天主教徒诺森伯兰伯爵（Earl of Northumberland）和威斯特摩兰伯爵（Earl of Westmorland），希望他们能帮忙解救自己。信中还扬言若有必要，可诉诸武力。

在 16 世纪，霍华德家族成员有一个通病，他们简直骄傲自大到了登峰造极的程度。诺福克公爵也不例外。其为人一向狂妄自大，身败名裂只是早晚的事。一提起自己让人难以置信的巨额财产和位于诺里奇（Norwich）的富丽堂皇的豪宅，他便不知廉耻地吹嘘，说自己的岁入"与整个苏格兰相比也不遑多让……站在诺里奇的自家网球场上，他寻思自己应该和某些国王平起平坐了"。伊丽莎白生性多疑，又嗜财如命。不阿谀奉承女王就罢了，若他真想打消伊丽莎白的疑虑，就应该闭嘴，可他偏不。王室向其发出传票强制其出庭，他却充耳不闻、视而不见。伊丽莎白女王不得不怀疑，公爵这是要当那些天主教臣民们的领袖，打算起兵造反了。事情一发不可收拾。这年 10 月，诺福克公爵在去温莎（Windsor）途中被捕，随即被押往伦敦塔下狱。这里曾经关押过不少其家族成员：1547 年 1 月，其父就是因狂妄自大（事实已构成谋反），擅自将"忏悔者"爱德华（Edward the Confessor，即爱德华三世）的王室纹章私刻于私人纹章（heraldry）上而触犯了僭越罪在这里被处决。[10]

1559 年起伊丽莎白开始施行新的宗教政策，但是无论是在经济薄弱的郡县，还是在靠近苏格兰边境的北部地区都收效甚微。与伦敦金碧辉煌、精美绝伦的王宫相比，诺森伯兰郡、达勒姆

(Durham)和约克(Yorkshire)等地仿佛不在同一个世界。在这些地区，仿佛已故女王玛丽一世仍在坐镇朝堂，人们一如既往地遵守、执行宗教改革运动前的旧宗教仪式。这些仪式已经成为人们的日常习惯。圣水、玫瑰经、玫瑰念珠、圣像和用于祭祀的蜡烛等天主教教具都在向官方宗教新教教义公然挑衅。[11]狂热信奉天主教的英格兰北部地区就像一口沸腾的大锅，锅内掺杂的种种发酵的怨恨和反动思想，迟早会外溢殃及其他地区。

1569年11月9日，第七代诺森伯兰伯爵托马斯·珀西(Thomas Percy)和第六代威斯特摩兰伯爵查尔斯·内维尔(Charles Neville)起兵谋反。教堂的钟声回荡不息，这是佃农的集结号。在他们看来，不久前才刚被转移到斯塔福德郡(Staffordshire)的塔特贝里城堡(Tutbury Castle)的苏格兰女王玛丽“虽未登英格兰大位，但还是真正合理合法的王位继承人”。他们决意南下，将玛丽从监狱中营救出来，以恢复天主教在英格兰的统治地位。[12]11月14日，叛军高擎“耶稣受难旗”抵达达勒姆，并准备继续征伐。“耶稣受难旗”具有强烈的象征意味。它上次出现还是在32年前的“求恩巡礼”叛乱(Pilgrimage of Grace)中，而彼时叛军讨伐的对象正是伊丽莎白的父亲亨利八世。现在，叛军开始冲击11世纪建造的大教堂，他们扯下一切与新教相关的物什，并将英文祈祷书和《圣经》全部付之一炬，而后便开始兴高采烈地做弥撒。

在约克郡，枢密院北区议长(Lord President of the North)第三代苏塞克斯伯爵托马斯·拉德克利夫(Thomas Radcliffe)陷入了兵源不足的窘境。他手下只有400名装备不齐的骑兵，其忠诚度也要打个问号。一想到要在战场上与叛军对决，他心里便直打鼓。对于身处 425 千米之外的伦敦、虔诚地信奉新教的伊丽莎白来说，此次叛乱不过是历史的再现，本质上与曾经多次威胁都铎王朝的叛乱并无二致。[13] 1485 年，她的祖父亨利七世（Henry Ⅶ）在博斯沃思战役（Battle of Bosworth Field）中击败理查三世（Richard Ⅲ）后称王，此后便不得不应付此起彼伏的叛乱。1536—1537 年，她的父亲亨利八世数次镇压抗议拆除天主教修道院的叛乱，虽然最终取得了胜利，但赢得并不轻松。1549 年，她同父异母的弟弟、尚未成年的爱德华六世因推行英文祈祷书而承受了来自英格兰西南部、南部、中部及约克的叛乱，最后不得不躲进温莎城堡避难。同年，诺福克郡爆发克特叛乱（Kett's Rebellion）。随后的 1551 年，诺丁汉郡（Nottinghamshire）、莱斯特郡（Leicestershire）、拉特兰郡（Rutland）等多地又先后爆发叛乱。参与叛乱的“不仅有盲流，还有骑兵和手工业者”。直至 1554 年玛丽一世当政时期，英格兰的玛丽一世才通过与西班牙的腓力联姻最终平息了叛乱。现在，终于轮到她伊丽莎白面对这些手持简陋武器的愤怒平民了。都铎王朝好斗的天性在她胸中燃成了烈焰，她恨不得走上战场将那群乱臣贼子撕得粉碎。任何消极应战的举动都让她大为光火。

在约克，兰开斯特公爵领事务大臣（Chancellor of the Duchy of Lancaster）拉尔夫·萨德勒爵士（Sir Ralph Sadler）耐心地向塞西尔做着解释。目前，苏塞克斯伯爵不能贸然与叛军开战，他认为：“天主教这种古老的信仰正如积压在人们心底的沉渣，只需轻轻一碰，便会立刻泛起。”

纵观英格兰全境，支持女王（伊丽莎白）宗教改革事业的绅士屈指可数。

百姓因为无知，迷信、盲从教皇推行的过时教义，明里暗里支持打着天主教信仰旗号的叛军。表面上看他们是支持我们，实则不然，他们是身在新教，心归天主教。

如果我们带着这样一支军队去戡乱，其战斗力可想而知。

从目前的形势看，圣子耶稣基督与圣父上帝各自为政、势同水火。圣子与我们为友，另一个却与我们为敌。[14]

11 月 16 日，两名伯爵率叛军南下抵达勒姆郡的达灵顿（Darlington），随即下令部队停止前进。接着，他们发布了讨伐檄文，旨在争取民心、捍卫天主教传统习俗。檄文气势磅礴，既洋溢着爱国主义热情，又极其虔诚，呼吁饱受宗教改革折磨而郁郁寡欢的保守派民众揭竿而起。檄文中他们自称自己才是“女王陛下最忠实、守法的臣民”，强烈谴责女王身边那些怀着狼子野心的暴发户，指责他们整日挖空心思颠覆“古老而高贵的信仰”，数十年如一日地维护“与《圣经》格格不入的新教异端教义”。他们警告民众，国外敌对势力将不惜动用武力，迫使英格兰回归天主教信仰。“我们自己必须快马加鞭，早日实现这一目标。如若不然，在不久的将来，敌人就将入侵英格兰，将我们彻底摧毁”。

我们要知错改错，如若不然，外敌就会大兵压境，我们都将沦为奴隶、契约工。

是故，我们在此呼吁、命令……各位……16~60 岁间的所有教众。这是上帝的要求！让我们用自己的行动，捍卫上帝的真教义，即天主教信仰。兹事体大，关乎我们的共同福祉。起来吧！披上你们的战甲。起来吧，扛起你们的武器！现在就参加战斗！

胜利属于我们！战斗吧，否则国破家亡就在眼前，我们别无选择！[15]

檄文结尾处保留了“上帝保佑女王”的传统句式，但他们要保佑的女王究竟是苏格兰女王玛丽还是英格兰女王伊丽莎白，就只有天知晓了。

佃农们积极响应，但其他大部分人对叛乱并不热衷。对于年长的自耕农来说，亨利八世在30多年前对“求恩巡礼”叛众的杀伐果决或许还记忆犹新吧。所以，11月16日，当叛军在约克郡北部塔德卡斯特（Tadcaster）西郊的布拉默姆旷野（Bramham Moor）集结时，只招募到了3800名装备简陋的步兵和1600名装备差强人意的骑兵。[16]这哪里是一支所向披靡的军队？诺森伯兰伯爵和威斯特摩兰伯爵的信心遭到了重创。所谓“不知进退非真勇”，为了不做无谓的牺牲，他们一枪未发便掉头回家了。

叛军迟迟未能兵临伦敦城下，这让新任西班牙驻伦敦大使——老谋深算的唐·格拉·德·斯派斯（Don Guerau de Spes）感到惊讶。他分明已经感受到，面对来势汹汹的叛军，伊丽莎白政府已近乎乱了阵脚。伦敦城紧急招募了2000余“贱民”在莱斯特郡集结，以充实王室军队。政府军不仅兵员短缺，战马数量也明显不足，伊丽莎白女王已然无计可施。为维持新招募军队的运转，伊丽莎白不得不向国外富商巨贾贷款。[17] 据说她已经做了最坏打算。她不仅在温莎城堡外构筑了最后一道防线，还选拔了不少步兵做自己的贴身侍卫。苦于长期无法在北部地区恢复有效统治，她无奈只好在温莎圣乔治教堂（St George's Chapel）签发诏令，宣布诺森伯兰公爵犯有叛国罪，剥夺了其嘉德骑士称号。[18]

叛乱还有望呈燎原之势吗？在给西班牙国王腓力二世的奏疏中，德·斯派斯写道："坊间传言称西部各地和威尔士的天主教徒准备效法北部天主教徒起义，但事实并非如此。"[19] 此时，在马德里西北部 45 千米处瓜达拉马山脉（Sierra de Guadarrama）圣洛伦佐巍峨的埃斯科里亚尔宫（palace of San Lorenzo de El Escorial）内，西班牙国王腓力二世正坐在自己简陋的书房中。他盯着驻英大使发来的急件，陷入了沉思。自从与玛丽一世联姻，他已将英格兰天主教徒视为自家人。所以，当收到英格兰发生叛乱的消息时，他内心虽保持着警觉，更多却是高兴。腓力二世随即致信正在西属尼德兰（Spanish Netherlands）执行镇压新教徒任务的战区总司令阿尔瓦公爵（Duke of Alba）费尔南多·阿尔瓦雷·德·托莱多（Fernando Alvárez de Toledo）。这封信措辞十分谨慎，他在信中向托莱多透露，恐怕只有动用武力才能迫使伊丽莎白皈依天主教。

> 这个妇道人家给寡人的臣民、朋友和盟友带来了深重的苦难。我们却一拖再拖，迟迟未能帮助他们逃离苦海。时至今日，该局面已经严重影响了我们的声誉。
>
> 上帝的神圣教义理应恢复……我们也理应将善良的天主

教徒、基督徒从受压迫中解救出来。

若其（伊丽莎白）执迷不悟、死不悔改，你应通盘考虑，拿出一个最优解决方案。

依寡人之见，我们应鼓励英格兰北部的天主教徒，私下给予他们经济援助。我们还要协助爱尔兰人，让他们拿起武器与异教徒做斗争，把本属于苏格兰女王的（英格兰）王位夺回来。

事实上，苏格兰女王玛丽和法国君主关系密切，腓力二世内心并不希望其成为英格兰的主宰。只是由于腓力二世无条件效忠于圣母教会（Holy Mother Church），他才打消了这重外交顾虑。他宣称“教皇和全体基督教徒都将毫无保留地支持”玛丽继承英格兰王位。[20]

而在英格兰国内，北部叛军在撤退后依然不断寻衅滋事。11月第一周，4500多名叛军包围了乔治·鲍斯爵士（Sir George Bowes）镇守的巴纳德城堡（Barnard Castle）。鲍斯爵士虽已须发花白，但久经战阵，曾多次参加对苏格兰的边界之战。无奈城堡戍卫已人心涣散，不少人翻过充当外围工事的矮墙临阵脱逃，有的在逃跑过程中丧生；有的则直接打开城门，迎叛军入城。最后，鲍斯迫不得已向叛军投降。叛军给的投降条件相当宽大，他们同意鲍斯率手下400随从移师约克郡。[21]随后，叛军再次告捷，轻而易举地拿下了城防设施多处垮塌的哈特尔普尔港（port of Hartlepool）。此刻，叛军士气高涨，竟开始幻想西班牙军队可以即刻登陆与他们合兵一处。然而，他们还是太天真了。

而就在此时，伊丽莎白的复仇之箭已在弦上。

12 月 16 日，伊丽莎白万人讨逆部队的先头部队挥师北上，饮马冰封的蒂斯河（River Tees）。两名伯爵立刻像泄了气的皮球，抛下部队，向赫克萨姆（Hexham）方向逃窜。他们穿过英苏边境，向苏格兰寻求庇护。圣诞节这天，塞西尔致信萨德勒。他在信中引述了一个关于捕猎的故事来讥讽避难的逃亡者。如此类比颇为牵强，读来也显得不够自然：

> 几个人渣（害虫）逃到了异国（小树丛）避难；收留叛逆之徒、宵小之辈者，纵非贼寇，也该是同流合污者吧。他们是在等猎人走远，再逃往天涯海角吧。[22]

事已至此，英格兰的宿敌们却依然不死心。在他们看来，叛军并非在逃窜，而是适时进行战略撤退。直至 1570 年 1 月中旬，威尼斯驻法国大使阿尔维斯·孔塔里尼（Alvise Contarini）在报告中还声称，叛军正在赶往英苏边界的贝里克（Berwick）。他们将在此越冬，而且叛军“规模正日渐壮大，待到冬去春来，必能强大无比”。[23] 但是，栖居伦敦的德·斯派斯不久便洞悉了现实的残酷，他心痛地说：“英格兰天主教徒的表现着实令人汗颜，其梦想的事业已经破灭……他们缺的不是动力，而是坚强的领导。如此下去，必难以为继。”[24]

噩梦接踵而至，诺森伯兰伯爵被出卖，交给了莫里伯爵。寡廉鲜耻的莫里又以 2000 英镑的赎金将其移交给了英格兰当局。[25] 1572 年，诺森伯兰伯爵在约克被斩首。威斯特摩兰伯爵则逃到了西属尼德兰。由于所有财产均被罚没，他只能靠西班牙人的施舍勉强度日。[26]伊丽莎白眉飞色舞地告诉法国驻英大使，她已彻底击溃叛军，还赦免了约克郡和达勒姆郡民众。[27]她还声称"我们生来就慈悲为怀"。然而，这不过是漂亮的外交辞令罢了。她随后严令众将将所俘800余名叛众尽皆处死，死者绝大部分是底层"贱民"。[28]

要将不法教徒一一处以绞刑需要不少时日，苏塞克斯伯爵担心"女王陛下觉得夜长梦多，心生不悦"。1月19日，他提醒鲍斯"圣心难测……即使我如实相告，女王亦未必能听得进去。你现在就离开这个是非之地，走得越远越好。再耽搁下去，女王难免不对我心生龃龉，恐连累了你"。伊丽莎白果然大开杀戒。托马斯·加格雷夫（Thomas Gargrave）曾坦言，这种合法的杀戮将"使很多地区荒无人烟"[29]，这些地区的经济200年内都将难以恢复。

表面上看，苏格兰女王玛丽对英格兰王位的威胁已经化解。事实上，塞西尔心里清楚，威胁并未得以根除，只不过是蛰伏起来了而已。1570年1月30日，伊丽莎白的表兄——一向以心直口快著称的汉斯顿勋爵（Lord Hunsdon）就直言不讳地警告女王：

> 请陛下谨记，要时刻警惕苏格兰女王。否则，祸不远矣……目前，外部势力所策划的种种事件（阴谋）都和她撇不清关系。[30]

在处理对都铎王朝的关系方面，梵蒂冈（Vatican）一贯慢半拍，教皇庇护五世（Pius V）在协助英格兰天主教叛乱势力时也不例外。他自始至终基本没有发挥作用，最终导致此次叛乱流产。

直至 1570 年 2 月 25 日，庇护五世才颁布诏书《在至高处统治》（*Regnans in Excelsis*），宣布开除伊丽莎白教籍——蔑称其为“恶灵之仆”——并宣布剥夺其通过“魔鬼的行径”篡夺英格兰王位而获得的所有“非法权利”。这份诏书不仅是一种宗教制裁，更是典型的人身攻击。

庇护五世罗列了伊丽莎白的种种罪状，不是将其归为异端行径，就是指责其施暴政。教皇指控女王“蛮横”地扭曲真正的教义；压迫“天主教人士”；强迫臣民“遵从其万恶的法律、藐视教皇权威，并承认她是宗教和世俗世界唯一的主宰”。他还指控女王“将众多天主教主教、教士投入大狱，让他们尝尽人间疾苦最后含冤离世”。不仅如此，庇护五世还呼吁：

> 兹令伊丽莎白治下贵族、臣民、民众及其他各色人等，不得继续服从其统治，不再遵守其法规、戒律。违令者，必受诅咒和审判。[31]

教皇挥舞着“开除教籍”的大棒，向伊丽莎白治下的天主教臣民发表训诫：凡继续听命于伊丽莎白、遵从其法律者，将自动被剥夺教籍——“乃彻底自绝于耶稣基督教会”。教皇的这道训戒，给生机盎然、绿草如茵的英格兰埋下了骚乱的火种。自此，在伊丽莎白诸臣眼中，所有的天主教徒都成了潜在的叛国者。据他们判断，某些天主教人士可能正蠢蠢欲动，图谋行刺女王陛下。

英格兰理所当然地严禁执行教皇颁布的这份诏书。然而，数月后的一个凌晨，竟然有人将诏书复本肆无忌惮地张贴在伦敦主教位于圣保罗教堂内住所的花园门口。肇事者系索斯沃克（Southwark）的约翰·费尔顿（John Felton）。费尔顿是一名天主教绅士，家境殷实，“身材不高、肤色黝黑”。其妻曾做过玛丽一世的侍女。事发还不到24小时，费尔顿即被捕入狱。在经过严刑拷打之后，他在距其张贴诏书复本不远处被处决。当时，对叛国者的惩罚往往异常血腥，令人不寒而栗——叛国者不仅要被处以绞刑，还要被分尸。据说，刽子手将费尔顿仍怦怦直跳的心脏高高举过头顶时，费尔顿还在呼唤耶稣。[32]

1570年4月，英格兰通过了新的刑法，进一步强化对宗教异端的隔离和迫害。伊丽莎白执政期间通过的第二部《叛国罪法案》（Second Treasons Act）扩大了对叛国罪的定义。法案规定，凡“行刺女王，或给女王造成任何身体伤害的图谋、设计、策划或意图”，或任何“废黜女王或剥夺其在王国疆域内行使王权，或诋毁、损害王者至尊地位和荣耀”的意图均为叛国行径。法案甚至规定，凡“宣称伊丽莎白是异教徒、无神论者、信仰的撕裂者、暴君或通过篡位而称王”的言论皆属叛国言行。[33]议会召集期间还通过了另一部法案。该法案规定，凡携带教皇诏书或“罗马教廷的书刊、用品及其他迷信物件”入境者一律入刑。[34]在过去，缺席教会礼拜仪式没什么大不了的，现在却成了不可饶恕之举。是否按照新教仪式参加日常祈祷活动，也成了衡量是否忠于女王的重要标准。[35]

在教皇疯狂攻击伊丽莎白的同时，英格兰再次发生了一起旨在推翻女王的阴谋事件。1570年8月，刚从伦敦塔释放，仍被软禁在其伦敦住所的诺福克公爵——其住所位于卡尔特修道院广场（Charterhouse Square）的加尔都西会修道院（Carthusian monastery）的旧址——就又身不由己地卷入了佛罗伦萨双面间谍罗伯托·里多尔斐（Roberto Ridolphi）策划的阴谋。里多尔斐请求诺福克公爵致信阿尔瓦公爵，希望其能帮助苏格兰女王玛丽逃脱困境。玛丽表现出希望和诺福克公爵成婚的强烈愿望，并怂恿他于1571年1月31日一起出逃——“无论发生什么危险，两人都要一起勇敢面对”——只要逃离魔爪，两人便可立即成婚。[36]

4月12日，来自弗莱明（Fleming）、为苏格兰女王效力的年轻人查尔斯·贝利（Charles Bailly）在多佛（Dover）被捕。捕快从其身上查获一本从流亡天主教徒处弄来的带有煽动性言论的小册子及“藏于背部”的两封信件。信件是里多尔斐写给玛丽麾下特务罗斯主教（Bishop of Ross）约翰·莱斯利（John Leslie）的。里多尔斐此时已经安全抵达布鲁塞尔（Brussels）。经过严刑拷问，贝利承认，意大利人里多尔斐已于3月25日携带玛丽致阿尔瓦公爵、腓力二世和教皇的求助函，及敦促西班牙入侵英格兰的信函离开伦敦。据其供认，入侵计划复本及支持者名单现存放于诺福克公爵处。支持玛丽的名单上仅贵族就多达40人。如果这份名单曝光，他们必将身败名裂。每个人的名字后都有一串数字，是公爵和他们联络时使用的代码。[37]

离开英格兰后，里多尔斐费了九牛二虎之力，试图说服阿尔瓦公爵，使其同意攻打英格兰。然而纵使他说到口干舌燥，后者依然不置可否。谈话变成了里多尔斐一个人的独角戏。他兴致勃勃地向阿尔瓦公爵建议，西班牙可派6000名士兵，动用25门加农炮，前往支援（诺福克公爵领导的）英格兰天主教武装暴动，解救玛丽女王，俘虏伊丽莎白。阿尔瓦公爵却始终不为所动。阿尔瓦公爵在给腓力二世的汇报材料中调侃里多尔斐，说此人就会“信口开河”，称其是从“鹦鹉”那儿学的口舌。阿尔瓦公爵向国王建议，不如先等英格兰天主教起事，伊丽莎白“殡天……或身陷囹圄”，西班牙再出来提供军事援助不迟，如此方为上策。他还说：“不妨告诉他（诺福克公爵），只要满足上诉条件要求，他要什么，我们就给什么。”[38]

塞西尔派特勤人员搜查了诺福克公爵在伦敦的住所霍华德庄园（Howard House），希望能找到他犯罪的证据。塞西尔本人已荣升为伯利伯爵，步入了贵族之列。查抄过程中，诺福克公爵看似态度倨傲，实则惴惴不安地注视着负责搜查的官员的一举一动。很快他们便有了收获。在屋顶瓦片下，他们发现了密码本；在公爵卧室外的一匹布下，他们查抄到一份已经破译的文件。此时，诺福克公爵已是“服服帖帖”。拉尔夫·萨德勒爵士警告道：鉴于其“执迷不悟、死不悔改，女王陛下天威震怒……已然决定对其严惩不贷”。[39]

诺福克公爵随即被再度收监，押入伦敦塔。他孤凄独坐，思考自己何去何从。而此时，他的秘书老威廉·巴克（Old William Barker）正在阴森恐怖的城堡审讯室内接受拷问。萨德勒在报告中称，“我们提审了巴克三四次，他却顽固不化，简直是个呆子”。然而，在恐怖的拉肢刑具面前，巴克的抵抗及其对主子的忠心，犹如太阳下的积雪瞬间消弭。拉肢刑具是一种地狱般恐怖的刑具，在16世纪，这种刑具是逼迫不愿配合的囚犯吐口的首选利器。刑具主体是一条长长的木桌，木桌两端各固定一个绞盘，绞索连着犯人的手铐和脚镣。审讯时，转动绞盘就能扭曲犯人的四肢。托马斯·诺顿是伊丽莎白时期第一个使用拉肢刑具的行刑人，人送绰号“夹疼夹”。其绰号颇具都铎王朝时期的黑色幽默风格。诺顿起初只是个律师，后来创作了一些戏剧和诗歌，最后才做了行刑人。他很享受这份工作。后来，他又对耶稣会会士亚历山大·布莱恩特（Alexander Briant）使用拉肢刑具，使布莱恩特的“身高（比上帝对他的设计）长了足足一英尺”，因而受到指控。[40] 西班牙驻伦敦大使曾在报告中称：在英格兰，将铁钉钉入指甲缝也是一种常见的刑罚——在西班牙人看来，这种折磨“是所有刑罚中最惨无人道的，也只有对付反基督的异教徒时才会采用”。[41]

所以，巴克招供并不稀奇。他急于讨好那些审讯者，竹筒倒豆子般一股脑儿全招了。老头交代了里多尔斐“天上掉馅饼”似的入侵英格兰的计划：西班牙部队在苏格兰邓巴顿郡（Dumbarton）爱丁堡市（Edinburgh）附近的利斯港（Leith）和英格兰埃塞克斯郡（Essex）的哈里奇港（Harwich）登陆。[42] 如此说来，苏格兰的新教徒将和亲如兄弟的英格兰新教徒一道饮血西班牙托莱多之剑（Toledo steel，托莱多盛产名剑）。

诺福克公爵已是在劫难逃，等待他的不过是送上断头台前必经的冷冰冰的司法程序而已。他一再声称自己的仆从作了伪证，却终究难逃一死。1572 年 1 月 16 日，诺福克公爵在威斯敏斯特大厅（Westminster Hall）被一众贵胄以叛国罪判处死刑。1572 年 6 月 2 日，他在伦敦塔山（Tower Hill）被处决——刽子手只一斧便要了他的命，这已经是法外开恩了。临行刑前，他站在断头台上，面对着台下的人群心有不甘地说：

> 上帝见证，我从来就不信什么天主教。我明白信仰的真谛，从未执迷于天主教仪式……恰恰相反，我对天主教义极度反感和排斥……诚然，我无法否认我的仆从和家人中有人对天主教执迷不悟。[43]

伊丽莎白怒斥西班牙驻英大使德·斯派斯“暗中伺机对英格兰骚乱煽风点火”，随后将其驱逐出境。

庇护五世强烈谴责伊丽莎白的做法，然而此时，伊丽莎白及其枢密院臣僚却改变了主意，并不打算仅以宗教为由责罚治下的天主教臣民。英格兰当局决定对天主教徒区别对待。对于那些极力主张将裁判权归还罗马教廷的英格兰天主教徒，英格兰当局将严惩不贷。而对于私下信奉天主教、否认女王在宗教界（灵魂世界）至高统治地位，但并不热衷于教廷权威、不站队的天主教徒则不予追究。[44]

这项政策已经够温和了。然而在 1572 年，宗教问题却依然令伊丽莎白的枢密院头疼不已。伦敦关押的天主教徒实在是太多了，监狱已人满为患。枢密院担心关押于首都伦敦的天主教徒的不满情绪会不断发酵，最终彻底爆发。[45]但是，将顽固的天主教徒流放海外则无异于给他们创造机会，使他们能更肆无忌惮地策划针对女王和整个国家的阴谋。出路何在？答案就隐藏在今人所说的“拘留营”中——在国难当头的特殊时期，将潜在的麻烦制造者统统关押进“拘留营”。1572 年 3 月，该计划正式出炉，伊利岛（Isle of Ely）上的威斯贝奇城堡（Wisbech Castle）虽然破败，却是个不错的选址。[46]天主教徒都将被圈禁于此，并被严加看管。鉴于伊丽莎白不愿多花哪怕是一分冤枉钱，他们只能食宿自理。

从国际局势来看，远离欧洲大陆的英格兰俨然已经成了重重包围之下的新教堡垒。西班牙对低地国家（Low Countries）的殖民统治，以及对当地新教徒实施的恐怖统治宛如不祥之兆，令伊丽莎白政府越发不安起来。他们越发觉得自己势单力孤，无时不刻生活在各种天主教势力的重重威胁下。据伊丽莎白安插在西属尼德兰的密探报告，阿尔瓦公爵已经决定对英格兰的天主教徒出手相助；[47]另据法国驻伦敦大使贝特朗·德·萨利尼亚克·德·拉·马瑟·费奈隆（Bertrand de Salignac de la Mothe Fénelon）称，阿尔瓦公爵安插在伦敦城的密探与城内一些颇有名望的天主教家族之间保持着联系。[48]据说，宫廷中有50多位大臣受雇于此人。

流亡海外的天主教徒在得到庇护国的支持和怂恿后，也在积极从事反对伊丽莎白统治的各项活动。1572年，鲁汶（Louvain，属于今比利时）出版发行了《叛国者文集》（*Treatise of Treasons*）。该书扬言异端凭一己之力已足以引发英格兰动荡，最终摧毁其一切文明。1573年，伯利勋爵发表声明对此进行了回应。他的回应堪称首创了诉诸国家面临的内忧外患的办法，他希望以此唤醒伊丽莎白臣民的爱国之心：

> 一些冥顽不化、不知悔改的叛国者针对祖国开展了各种叛国活动，他们的斑斑劣迹已经臭名昭著。反叛失败后，他们又逃回庇护国，继续一意孤行……费尽心机，策划卑鄙伎俩。他们质疑并妄图颠覆我们王国世世代代和平、宁静的生活。[49]

西班牙迟迟未进攻英格兰，助其恢复天主教信仰的国教地位，使部分流亡者颇感困惑。透过侨居鲁汶的威尔士人莫里斯·克伦诺克（Maurice Clenock）的一番话，我们可以窥见他们期望接受外国势力武力干涉英格兰的原因：

> 有人劝我们，说什么英格兰人不能生活在外国势力的铁蹄之下。这话我们不爱听。
>
> 高压统治日益严峻，日复一日，无以复加。我们这群天主的忠实信徒、告解者，除了祈盼外国人给我们带来自由，还能有什么希望？
>
> 与其被国内的敌人推进无边无际的地狱（深渊），不如接受异国君王，让他来赐予我们永恒绵长的福祉。[50]

克伦诺克渴望外国入侵英格兰。其思想在英格兰天主教徒中可谓相当具有代表性。他们寻求外援的初衷是成就自己伟大的宗教事业，这一点不容置疑，但大多数人对所谓外援的真实动机持怀疑态度。

教廷驻西班牙大使尼古拉·欧曼尼多（Niccolò Ormanteo）也承认："倘若外国势力以援助为借口使他们臣服，他们是绝不会接受的。他们接受援助的前提必须是推翻自立为王的伊丽莎白，恭迎苏格兰女王玛丽继承英格兰王位。仅此而已。"[51]

梵蒂冈档案馆保存着一份1570年9月的备忘录。备忘录笔锋苦涩，其作者可能是一名旅居布鲁塞尔的英格兰流亡者。在这份备忘录中，天主教徒对伊丽莎白一世的刻骨仇恨，生活在异国他乡带来的自我迷失，以及由此生发的挫折感和怨恨之情，都跃然纸上：

> 毫无疑问，她（伊丽莎白一世）正是《末日启示录》中描绘的那个妓女，正是因为其所献之酒，统治万方百姓的列国君王才个个烂醉如泥、稀里糊涂。
>
> 而她本人也烂醉如泥。她所饮之酒乃是千千万万的殉道者为基督教献身而洒的热血所酿之酒。在玛丽女王执政时期，[52] 若非生活在那片土地上的一名显贵出手相助，以其犯下的累累叛国罪行，她早就丢了性命。她深知如此，那些牺牲才更显得悲壮。正因如此，她才更加烂醉如泥。[53]
>
> 鉴于伊丽莎白罪恶昭彰、罄竹难书，她不但对上帝犯下了罪，而且对人民犯下了罪，我们在此呼吁，信奉天主教的各国君主、王公终止为其恶名背书。
>
> 列国王公贵胄身份显赫，若惧怕一个异教徒、一个被革除教籍的妇道人家，岂不令天下耻笑……[54]

伊丽莎白情报网的触角不断延伸，有时会捕捉到部分天主教流亡者，进而对他们实施打击。牛津大学讲授《基督教会法规》（Canon Law）的钦定教授约翰·斯托里博士（Dr. John Story）就是个比较容易对付的角色。在玛丽一世执政的短暂时期，斯托里曾擅自在自己位于伦敦格雷夫莱尔（Greyfriars）的住所审讯新教疑犯。据福音派辩论家约翰·福克斯（John Foxe）所述，1555 年，斯托里曾鼓吹："火刑上烧死的新教徒我都讯问过，正是本人将他们送上了火刑柱。"[55]1563 年，斯托里从马绍尔西（Marshalsea）监狱越狱后逃到了佛兰德斯。他声明不再效忠伊丽莎白，并开始为西属尼德兰海关效力，同时领取腓力二世发放的津贴。1570 年，英格兰间谍设套，斯托里从安特卫普港（Antwerp）登上了前往诺福克的船只，在大雅茅斯港（Great Yarmouth）登岸时被捕。1571 年 5 月，他因支持 1569 年叛乱及鼓吹西班牙解放英格兰，而以叛国罪指控接受审讯。斯托里辩称自己已归入西班牙籍，并援引《圣经》中的事例为自己开脱："上帝命亚伯拉罕（Abraham）离开故土，告别亲朋，前往异国他乡。"他声称自己不过是追随了先知的脚步，"所以才抛弃国家和故土的法律"，妄想以此来减轻自己良心上的责罚。他还声称，"人生而自由……有权选择在地球上任何角落安家落户，想住在哪里就住在哪里"。[56] 有仇不报非君子，此乃伊丽莎白的秉性。因此，她驳回了斯托里的请求。1571 年 6 月 1 日，斯托里在泰伯恩（Tyburn）行刑场被执行绞刑并被肢解。[57]

伯利勋爵也曾尝试将没收财产引入司法体系，希望以此来刹住流亡风。1571 年《逃亡者法案》（Fugitives Act）获得通过，法案规定：凡未经允许擅自离境者，或获准离境半年后未归者，罚没所有财物及不动产收益。[58] 但是该法案依然无法浇灭天主教徒们那熊熊燃烧的信仰烈焰。截至 1575 年，专门承接流亡偷渡服务的公司已多达 200 余家。这些公司的头目均为在西属尼德兰军队中为腓力二世效力、服役的英格兰船长。后来，爱尔兰和苏格兰天主教徒也加入逃亡队伍，这类公司的数量变得越发庞大。[59]

另一方面，一门心思将天主教事业进行到底的英格兰天主教势力还在策划实施更多叛乱。1573 年 12 月 20，弗朗西斯·沃尔辛厄姆爵士和伯利勋爵被任命共同担任国务大臣，伯利勋爵同时兼任财政大臣。沃尔辛厄姆爵士是一名虔诚而激进的新教徒。玛丽执政后，他曾和其他上千名新教徒一样，因为惧怕迫害而逃离英格兰。相比之下，伊丽莎白的新教信仰便显得平淡无奇[60]，所以，她才会认为沃尔辛厄姆是个“极端的清教徒”。有时她还会对他进行严厉批评，指责他对同伴福祉的关注胜过他为英格兰所做出的贡献，这些批评当然有失公允。沃尔辛厄姆皮肤黝黑，且时常陷入沉思冥想。所以，女王给他起了个“黑暗沼泽”（Dark Moor）的绰号。

伊丽莎白有所不知，沃尔辛厄姆心头一直萦绕着一个挥之不去的可怕梦魇。1572 年 8 月 24 日，星期日，这天正好是法国的圣巴托罗缪日（St Bartholomew's Day），时任英格兰驻法国宫廷大使的沃尔辛厄姆目睹了巴黎天主教徒对胡格诺教派（Huguenots）的血腥大屠杀。这场精心设计的大屠杀从这天黎明开始，一直持续到 10 月，屠杀开始当天就有 3000 多名新教徒遇难。他们有的是被天主教暴徒砍死，有的则是被训练有素的士兵射杀。大屠杀迅速蔓延到图卢兹（Toulouse）、波多尔（Bordeaux）、里昂（Lyons）、鲁昂（Rouen）和奥尔良（Orléans）等地，导致 7 万人遇害。里昂的罗讷河（Rhône）上漂满浮尸，连续 3 个月河水都无法饮用。

沃尔辛厄姆和一群吓破了胆的流亡者被围困在其位于圣日耳曼郊外贝尔纳丹修道院（quai des Bernardins）旁的住所。[61] 胡格诺派将领弗朗索瓦·德·博韦（François de Beauvais）被巴黎人从其住处抓走后被暴民打死。[62] 最后，法国国王查理九世（Charles Ⅸ）终于派兵将沃尔辛厄姆保护了起来，[63] 随后，沃尔辛厄姆又设法将妻子和年仅 4 岁的女儿偷偷送出城。

在罗马，格列高利十三世当选为新教皇。他号召大家载歌载舞，高唱《感恩赞》（*Te Deum*）以庆祝巴黎取得的这场对异教徒的巨大胜利。他还特地下令铸造了纪念章以示纪念。纪念章背面是一个惩恶天使，天使一只手高擎十字架，另一手手持宝剑，向胡格诺派教徒刺去。[64] 不仅如此，格列高利十三世指派乔治亚·瓦萨尼（Giorgio Vasari）在梵蒂冈国王接待大厅——西斯廷教堂（Sistine Chapel）前厅——的南墙上绘制 3 幅描绘消灭新教徒的场面的壁画。[65]

鉴于沃尔辛厄姆的恐怖经历，在沃尔辛厄姆担任国务大臣后，伊丽莎白政府对天主教异端采取高压态势便不足为奇了。被捕的天主教徒剧增，惩处也日趋严厉。[66]

除担任国务大臣外，沃尔辛厄姆同时还是女王的超级间谍。他创建了一个令人瞠目的间谍网，专门从事间谍、反间谍活动，并负责秘密处决国家公敌。他还建立了一套线人网，以应对来自国内的威胁。[67]

然而所有这些努力并没有使英格兰的异见分子收手。在一批又一批的无所畏惧的天主教神学院教士坚持不懈的支持和帮助下，他们偷偷潜入英格兰，以提振虚弱的信仰。

首先被捕的是卡斯伯特·梅恩（Cuthbert Mayne）神父。1577 年 6 月 8 日，他在康沃尔郡的波尔伯斯（Probus）被捕。[68] 从他身上搜出的文件上写道：

> 任何信奉天主教的王公，无论是谁，只要入侵英格兰，

并按照教皇诏书来对英格兰实施改革，都将获得英格兰全体天主教徒的全力协助。[69]

随后，越来越多的神父或被沃尔辛厄姆的密探出卖，或被其手下捕快从或狭窄、散发出恶臭的伦敦小巷，或局促、精心掩饰的乡间寓所里揪出来。他们纷纷追随梅恩神父的脚步走上了断头台。

同样在6月，新上任的伦敦主教约翰·艾尔默（John Aylmer）致信国务大臣警告道："天主教势力现在越来越猖獗了，形势堪忧。"不仅是他，连坎特伯雷大主教爱德蒙·格林达尔（Edmund Grindal）也经常听到其他主教的抱怨，"天主教徒人数激增，越来越多的人不到官方教堂做礼拜，也不侍奉上帝"。[70]

罗马天主教洪流已然在英格兰汹涌澎湃，灌输新教思想能否阻挡其泛滥成灾？1580年8月，当局将一批天主教囚徒送进约克大教堂，规劝他们"弃暗投明，摒弃教皇的虚无、错误论调，顺应并服膺真正的信仰，即政府不久前确立为国教的新教"。然而这番苦心规劝却被简单粗暴地无视了：囚徒们不仅闭目塞听，还大声咳嗽、故意捣乱，断然拒绝用英文诵唱主祷文。随后，这批囚徒被集体押解到约克城堡继续关押。[71]

形势已经明朗，对付天主教的举措已遭遇重大挫败。1581年3月18日，英格兰通过一项旨在"保持女王陛下的臣民应有的服从"的法案。[72]法案规定，拒绝参加事奉上帝活动的天主教徒每人每月处以20英镑的罚款，同时，法案还限制了他们的出行自由以及与其他天主教徒交流的权利。天主教徒们深感震惊。心灵受到重创后，他们竟然筹集了15万克朗（相当于3.75万英镑，以购买力换算比2013年的9500万英镑还多），希望通过贿赂，劝伊丽莎白废除该法案。伊丽莎白断然拒绝。新上任的西班牙驻伦敦大使伯纳迪诺·德·门多萨（Bernardino de Mendoza）警告说："显然上帝将给予他们更加严厉的惩罚，带来更大的伤亡和更多的迫害。"在他看来，该法案无异于"从根本上取缔英格兰天主教"。他将英格兰天主教徒们的请愿呈送给腓力二世，并祈求道："微臣恳请陛下体谅他们所受的苦难。在上帝将他们彻底解放前，西班牙作为天主教会的中流砥柱和坚实的捍卫者理应给予他们协助。"他还恳请西班牙国王从中斡旋，确保罗马教廷任命一位英格兰籍枢机主教：

> 他们恳请教皇能够体察任命一位出身英格兰的枢机主教的重要性。唯其如此，才能避免异教毒草扼杀神职人员种下的良种。[73]

1582年春，沃尔辛厄姆又冒出了一个石破天惊的想法，他要将这些不服管束的天主教徒统统发配到北美这块新殖民地。北美距英格兰和欧洲大陆万里之遥，到了那里这些天主教刺头就再也无法威胁英格兰新教的统治地位，也不可能向欧洲大陆寻求扶持了。然而，在当时的人们看来，将天主教徒弄到北美的想法无异于像将他们送上月球一样荒诞。当时，人们对北美几乎一无所知。但在沃尔辛厄姆看来，该计划无疑是解决伊丽莎白时期英格兰内外交困的一剂良药。毫无疑问，对他来说，即便这些宗教异端在横跨大西洋的航行中逃过一劫，免于葬身鱼腹，迟早也会病死、饿死，或死在北美印第安原住民手上，一个不剩。

令人哭笑不得的是，把佛罗里达打造成天主教乐土的提案似乎是乔治·佩卡姆爵士（Sir George Peckham）[74]和托马斯·杰拉德爵士（Sir Thomas Gerard）联名提出的。佩卡姆爵士是白金汉郡的一名乡绅，1580—1581年冬曾因救济被关押在伦敦的天主教徒而被监禁。托马斯·杰拉德则是个臭名昭著的教皇党人，曾尝试营救苏格兰女王玛丽，因手段拙劣而失败，故而相当不受女王伊丽莎白的待见。然而，毫无疑问，沃尔辛厄姆巧妙利用并全盘策划了该计划。菲利普·西德尼爵士（Sir Philip Sidney）想娶沃尔辛厄姆年仅16岁的女儿弗朗西丝·塞西尔（Frances Cecil）为妻，而偏偏其手中握有在美洲掠地的宝贵权利。1583年，他将这些权利转让给佩卡姆，拿到了一笔现金。他用这笔钱偿还了部分债务，于同年9月正式迎娶沃尔辛厄姆之女。[75]这一切绝不是巧合。让人满意的是，这次远航由44岁的冒险家汉弗莱·吉尔伯特爵士（Sir Humphrey Gilbert，沃尔特·雷利爵士同父异母的哥哥）主持。此前，他已经向王室申请了横渡大西洋开启这趟发现之旅的许可证。

伊丽莎白拿到请求函后大手一挥，在特许状上加盖了英格兰国玺，特许他们在“诺伦贝加河”（River Norumbega）沿岸佛罗里达3.6万平方千米的土地上殖民。令组织者没想到的是，这次远航从一开始就存在诸多问题。首先，这条河压根就只是个传说。据今人考证，该河应该是在缅因州的佩诺布斯科特（Penobscot）附近而非佛罗里达。其次，吉尔伯特的性格有缺陷，不幸的是，他当时的精神状态已经相当不稳定。再次，腓力二世此前已声明了佛罗里达的归属权，而且西班牙军队当时已经占领了佛罗里达。此外，此次行动的倡导者低估了西班牙驻英大使、老谋深算的门多萨的政治智慧。门多萨认为，英格兰在北美建立殖民地将极大削弱天主教徒与英格兰抗争的斗志。1582 年 7 月 11 日，他在呈送腓力二世的报告中这样写道：

佩卡姆、杰拉德等天主教徒，不过是想一边坚守自己的信仰一边过上安稳的生活。他们认为这个提案甚妙，还不断向为他们提供资助的其他天主教徒……宣传该提案……

该提案将让他们不仅能过上自己想要的生活，还能享受与在英格兰能同样优厚的收入。

这一特权将不仅限于想离开欧洲前往美洲的殖民者，还将惠及所有想离开英格兰的人，甚至是那些曾被诬蔑为乱臣贼子的人，以及那些现在重新获得女王恩典的人。伊丽莎白女王再次拥抱了他们，承认他们是自己忠实的臣民。

更让大使气得鼻子冒烟的是：

他们这样做只有一个目的，那就是削弱并摧毁（天主教）……他们已经发现迫害、监禁、杀戮不仅不能扼杀天主教，还会适得其反，天主教徒数量激增（所以他们才幡然醒悟）；如果该提案真的得到贯彻落实，就没有天主教徒需要我们的庇护和支持了，那些四处传播天主福音的教士也不会继续从事传教事业，而英格兰的海外神学院也将无法维系下去。

长此以往，本就奄奄一息的英格兰天主教还能剩下多少新鲜血液？

门多萨苦心孤诣地揭露了伊丽莎白看似慷慨仁慈的表面下掩盖的严峻现实。佛罗里达已被西班牙占领，且有重兵把守——“倘若在佛罗里达登陆，他们将被屠杀殆尽”。所以，部分人退出远航计划，而另一部分人则义无反顾，“在地图上这片土地标注的是‘新法兰西’（New France），说明它最早是由法国人而非西班牙人发现的，所以在此殖民并未违背女王的旨意。况且，科尔特斯（Cortés）[76]都能够准备得妥妥当当，顺利启程出发……为天主教攻城略地，自己凭什么不能效仿呢”。[77]

该计划最终以失败告终，当然门多萨的极力阻挠也是其中一个原因，但绝不是唯一的原因。11 个月后，吉尔伯特率 5 艘船从普利茅斯扬帆起航，开启了探索之旅。而这次航行简直是一场灾难，其主要原因是吉尔伯特过于刚愎自用，拒绝采纳他人提出的合理的航行建议。最后，其中一艘船因为补给耗尽而中途返航。而等其他船只抵达目的地时，吉尔伯特才惊讶地发现，他们面前的哪是什么阳光灿烂的佛罗里达，而是纽芬兰（Newfoundland）。在返航途中，又有两艘船失事。“愉悦号”（*Delight*）触礁沉没，除了一名 16 岁的船员逃生外，其余人等全部遇难。刚建成不久的“松鼠号”（*Squirrel*）连同全体船员，包括吉尔伯特本人，都在巨浪中沉入海底。沃尔辛厄姆曾沾沾自喜，称自己的计划将把天主教徒刺头像倒垃圾一样倾倒在“新世界”（New World）这个垃圾场里，这是何等绝妙的计划。不难想象，在得知这个计划破产后，他该是如何出离愤怒。

而与此同时，形形色色的对英格兰作战的计划还在筹划中。这些计划不乏可实现的，也有类似天方夜谭的。1572 年 7 月，一向狂妄自大的私掠船船长、冒险家托马斯·斯蒂克利爵士（Sir Thomas Stukeley）向国王腓力二世提出了一个令人哭笑不得、近乎荒诞的、旨在推翻伊丽莎白的建议：

> 伦纳德·戴克斯爵士（Sir Leonard Dacres）建议雇用 6000 名士兵，其中 1000 名士兵配备进口火绳枪，[78] 在半年的时间里将英格兰王国从篡权者伊丽莎白的手中夺下来，再不济，也要把坎伯兰郡（Cumberland）、威斯特摩兰郡、诺森伯兰郡、达勒姆郡、约克郡和兰开斯特郡拿下，把这些地方变成天主教徒的安全避难所，或者打造成一个独立、自由的王国。让凋零的天主教重新焕发生机。[79]

如此不着调的计划恐怕也只有在童话故事里才会出现。斯蒂克利要么是对 1569 年叛乱后北部各郡县遭到血洗一无所知，要么就是太天真了。难道他真的以为伊丽莎白手下的王公大臣会同意割让英格兰部分国土，任由他们建什么天主教徒安全避难所？难道伊丽莎白不知道割让的国土顷刻间就会变成天主教力量吞噬英格兰其他领土的跳板？斯蒂克利的盲目自信着实令人惊叹：倘若腓力二世提出任何质疑，斯蒂克利马上就会端出怀特岛、朴次茅斯（Portsmouth）和南安普敦（Southampton）等地的方案。而他之所以这么认为，只是因为在这些地方英格兰天主教徒甚众。他自信可以“一夜之间，或者 12 小时之内，一举拿下”这 3 个目标。“这几处距伦敦不过两天的路程，可以直接发兵伦敦”。“谨慎者”腓力这个绰号绝非浪得虚名，他直接忽略了斯蒂克利的提议。

然而斯蒂克利这个冒险家并不死心。他离开马德里前往鲁汶，向新教皇格列高利推介自己规划的另一套新的针对英格兰的军事计划，并催促格列高利马上采取行动。斯蒂克利向教皇发誓：“（天主教的）大军一到，必定应者云集，反抗者寥寥。”他还劝教皇“不要放弃苏格兰女王玛丽及其追求的事业。多年来，为了天主教信仰，玛丽承受了太多深重的苦难，不能再眼睁睁看着她被她的王国抛弃而置之不理”。[80]

1575—1576 年，流亡罗马的多名英格兰人提出了另一种入侵方案。其主要策划者共 3 人，分别是四处云游的斯蒂克利、英格兰耶路撒冷圣约翰修道院院长理查德·雪莱爵士（Sir Richard Shelley）及苏格兰女王玛丽在西班牙的代理人弗朗西斯·恩格尔菲尔德爵士（Sir Francis Englefield）。他们渴望教皇对他们的事业给予支持和祝福。于是格列高利送给他们很多特制十字架，并对那些“尊重”这一事业的谋划者以及为他们“祈祷”的人颁发十大赦免状。这些圣眷包括：

> 凡在任何人面前祈福圣玛丽亚教会繁荣永昌，祈祷神圣的天主教信仰声誉日隆，祈祷苏格兰女王玛丽永葆青春、重获自由，祈祷英格兰、苏格兰、爱尔兰的疆域日渐萎缩，祈祷根除异教徒、永绝后患者……每次祈祷，可赦免 5 天的罪，在天主教节日祈祷一次，可赦免 100 天的罪。[81]

但和此前的阴谋一样，这次依然颗粒无收，无功而返。

但是接着掀起的鼓动爱尔兰反对伊丽莎白统治的两次尝试却真真切切地实施了。流亡神父尼古拉斯·桑德斯（Nicholas Sanders）1578 年发动的入侵获得了教皇的支持。参加这次行动的还有斯蒂克利和爱尔兰贵族来自明斯特（Munster）德斯蒙德（Desmond）的詹姆士·菲茨莫里斯·菲茨杰拉德（James Fitzmaurice Fitzgerald）。但是不幸的是，这股不大的势力却出人意料地转头开赴摩洛哥（Morocco）去支持葡萄牙国王塞巴斯蒂安（Sebastian）针对土耳其异教徒的军事行动。同年，斯蒂克利在阿尔卡塞尔·吉比尔战役（Battle of Alcácer Quibir）中被火炮炸飞双腿，不治身亡。

次年，另一支只有 50 名士兵的远征军在爱尔兰登陆，桑德斯作为教皇的代表随行。格列高利已经任命自己的私生子贾科莫·邦孔帕尼（Giacomo Boncampagni）为爱尔兰国王，只等侵略军和爱尔兰封建领主领导的叛军旗开得胜。1580 年 9 月 10 日，由来自爱尔兰、意大利和西班牙等国的 600 名雇佣兵组成的教皇军在塞巴斯蒂亚诺·迪·圣·吉塞佩（Sebastiano di San Guiseppe）的率领下在凯里（Kerry）丁格尔半岛（Dingle Peninsula）的斯梅里克海湾（Smerwick）——今天的阿德纳凯思内湾（Ardna Caithne）登陆，前往支援。但威廉·温特（William Wynter）率领的英格兰海军分队俘虏了教皇的舰队，并封锁了侵略军的海上逃生路线。然而侵略军并不气馁，他们加固了不远处于铁器时代（Iron Age）修建的土垒黄金要塞，桑德斯还在防御土墙上骄傲地竖起了圣旗。

过了许久，英格兰驻都柏林（Dublin）当局才有所行动。然而，复仇一旦开始，其残忍程度便可想而知。10 月，在围困侵略军 10 天后，爱尔兰总督（Lord Deputy of Ireland）、第十四代威尔顿男爵亚瑟·格雷（Arthur Grey）接受了侵略军的投降，礼数相当周到，但随后他便将他们悉数斩首，女眷也无一幸免。随后，英军烧毁庄稼，明斯特大部分地区一片疮痍，叛军彻底崩溃。而后饥荒和瘟疫夺去了爱尔兰 1/3 人口的生命。桑德斯侥幸逃脱，在爱尔兰西南部的荒野中逃亡数月之后，最终在 1581 年春因痢疾和饥饿死去。

1583 年，沃尔辛厄姆拆穿了一场阴谋。这场阴谋牵涉到西班牙驻英大使门多萨、西班牙驻法大使麦克·卡斯特尔诺（Michel Castelnau）及年仅 29 岁的弗朗西斯·思罗克莫顿（Francis Throckmorton）。他们打算让法国军队在苏塞克斯西部的阿伦德尔（Arundel）登陆，以解救苏格兰女王玛丽，并恢复天主教在英格兰的统治地位。11 月 4 日，思罗克莫顿被捕，在其家中发现的一些文件上记录了天主教贵族谱系，以及英格兰王室的谱系的非法传承。这些文件证明了玛丽索要英格兰王位的合法性。教皇格列高利和腓力二世都同意资助远征，但是入侵计划还是因为资金短缺被推迟了。

随后，门多萨被勒令在 15 日之内离境。他愤愤不平地反驳道："我伯纳迪诺·门多萨豪气干云，做的是气吞山河的壮举，不齿于干这些鸡鸣狗盗之事。"[82] 尽管口出狂言，他还是悄无声息地离开了英格兰。次年 11 月，他被派往巴黎任西班牙驻法国大使一职。

1584 年 7 月 11 日，思罗克莫顿在泰伯恩行刑场被处决。[83] 一时间，人人都成了怀疑的对象。第八代诺森伯兰伯爵亨利·珀西（Henry Percy，其兄为1569年叛乱的首领）也被捕下狱。1585年6月20日，他在伦敦塔内饮弹自尽，因担心一枪要不了命，他提前在手枪内装了4发子弹。

天主教狂热分子的存在常常将伊丽莎白置于险境。1579年7月17日，女王乘船在泰晤士河上巡游时，遭到宫廷侍者威廉·埃坡崔（William Appletree）开枪射击，子弹击中了同船水手的双臂。据当时的歌谣记载，“伊丽莎白目睹了那名水手被枪击中，眼睁睁地看着他倒下，却丝毫没有退缩。她镇定自若、没有一丝慌乱和恐惧”。在埃坡崔即将被送上绞刑架的最后一刻却出现了戏剧性的一幕，女王法外开恩赦免了他。[84]

尽管刺杀阴谋一再发生令人头疼不已，伊丽莎白却越发不喜欢为保证其人身安全采取的各种安全预案。这让沃尔辛厄姆颇为不满。

1583年10月，关押在伦敦塔的多名犯人接受了讯问，他们被问到约翰·萨默菲尔德（John Somerfield）在抗议天主教徒所受的不公正待遇时，是否“确曾发表过反对女王陛下的言论”。约翰·萨默菲尔德曾公然说，他意图“用手枪朝女王射击，并希望看到她的头颅被悬在柱子上，因为她心如蛇蝎”。[85]在被处决的前一天，他在新门监狱（Newgate prison）用“身上的吊袜带”自缢身亡。但是据沃尔辛厄姆的一名密探说，他是被天主教同情者“为了避免事态恶化”而杀害的。[86]

1584年7月10日，荷兰新教领袖、奥兰治的威廉（William of Orange）在代尔夫特（Delft）遇刺身亡，刺杀他的是法国天主教徒巴尔萨泽·热拉尔（Balthazar Gérard）。从此，刺杀的阴霾似乎再也挥之不去了。此事最终促成了《联合契约》（*Bond of Association*）的签署。该协议旨在清除苏格兰女王玛丽带来的威胁。协议规定，行刺女王者及其背后主谋不得继承王位。凡为行刺女王提供便利者，无论其知情与否杀无赦。[87]此外，所有臣民都必须在效忠女王的协议上签字，保证自己将对任何篡位者"采用任何形式进行报复"，以"推翻其统治或彻底将其消灭"。从本质上来说，这无异于鼓励私刑。1585年1月5日，玛丽愉快地在协议上签了字，承诺"任何企图对女王进行人身伤害者皆为我之敌人"。玛丽签字意味着该协议完全失去了效力。[88]

协议内容最后写进了《女王人身担保法法案》（Act for the Surety of the Queen's Person），并于1585年3月获得通过。法案规定，枢密院官员和法官共同组成一个委员会，对宣称拥有王位继承权的嫌疑人是否参与任何形式的暗杀、叛乱或协助外敌入侵进行听证。如果被认定有罪，他们将面临死刑。[89]伯利是一位具有远见卓识的政治家，他试图推动议会立法，拟规定在伊丽莎白遇刺的王位空窗期授权"大议会"（Great Council）牵头组建过渡政府。但是女王认为这严重侵犯了上帝赋予自己的君权，否决了提案。[90]

同年，因在女王巡视圣詹姆士大教堂期间意图行刺女王，精神病人威廉·帕里（William Parry）被处决。一份感恩伊丽莎白安然脱险的特别祈祷文这样描述帕里：

> 这是一个可悲、可耻的土生土长的英格兰臣民，一个不

> 敬仰神灵的异教徒……顽固不化、屡教不改、不计后果，意图用他那被诅咒的双手行刺女王陛下。

幸运的是，上帝“斩断了他杀戮的心性和罪恶的手”，保佑了女王。[91] 在行刑台上的最后时刻，帕里希望能够执行缓刑。他发誓说：

> 若封我为兰开斯特公爵，将本属于我的一切财物还给我，我怎愿女王哪怕是指尖受一点儿伤、流一滴血。

围观群众对于他自证清白的说辞根本不买账。他们齐声高喊：“杀了他！杀了他！”催促刽子手赶紧动手。[92]

沃尔辛厄姆决定给苏格兰女王玛丽——这个他眼中的“蛇蝎女人”下套了，以一劳永逸地彻底铲除她对英格兰的威胁。伊丽莎白似乎同意了沃尔辛厄姆的做法。1578 年，她对前来伦敦为玛丽求情的法国使节说，“几年前就该砍掉她的脑袋”。[93] 这天，沃尔辛厄姆截获并破译了苏格兰女王玛丽与外界往来的一批信件。在信中，他们商讨如何入侵英格兰、解救玛丽和谋杀伊丽莎白。沃尔辛厄姆的机会终于来了。1586 年 9 月 20—21 日，这场阴谋的主谋——年仅 25 岁的无知的安东尼·巴宾顿（Anthony Babington）及其 14 名同案犯被处决。[94]

对于处决一位被上帝授予君权的女王，伊丽莎白还是有所顾忌的，但 1587 年 2 月 1 日她还是签发了执行死刑的命令，同意处决苏格兰女王玛丽一世。为避免麻烦，伊丽莎白曾多次暗示对玛丽采用刺杀的手段，但是典狱长埃米亚斯·波利特爵士（Sir Amyas Paulet）以没有法律依据为由拒绝执行。伊丽莎白对他的不合作态度大为恼火，可他仍然拒不执行。[95] 枢密院担心伊丽莎白回心转意，宽恕自己的表侄女，便加快了处死玛丽的步伐。枢密院下达谕令，命伦敦塔一名彪悍的刽子手化装潜入关押玛丽的北安普敦郡的福泽林盖城堡（Fotheringay Castle）执行任务。刽子手在得到能拿10英镑（换算成今天的市值为1880英镑）酬劳的保证后随即采取了行动。2月8日，刽子手实施了这项令人不寒而栗的计划。他手起刀落将玛丽的头砍了下来，并将其高高举过头顶，还振臂高呼："上帝保佑女王！"

一下没抓牢，玛丽的头颅掉了下来，滚落在行刑台上。头颅上的发丝近乎掉光，只剩下几缕灰丝。而刽子手的手中只剩下玛丽戴过的红褐色假发和精致的礼帽。这个突如其来的变故把这个彪形大汉吓得目瞪口呆。[96] 更恐怖的是，玛丽的面部神经还在不断抽搐，嘴巴一张一合，却发不出任何声音。鲜血漫过，染红了行刑台上的黑布和干草。

生前听到的最后那句话够她回味了吧。

第二章

战端未开，流言四起

臣不得不……向女王陛下建议，必须想好万全之策……立即着手建立一支强大的海军……藏富于民，此为强国之基，可保英格兰无虞。

——莱斯特伯爵罗伯特·达德利致伊丽莎白一世的一封信，1587年11月21日于法拉盛[1]

弗朗西斯·德雷克对西班牙人可谓恨之入骨，恨不得食其肉寝其皮。这一切都要从1568年说起。那年9月，在墨西哥的韦拉克鲁斯（Veracruz）城外圣胡安·德·乌卢阿港（San Juan de Ulúa）[2]附近的海上，德雷克被西班牙人抢劫得手，使他名誉扫地，倍感羞辱。德雷克和他的远房表兄约翰·霍金斯（John Hawkins）都是私掠船船长。二人长期在美洲和西班牙殖民者做非法贩奴贸易[3]——每当船队入港检修时，他们便用从塞拉利昂（Sierra Leone）抢来的奴隶和西班牙人交换商品。9月的这一天，在双方达成临时停火的君子协议后，一支由 13 艘舰只组成的西班牙小型船队驶入了港口。数日后，西班牙人偷袭英格兰船队，击中其 4 艘货轮。霍金斯和德雷克分乘“宠臣号”（*Minion*）和“朱蒂丝号”（*Judith*）狼狈逃脱，最后活着返回普利茅斯的也没几个船员。霍金斯日后曾回忆道：“当晚我们弃‘茱蒂丝号’巴尔克船登岸时，心里的痛楚简直无以言表。”寥寥数语，道不尽其对西班牙人刻骨铭心的仇恨。[4]

德雷克发誓一定要一雪前耻，他要让所有西班牙人付出沉重代价。从此，他走上了疯狂劫掠新兴帝国西班牙从大西洋彼岸搜刮来的不义之财的不归路。劫掠确实是一桩暴利买卖，可以给其赞助人带来无比丰厚的回报——每投入 1 英镑，便可获得 47 英镑的收益。[5] 在德雷克的赞助人名单上，伊丽莎白女王的名字赫然在列。女王对德雷克也可谓恩宠备至，加封其为骑士便是明证。德雷克的疯狂举动让西班牙国王腓力二世勃然大怒。据说，他悬赏 2 万达克特金币（按今天的购买力相当于 1500 万英镑）取德雷克的首级，活要见人，死要见尸。

然而，对西班牙国王来说，建立一支强大的海军以捍卫西班牙遍布全球的蒸蒸日上的殖民利益才是头等大事。相比之下，德雷克的袭扰、抢掠对腓力二世来说不过是癣疥之疾。1580 年，西班牙军队攻陷里斯本（Lisbon），迅速吞并葡萄牙。西班牙不仅平添伊比利亚半岛（Iberian peninsula）这个大西洋上的新海军基地，而且葡萄牙装备精良的舰队更使本已十分强大的西班牙海军如虎添翼。上帝似乎有意要使欧洲大陆战略天平倾斜，仅仅两年后，亚速尔群岛（Azores）附近海面爆发圣米格尔岛战役（Battle of

São Miguel）。在这场战役中，西班牙海军司令——第一代圣克鲁斯侯爵（First Marquis of Santa Cruz）阿尔瓦·德·巴赞（Álvaro de Bazán）击败了以法国雇佣军为主的分舰队。该雇佣军舰队给一直觊觎葡萄牙王位的克拉托修道院院长（Prior of Crato）多姆·安东尼奥（Dom Antonio）的支持就此终结。

在外交战线上，腓力二世则希望通过结盟来进一步孤立伊丽莎白治下的英格兰。为使幕后操纵阴谋得逞，法国成了腓力二世盟友中的首选。1584 年 12 月底，西班牙国王与第三代吉斯公爵亨利·吉斯（Henri Guise，即苏格兰女王玛丽的表弟）及法国“天主教同盟”（Catholic League）秘密签订了三方协议，即《茹安维尔协议》（Treaty of Joinville）。根据协议，三方承诺支持法国天主教。

德雷克经常洗劫西班牙从北美新世界搜刮来的金银珠宝，这令腓力二世十分恼火。然而让他烦心的远不止于此。此时，伊丽莎白已经公开支持低地国家新教反叛（反西班牙）势力，对其反抗腓力二世的统治活动给予声援。在她看来，与其同西班牙在本土开战，不如在异域他乡展开较量。因此，英格兰和西班牙斗争的前沿阵地就转移到了西属尼德兰。1585 年 8 月，伊丽莎白签署《英荷无双协议》（Anglo-Dutch Treaty of Nonsuch），承诺援助荷兰反叛诸省。此外，她大笔一挥，每年为荷兰提供 60 万弗洛林金币（florins）资助款（以今天的购买力换算，相当于 1.81 亿英镑），随后，她又向低地国家派遣了 7000 人的英军部队，由其宠臣莱斯特伯爵罗伯特·达德利任指挥官。双方商定，军队日常开销由荷兰人负责。不幸的是，荷兰人几乎从不按时支付这笔费用。雪上加霜的是，由于腐败横行、欺诈成风，很多士兵压根就没拿到过工资，有时甚至还要饿肚子。也难怪伊丽莎白破口大骂荷兰的战事压根儿就是“无底洞，只会竹篮打水一场空”。[6]

次年 10 月，德雷克一度占领了西班牙西北部的加利西亚港（Galicia），还马不停蹄地洗劫了当地数座教堂。接着，他又袭击了加那利（Canary）和佛得角群岛（Cape Verde Islands），掠夺了加勒比海地区几座西班牙城镇，并将其夷为平地。这最终促使腓力二世下定了攻打英格兰的决心。[7]

腓力二世绝非意气用事之徒，也不会怒而兴兵。在下定攻打英格兰的决心之前，他已深思熟虑了两个月。当年 12 月，腓力二世请自己的外甥帕尔马公爵亚历山大·法尔内塞来制订穿越狭窄的海峡攻打英格兰的远征计划。帕尔马公爵曾在布拉班特和佛兰德斯击溃荷兰军队，是个常胜将军。

而此时，曾在亚速尔群岛立下赫赫战功的圣克鲁斯开始有些飘飘然。他吹嘘称，只要国王一声令下，他不费吹灰之力便能以海战打败英格兰。他毛遂自荐，“甘为国王陛下效犬马之劳，臣坚信自己必能一如既往替陛下分忧”。[8] 腓力二世对此深信不疑。恐怕这位日后的总司令会为自己的这番话悔青肠子吧。1586 年 1 月，国王责成圣克鲁斯制定军事预算，对攻打英格兰——这个损害西班牙利益和阻挠其成就霸业的新教堡垒——所需军费进行评估，并提交预算报告。

腓力二世心里清楚，欲打败英格兰必先取得制海权，欲取得制海权必先消灭英格兰海军。30 年前，尽管那时他对妻子很冷漠，但他毕竟是伊丽莎白同父异母的姐姐玛丽女王的丈夫。彼时，他曾信誓旦旦地说过，“英格兰王国现在是海上强国，将来也是。英格兰王国的安危离不开强大的海军”。[9] 今天，冥冥之中，竟要由他本人来验证自己多年前的誓言。

不过，西班牙国王并非狂热的战争贩子。据流亡海外的英格兰牧师罗伯特·珀森斯（Robert Persons）供认，腓力“就像曾被火焰烧伤过的孩子对火抱有恐惧一样”畏惧战争。[10] 然而，其畏惧战争，绝非因为心慈手软，不忍看到基督徒流血牺牲，真实的原因多少有些平淡无奇：腓力二世此时已身负巨债，庞大的战争开支及由此引发的财政恶果才是他真正担心的。

1586 年 3 月 12 日，当圣克鲁斯向腓力二世呈递了其拟定的雄心勃勃的预算报告，最让腓力二世担心的事情还是发生了。报告指出，入侵英格兰共需战舰 156 艘，将士 5.5 万人，辅助舰船 400 余艘。与当今的情况类似，预算意味着打折扣，因此，圣克鲁斯在制定预算时，将一切可能出现的偶然因素都尽可能考虑了进去。如此一来，即便精打细算，预算也高达 400 万达克特金币（按今天的市价约合 30 亿英镑）。高昂的战争经费让腓力二世欲哭无泪。看着面前的预算，他感到自己被压得喘不过气来。此刻，令他备受煎熬的不是长期折磨他、令他苦不堪言的痛风，而是预算报告末尾那一长串数字。

6 月，帕尔马呈递了长达 28 页的进攻英格兰计划。根据帕尔马的设想，西班牙部队步兵共 3 万人，骑兵 500 人。部队先乘坐平底驳船横渡海峡，突袭距伦敦约 108 千米的肯特郡，再进攻伦敦。帕尔马将军自信满满，在他看来横渡海峡需要 10~12 个小时，如果顺风顺水，甚至无需 10 个小时。倘若伊丽莎白政府事先掌握了该计划，则需动用西班牙海军协助跨海行动。行动期间，调虎离山之计必不可少，西班牙舰队需设法确保英格兰舰队远离多佛海峡。对于这一奇袭计划，腓力持怀疑态度。他在帕尔马这份计划书旁白处用潦草的字迹批示："不切实际！"

当然，向埃斯科里亚尔宫呈送战略规划的远不止帕尔马一人。伯纳迪诺·德·埃斯卡兰特（Bernardino de Escalante）就是其中一位。1554年，他作为陪同人员，曾随腓力前往英格兰参加腓力和英格兰女王玛丽一世的婚礼。1555~1558年，他曾在尼德兰服役。20年后他摇身一变成了牧师。1586年6月，他制作了一张行军路线图，主张采用声东击西的战术，佯攻爱尔兰南部的沃特福德（Waterford），暗中派一支3.2万人的部队在英吉利海峡设计围猎伊丽莎白的舰队，以确保西班牙军队顺利从佛兰德斯出发，并在肯特郡成功登陆。登陆后一鼓作气，一举拿下伦敦。伦敦当时只有"伦敦塔"一处防御设施。[11]英格兰各地民兵缺乏训练，不等帕尔马麾下饱经战火历练的老兵举起军刀，便望风而逃。

攻打英格兰的计划千头万绪，腓力二世的政府顾问唐·胡安·德·祖尼加（Don Juan de Zúñiga）负责居中协调。伯纳迪诺·德·埃斯卡兰特的战略计划给祖尼加留下了深刻的印象。看完该计划，祖尼加只追加了一项要求，即在遏制女王部队锋芒之后，应立即派出增援部队，投送战略补给。这条追加要求无疑是十分合理的。此外，祖尼加还建议于1587年8—9月启动"征服英格兰的伟大事业"。

当然，登陆英格兰后，西班牙人依然会面临诸多不确定性。祖尼加主张，帕尔马攻占伦敦后、天主教新君加冕前应成立临时过渡政府。可不可以直接选苏格兰女王玛丽当英格兰女王呢？玛丽是个值得信赖的虔诚的天主教徒，若选她为女王，那么选谁做这个新女王的王配呢？帕尔马本人或许就是个不错的人选吧。若英格兰人顽强抵抗、拒绝臣服，西班牙人将不得不对都铎王朝的残部做出妥协。妥协的底线是：首先，英格兰天主教徒必须获得信仰自由；其次，英格兰在低地国家的戍卫部队必须投降（并遣返其回到英格兰本土），西班牙军队继续占领低地国家，直至这些国家付清巨额战争赔款。[12]

作战计划日渐清晰，西班牙人的初期备战工作已同时着手实施。为了报复伊丽莎白扶持荷兰叛军，腓力二世扣留了停泊在西班牙港口的英格兰和荷兰船只。身处伦敦的沃尔辛厄姆开始头疼了，以后再想搜集西班牙情报就难了。最初关于西班牙无敌舰队的情报源自一艘德意志北部的商船。1585 年 1 月第一周，该船自里斯本返航后靠普利茅斯港停泊。船主称“西班牙国王已经征用了长长短短几乎所有的桅杆，似乎在为发动战争做准备”。[13]1586 年 2 月 4 日，枢密院收到英格兰商人威廉·梅尔萨姆（William Melsam）提供的情报。情报称，有传言称腓力二世正在各地征集“海量的谷物、酒类和军事物资”，与此同时，腓力二世正积极扩充舰队规模，并“从各处调集地面部队”。梅尔萨姆还补充道：

> 据说……教皇从其教区调派 5 万士兵，12 艘加利亚斯式战舰及数量不等的各类其他船只。
>
> 据当地贫苦百姓说，西班牙国王也要从全国各地再征募一支 5 万人的部队……
>
> 他们计划派遣 5 万士兵于怀特岛登陆，5 万士兵在爱尔兰

登陆，5万士兵从英格兰背后的苏格兰登陆……对这第三支5万人的队伍教皇已下达圣谕，令法国国王或吉斯公爵开始征募了。

此外，据传国王腓力二世在英格兰的拥趸要远超女王陛下的支持者。

上帝保佑女王陛下，使她国祚永延，击溃所有来犯之敌。[14]

这年4月，一名来自布里斯托尔（Bristol）的商人获悉西班牙人正在里斯本筹建一支“庞大的舰队”。另一名来自阿姆斯特丹的名叫威廉·彼得森（William Peterson）的商人通报称“西班牙人正着手打造一支庞大的舰队”，但目前海军方面人手不足。[15]

这些消息极具风向标意义，却并未获得伦敦方面足够重视。因为此时英格兰政府正为国内事务大伤脑筋。一方面，他们要与那些不遵守新教礼法的天主教徒纠缠，另一方面他们又要搜捕逃亡中的天主教神学院教士，此外，还不得不应对粮食减产引发的饥荒，已经被搞得焦头烂额了。在格洛斯特郡（Gloucestershire），一群“平民”出身的暴徒洗劫了一艘开往威尔士的装满麦芽的货轮。据当地地方治安官报告：“民众自称已被饥荒逼得无路可走。为了能让孩子们吃饱肚子，鸡鸭猫狗、草根树皮都已被吃得精光，他们实在是找不到吃的了。”一时间英格兰各地骚乱四起，此起彼伏。[16]

1586年，莱斯特私下知会伯利，关于腓力二世备战的流言已“越传越邪乎，其目的无外乎恐吓女王”，同时震慑荷兰叛众。“好在上帝垂怜，女王陛下并不怎么担心”。而在低地国家民众看来，“腓力二世的海上实力还不及赖伊（Rye）的6艘渔船”。[17]沃尔辛厄姆也对军事威胁的紧迫性嗤之以鼻。在他看来，所谓西班牙海军动向云云，所谓西班牙人的战备传言，皆不过是“西班牙式的虚张声势”。3 月 24 日，在给莱斯特的信中，沃尔辛厄姆预测说，所谓西班牙人今年就打过来“只是谣传而已，希望明年这种谣言赶快销声匿迹”。[18] 此时，伊丽莎白正投入全部精力，准备与西班牙在低地国家一决高下。沃尔辛厄姆担心种种耸人听闻的小道消息让伊丽莎白分心。他向莱斯特坦言道：“我希望女王陛下能处变不惊，哪怕只是坚持 4 个月。4 个月后，西班牙人肯定会向女王陛下求和。我坚信西班牙人会求和的。果真如此，对女王陛下绝对有百利而无一害，女王陛下必然声誉日隆。”[19]

然而，随着时间的流逝，疑虑开始困扰他、折磨他。为慎重起见，沃尔辛厄姆决定派手下密探安东尼·波因茨（Antony Poyntz）[20] 前往西班牙搜集确切情报。这年 7 月，他草拟了一份可能支持“外国入侵势力”的英格兰人的名单。不幸的是，在这份名单上，除自耕农、普通农民及“违法传教牧师”外，还有 6 位贵族、7 名骑士以及 42 名乡绅和绅士。[21]

两个月前发生的一件事沃尔辛厄姆仍记忆犹新。此事和阿伦德尔伯爵（Earl of Arundel）菲利普·霍华德（Philip Howard）有关。他因未经王室许可企图擅自出逃而面临指控。此外，他还被指控私下皈依罗马天主教，图谋恢复被革去的第五代诺福克公爵爵位。“女王陛下当时心情不错”，对他从轻发落，罚款 1 万英镑，将其囚于伦敦塔。沃尔辛厄姆并没有更深入地了解，据时任西班牙驻巴黎大使门多萨所述，阿伦德尔伯爵“在某些人的协助下已经掌控了伦敦塔”。与此同时，伯爵的叔父哈利·霍华德勋爵（Lord Harry Howard）准备与伯爵同父异母的兄弟托马斯·霍华德（Thomas Howard）兵合一处，一道造反。托马斯并非天主教徒，他兴兵主要是为了给自己的父亲——第四代诺福克公爵报仇雪恨。据说所有的这一切只不过是一个更大阴谋的冰山一角。这个更大的阴谋就是要在英格兰和爱尔兰同时发起倒伊（伊丽莎白）运动。门多萨喜欢马基雅维利式的阴谋主义。不过，这一次和往常一样，不过是他的一场白日梦而已。

而此刻，西班牙国王腓力二世已经制订好了侵略英格兰的计划。1586 年 7 月 26 日，这份最终拟定的海陆军远征英格兰计划书的备份被送往布鲁塞尔和里斯本。计划显示，这支搭载陆基火炮的海上无敌舰队将于 1587 年夏天从里斯本起航，占领爱尔兰南部的滩头阵地，诱使伊丽莎白的海军进入爱尔兰水域交战。无敌舰队起程两个月后，西班牙海军将进入英吉利海峡在多佛海峡巡航，以掩护帕尔马的部队。帕尔马部 3 万人将在佛兰德斯秘密集结，搭乘一支小型舰队在肯特郡附近的马盖特登陆。登陆后，西班牙军队将长驱直入直取伦敦，俘虏伊丽莎白女王及其政府中的异教徒。事实上，该计划是妥协的产物。所有妥协的产物必有一个致命的缺陷，该计划的缺陷便是时机。时机就是一切！除非各个阶段环环相扣、进展完美，否则该计划最终就难以完全实现。然而，该计划完全既未考虑天气因素，也未考虑补给是否能够跟上或任何潜在的意外损失。

这只是腓力二世“征服英格兰的伟大事业”计划的第一版，但是西班牙招募军队，购买军需、弹药及各类储备物资的准备工作已经全面展开。[22]

而此时伊丽莎白的枢密院却犯了一个愚蠢的错误，从而帮助西班牙人清除了入侵英格兰计划的重大障碍——他们处决了苏格兰女王玛丽。

身在马德里的腓力二世对此非常震惊。但是既然这位亲法的伊丽莎白王位继承人现已永诀尘世，那么至少可以保证在西班牙入侵英格兰时，英格兰和法国绝不会联合起来。英法同盟对西班牙来说无疑是场灾难，而如果西班牙成全了玛丽·斯图亚特，让她继承伊丽莎白的王位，反倒会使英法联合起来。随着玛丽血溅福泽林盖城堡，对西班牙人来说，天平已经向西班牙人倾斜。现在，精明的腓力二世终于迎来了实现西班牙利益和自己政治野心的难得机遇。1587 年 2 月，腓力致信西班牙驻罗马大使奥利瓦雷斯伯爵（Count de Olivares）恩里克·德·古斯曼（Enrique de Guzmá），指示他私下与新任教皇西克斯图斯五世通气，阐述腓力二世对英格兰王位的主张，尽管这个主张根本站不住脚：

> 苏格兰女王未及继英格兰王位而英年早逝，依照法理，其一切权利将归我所有。
>
> 本王系兰开斯特家族后裔，又蒙苏格兰女王遗嘱之托（有权继承英格兰王位），遗嘱之复本附后……
>
> 务请教皇相信，我征讨英格兰，不是要让年轻的苏格兰国王继英格兰王位。苏格兰国王乃异教徒，已无承大统之可能。
>
> 务请使教皇相信，我征伐英格兰，不为将英格兰纳入我之版图，只是要将英格兰王位传于本王的女儿。[23]

当然面子工程还是要做到位的。腓力又致信罗马教廷，对苏格兰女王玛丽之死深表哀悼。“女王本是使两国（英格兰和苏格兰）恢复天主教信仰传统的不二人选。然天不假年，既然上帝另有安排，必有其深意。上帝必拣选更合适的人来成就其伟业。”[24]譬如西班牙无敌舰队。

门多萨长于阿谀逢迎。他认为征服英格兰不过是手到擒来，其过度的乐观简直使人发笑。他也完全没有意识到如果废黜伊丽莎白，谁来继承王位也是个大问题。他谄媚地逢迎腓力二世：“看来这英西两国的王冠必将属于尊贵的陛下您，果真是冥冥之中上帝自有安排。”

但对腓力二世来说，财政紧缺却始终如噩梦般萦绕在心头，挥之不去。西班牙无敌舰队的军费开支甚巨，使本已捉襟见肘的国库雪上加霜。不断有条陈要求增强西班牙城镇和加勒比海军基地的防御，尽管此事迫在眉睫，但还是被腓力否决了。他的批示如下：

> 阁下可以想象，对于（德雷克所造成的）破坏，我比任何人都更痛心疾首。但凡有哪怕半点儿希望，我比任何人都更希望早日修复这些被毁设施。
>
> 但是按照阁下的建议行事困难重重。最为关键的就是国库空虚，没有闲钱。

葡萄牙傀儡政府也一再推迟对苏门答腊岛（Sumatra）亚奇苏丹国（sultanate of Atjeh）进攻的计划，在今之肯尼亚境内的蒙巴萨（Mombasa）兴建要塞的计划也被搁浅。西班牙国库已经被无敌舰队掏空了。[25]

身在伦敦的沃尔辛厄姆却对西班牙的财政困境心如明镜。[26]据他推测，腓力二世面临的这场经济战必将迟滞西班牙人已经制订好的入侵计划，甚至令其举步维艰。他建议由伦敦的大金融家出面，劝说意大利大银行家族如克罗斯尼斯家族（Crosinis）以及热那亚（Genoa）与佛罗伦萨的黄金交易所停止向西班牙国王增发任何信贷，给西班牙无敌舰队来一招釜底抽薪。托马斯·萨顿（Thomas Sutton）——伦敦城卡尔特济贫院（Charterhouse almshouses）的创始人——同时也是个商人和银行家，可能就曾参与劝说意大利同行拒绝或至少搪塞腓力二世逐日递增的贷款要求。[27]

此路不通，西班牙国王只得转求他人。1587 年，腓力二世向梵蒂冈寻求经济援助。纵然心中千万个不情愿，但他已别无选择。让他倍感羞辱的不仅是在伸手借钱时要对教皇毕恭毕敬，他对教皇还有另一个请求：请教皇裁定并赏赐流亡在外的英格兰教士威廉·艾伦（William Allen）枢机主教一职，唯其如此，才能安抚英格兰天主教徒的人心。

西班牙驻罗马大使奥利瓦雷斯伯爵对完成使命并不乐观。让教皇西克斯图斯大手一挥，一掷千金支持西班牙筹措军费绝非易事。奥利瓦雷斯十分沮丧，从其给其主子腓力二世的奏疏中便可窥见一斑："向教皇借钱，无异于要他老人家的命。"[28]

西克斯图斯是在 1585 年 4 月接替格列高利十三世任教皇的。他继位后，教廷很快恢复了经济拮据时才采用的制度：如加重赋税以及"见面礼制度"——按见面礼多少排序安排信徒觐见教皇的次序。面对台伯河（River Tiber）河畔圣天使城堡（Castel di

Sant’Angelo）中堆积的金山银山，西克斯图斯“非常自豪”。然而，除了捍卫教廷，除了发动十字军讨伐信奉异教的土耳其人外，任何人休想从他那儿拿走一分钱。其吝啬已经人尽皆知了。奥利瓦雷斯更是对其嗤之以鼻。在奥利瓦雷斯看来，与其说教皇西克斯图斯忠于天主，不如说他忠于达克特金币。然而，吝啬归吝啬，西克斯图斯在公共设施上却没少砸钱：他不仅开发了 9500 公顷的彭甸沼地（Pontine Marshe），为梵蒂冈打了水井，还修葺了圣彼得大教堂（St Peter）的穹顶。这名冲动、暴戾而又刚愎自用的新教皇对腓力二世充满了成见。一方面他根本就不信任腓力二世，另一方面却对伊丽莎白赞誉有加，欣赏之情溢于言表。据此说来，教皇对傻乎乎地、一本正经地预测西班牙无敌舰队会在 3 月份严惩“那个异教徒及那位人神共愤的老妪”的艾伦应该也是心存芥蒂的。[29]

1587 年 3 月，奥利瓦雷斯向腓力二世汇报了他与教廷国务大臣、枢机主教安东尼奥·卡拉法（Antonio Carrafa）就贷款及艾伦职位等事项商议的进展。卡拉法答应替西班牙人向教皇求情：“明天就是圣周星期三，教皇的心情估计不会好，找不到合适的时机。我打算等圣周星期六高唱‘哈利路亚’赞歌时再向教皇提此事。”[30] 但是赞歌激昂的旋律也没能帮上西班牙人什么忙。西克斯图斯只是一味搪塞。这年 6 月，奥利瓦雷斯向腓力二世汇报了梵蒂冈发生的闹剧：“教皇进餐时突然勃然大怒，不停地怒叱侍从，盛怒之下甚至把瓶瓶罐罐都砸了。当然这种事儿他没少做，不过发这么大的火的确不多见。”[31]

教皇对腓力二世对英格兰王位的主张及其打造无敌舰队的真

实动机仍心存疑虑。腓力二世宣称，苏格兰女王玛丽在遗嘱中指定腓力二世本人为英格兰王位的继承人。教皇的疑虑可能主要集中在这份所谓最后时刻留下的遗嘱上。6月，西班牙人在向西克斯图斯递交的备忘录中重申己方观点：尽管苏格兰女王玛丽的遗嘱原件“被英格兰女王藏起来了”，但腓力二世手中仍握有玛丽给门多萨的亲笔信，信件所署日期为1586年5月20日。在西班牙人看来，玛丽在这封信中清楚地表明了自己关于继承人问题的看法以及自己这么做的意图——她主要是“为防止自己去世后，儿子仍拒绝皈依天主教”。这份备忘录着力强调，腓力二世对英格兰王权的主张是正当的，其王位主张的合法性和效力“远高于其他任何人所能出具的主张文件”。备忘录中声称，无论结果如何，腓力二世都有权“武力征服英格兰，战争的正义性是毋庸置疑的，这和现任英格兰女王是不是异教徒没有任何关系”。

从这份备忘录的一小段话中，读者可以窥见腓力二世内心深处对若干重大事项的利益衡量：“占有这片领地对于维系佛兰德斯和西班牙之间的联盟关系至关重要，对于维系西属印度群岛的重要性也同样如此。”当然，备忘录结尾还是表现得极为虔诚的：

> 西班牙国王陛下恳请教皇慎重考虑此事……国王的建议是慎重的，是合乎圣灵的，对于西班牙国王极其重要。国王攻占或打败（英格兰）王国是为效忠罗马教廷和天主教信仰，万望教皇俯允并赐福。[32]

这年6月，一个27岁的年轻天主教徒现身马德里，谁也没有想到，他竟给腓力二世图谋英格兰王位的计划出了一道难题。此人名叫亚瑟·达德利（Arthur Dudley），自称是伊丽莎白和莱斯特伯爵罗伯特·达德利的私生子。另一名天主教流亡人士——现任国王英文秘书的弗朗西斯·恩格尔菲尔德爵士——对其进行了盘问。从其所陈述的事情来看，这位自称亚瑟·达德利的小伙儿所言倒像确有其事，即使是编了瞎话似乎也看不出什么破绽。据亚瑟·达德利供述，某日，伊丽莎白宫中一名女官找到伊丽莎白女王年迈的女家庭教师凯瑟琳（凯特）·阿什利（Catherine ‘Kat’ Ashley），恳求其仆人罗伯特·萨瑟恩（Robert Southern）帮忙抚养一名刚刚出生的婴儿。“婴儿母亲的身份是个谜。这也很容易理解，这个不顾廉耻的人母哪里敢讲自己的名字，不被唾沫星子淹死才怪。女王要知道是谁做的好事，也必定会十分不悦。”

无论怎样，小达德利受到了悉心的呵护，接受了最好的教育。养父萨瑟恩在临终前将他叫到病床前，“偷偷告诉了他事情的真相。原来小达德利是莱斯特伯爵和女王的亲骨肉……亚瑟·达德利请求养父萨瑟恩将他所说的话写下来，然而此时的萨瑟恩已经瘫痪，手根本就不能动弹”。后来，年轻的达德利终于见到了莱斯特伯爵，“莱斯特老泪纵横，言辞关切，其言行举止无不显示出对小达德利的疼爱。小达德利明白了伯爵对他的厚重情谊及其背后的意味”。据小达德利交代，莱斯特伯爵告诫他：“孩子，你就是一艘乘风破浪的船，看似志得意满一帆风顺，但要警惕危机四伏啊。”在历经数次冒险后，小达德利的船只在比斯开湾沿岸沉没，他也被西班牙人抓获并押解到了马德里。

恩格尔菲尔德并不相信这个自称达德利的小伙的这番鬼话。

他向腓力二世建言，此人所说的话“有可能出自英格兰女王及其枢密院的授意，其目的可能连这个年轻人自己都不清楚……或许，他们是想利用他达到某种不可告人的目的”。他建议应该处置这个小达德利：

> 不能放他走，而要将他严密看管起来以防其逃走。的确，现在看来他所说的话一文不值，但是有多姆·安东尼奥（葡萄牙王位的觊觎者）这个前车之鉴，我们不能不防。可以肯定的是，法国和英格兰的异教徒……会充分利用这件事，或至少以此为借口，阻挠在英格兰实施宗教改革（因为据我观察，此人的天主教徒身份很可疑），并干扰英格兰王位合法继承人继承王位。

腓力二世的批示如下：“在查明真相前，应确保其人身安全为妥。”[33] 这名年轻人随即被关押于马德里附近一处修道院，其后来的命运已不可考。[34]

梵蒂冈和腓力二世之间又产生了新的摩擦。起因是腓力二世打算在英格兰臣服后，自行任命西班牙人为天主教大主教。这无异于对教皇权力的公然践踏，是可忍孰不可忍。西克斯图斯致信腓力二世，信的开头称腓力二世为“教子”（Son in Christ）以示不悦：

> 在扛起这项伟大的事业（无敌舰队）一事上，我奉劝陛下要先和主、我们的天父达成和解。王公之罪必将殃及百姓。在上帝眼中，罪孽之深重莫过于篡夺神的管辖权和裁量

权。历史已经证明这一点，宗教世界和世俗世界也已经证明这一点。

奸佞小人建议陛下将主教、大主教和枢机主教的任命权写入您的敕令，此已为罪孽深重。

因您所为，我终日以泪洗面。但我相信，您定能改过自新。愿上帝宽宥您。[35]

虽然在宗教问题方面西班牙人比英格兰人更占优势，但是正是这种优势反而让西班牙人在罗马很头疼。奥利瓦雷斯向国王抱怨说英格兰天主教神父罗伯特·帕森斯（Robert Parsons）“特别希望教皇封他为坎特伯雷枢机大主教，这让我十分担忧……他对自己天主教正统的身份十分自豪，表达了自己的强烈愿望——得到（枢机）主教的身份，认为唯其如此，才能真正彰显天主教作为正统的地位。对此，我未敢表态支持，因为这可能会影响我们为（艾伦）争取枢机主教的身份”。[36]

教皇西克斯图斯终于答应资助腓力二世 100 万达克特金币（以 2013 年的购买力计算约合 6.62 亿英镑）。不过老奸巨猾的教皇将这笔款项一分为二。其中一半资助款将在西班牙部队登陆英格兰之后再发放，而余下的另一半则在登陆后每两个月定额发放一次。1587 年 7 月 29 日，教皇将这笔钱转交给了两位罗马银行家，还特地指示他们必须在公证员确认西班牙登陆英格兰后再行发放第一笔资助款，并叮嘱他们务必严格执行。[37] 奥利瓦雷斯在汇报中说：“除非已经登陆英格兰，否则我们休想从教皇那儿拿到一个子儿……所有人都清楚，我们的目的是争取和平，但是教皇在钱这方面却寸步不让。既然他不相信我们，我们就绝不能把希望寄托在他身上，绝不能对他抱任何奢望。”[38] 如果西班牙人征服了英格兰，作为交换条件，教皇将认可腓力二世将英格兰王位授予任何人。当然，这样做的前提是在英格兰恢复天主教的统治地位，并归还自亨利八世以来天主教会被剥夺的一切财产和权利。[39] 8 月 7 日，艾伦得偿所愿被任命为枢机主教。

由于教皇拒绝在西班牙登陆英格兰前提供任何资金支持，无敌舰队的各方面筹建工作面临资金短缺的局面并未有任何改善。一直到 9 月，当满载 1600 万达克特金币的西班牙运宝船队在圣克鲁斯的战舰的护卫下从西印度群岛安全返回，这种局面才部分得到了缓解。这批金币的 1/4 将直接用来充实腓力二世已然空虚的国库。

在与西克斯图斯教皇打交道的过程中，奥利瓦雷斯表现得几乎像个圣徒，他已经将自己的耐心修炼到了极限。即便如此，他仍不免担心梵蒂冈“传闲话”的传统会给西班牙的远征计划带来麻烦。他向腓力二世坦陈了自己的忧虑，“教皇身边毫无秘密可言。每念及此，我就浑身冒冷汗”。沃尔辛厄姆去世 80 多年后曾流传着这样一个故事，当然故事的真实性已不可考。该故事讲述了超级间谍沃尔辛厄姆获取一封腓力二世致教皇西克斯图斯的亲笔信的始末。这是一封向教皇通报无敌舰队战略计划的通气信。英格兰在罗马的间谍早就盯上了这封信。他们恩威并施，唆使教皇寝殿的一名侍从在教皇入睡后偷走教皇的钥匙，取出锁在教皇案几抽屉里的这封信并且复制了一份。[40]

教皇已经 67 岁了，出于自身健康原因的考虑向枢机主教团通报了无敌舰队的战略计划。罗马那边刚刚通报完毕，英格兰这边已经得到了情报，“征服英格兰的伟大事业”的进展情况也得以确认。[41] 此外，伯利也从一名罗马通信官那儿搞到了一份西班牙情报。西班牙人打算活捉伊丽莎白，并以囚犯的身份将其移交给梵蒂冈：

> 他亲耳听到枢机主教的聊天内容。西班牙国王严令……各船长在任何情况下都要确保女王的人身安全。
>
> 抓获伊丽莎白后，要对她以礼相待，严加监管。
>
> 等待命令……服从安排，将伊丽莎白押解到罗马交由教皇处置。只有这样才能取悦教皇。[42]

1587 年 1 月和 3 月，有关无敌舰队筹备进展的最新情报又摆在沃尔辛厄姆的案头。第一份情报来自但泽（Danzig）商人汉斯·弗雷德里克（Hans Frederick）。他在报告中说他“在西班牙南部看到 300 艘船”，而里斯本停泊着不少来自荷兰和波罗的海沿岸国家的商船，“士兵们将船上的食品、饮品如培根肉、牛肉、黄油和奶酪等全都卸了下来。他们逢人就吹嘘，说只要国王的大军一到，兵不血刃，英格兰天主教徒便会拱手献出英格兰”。[43]

第二份情报由一名身在法国南特（Nantes）的葡萄牙人所提供。此人的某个亲戚负责为无敌舰队提供物资。情报称里斯本及其周边停靠着 400 艘各类船只及 50 艘加来式大型桨帆船。西班牙已经从意大利、西班牙、葡萄牙及佛兰德斯等地招募、集结了 7.4 万名士兵。西班牙储备的食品也越来越多，包括饼干 184557 吨、培根肉 2.3 万吨、酒 2.3 万大桶、牛肉 1.1 万吨及干酪 4.3 万吨。[44]

英格兰人的神经也开始越绷越紧。1 月发生了误报战况事件，人们误以为西班牙部队已在威尔士的米尔福德港（Milford Haven）登陆。次月，流言四起，称“敌人在做战备工作”，计划对怀特岛发动进攻。[45] 到了夏天，一名绅士报告称在锡利群岛（Scilly Isles）附近发现一支由 120 艘舰船组成的舰队。枢密院随即下令西南各郡进入警戒状态，“以确保人民安心夏收，确保丰收”。[46]

为做好战备，都铎王朝各级行政部门开始高速运转起来。各级各部门官员都感受到了巨大的压力，备战工作仓促推进。2—3 月，全国各地对所有可征用的民船进行了全面统计。女王亲自核定了一份 200 人的“戡乱救国”船长名单。政府按每人 1 磅（0.45 千克）火药的标准，以 6 日为一个核算单位，对英吉利海峡沿岸各郡火药、铅弹和火柴的需求量进行核算。防御薄弱地带现存火炮数量也一一上报。伦敦塔、伍尔维奇（Woolwich）、格林尼治宫、汉普敦宫及温莎等地火药库中储备多年、尘封已久的铠甲和武器一律登记在册。汉普郡朴次茅斯至伯恩茅斯（Bournemouth）一线凡西班牙有可能登陆的地点都一一勘查备案。武装女王直属舰队的食物供给及 6200 名船员所需全部开销全部做了预算。[47]

显然，英格兰不准备像待宰羔羊般坐以待毙，也无法承受这样做的后果。2 月 1 日，新任海军财政大臣约翰·霍金斯致信沃尔辛厄姆，要求派 6 艘战舰前往西班牙水域执行远程侦察及封锁任务，拖延西班牙人的备战进度。

我们已经受够了恶贯满盈的天主教教士的种种作为……

他们试图推翻英格兰政府，用天主教来统治英格兰，使国家穷困潦倒、被人奴役。其斑斑劣迹令人触目惊心。我发自内心地……希望自己能有所作为……以我绵薄之力，阻止其阴谋得逞。

倘若我们惊慌失措（犹豫不决）、无所作为，我们将陷入（火海），不列颠将坠入万劫不复的深渊……

因此，依在下愚见，英格兰人的福祉与安宁取决于我们的决心。我们别无选择，必须坚决应战。唯其如此，英格兰才能迎来真正的和平。唯其如此，我们才能最大限度地避免损失，最大限度地获得安全，让我们明辨（国内外的）敌友……让我王御下各个角落的百姓过上幸福的生活。[48]

弗朗西斯·德雷克爵士也慷慨陈词，要求出战。他坚信，只有对西班牙舰队先发制人，才能为增强英格兰王国海陆防御争取时间。沃尔辛厄姆、莱斯特伯爵及来自埃芬厄姆的海军大臣霍华德均表态支持德雷克的计划，赞同立即对西班牙人发动打击，以扭转局势。他们认为应派德雷克率一支分舰队，佯装支持葡萄牙觊觎王位者多姆·安东尼奥，实则尽可能多地破坏敌舰，至少要打乱敌人的远征部署，为英格兰赢得宝贵的时间。如果西班牙间谍在后来的报告中所述属实，沃尔特·雷利爵士（Sir Walter Raleigh）私下里其实是强烈反对该计划的。[49]

伊丽莎白生性犹疑不决，磨蹭多日之后，在3月25日终于勉强同意赋予德雷克这项使命，但只允诺派女王直属舰队的4艘船参与行动。这4艘船分别是“伊丽莎白·博纳旺蒂尔号”

（*Elizabeth Bonaventure*）、“金狮号”（*Golden Lion*）、“无畏号”（*Dreadnought*）和“彩虹号”（*Rainbow*）[50]——同时 2 艘 50 吨级的舰载艇“间谍号”（*Spy*）和“权宜号”（*Makeshift*）也获准参与行动。她这么做固然与其天性吝啬不无关系；但同时也说明她十分清醒，直属舰队是女王的中坚防御力量，将如此珍贵稀缺的舰船资源全部赌上去参与行动风险实在是太大了。

除了女王直属舰队的舰船外，德雷克舰队另外 25 艘船只由 19 位伦敦投机商负责装备配置并负责舰队开销。他们参与冒险行动就是为了抢掠财物。[51] 这些嗅到猎物气味而跃跃欲试的投机者来自各行各业，有鱼贩、杂货商，还有布料商、成衣商和皮革匠等。3 天后，德雷克和这些“商人冒险家”签署了协议。协议规定，“所劫获之任何财物，无论是货物、商品还是金银珠宝……皆属于全体签约方、各船船主及其所属公司。所有获利……伺天气、风力条件许可……按船只吨位大小及人头平均分配”。[52] 在有些人看来，这种冒险行动本质上就是战争行为。所以，一到这种时候，律师们深厚的措辞功底便有了用武之地。在律师们看来，这只是以女王的名义实行的合法劫掠而已。

在舰队的私船中，规模较大的 3 艘船隶属于从事中东贸易的东方公司即“伦敦黎凡特通商公司”（Levant Company of London），其排水量均在 500 吨上下。另有 7 艘排水量不足 200 吨的小船。其他船只吃水更浅，主要负责侦察、传递消息，以及在近岸浅水区行动。

为对此次海军远征行动严格保密，伊丽莎白政府下足了功夫。除了极少数高级军官外，无人知晓此次远征的目标。为了防止泄密，英格兰临时关闭了南部所有港口。事后，西班牙人哀叹道：

> 英格兰人太狡猾了。因担心信使在传递消息时走漏风声，国务大臣沃尔辛厄姆甚至暂停了主子（伊丽莎白）发往巴黎的急件。[53]

然而（为时已晚），世上没有不透风的墙，西班牙人还是听到了德雷克舰队出发的风声。西班牙间谍在与一位刚从英格兰返回鲁昂的法国商人交谈的过程中获悉了此事。这名间谍随后添油加醋地向西班牙驻法国大使汇报了参与此次行动的英格兰舰队序列：

> 德雷克船长率40艘装备精良的舰船已从泰晤士河出发。其中女王直属舰队舰船5艘，排水量在800~900之间。船上船员共计5000人。
>
> 法国商人在（苏塞克斯的）赖伊看到舰队由此经过向法尔茅斯（Falmouth）驶去，准备与等候在那里的另外40~50艘舰船会合联手行动……
>
> 据说英格兰人舰队此行的目标是（西）印度分舰队。
>
> 英格兰人对船只配备情况严格保密，其保密措施之严谨令我们震惊。截至目前，我们的人尚未收到关于此次行动的任何情报。[54]

德雷克在普利茅斯休整了一星期。在此期间，他接收了到此集结的船只，并为舰队筹措食物供给。速度就是一切，他担心自己的舰队还没成行便收到伦敦取消行动的新指令。他的担忧并非没有道理。“无畏号”旗舰舰长托马斯·芬纳（Thomas Fenner）在发给沃尔辛厄姆报告中称，德雷克“想尽一切办法加紧远征的筹备工作，全速推动各方面进度。他还给士兵分发大量财物以激发士气”。[55]

起程的前夜，很多水手当了逃兵，但德雷克却泰然处之。他指责这都是伊丽莎白宫廷里反对此次行动的小人搞的鬼。为使沃尔辛厄姆放心，德雷克告诉他：“我们一致认为，逃兵事件是反对此次行动的政敌的书信煽动起来的。大部分逃兵都是海员。我们已经安排士兵来顶替他们。”[56]4 月 12 日，在德雷克的旗舰、600 吨级的“伊丽莎白·博纳旺蒂尔号”的领航下，舰队满载着食物、淡水和弹药起程了。临行前，德雷克给沃尔辛厄姆去了一封信。信写得浮夸而又惊心动魄，这倒符合其本色：

> 阁下，请给我以及参与此次行动的所有将士大大的赞美吧……
>
> 这是风的召唤，我不得不从。
>
> 我们的船队已扬帆远航。
>
> 愿世间众生都对上帝心存敬畏，因为不久的将来，敌人终将由衷地赞叹：看吧，无论是在英吉利海峡还是在大海的另一端，女王战无不胜，上帝站在了女王这边。船儿啊，走起来吧！[57]

舰队通过英吉利海峡西南航道时，德雷克遇到了多塞特郡莱姆·里吉斯（Lyme Regis）的两艘船。里吉斯爽快地答应一同参战。这样，德雷克的远征舰队舰船数就达到了27艘。4月15日，西班牙加利西亚海岸已经远远在望。然而谁也没料到，48小时后，舰队在菲尼斯特雷角（Cape Finisterre）遭遇了强风暴袭击。风暴持续了5天，舰队被吹散，舰载艇“马蒂戈号”（*pinnace Martigo*）沉没。

此时，伊丽莎白陷入了反思，批准德雷克此次冒险行动是否明智？她刚刚接到报告，西班牙人放缓了攻击英格兰的准备工作，帕尔马公爵也派使者安德烈亚斯·德·洛（Andreas de Loo）前来议和。她心动了。德雷克的远征舰队自普利茅斯起程9天后，伊丽莎白派遣一艘快艇火速追赶德雷克，向其传达自己的最新紧急指示。[58] 指示如下：

> 停止一切军事行动。切勿攻击（腓力二世国王的）任何港口、城镇及靠港船只，切勿对西班牙采取任何敌对行动。
>
> 当然……以下行动不在上诉限定之内……你要尽你所能（注意……尽量避免基督徒流血牺牲）不放过……往返于西班牙和东西印度之间的任何西班牙舰船。一旦发现，将其扣留，掠回国内。[59]

指示中所谓的停止一切军事行动，只进行武装劫掠，本质上就是海盗行为。对于常为国库吃紧头疼不已的女王来说，放任本国海盗劫掠财物不仅是可以接受的，简直是喜闻乐见。

然而，遭遇风暴袭击的不仅是德雷克的舰队，派去给他们送信的快艇同样没有躲过。快艇压根儿就没有追上德雷克。或许，快艇上的船员也没打算全力追赶：在追赶德雷克的途中，他们竟然还截获了一艘船，缴获了 5000 英镑，这才返回了普利茅斯。

沃尔辛厄姆致信英格兰驻巴黎大使爱德华·斯塔福德爵士（Sir Edward Stafford），向其通报了女王给德雷克下达的改变原定计划的命令。斯塔福德是女王已故姨妈玛丽·博林（Mary Boleyn）的干儿子，他挥霍无度，经常和法国国王的弟弟阿朗松公爵（Duke of Alençon）弗朗索瓦一起豪赌，结果欠了一屁股债。1587 年 1 月，债台高筑、走投无路的斯塔福德和西班牙驻法大使伯纳迪诺·德·门多萨私下见面，搭上了线。为了一点儿好处费，他同意在不危及女王人身安全的前提下为西班牙办事，提供情报。[60] 这是赤裸裸的叛国行为。对于斯塔福德的投靠，门多萨十分高兴，还送给他一个代号"胡利奥"（Julio）。事实上，沃尔辛厄姆早就对斯塔福德失去了信任。早在一年前，沃尔辛厄姆就派化名为尼古拉斯·伯登（Nicholas Berden）的间谍托马斯·罗杰斯（Thomas Rogers）前去监视英驻法大使，查清了他和流亡巴黎的英格兰天主教徒之间错综复杂的关系。超级间谍沃尔辛厄姆将计就计，利用斯塔福德这个通道，将真真假假、鱼龙混杂的信息传递给西班牙。鉴于伊丽莎白的反复无常，目前最为迫切的是让西班牙人确信英格兰无意对西班牙本土发动进攻。沃尔辛厄姆告诉斯塔福德："此前明令德雷克摧毁靠港舰船。现已向其传达了最新指令，命其不得鲁莽行事。"[61]

前车之鉴刻骨铭心，所以德雷克深谙食物、淡水及火药储备充足的重要性。里斯本有战舰巡防，且有重兵把守，因此，德雷克没有选择攻击里斯本，而是打算攻击位于安达卢西亚（Andalusia）加的斯（Cadiz）的主要供给基地。德雷克从其扣押的两名荷兰商人的口中得知，无敌舰队的食物给养目前都集中在加的斯，这更坚定了他袭击加的斯的决心。加的斯据说是欧洲最早建成的城市，坐落于瓜达基维尔河（River Guadalquivir）入海口狭长的半岛上。其中部多山的地形对于躲避大西洋的恶劣天气和潮汐极为有利。[62] 因浅滩纵横、沙坝交错，仅有一条可供大船行驶的主航道通向加的斯。航道上方不远处的城墙上有炮火掩护，火力覆盖了主航道。

4 月 29 日，星期三，下午 4 时许，阵阵微风从西南袭来。德雷克在旗舰“伊丽莎白·博纳旺蒂尔号”上召开了作战会议。德雷克的副总司令、女王直属舰队舰船“金狮号”的指挥官威廉·伯勒（William Borough）私下强烈反对对西班牙发动直接攻击。但德雷克根本不买他的账——“要干现在就干”，这是德雷克一生的座右铭。他对船长们表示：“这就是我的意见，有人认为不如拖到明天。但是我们不能等。”[63]

日落前一小时，德雷克率舰队抵达加的斯港外的海面。为了迷惑城墙上的守兵和靠港船只艉楼上的瞭望哨，德雷克严令各船不到最后时刻不得挂旗。这是个温暖的春日，傍晚，岛上的居民都在享受悠闲的时光。广场中央，身手矫捷的杂技演员正变着把戏，周围许多人在围观。不远处，巡演演员在露天场地表演着低俗喜剧，逗得人们哄堂大笑。慢慢地，越来越多的人开始注意到有一队舰船正向港口驶来。这支神秘的舰队是哪个国家的？他们究竟是敌是友？

英格兰人的火炮划过港口静谧的上空，告诉了他们确切的答案。

据德雷克说（有文字记载），他当时看到“港口停泊着 32 艘大船，都吃水很深，满载……食物给养，显然是为腓力二世的海军准备的，目的是让其开足马力入侵英格兰”。这和另一份文件记载有些出入。那份文件显示，港口泊船共有 60 艘，其中法国船 20 艘，荷兰圆底船 6 艘。法国和荷兰舰船上的人听到炮声立即升帆逃走。英格兰战舰犹如饿狼入了羊圈，对抛锚在港的束手无策的西班牙舰船发起了猛攻。

唐·佩德罗·德·阿库尼亚（Don Pedro de Acuña）率领 8 艘加来式大型桨帆船发动了第一波反击。仿佛有先见之明，这几艘船几天前才刚从直布罗陀海峡（Gibraltar）巡航至此。[64] 城内居民已经惊慌失措。市长只好下令，让老弱妇孺到马塔戈达城堡（Matagorda Castle）避难。城堡守将却下令关闭城堡大门，结果导致 27 人在踩踏事故中丧生。[65] 阿库尼亚率领的加来式大型桨帆船在半岛下风处平静的海面上调整部署，然而面对德雷克全副武装的战舰，也只能落于下风。另两艘加来式大型桨帆船 [66] 试图将英格兰战舰引向东面的沙坝地带，却自己撞上沙坝，严重受损，而英格兰人没有上当。西班牙指挥官只得向北回撤，到 6.44 千米外的圣玛丽港（St Mary’s Port）避难。那里礁石密布，水文状况更加复杂。

晚 9 时，圣玛丽港守将弗朗西斯科·德·贝尼托·德·马约拉（Francisco de Benito de Maiora）写信向塞维利亚（Seville）的长官做了汇报：

> 下午4时许，我们听到港口传来巨大的炮击声，看见敌舰多艘……
>
> 交战不到两个小时，“加里奥塔号”（*Galliota*）送来10名重伤士兵。
>
> 城内人人配有武器。港湾处可见2~3艘船起火，但是敌舰什么来路我们依然不清楚。以上就是截至目前我们了解到的情况。[67]

接下来的两天时间里，德雷克麾下船员冒着海岸炮兵和加来式大型桨帆船持续不断的“雷鸣般的”双重火力，纵火焚烧了西班牙人的供给船。德雷克击沉了一艘热那亚人的“大商船”。[68]该船计划驶往意大利，排水量1000吨，船上配备黄铜火炮36门，满载“苏洋木、皮革、羊毛和胭脂虫红染料”，“物资颇丰”。

次日清晨，德雷克借着潮汐率领一支由舰载艇和三帆快艇组成的小型舰队——三帆快艇由伦敦船局资助、隶属于“皇家商船号”（*Merchant Royal*），指挥官为罗伯特·弗利克（Robert Flick）——击沉了一艘停泊在加的斯港的盖伦船。该船排水量1500吨，造价1.8万达克特金币，船主为圣克鲁斯。盖伦船燃起了熊熊大火，一直烧到吃水线。

第七代梅迪纳·西多尼亚公爵唐·阿隆索·佩雷斯·德·古斯曼匆匆集结6000民兵迅速赶来，阻止了英格兰人在内港的登陆行动。沿岸火炮部署就位，但是一连串的炮火却只击伤了英格兰舰队的副旗舰“金狮号”。伯勒下令“金狮号”退出战斗，将其撤出敌人火力覆盖范围。随后“金狮号”又击退了正四处截杀的加来式大型桨帆船的进攻。伯勒下达的撤退命令挽救了“金狮号”，但随后德雷克却指控他胆小如鼠、临阵脱逃。

这天晚上，西班牙人将港口内几艘小船改造成火攻船。火攻船顺着汐流冲出港口，不料却被英格兰水手顺势拖曳到浅水区搁浅了。西班牙人的火攻船并未给英格兰人造成任何打击。

据德雷克麾下一名志愿参与该行动的“颇有绅士风范的冒险家”估计，火攻行动中西班牙共牺牲了 28 艘巴尔克船，其总排水量达 1.3 万吨：

> 潮汐一波一波地涌来，敌舰被我们一艘一艘地烧掉……火舌冲天，我们却看得津津有味，我们因敌人（炮火）不断而遭受的痛苦也有所减轻。我们忙了一天两夜，又是发射炮弹，又是放火烧船，又是搬运食物供给。

德雷克的远征舰队从西班牙人那儿缴获了各种各样的食品如酒、油、饼干和水果等，补充了自己的供给。多余的食物他们就放火烧掉，共烧掉敌人的面包 500 吨和小麦 400 吨。此外，他们还给西班牙人致命一击，破坏了西班牙人用以制造木桶的铁箍和木料，那可是整整一年的储备。由于干木料被焚毁，西班牙人不得不使用湿木板来制作木桶。如果用这种木桶储存淡水就会漏水，淡水储备将很快枯竭，并且加速食物的腐败。对无敌舰队来说，仅此一项便不啻一场战术性的灾难。

据西班牙官方统计，西班牙此役共计损失大小舰船 24 艘，造价高达 17.2 万达克特，约合 75 万英镑（以今天的购买力计算相当于 1.37 亿英镑)。[69] 得知加的斯遇袭的消息，身在马德里的腓力二世震惊万分。但他还是像往常一样尽量淡化此事。他淡淡地说："损失倒不算大，只是敌人的胆子也太大了。"[70]

德雷克以微不足道的代价立下了赫赫战功：英格兰舰队仅"金狮号"主炮手一人受伤，他被加的斯城防加农炮炸伤了一条腿。这名受伤的志愿兵这样评述这场战役：

> 说出来都没人信，我们竟然以如此微不足道的代价取得了这么辉煌的胜利，简直是个奇迹。本来西班牙人可以借地利轻易对我们实施打击，况且其实力确实不俗……但是，他们以 200 多门蛇铳炮和加农炮朝我们发射。
>
> 就是在这样的情况下……我们冒着重重危险竟然十分顺利地完成了战斗任务。主保佑着我们，让所有天主教徒每天都为见证主的威力与震怒而战栗。作为主的仆人，我们必将继续尊奉主的圣名。[71]

加来式大型桨帆船舰队指挥官唐·佩德罗·德·阿库尼亚提议暂时休战，交换战俘。德雷克用手中的战俘换回了在加来式大型桨帆船上做苦役的英格兰人和在交战第一天晚上被俘的 5 名英军士兵。在休战期间，谦恭有礼的西班牙人给德雷克送来了满满一驳船的美酒和"蜜饯"作为礼物。[72] 德雷克提审了一名西班牙水手。那家伙吹嘘称无敌舰队现有船只已多达 200 余艘。不过，吹嘘和恐吓可是德雷克的第二天性，对西班牙人吹的这个大牛，他颇为不屑。他耸了耸肩，用西班牙语淡淡地答道："这也没多少嘛。"[73]

英格兰舰队随即离开加的斯，撇下一脸迷茫（用今天的话来说就是“惊讶和敬畏”）的西班牙人，径直向西驶去。从此，德雷克在西班牙成了一个传说，一个让人不寒而栗的传说。这个传说迅速传遍了西班牙和葡萄牙。人们议论纷纷，都说指不定哪天德雷克就打过来了。梅迪纳·西多尼亚派船前往西印度群岛，指示运宝船暂时留在古巴的哈瓦那（Havana），待得到德雷克返回英格兰的确切消息后再返航不迟。[74]

现在这个“大魔头”——这是西班牙人给德雷克起的新绰号——究竟在哪儿呢？他又在何处兴风作浪？事实上，此时德雷克正在寻找那个真正令人敬畏的对手胡安·马丁内斯·德·里卡尔德（Juan Martinez de Recalde）及其率领的一支由 7 艘比斯开舰船和 5 艘舰载艇组成的分舰队，不过一无所获。德雷克截获了一艘通信快艇。他从缴获的急件中得知敌舰已逃往了里斯本。德雷克不得不另辟战场，寻找其他猎物。5 月 7 日，德雷克的副将威廉·伯勒在圣文森特角（Cape St Vincent）躲避飓风。在此期间他致信德雷克，再次强烈敦促其不要踏上西班牙的国土。

> 在您的率领下，舰队……靠近沿岸，穷尽一切手段破坏敌人的目标，阻止敌人在里斯本会合。只有这样做女王才会满意。
>
> 当然，目前从您的指示中还看不出登陆的打算。但是我知道，您并没有遵照海军大臣三番五次的嘱托和建议。[75]

德雷克当着随行牧师和旗舰舰长的面，大骂伯勒拒不服从命令，扬言要剥夺他的职权。伯勒要求收回自己所说的话，恳求德雷克撕了这封信，但他还是被革去了职务，改由约翰·马钱特（John Marchant）船长接替指挥“金狮号”。伯勒被软禁在船舱中，还被铐上了镣铐，以防他再干什么蠢事。[76] 在软禁期间，伯勒“怀疑自己命不久矣，甚至每天都担心嗜血成性的德雷克什么时候会结果了自己的性命”。[77]

德雷克却完全没有把伯勒这颗柔弱的心放在心上。5月14日，他命1100士兵在拉戈斯（Lagos）登陆。他们深入内陆，穿过玉米地和葡萄园，行军8千米来到一个小镇边上。据说这里防御力量薄弱，而事实恰恰相反，小镇上驻扎着3000名士兵。守军朝英格兰士兵开炮，造成数名英军士兵受伤。英军只得回撤登船，转而向撒格里什角（Cape Sagres）驶去，以寻找更容易下手的猎物。德雷克本人则亲率800士兵向阿维莱拉要塞（Avelera fort）发起了进攻。要塞盘亘在高高的巨岩上，看似无懈可击。城门是木质的，城门口堆放着易燃的原木、沥青和柴垛，却都在城门两侧耸立的4座塔楼上的轻武器的射程之内。然而，英格兰人还没来得及冒险放火、组织强攻，守军已经举旗投降了。同一天，英格兰人攻克了瓦列拉城堡（Valliera castle）和圣文森特角及附近一处戒备森严的修道院。3处要塞均被英格兰人纵火烧光，不仅如此，他们还洗劫了当地的教堂。

英格兰舰队再次起锚，这一次他们更加肆无忌惮，竟然在里斯本以北的卡斯卡（Cascaes）外下锚。而镇守圣朱利安城堡（castle of St Julian）的不是别人，正是圣克鲁斯本人。圣克鲁斯不出来应战，德雷克嗤之以鼻：“圣克鲁斯侯爵坐在加来式大型桨帆船上，眼睁睁地看着我们把其手下的船只追到岸边……他对我们在此逗留似乎不介意，也没有冲我们发射一枪一弹。”[78]圣克鲁斯表现得相当绅士，他让人给德雷克带话让他放心，称腓力二世无意安排无敌舰队“今年”出征。但是从葡萄牙俘虏身上搜到的信件却再次表明腓力二世确实计划在1587年入侵英格兰。信中还说，“登陆之时，英格兰人凡年满7岁者，一个活口也不留”。[79]

德雷克不仅实施了有效封锁，还不断向西班牙和葡萄牙沿岸舰船发动攻击。5月27日，德雷克在给沃尔辛厄姆的急件中扬扬自得地说：

> 感谢主，我们攻城拔寨，缴获三桅帆船、轻快帆船及其他类型的船只上百艘。每一艘都货满仓满，有的船上面装满了用于建造加来式大型桨帆船所需的桨，有的装满了船板半成品和原木，有的载着制造酒桶所需的铁箍和桶状板材，还有的满船都是供应这支庞大舰队的食物给养……
>
> 我下令将带不走的统统烧掉。腓力二世国王这次应该损失不小吧。现在他缺的可不仅仅是三桅帆船，连肚子都填不饱啦。

虽然取得了节节胜利，但是德雷克却有种越来越强烈的不祥预感，西班牙大规模入侵英格兰已在所难免：

> 我们听到了一些传闻，我不知道该不该告诉阁下。据说西班牙国王打算向英吉利海峡派遣的军事力量十分强大，要多

强大就有多强大。

英格兰一定要壮大自己，尤其是我们的海军。

必须现在就杀其威风，否则后果难料。

另请密切留意苏塞克斯沿岸的一切动向。[80]

很显然，德雷克肯定是得到了有关敌舰行动的重要情报。情报极有可能是对西班牙心存不满的葡萄牙人提供的。其中一则情报肯定让他眼前一亮：在莫桑比克（Mozambique）过冬后，载满异国香料的军商两用大帆船“圣费利佩号”（*San Felipe*）已离开东印度群岛，很快就会抵达西班牙。腓力二世对这批香料特别关心，甚至怀疑英格兰海军司令在陆上有间谍。[81] 为了截获这艘葡萄牙船只，德雷克转向西南方向朝大西洋驶去。将生病的船员送回国后，英格兰舰队又连续 3 天遭遇飓风袭击。飓风险些使“伊丽莎白·博纳旺蒂尔号”沉没。“金狮号”上船员们受够了：淡水短缺，每日的配给也少得可怜，他们都想返航，不愿意再跟着德雷克继续冒险，开始拒绝执行上级命令。“金狮号”船长无奈，只得乘坐“间谍号”舰载艇赶到旗舰向舰队司令德雷克汇报情况。德雷克怒火中烧，召集军事法庭审判哗变者。“金狮号”在海平面上消失了，德雷克便以缺席审判的方式判处伯勒及船上军官死刑。[82]

但是，一想到马上就要自动送上门的肥肉，德雷克很快就笑逐颜开了。6 月 18 日，他终于等来了满载黄金、珠宝玉石、丝绸和香料（胡椒、桂皮、丁香和肉豆蔻干皮）的“圣费利佩号”。以今天的购买力核算，这些货物的价值相当于 108049 英镑 13 先令

11 便士，对于投资人来说可真是一笔丰厚的回报。

伊丽莎白的担忧也终于烟消云散了。她告诉法国驻英格兰大使沙托纳夫（Châteauneuf），她已于 5 月 13 日接到德雷克的消息，“德雷克在加的斯不仅纵火焚烧了西班牙舰只，还洗劫了当地的村镇”。法国大使大骇，不敢相信这一切都是真的。女王不客气地对他说：“你这个人啊，事实都摆在眼前了，你就是不愿相信。”

沃尔辛厄姆的一名间谍报告称，德雷克的侵袭已在西班牙人中造成了恐慌和忧虑。其赫赫战功“让敌人闻风丧胆、不寒而栗”，给加的斯造成直接经济损失“高达 100 万克朗”。[83]

1587 年 6 月 26 日，英格兰分舰队带着战利品“圣费利佩号”胜利归来，回到了普利茅斯。据官方记载，英格兰举国上下一片欢腾，掀起了英雄崇拜潮，盛赞海军将士是敢“火燎国王胡须”的大英雄。德雷克破坏的西班牙船只总吨位超过了 1 万吨，他洗劫了无敌舰队大量物资供给，直接导致无敌舰队的出征时间推迟一年以上。此外，他们还从葡萄牙的军商两用大帆船上弄到了不少值钱的物件，这够他们好好打打牙祭了。

沃尔辛厄姆不愧是个实干家，德雷克刚回国，沃尔辛厄姆便催促他火速动身赶往亚速尔群岛，阻击西班牙帝国从美洲返程专门运输金条的笨重的运宝船。7 月 16 日，他对伯利说：“牵制敌人，使其无法为非作歹，最好的办法莫过于袭扰他们的印度舰队。”[84]

沃尔辛厄姆唯一担心的是这个建议无法获得女王的批准。果然不出所料，尽管和平的希望已十分渺茫，伊丽莎白却依然执迷不悟。她果断地拒绝了沃尔辛厄姆的提议。

然而和平的曙光已然暗淡。正如正在低地国家浴血奋战的莱斯特这年 11 月提醒女王的那样：

> 世界从未像今天一样危险，忤逆叛国之徒层出不穷。愿仁慈的上帝眷顾女王陛下，使您远离所有危险，逢凶化吉，遇难成祥。[85]

第三章

守土有责

> 多名法官拒绝（为军队）提供火枪（骑兵用手枪）以备防卫国土之用。值此国难当头之际，他们还找出一堆五花八门的借口，有的借口还甚是冠冕堂皇。
>
> ——枢密院北区议长（Lord North）致弗朗西斯·沃尔辛厄姆的一封信，1588 年 5 月 20 日于剑桥郡的柯特灵（Kirtling）[1]

除了在苏格兰边境贝里克郡常驻的卫戍部队和英吉利海峡沿岸的多佛城堡的驻军外，伊丽莎白已拿不出全副武装、训练有素、足以抗衡西班牙侵略者的常备军了。女王面对的是一个烂摊子：防御工事破败不堪，国库空虚，国民因宗教纷争而分崩离析。如此说来，要抵御战无不胜的强大的西班牙无敌舰队，她也只有依靠那支规模不大却战斗力强悍的海军，以及那些经验丰富、坚毅果敢的船长了。

随着时间的流逝，伊丽莎白治下的臣民越发忧心忡忡。不少迷信的人都将 1588 年 3 月和 8 月出现的两次月食当作不祥之兆，认为英格兰已经大难临头。无论是在喧嚣的酒肆，还是在熙熙攘攘的集市上，街头巷尾的话题都是哥尼斯堡（Königsburg）天文学家、数学家雷乔蒙塔努斯（Regiomontanus）做出的预言。[2] 根据他的预言，1588 年世界将“天翻地覆，大国倾颓，举世哀鸿遍野”。[3]

和英格兰国内一样，在海外，同样有不少人认为英格兰已经厄运当头、在劫难逃了。1587 年 8 月 4 日，驻扎在低地国家斯勒伊斯港（Sluis）的英格兰戍卫部队在被帕尔马疯狂围攻 53 天之后弹尽粮绝，向帕尔马举手投降。这个西班牙刽子手又欠了英格兰人一笔血债。7000 名英军士兵被杀，伤者更是不计其数。更麻烦的是，帕尔马终于得偿所愿，占据了佛兰德斯的深水港。所有人都知道，这将为西班牙入侵英格兰提供极大方便。

倘若一个国家宗教矛盾激化、暴力横行，进而弥漫全国，却无力解决，这个国家的命运会如何？亨利三世（Henri Ⅲ）治下的法国便是这样一个反面典型。自 1562 年以来，法国天主教徒和胡格诺派新教徒连年内战，法国各地流血漂橹，到处都是断瓦残垣。如果伊丽莎白不能合理地处理宗教问题，法国便是前车之鉴。法国发生的一切损害的不仅是法国的利益，同时也让伊丽莎白面临着巨大的风险：倘若天主教同盟取得胜利，巴黎亲西班牙势力上台，无异于给西班牙送上了天大的战略机遇。如此一来，无敌舰队便可在英吉利海峡畅行无阻、为所欲为了。

1587 年 4 月，（彼时的尼德兰边境线上）皮卡第（Picardy）的 3 座城池先后被法国天主教军队攻占。万幸的是他们未能实现自己的战略意图，即攻克布伦港（Boulogne）。10 月 20 日，在纳瓦拉的亨利（Henri of Navarre）的率领下，法国新教势力在阿基坦（Aquitaine）的库特拉战役（Battle of Coutras）中一举击溃天主教军队，夏季战役宣告结束。新教士卒没有心慈手软，屠杀了3000多名天主教士兵，其中包括300多名贵族。然而好景不长，6天后，新教庆祝胜利的欢歌笑语戛然而止。由德意志人和瑞士人组成的胡格诺派新教雇佣同盟军（实为伊丽莎白资助）在法国中部卢瓦雷（Loiret）的维莫里战役（Battle of Vimory）中惨败。德意志骑兵团有序撤离，退防到卢瓦尔省沙特尔（Chartres）以东16.1千米处的欧诺城（Auneau）。虽然有城墙拱卫，但11月24日奥诺城依然没有逃离失陷的命运。此时，巴黎已经被天主教徒占领，巴黎市民纷纷走上街头，表达对心目中的大英雄、第三代吉斯公爵亨利·吉斯的支持，誓言要推翻国王。门多萨兴奋之情溢于言表，他告诉腓力二世："巴黎的局势发展一如陛下所愿。巴黎市民自始至终都是值得信赖的力量。目前，他们无限忠诚于吉斯公爵。"

在处决苏格兰女王玛丽之后，伊丽莎白致信玛丽之子苏格兰国王詹姆士六世，极力为自己辩护。信中她称，"这起发生在流亡女王身上的令人痛心的意外事件完全背离我的本意。我万分悲痛，不能自已"。她告诉他："再没有人像她（你母亲）一样维护你和你的地位。"[4]一字一句，感人肺腑，令年轻的君主火气顿消。但是弥漫苏格兰的亲西班牙氛围及种种传闻仍令女王忧心忡忡。1587年9月，为保北疆无虞，伊丽莎白匆忙召集一支6500人的队伍火速北上。[5]此次布防做得十分小心谨慎，但局势仍不可避免地恶化了。1588年春，为给西班牙人提供北线基地，第七代马克斯韦尔勋爵（Lord Maxwell）约翰在苏格兰西南部的邓弗里斯（Dumfries）和加洛韦（Galloway）发动天主教叛乱。叛乱胎死腹中，却为祸甚重。[6]

在伊丽莎白面临重重困难而焦头烂额的同时，她本人受到的人身安全威胁也从未中断过。1586年3月，英格兰截获的一份密报显示，"耶稣会数名成员正策划阴谋，准备对女王下手。他们已有一名成员潜入了英格兰……欲仿效当年暗杀奥兰治亲王的手法，除掉女王"。与此同时，针对莱斯特伯爵的阴谋也在策划和实施之中，想通过"下毒或激进手段"取其性命。[7]外患未除，内忧犹在。1586年4月，沃尔辛厄姆获悉御膳室酒水采办彼得·威尔科克斯（Peter Wilcox）与"流亡神父及天主教徒过从甚密"。[8]于是超级间谍沃尔辛厄姆派手下密探斯蒂芬·保罗（Stephen Paul）于次年春前往威尼斯搜集更多情报。11月，密探来报，来自伦巴第（Lombardy）贝加莫（Bergamo）的麦克·吉拉尔迪（Michael Giraldi）已化装成商人前往英格兰：

> 据信……（他是）受了教皇的蛊惑，意欲毒害女王陛下。
>
> 教皇假意支持针对异教徒的圣战，实则是以竟上帝之伟大功业为名，大发横财。[9]

1588年5月，荷兰人安德鲁·范·麦蒂科（Andrew van Metico）疑因图谋毒害女王而在伦敦塔受审。[10]

在伊丽莎白的臣民中，不乏将个人利益置于国家安危之上之流。1587年，伊丽莎白政府获悉，12名来自布里斯托尔的英格兰商人与西班牙无敌舰队暗通款曲。他们叫嚣，“即使无法推翻英格兰的新教统治，也要重创女王，摧毁这个国家”。他们资助了无敌舰队，提供了九大船的违禁品。这几船货物价值均在300~2000英镑之间，不仅有食物，还有军火、火药、毛瑟枪和大炮等。这些商人（他们是天主教徒吗？）最终命运已不可考。但是可以想象的是，在这样一个时局动荡的年代，指望女王天恩浩荡放他们一马无异于痴人说梦。[11]

沃尔辛厄姆此刻正为搞不到西班牙的情报而头疼不已。他只能依靠商人的所见所闻，甚至是道听途说来猜测西班牙人的动向了。这些充当眼线的商人固然勇气可嘉，却很容易被对手识破：1587年4月，门多萨告知腓力二世，他从“可靠渠道”获悉（或为投敌卖国的斯塔福德所为也未可知）：

> 一名自称苏格兰国王手下银行高管的苏格兰商人，已经抵达西班牙，同行的还有12艘来自英格兰的满载货物的货船——水手也全都是英格兰人。
>
> 陛下现在即可下令在港口将其就地拿下。
>
> 这个假扮商人的人名叫亨特（Hunter）。[12]

西班牙当局随即拘捕了这名在里斯本从事间谍活动的商人，并以间谍罪和支持异教徒的罪名对其进行审判和拘禁。亨特后来写的一封信也证实了门多萨的怀疑并非捕风捉影。他在信中详述了自己下狱的过程。然而，令人瞠目结舌的是他在信的末尾竟公然附上了大炮和军需品在市区的详细藏匿地址。他在信中对自己在狩猎过程中所用的号角进行了细致入微的刻画，意图制造自己是一名作家的假象，然而，沃尔辛厄姆在看完这封信后在空白处用潦草的字迹批注的“里斯本的亨特先生来函”却恰恰印证了此人的真实身份。[13]

当然，这封信并没有被西班牙人查获，而是被来自马拉加（Malaga）的尼古拉斯·乌斯利（Nicholas Ousley）藏匿在酒桶中偷偷带到了英格兰。但是，1587 年 7 月 12 日，门多萨还是在给马德里的信中揭穿了亨特的间谍身份。

> 乌斯利将情报（消息）交给了女王，乌斯利曾多次收到沃尔辛厄姆的来信。其中一封信夸其智勇过人，并表示女王对其长期以来提供的重要情报深表感激。[14]

乌斯利随即被捕下狱，但他却买通狱卒逃出了大狱。直至 1588 年 4 月，他还在向英格兰传递情报。[15]

沃尔辛厄姆最得力的海外情报干将非天主教徒安东尼·斯坦登（Anthony Standen）莫属。其化名蓬佩奥·佩莱格里尼（Pompeo Pellegrini）也气派十足，有时他也会用常见的首字母缩写词 B.C. 做名字。此前，他曾在达恩利勋爵（Lord Darnley）亨利·斯图亚特（Henry Stuart，苏格兰女王玛丽的第二任丈夫，后被谋杀）家中谋过差事儿，后来搬到了托斯卡纳（Tuscany）。斯坦登与托斯卡纳公爵派驻马德里大使（代表）乔瓦尼·菲利阿齐（Giovanni Figliazzi）私交甚厚，常通过他来刺探西班牙的军事情报。斯坦登的间谍活动在 1587 年 5 月的剧院政变事件中发挥了至关重要的作用。在给沃尔辛厄姆的一封加密信件中，他写道：

> 上次您在信中提到希望获取西班牙方面的情报。我已借款100克朗，打点一个佛兰德斯人前往里斯本。此人的哥哥在为圣克鲁斯侯爵和他的议事厅效力。
>
> 我将我在马德里（托斯卡纳）大使寓所的收件地址告诉了他。大使收到信后会直接转交给我。
>
> 这个人很可靠，信写得滴水不漏。我为他送行，看着他上了4艘盖伦式战舰中的一艘（这些战舰会驶向西班牙并加入无敌舰队）。[16]

16世纪的通信条件还十分落后，无论是传递还是接收信息既不便利，又难免迟滞。好在沃尔辛厄姆终于在无敌舰队主帅家中安插了一个线人。这个线人送给沃尔辛厄姆的第一份大礼是帮助他摸清了圣克鲁斯的最新战斗序列。这其实是一份完整的无敌舰队工资单，签发日期为1587年3月22日，签发人是总司令本人和海军大臣巴纳比·德·佩德罗萨（Barnaby de Pedrosa）。3个月后，沃尔辛厄姆收到斯坦登的情报，获悉西班牙入侵英格兰的准备工作年内无法完成，因此坐失了绝佳天气的优势以及入侵英格兰的可能性。沃尔辛厄姆如释重负，遂将这封信转呈伯利。他对伯利说："愚兄恳请阁下帮我妥善保管蓬佩奥（斯坦登）的这封来信。我可不希望这名绅士因我的过失而遭遇不测。"[17]

黄金有价，情报无价。越有价值的情报往往越是"无价的"，这就是这位超级间谍的座右铭。正因如此，沃尔辛厄姆打造的间谍网所需的开支也水涨船高，高得吓人。1587 年 3 月和 6 月，女王忍痛割爱，向沃尔辛厄姆的间谍网拨款 3300 英镑（按今天的购买力换算约合 60 万英镑）。[18] 次年，女王再次拨款 2000 英镑。鉴于间谍网规模之巨，间谍、线人之多，这些拨款应该只是杯水车薪，沃尔辛厄姆可能还自掏了腰包。

在这个没有硝烟的战场上，沃尔辛厄姆手中还握着一件杀手锏，即抹黑宣传战和心理战。1587 年，门多萨抱怨称，英格兰的时事通讯“均出自沃尔辛厄姆一个手下之手……此人的父亲是一名僧侣，多年前和乌特拉（Utera）一名修女从塞维利亚的圣伊西德罗（St Isidro）叛逃到了英格兰。而其子相较于其父也不遑多让，也是一名异教徒……我之所以向陛下您提这件事是希望您明白，这些貌似合理的报道不过是沃尔辛厄姆这个老流氓的恶意诋毁与造谣罢了”。[19] 沃尔辛厄姆还在阿姆斯特丹和巴黎散发皇历，预言 1588 年夏风暴将频繁来袭，给无敌舰队带来灭顶之灾。这类旨在打击敌人士气的预言给西班牙军队的募兵工作带来了巨大打击。里斯本的一位星象学家便因编造“虚假、耸人听闻的预言”而被捕。[20]

在马德里，腓力二世依然在不断完善入侵英格兰的计划。1587 年 9 月 4 日，他告诉帕尔马公爵，舰队护送西班牙运宝船安全抵达圣文森特角之时，就是圣克鲁斯集合舰队“以上帝之名，直扑英吉利海峡之日”。“圣克鲁斯会向你通报其行踪，并以最快的速度通过海峡，直抵（肯特郡的）马盖特角后下锚。”[21]

舰队抵达马盖特或泰晤士河河口时，你应确认横渡海峡的航道是否已经安全打通。若天气条件许可，你部便立即行动，搭乘备好的舰船横渡海峡。

你与侯爵要各司其职，分别负责陆上与海上事宜，同时你们要精诚团结、协同作战。愿你们在上帝的帮助下，顺利完成主要任务与使命。

你部横渡海峡期间，侯爵会阻击一切妨碍你部登陆之敌，全力保障你部安全渡海。

你部登陆之后（我已命侯爵为你提供6000精锐步兵），侯爵所率舰队之行动由你二人酌情考虑、商榷执行。

帕尔马部登陆英格兰后，圣克鲁斯侯爵是该继续保障佛兰德斯到英格兰的海上通道安全，还是占领“部分港口”，抑或是“缴获一些英格兰舰船……从而削弱英格兰的主力”？腓力二世的指示是由帕尔马和圣克鲁斯共同商议后联合下达命令，圣克鲁斯负责执行，“而你部（帕尔马部）应迅速投入战斗……此次行动是为了成就上帝的伟大功业，我（腓力二世）相信上帝一定会帮助我们，胜利会眷顾伟大的事业，并借由你二人之手变为现实”。[22]

腓力二世屡次呵斥、催促海军总司令圣克鲁斯，命其抓紧修复船只，做好10月25日起程的准备。不久，他的耐心再次耗尽。10月10日，他催促圣克鲁斯：“没时间了，不能把时间都耗费在口舌之争与无休无止的请示与回复之中。抓紧时间行动吧，看舰队是否能提前几天出发。”随着原定出发日期一天天临近，腓力二世变得越来越焦躁沮丧：“我们已经浪费了太多的时间，行动每推迟一秒都让我备受煎熬。这种痛苦、煎熬超出所有人的想象。现在我命令你，无论如何必须保证舰队在月底前起航。”[23]但是无论他的命令多刺耳、多蛮横，都无法改变残酷的现实：无敌舰队离做好出发的准备还差得很远。

在情报史上，相互矛盾、模棱两可，从而无从决断的情报案例并不鲜见。然而这一次，英格兰人对腓力二世的军事能力及其邪恶意图的掌握和研判可谓相当清晰与准确。当然，西班牙人具体准备在哪里登陆只能猜个大概。英格兰人对西班牙可能登陆的区域进行了全面评估，制定了《反对侵略、强化王国防御实力的途径与办法》等一系列应对策略。米尔福德、彭布罗克郡的黑文（Haven）、法尔茅斯、赫尔福德（Helford），康沃尔郡的普利茅斯，德文郡（Devon）的托贝（Torbay）、朴次茅斯及怀特岛等地均被列为高风险地区。苏塞克斯、肯特郡的唐斯（Downs）和马盖特、泰晤士河畔、哈里奇、雅茅斯（Yarmouth）、赫尔（Hull）及苏格兰等地被列为佛兰德斯陆军可能入侵的次级危险地区：

> 在攻克港口之前……西班牙国王不会让舰队冒险行动。而距离西班牙最近的是普利茅斯港。普利茅斯港不难拿下。腓力二世会从速加强港口的防御，这样，来自西班牙或法国的增援物资就有了一个重要的方便渠道。
>
> （多塞特）的波特兰是个大港，可以容纳整个无敌舰队；适宜登陆，容易拿下，也方便撤退。
>
> 之所以认定唐斯、马盖特及泰晤士河畔也适宜登陆是因为他们既运送物资方便，同时还距离帕尔马亲王较近。据说，西班牙国王对帕尔马的军队信任有加。[24]

情报从来就是真真假假、鱼龙混杂，甚至自相矛盾的。托马斯·丹斯（Thomas Dence）是天主教徒，与此同时也是一位伟大的爱国者。他“虽然领着西班牙国王发放的退休金，却不愿看到英格兰毁于一旦”。他就坚信无敌舰队必定会先攻占米尔福德港及爱尔兰西岸外侨郡（Finegal）附近的兰贝岛（Lambay Island），然后以此为据点加强那里的防御。[25]1588年5月的情报则称西班牙人的“登陆地必然是怀特岛，而非英格兰的其他任何地方”。[26]

面对林林总总的情报，伊丽莎白政府向英格兰海军测绘师兼指挥官威廉·温特爵士求助，就西班牙入侵英格兰所需部队规模及必要条件等问题向其咨询专业意见。他回答如下：

> 据说（帕尔马的）部队共有3万名步兵，如果情况属实，我可以很肯定地告诉陛下，要投送数量如此庞大（的士兵）及其所需装备给养等，需要的运输能力绝对小不了。做不到这一点，他们就不可能登陆。而要做到这一点，其所需舰船绝不下300艘。
>
> 我清楚地记得，当年女王陛下的父亲先王在位时，我们和苏格兰的战火蔓延到了利斯与爱丁堡。[27]当时我们动用的远征船队舰船多达260艘，也不过才投送了1.1万名士兵而已。想当年在海上我们害怕过谁啊。[28]

最让沃尔辛厄姆担心的莫过于“最不让人省心”的苏格兰。“西班牙人在苏格兰雇用了2000人，投入了大笔资金。人数固然不算多，但其危害可能会比3000敌军在英格兰登陆更让人头疼。”[29]

帕尔马已经决定将登陆地点设在肯特郡沿岸，而伊丽莎白政府对此却一无所知。伊丽莎白的军事顾问最终断定西班牙军队最有可能登陆的地点是埃塞克斯郡，并将防御的重心全压在了那里。1588 年 3 月，英格兰人发现 3 艘可疑舰船在雅茅斯附近“海面多处水域探测水深”，这更加重了英格兰人对西班牙可能在东海岸登陆的焦虑。[30]

泰晤士河河口水面宽阔，可直抵英格兰心脏地带首都伦敦。河两岸是宽阔的沼泽地，这对于任何想借此登陆的船只（无论其吃水深度是深是浅）来说，都是不小的障碍。此外，英格兰政府拟定了在泰晤士河肯特郡格雷夫森德（Gravesend）一带的水路上设置浮栅的防御方案，由意大利人费德里戈·詹贝利（Fedrigo Giambelli）承担该设计工作。浮栅由 120 根桅杆组成（每根造价 6 英镑），直插河床，锚定在驳船上，用以阻拦企图顺流而上直插伦敦的敌船。不幸的是，一场洪水下来，浮栅就被冲得支离破碎了。[31] 据罗伯特·亚当（Robert Adam）绘制的一幅泰晤士河当时的布防图显示，泰晤士河两岸均架设了加农炮。第二座浮栅（形似多船并排组成的浮桥）架设在西侧的布莱克沃河段（Blackwall Reach）前面的李斯尼斯（Lees Ness）附近。[32]1586 年，为保障安全下锚，肯特郡阿普诺（Upnor）新港也搭建了一条横穿梅德韦河的浮栅。[33]

由于多年疏于管理，且时间紧迫、任务重，防御动员工作使都铎王朝感受到了沉重的管理压力。在梳理敌人可能在英吉利海峡何处登陆的深入调查中，英格兰近海防御薄弱的问题一一显现出来，让人触目惊心。仅多塞特一地，海湾、小海湾就多达 11

处。统计报告的批注部分写道："只要刮着北风且天气晴好，奇德克（Chideock）和查茅斯（Charmouth）两处海滩均是登陆的理想场所"。斯沃尼奇湾可容纳舰只百余艘，其下锚地更可容纳 200 艘小船，且水位较浅，无论何时登陆、撤退均不会有太大难度。[34] 再往东就是汉普郡，"卡尔肖特（Calshot）至利明顿（Lymington）一线有两处理想的登陆点，具体位置分别是斯坦斯戈（Stansgore）和莱佩（Lepe）之间的匹兹深海沟（Pits Deep）以及赛布勒斯航道（Siblers Lane）。而克赖斯特彻奇港（Christchurch）和伯恩茅斯之间的大部分海岸线也是小型船舶的理想停靠地，可供大量船只同时抵近至离岸仅半英里（804 米）处"。[35] 而在苏塞克斯郡布莱特池顿山（Bletchington Hill）附近，43 年前法国人突袭所造成的海岸防御工事缺口依然没有补上。[36]

经费捉襟见肘，物资匮乏，伊丽莎白政府别无选择，只好在防御力量最薄弱地带的海滩和砾石堆上打上木桩，在水位线较高的地方挖战壕，以此来阻止西班牙舰船登陆。与此同时，修建土堡以保护自己的火炮，掩护配备火绳枪或弓箭的英格兰部队。[37] 怀特岛的土方工事标准如下：工事高 4 英尺（1.22 米），厚 8 英尺（2.44 米）。工事内侧木桩林立，尖锐如刀，工事外修筑宽大的壕沟。怀特岛总督乔治·凯里爵士（Sir George Carey）曾多次强烈抱怨，岛上仅有 4 门火炮，炮弹也仅够用一天。[38] 他不安地写道："若怀特岛果真战略位置微不足道，不配增加供给的话，那我抱怨物资短缺就是说瞎话，撤我的职好了。我不奢望战功赫赫，我只是希望以微薄之躯、绵薄之力全力以赴而已。"[39] 他还批判了增调汉普郡民兵强化怀特岛防御的方案——"美其名曰增派的队伍皆训练有素，然名不副实”。对于让性情暴躁的第四代苏塞克斯伯爵亨利·拉德克利夫（Henry Radcliffe）负责朴次茅斯的防务工作，凯里更是表示不解，认为这样做无法让士兵们人尽其才，发挥他们的最大潜能。他的这些担心并非没有道理。[40]

在朴次茅斯，政府在通往各城镇的道路旁新建了碉堡以有效阻吓敌人。沃尔特·雷利爵士对这些碉堡的设计及其防御能力提出了尖锐的批评和质疑。因此，刚建好的碉堡又被推翻。伊丽莎白得知此事不禁勃然大怒，认为纯粹是在浪费她的钱。随后，朴次茅斯又征用 800 名民夫花了 4 个月的时间重建土堡，土堡外围是由石头砌成的 5 个箭矢状堡垒，堡垒外侧是漫水的壕沟。[41] 然而即使是这样，根据评估，大部分要塞被认定为“年久失修，派不上用场”。一门旧铸铁加农炮——在苏塞克斯伯爵眼中已是他最好的加农炮——就在他眼前发生爆炸，万幸的是，他本人有惊无险，躲过一劫。[42]1587 年 11 月，苏塞克斯抱怨称，“由于年久失修，镇上靠海一侧的塔楼已经开始晃晃悠悠”，他说女王登基庆典时他都不敢放炮庆祝，唯恐把塔楼震塌了。[43]

在英格兰东部，1587 年，大雅茅斯的城墙再次用夯土加固，“加固工作做得很扎实，从上到下一丝不苟……以泥土和粪便为材料，城墙厚度达 40 英尺（12.9 米）。这样的城墙如有天助，足以抵御任何舰炮的袭击”。次年，城墙内外再次用砖块与石料加固，城墙顶加装火炮。[44] 据 1587 年 2 月的史料记载，埃塞克斯郡哈里奇当时“防御工事颓废，哈里奇犹如一座不设防的城市”。为加固其防御工事，伊丽莎白拨款 1000 英镑，其余款项由当地军民自筹。她直言不讳地告诫当地居民：“事关每个人的福祉（亦关于王国的安宁与福祉），务必扛起自己的义务，捐出应捐的款项。”[45]

不只城防问题突出，民兵训练也差得很远，伊丽莎白政府也充分意识到了这一点。这些民兵要面对的可是帕尔马部久经战阵的老兵，何况老兵中不乏外国雇佣兵。1580 年，为强化军事训练，政府颁布“游戏禁令”，呼吁臣民勿将时间浪费在赌博上，号召父子勠力同心，多做“射击训练”。禁令规定：

> 凡我子民，其子嗣在 7 ~ 17 岁之间者，家中皆应备一弓二矢，引导教化其子练习射击。
>
> 任何人不得为生存、获利计，保留、持有、占用、利用或维护公共房舍、巷陌、保龄球场地用于进行……盘丝游戏、五瓶保龄球、网球、掷骰、桌球和棋牌等法律明令禁止的或任何形式的自创游戏。

凡打保龄球者，或“在室外场地玩法律禁止的任何游戏”者，一经发现，或罚款 6 先令 8 便士，或执行监禁。[46]

据统计，1577 年，英格兰和威尔士年龄在 16~60 岁间的兵役适龄人口接近 32.4 万。这一数字看起来不少，但真正能捍卫英格兰荣誉的却不多。11 年后的统计结果表明，全国真正具备作战经验的“军人”只有 100 人。对于英格兰人来说，上一次战争还是亨利八世执政期间的英法战争和英苏战争，距今已有 45 年的历史。参加过上述战斗的老兵早已“丧失了一切战斗力”。步兵和骑兵只能从训练有素的民兵队、志愿者或者有特殊技能的新兵中进行选拔。这就是匆匆从尼德兰召回几千名老兵的真正原因。但不久，不少老兵一回国就开了小差。他们有的隐身于喧嚣的闹市，有的则躲到肯特海岸的五港同盟住户区。[47]

民兵军官大多是贵族、乡绅或绅士出身。其参军的目的不仅是为了保卫国家，更是为了保卫自己的私产。[48]正因为他们就生长在这里，他们是这片乡土的“天然卫士”。然而美中不足的是，他们都不是职业军人。[49]对于居住在沿海地区的民兵军官来说，举家内迁或仅将财产转移到内陆避难不过是权宜之计，无可厚非，但是这种做法与政府政策是相互抵触的。1587 年 11 月，政府命令他们即刻返乡，“否则女王陛下天威震怒，将罚没其田产及其他所有财物……任何人不得以任何借口、理由拒不执行政府的规定”。[50]

和很多乡绅、牧师一样，沃尔辛厄姆也要认捐。他认捐资助一个小分队——该分队有长矛骑兵 50 人、配枪骑兵 20 人、步兵 200 人。[51]他还自掏腰包从低地国家为他们购置新的铠甲。但是并非所有人都心甘情愿支持女王、捍卫女王的王国。甚至连部分新教牧师都不愿意资助民兵。1588 年 5 月，枢密院不得不致信坎特伯雷大主教约翰 · 惠特吉夫特（John Whitgift），要求其鼓励牧师捐款：

> 政府已经获悉……在女王御下之王国，牧师多过着衣食无忧的殷实生活，但时值部队集结之际，他们不仅拒绝参军，还拒绝资助长矛骑兵或轻骑兵。他们认为事不关己，希望别人冲锋在前……
>
> 当前国难当头，牧师们须积极鼓励民众投身兵役，捍卫女王之国土，切勿置身事外。[52]

主教们最终同意认捐，但是资助金额却少得可怜：奇切斯特（Chichester）主教出资资助步兵 13 人，索尔兹伯里主教资助 23 人，彼得伯勒（Peterborough）主教资助 23 人。整个坎特伯雷教区资助士兵共计仅 165 人。伦敦市出资资助士兵共计 223 人，温彻斯特资助共计 270 人。[53]

非职业化军队在反击侵略时所能起到的作用微乎其微。汉普郡的防御就因为脾气火暴的第四代苏塞克斯伯爵和脾气更火暴的第三代温彻斯特侯爵威廉·波利特（William Paulet）之间的个人恩怨而颇受影响。在一次防御规划工作会议上，这两位贵族之间的冲突公开化。苏塞克斯伯爵故意找茬儿，斥责朴次茅斯的部队部署既无章法又不合理。不幸的是，这支部队的布防恰恰是波利特的主意，他拿着写有自己命令的牛皮纸呵斥道："我现在就自己读一遍，如果果真如你所说既无章法又不合理，我就承认自己是猪脑子。"[54] 话音未落，温彻斯特侯爵又和 70 岁高龄的温彻斯特主教托马斯·库珀（Thomas Cooper）吵了起来。侯爵抱怨说主教明明答应资助更多的物资来武装民兵，但自己什么都没见到。事实上主教个人认捐已达 100 英镑，所以自然厉声反驳说自己就在温彻斯特在伯爵的眼皮底下亲自召集人筹备的物资。侯爵反讽道："我的眼皮子再大，也大不到从 26 英里（41.84 千米）外的蒂德沃思（Tidworth）看到您在温彻斯特都办了什么事。"[55]

职业军人，陆军上尉尼古拉斯·道特里（Nicholas Dawtrey）被派往汉普郡训练那里的民兵。1588 年 1 月，他警告沃尔辛厄姆，倘若真调拨 3000 名步兵渡过索伦特海峡（Solent）来防御怀特岛的话，留给温彻斯特侯爵的"就真不剩什么人了。只好让少许钩镰兵来应对一切危险”。[56] 当地人也抱怨被分派到外地去打仗：“只要一有风吹草动”，他们便和仆人一道被强行“派往朴次茅斯或怀特岛，而他们的家产、妻儿则无人保护。他们不在身边，妻儿只能任由敌人践踏”。道特里强调说：“他们大部分人都很抵触。温彻斯特主教还把我拉到没人的地方，递给我一张 200 英镑的钞票。我十分理解这些居住在沿海地区的人们心里到底在想什么。”[57]

汉普郡最终募到士兵 9088 人，但是道特里指出：“很多士兵……基本上没有什么装备；有人缺头盔，有人缺剑，总之不是缺这个就是少那个。即便手里有家伙，也不见得趁手、好使。”[58] 纪律也很成问题：多塞特民兵 3159 人（其中 1800 人从未有过当兵的经历），指挥官确信“这些民兵可能还没见到敌人的影子，就窝里斗自己人先打起来了”。[59] 和伊丽莎白时期的民兵相比，20 世纪 20 年代，面对德国人的入侵，“地方国防志愿者”（Local Defence Volunteers）——后改称“国民警卫队”（Home Guard）——虽然也没有接受什么训练，但他们热情高涨，显然更像一支训练有素的正规部队。

沃尔辛厄姆收到一封荒唐的匿名信。信中竟然指出，阻击敌人登陆的最好办法莫过于“返璞归真”——使用弓箭。既然这种武器能在 1415 年阿让库尔（Agincourt）大捷中大显神威、大败法军，那么在 1588 年的今天，它必然也能够大败西班牙人。沃尔辛厄姆整天忙于应付各种各样的针对女王、针对国家的威胁。身为老成持重，起着缓冲器作用的国之重臣，他怎么可能接受这样一个一本正经地胡说八道的建议，向女王进言倡议使用弓弩这种帕尔马麾下能征善战的老兵见都没见过的陈旧过时的所谓“可怕武器”？在经过一番深思熟虑之后，沃尔辛厄姆认为“对上帝的畏惧才是击溃敌人的最强大的武器”。[60]

但是事实上，无论英格兰人如何费尽心机、挖空心思，甚至以每件 23 先令 4 便士（1.17 英镑）的高价从德意志和尼德兰购进火绳枪等武器，很多民兵依然用不上火绳枪，只能用弓箭。肯特郡服役的适龄男性共 12654 人，受过“训练”的步兵有 2958 人，未受任何训练者共 4166 人，这其中包括弓箭手 1662 人，“投石手”1762 人。[61] 配备火绳枪和轻型火绳枪的士兵虽然也不算少，但是“弹药、火柴、铅弹、马匹和马车”的数量却远远不够。[62] 缺乏装备是个普遍存在的大难题。如果把仓库中斑斑锈迹的铠甲、武器搬出来，只会打击民兵的士气与团队意识。莱斯特伯爵就抱怨说：

> 从伦敦塔运来的头盔已送抵目的地[63]，却没有一个士兵愿意购买，他们耻于戴着这玩意儿。
>
> 军械厂一定要重点看管，我们太缺弹药和军火了。这一点连外国人都清楚。[64]

渐渐地，在一片混乱之中，相应的组织机构还是慢慢建立起来了，秩序得到了确立。1940 年，在大不列颠面临纳粹侵略这个英国历史上的至暗时刻，英格兰人意识到，与其说在 1587—1588 年间他们的先人们是在捍卫海岸线上的每一寸国土，不如说他们是在敌人最有可能登陆、最危险的地方战斗。绰号“黑杰克”（Black Jack）的老兵头约翰·诺里斯爵士（Sir John Norris）

被派往南部沿海各郡县视察，实地勘察西班牙部队可能在哪些地方“突破”，“哪些地方易攻难守，宜先暂时撤出，后徐图之”，以及“哪些地方易守难攻，适合迎头痛击、克敌制胜”。诺里斯此行仅带了几名“信得过且技术过硬”的人员随行，因为“真正了解上述地区薄弱环节及其面临的潜在危险的人确实寥寥无几”。肯特郡无险可守，敌人最有可能从 3 个地方登陆，它们分别是唐斯的谢佩岛（Isle of Sheppey）和塔纳（Thanet），罗姆尼湿地（Romney Marsh）的希尔内斯（Sheerness），以及泰晤士河开阔的入河口。[65]当地的民兵被派往上述 3 处海滩。但是当地民兵总共只有 200 人，他们其实就是“敢死队员”——他们要做的就是牺牲自己，为内陆部队的集结争取足够的时间，而不是在西班牙人士气正盛时死死拖住敌人。“为阻止敌人以肯特郡为跳板，袭击坎特伯雷、桑威奇（Sandwich）、罗切斯特（Rochester）、艾尔斯福德（Aylesford）及梅德斯通（Maidstone）等地，肯特郡制定的防御方案还列出了狙击敌人的最佳地点。”

民兵开始向英格兰南部、西南部各主要港口集结。民兵的行动策略是：若时机成熟，就对敌发动反击；若撤退，便实行“焦土政策”——破坏桥梁，焚毁粮食，驱散家畜，绝不能将任何补给物资留给敌人。肯特郡将派 4000 人奔赴各处港口及苏塞克斯郡受到威胁的部分地区。如果谢佩岛受到攻击，则从埃塞克斯调派 4000 人增援肯特郡当地的守军。[66]1587 年 3 月，南部各郡县接到通知，要求他们的民兵做好准备，务必确保击退来犯之敌：“检阅受训民兵，接到警报一小时内务必按照原定计划形成战斗力，开赴指定区域。”[67]

陆军主力划分为两个集团军。第一集团军共有步兵2.7万人、骑兵2418人，莱斯特伯爵任主帅，在敌人登陆后立即投入战斗。第二集团军由宫务大臣（Lord Chamberlain）汉斯顿勋爵任主帅，麾下有步兵28900人、骑兵4400人，负责保卫女王陛下的人身安全。若有可能，女王将继续留在伦敦；若首都失陷，则以温莎城堡为临时藏身处。

1588年3月8日，伊丽莎白致信伦敦市政府，要求其为女王的私人卫队提供人员和武器装备。

> 目前收到的情报表明，敌人做了大量精心准备，对我们王国意图不轨。鉴于此，兹命令即日起全国进入战备状态。
>
> 我已获悉伦敦的防御工作已准备就绪……1万名士兵已配备相应数量的铠甲与武器……6000士卒已被授以尉官和校官军衔，还准备在适当的时间进行训练。

受过训练的士兵共编成4个团，每个团1500人，配备了火绳枪、长矛、戟等武器，每周操练两次。未受训的士兵同样编为4个团。[68]

让人担忧的不只是如何赶走海上的侵略者，如果西班牙人打过来，伊丽莎白治下的天主教徒臣民的忠诚度到底如何也让人放心不下。枢机主教艾伦就大言不惭地说，只要西班牙大军一到，英格兰天主教徒必定揭竿而起，遥相呼应，而这正是伯利和沃尔辛厄姆所担心的。[69]1586年6月初，“朴次茅斯附近的乡民”图谋造反，更增添了人们的忧虑。几天后，苏塞克斯伯爵汇报称，他已平息了叛乱并逮捕了一批首恶分子。6 月 13 日，他又报告称，“叛乱知情者正准备潜逃出海”，他正设法阻止并拘押他们。[70]1587 年 11 月，雷利从德文郡发来报告称，其手下某些专员“深受邪教蛊惑，对现实极端不满”。埃克塞特（Exeter）市民拒绝为沿海各郡县的防御工作出资出力。[71] 同月，在低地国家为西班牙效力的一批英格兰船长归顺枢密院。很明显，他们要重新站队，效忠女王，并希望能拿到护照返回英格兰。但是，英格兰当局经过研判认为他们“是一些极端危险的天主教徒，个个杀人不眨眼，没资格享受英格兰的自由”。[72]

罗杰·沃尔顿（Roger Walton）报告称，流亡在外的英格兰天主教教士正准备潜回英格兰，并打算在西班牙人入侵之时“举行天主教集会”。据说其主谋系诺森伯兰伯爵家的家庭教师托马斯·霍尔（Thomas Hole）。沃尔顿说得十分隐晦，天主教叛众可能计划夺取赖伊和温切尔西（Winchelsea）之间的一座碉堡。天主教徒托马斯·登斯（Thomas Dence）也警告称，天主教徒打算在无敌舰队抵达前“大肆庆贺一番，并为将来做些准备工作”。[73] 但是最让人担心的还是英格兰舰队中可能发生谋逆事件。爱德蒙·谢菲尔德勋爵（Lord Edmund Sheffield）的“熊号”（*Bear*）上的士兵水手在经受一番恐吓之后，舰上“一名理发师和其他三四个人发誓（效忠女王），不再效忠教皇”。[74]

依据沃尔辛厄姆之前制定的拘留方案，危险的异见分子和教士们被分别关押在多处要塞。在威斯贝奇城堡关押着一些耶稣会会士和其他神学院牧师。这些异见分子因监狱中的生活条件发生了内讧。耶稣会领导人威廉·韦斯顿（William Weston）要求所有在押人员必须严于律己，其所作所为必须符合自己的身份。他还指责某些人生活放荡，没有底线。监狱外支持者所提供的救济金大多被耶稣会成员拿到，但是双方关系并未改善。[75] 此外，由于监管过于松懈，在押犯竟能在城堡内偷偷做弥撒：

> 夜深人静之际，我们悄悄把绳子从窗户放下，把法衣提上来。黎明时分，趁着狱卒和其他在押人员还没醒来，我们再悄悄把法衣放下去。[76]

托马斯·格雷（Thomas Gray）负责看管威斯贝奇城堡的异见分子。由于其管理松懈，事态变得越来越糟，威斯贝奇俨然成了非官方的神学院，成了辩论神学问题的讲坛，甚至成了天主教信众朝圣的圣地。更荒谬的是，在押教士竟然还能打开彼此的监舍相互串门。格雷在城堡里举办传播福音的祈祷仪式，在押人员竟又是吹口哨又是踩踏楼板干扰格雷的正常宗教活动。格雷的女儿乌尔苏拉·格雷（Ursula Gray）竟也皈依了天主教。更可气的是，异见分子查尔斯·博尔内（Charles Borne）与尼古拉斯·斯科洛普（Nicholas Scroope）竟趁格雷外出之际，对格雷的太太和仆人拳打脚踢。是可忍孰不可忍！于是，当地地方法官委员会建议选拔“信得过的市民”来协助监狱看守。未经书面许可，监狱看守和助手不得离开监狱半步。探监被禁止，书信被审查，除吃饭时间之外在押人员不得相互交谈。对于沃尔辛厄姆来说，威斯贝奇等地的情况着实令人沮丧，唯一的慰藉恐怕是一位名叫托马斯·特拉弗斯（Thomas Travers）的在押犯在“严刑逼供”后不堪忍受归顺了伊丽莎白政府，同意参加新教的教会仪式。[77]

英格兰全境开始对异见分子采取“更严厉的措施”。在诺福克，爱德华·克莱尔爵士（Sir Edward Clare）和威廉·海登爵士（Sir William Heydon）抱怨称很多人都“不老老实实待在家里”，不禁让人心生不祥的预感。在贝德福德郡（Bedfordshire），肯特伯爵（Earl of Kent）天真地询问该如何处置那些“丈夫是虔诚的天主教徒”的女性异见分子。[78] 戈弗雷·福尔贾姆（Godfrey Foljambe）逮捕了自己的祖母康斯坦丝夫人（Lady Constance），称“她现在就在我的监护之下……我会对其严加看管，如果要传唤她，我立即就把她送过去”。[79]

不过，英格兰人的有些做法还是十分明智的。他们将异见分子的武器和铠甲全部罚没充公，交由女王的民兵使用。英格兰人还是比较遵守物权法的，他们将罚没充公的物品售卖得来的钱归还了原物主。

如果敌人来犯，在远洋巡航的数艘舰载艇和单桅小渔船将首先发现敌情，并发出第一波警报。而陆地上的烽火警报预警系统则庞杂得多。自 14 世纪初起，英格兰南部各郡县已经在各地制高点安装了烽火预警装置。现在该系统已翻修一新。[80] 这些烽火预警装置由一个铁质火盆和一个高大的木质架底座组成，通常置于高丘之上。两两之间间隔 15 英里（24.14 千米）。

这样的烽火警报设施在肯特郡共有 43 处，德文郡也是 43 处，埃塞克斯郡 26 处，诺福克郡 16 处；[81] 苏塞克斯沿海地区 24 处，和汉普郡的数量相当。通过汉普郡的烽火警报设施，萨默塞特、牛津郡及伯克郡（Berkshire）均可观察其发出的警报信号。如果敌人在英格兰南部沿岸地区登陆，不出意外的话，伦敦会在一个小时内收到警报。具体情况随后再由驿马送达伦敦。

烽火预警装置旁一般都有人执勤，3 月至 10 月间天气温和，每天需要两名“既聪明又警惕性很高，还善于观察”的看守 24 小时轮值（由周边村庄的村民轮值）。危急时刻还会增派人手[82]，每人每天辛苦费 8 便士。为防止执勤人员偷懒，烽火警报处时常会受到突击检查。警报处执勤人员执勤期间不得携带犬类，以防分神。

在烽火警报系统工作是一份爱国责任与担当，其工作冗长乏味，大多数人都难以适应。肯特郡的烽火警报设施附近老旧的木棚坍塌之后，为了防止恶劣天气对警报系统的破坏，原址附近设置了新掩蔽设施。掩蔽设施内“地方促狭。为防止值勤人员睡觉，不设置椅子。他们必须笔直站立，通过缝隙观察远处烽火警报处的情况”。但是谁也无法保证执勤人员能始终紧盯远处发生的一切：在埃塞克斯东北部斯坦韦（Stanway）的一处烽火警报点，两名值勤人员因盯着庄稼地里的鹧鸪解闷而被送上了法庭。[83]当然这种耍小聪明的做法绝非孤例。1586 年 7 月，5 人因蓄意破坏汉普郡的烽火警报设施而被起诉。他们“虚构事实、蒙蔽公众，使人们误以为西班牙舰队真的打了过来”，借此制造骚乱。骚乱中，为“缓解自身粮食紧缺”，他们偷盗粮食。此外，他们还盗窃绅士们的住宅，释放了关押在温彻斯特的异端分子。这些人大部分人被关押，一部分人被押解到伦敦接受进一步的质询，以查明此事背后是否有更大的阴谋。[84]

对于发现无敌舰队后该如何做详细汇报，各郡县的规定不尽相同，但都统一规定，触发烽火报警设备时当地法官必须在场。

按照怀特岛的规定，如果发现20艘以上的船只向沿岸驶来，看守要沿陡峭的山路下来，到就近的教堂鸣钟示警。萨里郡（Surrey）规定，法官们必须学会如何以“简单有效的”方式在夜间或阴雨天判定“其所观测的烽火警报点……是否已经点火示警，还要学会甄别烽火装置火警和其他火源”。[85]当然，让人虚惊一场的报假警事件时不时会发生。1579年，朴次茅斯的高地波斯陶（Portsdown）的烽火警报装置发出预警。当地的民兵很快就动员了起来。后经查实，附近的猎人为了将獾从洞里熏出来而放火，烽火台值勤误以为是警报而启动了烽火报警装置。[86]

防御工事的第一道防线当然非女王直属皇家海军莫属。通过购买和租赁，皇家海军实力大增。

暴脾气的汉弗莱爵士的弟弟约翰·吉尔伯特爵士（Sir John Gilbert）无视海军命令，拒绝让自己的船只加入德雷克的分舰队，使得这些船只无法按原计划于1588年3月出海。[87]与此同时，很多人都不愿意将自己的船只奉献给海军，沿岸各城镇议会不断收到拒绝献船的各种各样的借口和托词。赫尔市市长威廉·布雷（William Bray）向枢密院发出请愿称“他们无法完成提供两艘大船和一艘舰载艇”的指示，因为“现在所有的好船只都在远洋上”，并且海员们都已经响应号召参加了海军。后来，直到部分船只回到纽卡斯尔（Newcastle）和伦敦之后，他们才贡献出了两艘船和一艘舰载艇。德文北部的巴恩斯特珀尔镇（Barnstaple）镇长约翰·哈里斯（John Harris）也拒绝提供枢密院要求的两艘船及“用于作战的漂亮的舰载艇”，理由是“西班牙国王的限制令，即西班牙的船只禁运措施，已经将他们折腾得穷得叮当响了”。

多塞特郡的普尔市（Poole）市长约翰·贝里曼（John Berryman）要求免于缴纳购买“一艘大船与一艘舰载艇”的钱，因为他们实在“无力”筹钱。[88] 为了解决问题，他已经扣留了普尔市本来准备驶往纽芬兰【为了逃避加入英格兰舰队，其船长彼得·考克斯（Peter Cox）打算让船只先出海，但船只被拘押】的“报春花号”（*Primrose*）及“大象号”（*Elephant*）舰载艇，“修复”之后即可以租给海军服役。[89] 南安普敦公民一向守法，却也无力提供船只，“因为城市已经败落，商业停滞，为给城镇提供火药，并修复加固城池他们已经交付了巨额款项”。不只是船只不够，水手缺口也很大——已经有 100 多人被强行征召入伍效忠女王。[90] 在东安格利亚（East Anglia）和东贝霍尔特（East Bergholt），居民也要求豁免他们必须交付的科尔切斯特（Colchester）沿岸所需的船只，“因为本地产的萨福克布匹被限制出口而损失惨重”。[91] 科吉舍尔（Coggeshall）和戴德姆（Dedham）也要求豁免支付船款。与此同时，诺福克的布莱克尼（Blackney）、韦斯顿（Wiston）、克莱（Cley）等村庄也对（国王的）议会要求民众负担过重的税赋而怨声载道。[92]

截至目前，伊丽莎白的皇家海军总船数为 38 艘，另有舰载艇若干，总排水量为 12990 吨。1587 年 10 月 5 日，英格兰接到报告，称无敌舰队已经做好了起航前的所有准备，皇家海军开始动员起来。[93] 12 月 21 日，55 岁的第二代埃芬厄姆男爵查尔斯·霍华德被任命为皇家海军总司令，德雷克被任命为副总司令。第二天霍华德到女王的“熊号”上视察，发现水手们都衣着褴褛，他告诉伯利：

> 这里聚集着一群经验丰富的水手，其水平之高世所罕见。他们将长期离开我们的国土，面对恶劣的天气，然而他们却个个缺衣少穿。如果能先给他们预发一个月的薪水缓解这一状况就再好不过了。[94]

在女王的舰队中，有 4 艘船的建造年代可以追溯到亨利八世在位期间，11 艘船是 1584 年以后建造的，还有 12 艘船是按照目前的标准建造的。[95] 新建造和大修的船只都使用了全新的英格兰战舰的建造模式，该模式也被称为“速建模式”或“赶制模式”。“速建模式”降低了上升平台即舰首和舰尾的“舰楼”的高度，加长了炮台甲板的长度，从而使得船体更加光滑，大大提升了舰船的速度及其机动性，使得舰船能够携带更多的重型武器。[96] 接下来的战斗将证明这些特点能起到决定性的作用。

为方便在英格兰与佛兰德斯的浅滩水域的军事行动，英格兰人还专门为此设计和建造了相关战船。“彩虹号”和“先锋号”（*Vanguard*）吃水深度仅为 12~13 英尺（3.66~3.96 米），非常浅。这使得船只在大风大浪的海况下十分颠簸。“彩虹号”是亨利·西摩爵士（Sir Henry Seymour）的旗舰，他曾说：“我这艘船也就在夏天的时候能用……并且不能北上到北部、爱尔兰或西班牙海域执行任务，否则船只受损，船员生病，最后将引发灾难。”[97]

多亏了海军财政大臣约翰·霍金斯，船的保养和维护一直进行得十分顺利，主力战舰都能处于良好的作战状态。霍华德对此十分欣慰，他告诉伯利：

我登上了随同我作战的每一艘船，仔细查看了每一处细节，哪怕是趴着才能看到的地方我都看了。感谢上帝，所有船只状况都很好。

目前，未发现船只有裂缝漏水的情况。

因此，我斗胆猜测，女王上位以来所建造的船只质量都很高，符合作战要求。事实将证明，那些说船只质量堪忧的话，都是彻头彻尾的谎言。[98]

对于新建成的旗舰“皇家方舟号”，霍华德也甚为满意。

在我看来，在世界上任何地方都再难找到数目如此之多的出色舰船。

如果腓力二世的舰队舰船数量不过百艘的话，以我们目前的舰船数量，就足可以和他们势均力敌，打几场漂亮仗。

我请求阁下务必代我向女王陛下致谢，感谢她出资建造了“皇家方舟号”。[99]在我看来，无论从哪个方面看，这都是世界上最好的舰船。我太喜欢这艘船了，这就是世上最伟大的舰船，我已经决定将这艘作为我的旗舰。[100]

此时，身在普利茅斯的德雷克却闹起了脾气，他实在是太想在无敌舰队抵达英格兰海岸线之前对其发动打击。1588 年 3 月 30 日，他致信枢密院，催促其批准对西班牙舰队实施先发制人的打击。他认为先开第一枪会极大地鼓舞女王陛下海内外的臣民，他们会发自内心地相信万能的上帝会赐予女王陛下及其臣民战胜一切的勇气和信心，使他们不惧任何外来侵略，使他们主动行动起来，要与上帝的敌人、女王的敌人决一死战。

因为上帝站在我们这边，我们有理由相信，我们的人数、舰船数会超过敌人……

先发制人，我们只需50艘舰船便能重创敌人。而倘若在自己的国土上作战，不仅需要更多的舰船，效果也会差得多。

我们越早动手，就越能重创敌人。

比斯开分舰队战舰的船帆上和英格兰旗帜上都绣着红十字。德雷克对此相当不满，他在一份报告中怒斥道："西班牙人的骄傲自大表露无遗，实在是放肆，得寸进尺、肆无忌惮，是可忍孰不可忍！"[101]

很快，他将会迎来一次机遇，好好煞一煞无敌舰队的威风。

第四章

无敌舰队

万能的主啊，请赐给我满满一教堂的富商做人质，让我的舰旗高高飘扬在他们头顶之上。主啊，愿这些人质能让我收获 3 万余达克特金币的赎金。

——安多尼奥·德·塔索·阿奎尔雷斯（Antonio de Taso Aquereis），一支 200 人的西班牙步兵的指挥官，于里斯本[1]

1588 年 2 月 9 日，在接受外科医生 11 天的通便与放血治疗后，西班牙无敌舰队总司令圣克鲁斯终因“坏血病”（斑疹伤寒）去世。为了将西班牙舰队打造成一支全副武装的舰队，圣克鲁斯已经耗尽了心力；西班牙国王喜欢卖弄学问，喜欢瞎指挥，还有严重的官僚主义思想，对具体事务频繁下达指示，面对着这样一个国王，圣克鲁斯疲于应付，已经无力再坚持下去。这位 62 岁的海军老帅终于耗尽了最后一丝心血。有人私下揣测，腓力宫廷上下弥漫的对主帅的恶评才是导致他最终辞世的真正原因。[2] 对于这位独断专行的海上大公的去世，并没有多少人心有戚戚。为他护送棺椁的仅有 4 人。他最终安葬在科尔多瓦（Córdoba）的埃尔比索（El Viso）[3] 的教区教堂墓地。

两天后，西班牙一等公爵——第六代梅迪纳·西多尼亚公爵、“老好人”唐·阿隆索·佩雷斯·德·古斯曼（Don Alonso Pérez de Guzmán）接替圣克鲁斯，担任无敌舰队总司令。圣克鲁斯之死可能会给无敌舰队带来负面冲击。然而，或许是厌倦了舰队准备工作一拖再拖，西班牙国王对无敌舰队的前景并不悲观。他以近乎无情的口吻冷冰冰地说道：“上帝没有在无敌舰队出征后，而是现在就把他带走，这是莫大的荣耀啊！”[4]

几个月来，对于何时启动“征服英格兰的伟大事业”，腓力二世依然犹豫不决。1587 年 9 月底，英格兰舰队在普利茅斯集结。腓力二世认为此时泰晤士河河口必然疏于防范，于是催促帕尔马抓住这个机遇，时机一旦成熟，就应该立即（单刀直入）入侵英格兰本土。帕尔马公爵也信誓旦旦地向国王保证，自己将于 11 月 25 日起程出海。但腓力二世又犯了传说中的“决断困难”的老毛病，突然间慎重起来。他清楚地意识到此前的决定存在一个重大纰漏：在没有海军支撑的情况下，帕尔马的军队一旦登陆，补给线必然会受到威胁，帕尔马马上就会陷入孤立无援的境地。一想到这里，他不禁冷汗直冒。当时已经入冬，天气变幻莫测，根本不适合采取军事行动，况且当时可用的战舰只有区区 35 艘。尽管如此，腓力二世还是毅然下令圣克鲁斯即刻保护帕尔马入侵行动中的驳船。

几天前，就在 11 月 16 日，一股强大的飓风重创了无敌舰队的多艘舰只。104 艘船只损毁严重，经鉴定已不具备出海条件。多艘战舰搁浅待修。对圣克鲁斯这位海军总司令来说，当时可用的“大巨船”只有 13 艘。而在这 13 艘战舰中，有一艘船体严重受损，他忧心忡忡，担心这艘船出海后可能有去无回。[5]此外，船上、码头上堆放的食品已经开始发臭，不少水手和士兵染上了坏血病或其他疾病，一个个像深秋的苍蝇一样奄奄一息。圣克鲁斯便请求待到开春后再出海。据他预测，如果舰队此时出征讨伐英格兰，“必然疟疾肆虐……在海上漂泊长达一个月之久，尤其是在现在这种严寒季节，舰队将遭遇严重的灾难”。

威尼斯驻马德里大使赫罗尼莫·利博马诺（Hieronimo Lippomano）是位消息灵通的人士。12 月，据他报告，“无敌舰队的战备工作依然在推进，船只仍在安装设备，不断有弹药搬到甲板上，一支又一支舰队络绎不绝，但战备已不似从前那般热火朝天”。据他证实，无敌舰队疾病肆虐，逃兵不断，目前士兵和水手人数“严重短缺，远低于期待值。国王陛下恐怕将不得不进一步招募新兵”。[6]大使还听到了一些让腓力二世郁闷的坏消息：据说新组建的西班牙分舰队的旗舰在萨卡文（Sacavém）一带行经塔霍河（River Tagus）的途中触礁沉没。[7]

纵使腓力二世如何沉着自若，面对无敌舰队行程一次又一次的推迟，他再也无法掩饰自己的懊恼。他派遣丰特斯伯爵（Count of Fuentes）前往里斯本，为排水量 1100 吨的“三位一体巴伦西亚号”（*La Trinidad Valencera*）等舰船安装攻城炮，以此为起点，加快推进军备进度。[8]次年 2 月，利博马诺报告称：“他们已经安装了 12 门重型攻城炮，还安装了 48 门野战炮兵团所用的轻型炮，所有火炮均备有双份炮架，共备有骡马 600 匹。此外，建设要塞所需的钢铁木料的储备也不计其数”。[9] 丰特斯直言不讳地对军需处和炮兵进行公开批评，指责他们“备战废弛”。现在，丰特斯已经着手为每艘战舰配备 8 个月军需。每天都有新招募的士兵开赴葡萄牙来补充因战死或逃兵造成的缺员。[10]

1587 年年末，面对着诡谲的局势，腓力二世的焦虑和不安日甚一日，加之持续的亢奋，他终于快撑不住了。劳累一天之后，当他来到卧榻之前，不仅手上痛风再次发作，他还胃疼，发着烧。据说他“异常慵懒，身体虚弱”。尽管如此，1 月 9 日，他还是授权圣克鲁斯在马盖特附近的海面与英格兰舰队作战，但行动仅限于确保帕尔马公爵顺利登陆英格兰。

> 计谋也罢，阴谋也罢，兵不血刃，使我军毫发无伤，确保帕尔马公爵之登陆，方为上策。凡涉登陆等军事行动，不可独断专行，须与公爵共同商议再做定夺。海上具体交火事宜，可自行处置。

待顺利攻入英格兰之后，圣克鲁斯便可与无敌舰队一道回国，“归国途中，可率帕尔马麾下之意大利和德意志雇佣军顺路拜访爱尔兰”，这些人“将是征服爱尔兰的伟大事业不可或缺的力量”。[11]

然而，如此高度机密的作战计划竟然搞得尽人皆知，着实让帕尔马吓出了一身冷汗：“在西班牙、意大利乃至随时随地皆能听到人们在讨论远征英格兰的计划，而且事无巨细传得有鼻子有眼。”帕尔马在给腓力二世的信中提到，他抵达布鲁日（Bruges）“及在布鲁日毗邻处驻军一事，更惹得人们议论纷纷。陛下钧鉴，此事已大白于天下，军营中到处都传得沸沸扬扬……”。而帕尔马始终坚信，若要成功实现在肯特郡登陆，严守军事机密是先决条件。

帕尔马公爵对国王的怨恨与愤怒也在不断滋生。腓力二世执意催促他务必于11月或12月横渡多佛海峡。而在帕尔马看来，这根本就是机会主义，是个愚不可及的战略性错误。没有无敌舰队的保驾护航，横渡海峡的计划无异于痴人说梦。

> 陛下明鉴，没有舰队的支援，我们这些船只根本无法渡过海峡入侵英格兰。对此您比谁都清楚。9月4日，您在来信中还令臣下谨记，切不可在圣克鲁斯侯爵大人未部署就位之前草率兴兵。倘若侯爵大人部署到位，上帝保佑，我们定能成功渡过海峡。
>
> 侯爵尚未部署就位，个中缘由陛下心如明镜。在此情况下岂可贸然入侵英格兰？
>
> 恕臣直言，臣对此忧心忡忡，夜不能寐。
>
> 陛下一言九鼎……然陛下的来信与陛下之前所嘱南辕北辙……让臣不胜惶恐。

帕尔马又添墨数笔，言辞中颇为不屑：“臣愚钝，未知其可。伏请陛下明示。即使仅存槁橹，臣也必将肝脑涂地，万死不辞。”[12]

腓力二世选择了梅迪纳·西多尼亚为圣克鲁斯的继任者。这件事同样颇让人费解。这位新任无敌舰队总司令此前几乎从未有过出海经历。的确，去年 4 月德雷克洗劫城池时，他曾第一个出兵增援加的斯。他也曾出任安达卢西亚分舰队司令，这充分说明他“圣眷正隆”。[13] 但这位新任主帅更擅长的是组织管理工作。在装备安达卢西亚分舰队及在该地区招募新兵过程中，他展现了高超的组织能力。其个人品质更是无可挑剔：利博马诺曾形容这位新任主帅“谨慎勇武，天性醇厚”，他还当着威尼斯总督的面赞叹梅迪纳·西多尼亚“广受爱戴”。[14]

然而，无敌舰队的这位新主帅却不愿履新赴任——腓力二世认为是其秉性谦虚使然。梅迪纳·西多尼亚给腓力二世写了很长的信。信中他以自己健康状况不佳、生活困顿为由拒绝履职。然而细品这封信，还是可以咂摸出他拒绝上任的真正原因。

> 陛下委臣以重职，臣诚惶诚恐。臣亦希望自己才智过人、精力充沛、可堪大任。
>
> 然臣实不宜出海。臣出海次数屈指可数，而每出海必呕吐不止、高烧不断、抱恙而归。
>
> 臣自知既无海上历练亦未在陆上经历多少战火洗礼，恐难担如此重任。
>
> 对圣克鲁斯侯爵的过往及其在英格兰的情报工作，臣一无所知。是故，陛下若以无知统率舰队，不辨贤愚，难分忠奸，只能任属下而为，恐留骂名于千古史册。

更重要的是，此时他实际上已经破产了——而根据当时的传统，主帅是要自己出资资助远征行动的。“臣已穷困潦倒欠下高达 90 万达克特（合 22.5 万英镑）的巨债。连动身赶赴马德里，都还要筹措车马费。因此，臣实在无法领命。臣兜里一个里亚尔（*real*）都翻不出来，[15] 确实拿不出一个子儿来资助远征行动。”[16]

经过两天的深思熟虑，梅迪纳·西多尼亚得出一个清晰的判断。他坚信，发动西班牙无敌舰队讨伐英格兰是一个重大的错误，断无胜算可言。在给国王的第二封公函中，他直言除非发生奇迹，否则绝无取胜之希望。[17] 腓力二世的顾问看到信中内容，吓得魂不附体，不敢呈给国王过目。在回函中顾问们乞求梅迪纳·西多尼亚“切勿以无敌舰队之命运来吓唬自己，也不要用这个来吓唬别人。此番伟业，上帝必然会出手相助，我们必能成功”。至于其是否胜任无敌舰队总司令一职，他们的答复也对他表示肯定，“没有人比您更了解海军事务了”。旋即，他们又以恐吓的语气威胁道：“您应当明白，正因为您智勇过人，所以才有了现在的一切，包括声誉、地位等。倘若公函内容外泄（我们当然不会吐露半个字），这一切恐怕都将不保。”[18] 这位新任海军统帅执意要面见国王，却遭到了拒绝。

对于新任海军统帅梅迪纳·西多尼亚的重重顾虑，腓力二世一无所知。他还满心欢喜，以为一切进展顺利。腓力二世下令让梅迪纳·西多尼亚前往里斯本督军，以确保西班牙无敌舰队“至迟”于 3 月 1 日起航。腓力二世越发精神百倍，他在给梅迪纳·西多尼亚的信中宣称“阁下热忱而又充满责任感，这更使我坚信，你必能大获全胜”。简直是心有灵犀，他后面的话和他的顾问的言辞如出一辙：“此番伟业乃上帝之功，必得神助。你尽可摒弃一切杂念，专事远征一事。我相信，你会全力以赴。”[19]

无论其心中的疑虑是否真的已经烟消云散，这位新的海军主帅已经开始检视自己的舰队了。无敌舰队现有大型战舰 120 艘，水手 1730 名，步兵 12810 人，志愿者不计。他起用了经验丰富的老将唐·迭戈·德·马尔多纳多（Don Diego de Maldonado）和马罗林·德·胡安（Marolín de Juan）船长。此二人与各分舰队司令唐·佩德罗·德·巴尔德斯（Don Pedro de Valdés）、胡安·马丁内斯·德·里卡尔德及米盖尔·德·奥肯多（Miguel de Oquendo）一道构成了梅迪纳·西多尼亚的作战会议班底。[20]

1588 年 2 月末，腓力二世发布西班牙、葡萄牙水域禁航令，征用一切船只来扩充西班牙无敌舰队。英格兰驻低地国家的陆军司令第十三代威洛比·迪厄斯比男爵佩里格林·贝蒂（Peregrine Bertie）[21] 得知，"各国包括西班牙在内（除法国外）的商船开始朝这里集结，数量众多，阵容强大……14 艘英格兰、苏格兰、尼德兰与法国的船只刚驶出（直布罗陀）海峡即遭到追击，其中 5 艘船只被截获"。[22]

托斯卡纳公爵的排水量为 960 吨的大型帆船被罚没充公，更名为"佛罗伦萨的圣弗朗西斯科号"（*San Francesco de Florencia*）。至此，西班牙名下已有两艘威尼斯舰只，分别是排水量为 1294 吨的"雷加佐娜号"（*Ragazona*）和排水量为 728 吨的"拉维亚号"（*Lavia*）。此时，"拉维亚号"正满载蔗糖停泊在里斯本港等待卸货。[23] 腓力二世任命的殖民地地方官报告称，这两艘船是"里斯本港最精锐、武器与人员配备最精良的舰只……火力强大，足以抵挡 10~12 艘英格兰战舰"。[24] 同时被"征用"的还有拉古萨（Ragusa）即今之杜布罗夫尼克（Dubrovnik）的 12 艘大型帆船，所谓的“征用”不过是个外交术语，其目的是掩饰拉古萨对西班牙无敌舰队的支持，以避免拉古萨的宗主国土耳其对其进行惩罚。[25]西班牙人用他们惯用的伎俩给这些战舰重新命名，给人们造成这些舰只来自意大利的错觉。

这些举措无疑增强了无敌舰队的实力，但其军备进展缓慢，行程一拖再拖，令腓力二世越发不满。出发日期先是被推迟到4月18日（圣枝主日），随后再度被推迟。腓力二世固然一向谨小慎微，但其耐心也快要耗尽。这年春天，天气也不配合，春雨连绵不绝，早春3月又来了一场“大风暴”，停泊在港的舰只风雨飘摇，“多艘舰船的锚和缆绳被毁”。

然而，为了这个神圣的使命，腓力二世已经赌上了自己的全部声誉和王国的兴衰。所以无论遇上什么问题，他都只能弃之不顾。箭在弦上，现在再想取消远征英格兰的计划已然不可能。腓力二世已横下一条心，无敌舰队必须起程，“他坚信要纠正英格兰之恶，除了对英格兰女王迎头痛击，别无选择”。[26]无敌舰队何时起航已经变成了西班牙国王本人挥之不去的执念。与伊丽莎白女王之间的“不共戴天”之仇驱使着他，开弓再无回头箭。用利博马诺的话来说：“伊丽莎白日复一日地伤害着腓力二世。她薄情寡义、忘恩负义，若非腓力二世在英格兰时对其出手相助，她怎么可能从牢笼中出来？”[27]而对于西班牙的请求，西克斯图斯却是口惠而实不至。一方面他坚持毫不妥协、一毛不拔；另一方面他却慷慨地承认“国王腓力二世秉持的确实是上帝的公义和怜悯——他秉持的是上帝的公义，因为他捍卫的是上帝的事业；他秉持的是上帝的怜悯，因为天道注定，上帝会怜悯英格兰可怜的基督徒们，而不会抛下他们，眼睁睁地看着他们沦为那个不侍奉上帝的母夜叉的猎物”。[28]

经过20个月的扩军备战，腓力二世再度陷入财政危机。[29]尽管教皇口头上承诺支持他，但在签订协议时却规定，西班牙军队须在英格兰登陆后才能拿到部分现金，想让教皇提前预支这笔钱几无可能。作为腓力二世派驻梵蒂冈的大使，奥利瓦雷斯可谓长期深受其害。此时，他还在和难缠的教皇就此事磨嘴皮子，他甚至卑躬屈膝，拜在教皇脚下苦苦哀求。他对短期内拿到贷款已经心灰意冷：在他看来，西克斯图斯“嗜钱如命，宁愿损失利息，也不愿意金钱须臾离开自己的视线（其财物全部存放于罗马城内的圣天使城堡）”。[30]几天后，奥利瓦雷斯向腓力二世报告了罗马的情况。当得知西班牙的确在认真执行远征计划，西班牙无敌舰队已箭在弦上、随时准备出征时，教皇简直怒不可遏。一想到要支付100万达克特币金币，西克斯图斯便显得“异常烦躁”。

> 教皇的反应实在让人摸不着头脑。他整宿整宿地睡不着觉，态度（无论是对谁）比往日更加粗鲁。
>
> 他还常常自言自语。其做派真令人不齿。

不只是西班牙人想要他的钱，新任英格兰枢机主教威廉·艾伦也要从他这儿瓜分“一大笔钱”，对此，教皇抱怨不已，“其实，也不过就是要给艾伦配置一身价值1000达克特的行头，并支付其每月100达克特的俸禄而已”。奥利瓦雷斯在梵蒂冈可谓度日如年。对于任何预支款项，教皇一概保持沉默，这是一种可怕的、死一般的沉默。奥利瓦雷斯内心是绝望的，他承认，“向教皇贷款的难度不亚于上九天揽月。一想到他如何嗜钱如命，话未开口，我已经浑身战栗，这简直是自讨苦吃”。[31]

腓力二世每个月耗费的军备开支为 70 万克朗（合 18.75 万英镑，相当于 2013 年的 4000 万英镑）——连财大气粗的威尼斯人都觉得“难以置信”。腓力二世只好再次向意大利的斯皮诺拉（Spinola）、坎塔尼（Cantanei）和格里马尔迪（Grimaldi）家族的银行家筹款。同时他向意大利和佛兰德斯等西班牙领地发函，要求它们筹集现金。在国内，他还打起了西班牙神父津贴的主意，要求他们为“上帝与国家的共同事业”捐款，仅托莱多（Toledo）枢机大主教加斯帕·德·基罗加·贝拉（Gaspar de Quiroga y Vela）一人，就被要求捐出 25 万英镑。[32]

对于心事重重、忧心忡忡的腓力二世来说，这段时间可谓诸事不顺，他的各个领地、属地处处都弥漫着令人不安的氛围。在西属尼德兰，帕尔马同样对无敌舰队行程一再推迟相当不满。这年 1 月，他曾向腓力二世抱怨道：“一拖再拖，势必给佛兰德斯带来灭顶之灾，对其他地区也无异于一场灾难。”[33]在葡萄牙，虽然这里已被西班牙吞并，但英格兰海盗依然在兴风作浪、大肆劫掠，导致商船损失无可计算。在这种情况下，葡萄牙臣民已经“无计可施”，难以完成为无敌舰队提供粮食储备的任务，局面正变得无法收拾。刚刚破获的数起针对西班牙统治者的阴谋同样令腓力二世“极为震惊”[34]，在他看来，“仅凭宽厚仁慈已不足以赢得民心”。他还曾一度考虑增派一支由西班牙人和德意志人组成的 6000 人的部队前往葡萄牙这片新领地维持治安，费用由葡萄牙人自己出。

但随后他就改变主意，他向手下贵族下令，待无敌舰队起程后，调动部队，加强葡萄牙的防卫。[35]

2月的伦敦，伊丽莎白同样焦头烂额，每念及国事，她常常不寒而栗。尼德兰反叛诸省（或议会）再次要求增加财政资助，这直接戳中了都铎家族的心窝。

要求继续援助，却对前期援助资金的去向及取得了什么功绩只字不提，直是奇哉怪也。

伊丽莎白在上帝面前发誓，荷兰人的这种做派实在可恶，她无法相信世界上竟然……还有如此忘恩负义的民族。她已给他们派遣了数千军士，这些军士他们一个也不供养，任其绝望，任其饿死。每每大敌当前，荷兰人便先行逃之夭夭，听任前来支援他们的英格兰人落入虎口。是可忍，孰不可忍？在英格兰人眼中，西班牙人都比这些（荷兰）人有人性，听到这些话这些人难道就不脸红吗？

对于这种行径她绝对无法容忍，也无法自欺欺人。

没有这些人，她同样能够取胜！

不要让他们再认为她有义务帮助他们，认为他们是在为她卖命：没有的事儿！

西班牙目前是她的敌人，她绝不希望自己的四邻皆为西班牙占据。但是她也不是不能和西班牙国王和平相处，他们起初不是相处得很好吗。

西班牙的腓力二世国王一直渴望和她交好，还一直向她求婚。

这段文字揭示了伊丽莎白愤慨的缘由，原来她一直在私下寻求与西班牙媾和。在对荷兰人勃然大怒的背后，隐匿着伊丽莎白这样一种策略性的认知，她认为通过和谈便能躲过敌人入侵的威胁，便能蠲除低地国家昂贵的战争开支。荷兰叛乱诸省也许曾经颁布过严禁媾和的敕令，但那毕竟是王公贵族对平民的要求而已："王公贵族才有资格商讨军国大事，平民百姓自然没这个命。"但是她确实承诺不为难他们："让他们的王公贵族自行妥议吧……"然而，她还是希望，无论将来她做出什么决定，他们不要以怨报德。[36]

伊丽莎白之所以对和平解决争端抱有希望，源于去年11月帕尔马的一封来信。沃尔辛厄姆认为这封信是个圈套，不过是为了让英格兰放松戒备。他告诉莱斯特这封信旨在"邀买人心，打消女王的安全顾虑，让其误以为会带来安全。然而这是极其危险的"。对于事情的发展他非常悲观，他补充道：

> 国家危急存亡之秋，却不积极备战，即使病体稍安，我也难高兴起来。[37]
>
> 除非这能感天动地，使上帝垂怜，救英格兰脱离苦海，否则，我们恐难长久维持这一局面。[38]

一名巧妙地安插在伦敦的西班牙间谍报告称：伊丽莎白"决心不惜一切代价寻求和平。目前法国已经混乱不堪，她必须得到西班牙人的确切回复"。沃尔辛厄姆和莱斯特则极力反对任何和谈。他们坚称即便和谈，协议内容也绝不能卖国求荣。

> 晚11时，女王看完了一场剧。突然，她对莱斯特伯爵大发脾气，称她会不惜一切代价与西班牙国王和好如初："因为是战是和腓力二世都做了充足的准备。我的战舰出海，一旦遭逢厄运，便一切徒然。战舰覆灭，国其何存！"[39]

1月底，帕尔马告知腓力二世，情报显示"英格兰女王似乎确实十分希望和解，担惊受怕和巨额的战备开支让她不胜其扰……很显然，没有强大的压力她是不可能回心转意的。一旦开始和谈，我们要至少把准对方的脉，摸准其意图"。[40]

显而易见，和谈早已变成了荒唐的、伪善的把戏，而伊丽莎白还蒙在鼓里。腓力二世入侵英格兰的意志已坚不可摧。他指示帕尔马在和谈过程中不得答应对方任何条件。3月，负责和谈的5名英格兰特使起程由多佛海峡抵达奥斯坦德（Ostend），开始为5月23日在敦刻尔克（Dunkirk）附近的布尔堡（Bourbourg）举行的小组谈判做准备。在接下来的数周时间中，他们将面对的是西班牙人持续的、蓄意的、令人筋疲力尽的拖延战术。[41]但是女王对和平的渴望与热情依然不减。而接下来法国发生的一切无疑让她恐惧倍增。

5月12日，法国国王亨利三世在巴黎部署瑞士卫队，以维持首都秩序，结果却激起了巴黎天主教徒的叛乱。示威人群搬开路障，将其抛到街角。国王亨利连夜逃出巴黎，他发誓要对巴黎实施报复："再入巴黎之时，必是破城之时。"吉斯公爵率领着西班牙资助的天主教同盟——腓力二世最近刚资助了10万达克特（合2014年的2.5万英镑）——控制了巴黎的局势。法国国王遭受重创，迫不得已只得任命吉斯公爵为法国陆军中将。6月，法国驻马德里大使警告亨利三世："世风日下，西班牙人重金收买，都将让陛下您的臣民和王国遭受难以弥合的重创。"[42]

3月，西克斯图斯竟私下向伊丽莎白抛媚眼，厚颜无耻地向其表达敬意。他听闻伊丽莎白承诺贿赂土耳其人30万达克特（合2014年的7000英镑），买通土耳其人，由土耳其派出舰队到地中海牵制西班牙无敌舰队。他称赞伊丽莎白是位"伟大的女性，若能皈依天主教，必将无人可以企及。我们皆对其敬仰有加。其政府简直无可挑剔，现在正借助伊斯坦布尔之力牵制西班牙国王的动向"。[43] 当月晚些时候，教皇获悉英格兰已经做好准备迎头痛击西班牙侵略者。他再次充当困惑不安的听众，不吝口舌，对伊丽莎白大加赞扬："毫无疑问，她是一位伟大的女王。倘若其能皈依天主教，必受万民敬仰、爱戴。"这一次他吹捧得更是卖力，

> 只需看一看在她的治下英格兰是何等井然有序。尽管是一位女性，尽管只是这座岛上一半领土的女主人，她却能令西班牙、法国、神圣罗马帝国，乃至世界万方恐惧不已。[44] 她不仅赶走了荷兰与泽兰（Zeeland）的西班牙人，还从西班牙人那儿缴获了大量的战利品，使英格兰王国更加富强。

据威尼斯驻罗马教廷大使乔瓦尼·格里蒂（Giovanni Gritti）说，教皇继续"心悦诚服、滔滔不绝地称赞女王英明神武"，全然不顾听众是何等吃惊与疑惑。[45]

1588年，西里斯图斯告知多位枢机大主教，为了劝说伊丽莎

白皈依天主教，他已经尽其所能了。“教皇庇护五世已经剥夺了她的教籍，但他已同意为她举行新的加冕仪式。她也已经同意由他来任命主教。”然而阿谀奉承终不过是徒劳无功、白忙一场。女王的回复也别具一格，她说：“教皇倒不如给点儿金钱资助来得实在。”[46]西克斯图斯（怕是后悔不迭吧）再次剥夺了女王的教籍，并将她所有的头衔转赐给腓力二世。这样，至少在梵蒂冈方面看来，腓力二世就成了英格兰与爱尔兰的国王，成了上述国家天主教信仰的捍卫者。[47]

然而，教会对伊丽莎白的口诛笔伐并不仅限于再次革除其教籍。他们还有其他的武器。枢机主教艾伦在安特卫普发行了一本小册子——《告英格兰、爱尔兰的贵族与人民关于目前战争的劝诫书》。这本小册子满纸都是恶毒的诅咒，重申西克斯图斯之所以革除女王教籍，“不仅仅是因为其得位不正，不具合法性，而且因其生活方式是堕落的、异教徒式的、亵渎圣灵的、极其令人作呕的”。在宣传册中，艾伦还极力呼吁英格兰民众不要再遵从或捍卫伊丽莎白，而应该在“国王陛下的天主教大军打过来时……加入其军队……助其恢复天主教信仰，推翻篡权夺位者……英格兰真正的王者应该由这场圣战的指挥者来任命”。女王不过是“乱伦产下的杂种，是声名狼藉的娼妓的孽种”。在她的治下，英格兰王国已经沦为“各种无神论者、再洗礼派教徒、异教徒及各国叛乱势力的避难所和圣坛”。[48]

这本小册子全文从头到尾充斥着满满的恶意。艾伦接着列举了伊丽莎白对上帝和人类犯下的罪恶，并且谴责了她在公开场合和私生活上的不检点。他向英格兰天主教徒们大声疾呼，是时候审视一下是否还要继续忍受这样“一个臭名昭著的、腐败堕落的、受到诅咒的、被革除教籍的异教徒；是否还能忍受她顶着王室名义荒淫无度；是否还要容忍这个集万恶于一身、被时代所唾弃的污秽者继续存在，是否还要容忍我们神圣的教会、尊贵的国度中唯一的毒瘤，让她给我们继续带来灾难，带着我们走向毁灭”。所以，英格兰人、爱尔兰人不应该抵抗西班牙入侵者。

> 不抵抗，因为我们渴望上帝的爱。不抵抗，因为如果在抵抗中被杀，你会受到诅咒。
>
> 不抵抗，因为他们带来的是我们祖祖辈辈的灵魂和信仰。不抵抗，才能拯救我们挚爱的妻儿老母。
>
> 这是上帝之怒，这是上帝惩罚她和与她狼狈为奸之人的时刻。
>
> 抛弃她吧……不要再为虎作伥，远离她，才能远离罪恶，远离惩罚，远离万劫不复的深渊。[49]

一派胡言！极尽邪恶之能！极尽尖酸刻薄！奥利瓦雷斯给帕尔马寄了一本这样的小册子。帕尔马印刷多份，准备在侵略英格兰之时，将其“散发到英格兰各个角落”。[50]在巴黎，和谈一拖再拖。“虽年过花甲，但身材结实健硕”的英格兰特使团成员瓦伦丁·戴尔（Valentine Dale）博士就艾伦的小册子正式向帕尔马提出抗议。帕尔马公爵“辩称自己不懂英语，并称对（艾伦）所述情况并不知情”。[51]他当然知情，只是想掩饰而已。

长久以来，沃尔辛厄姆一直在努力打造一个情报网，来监视无敌舰队的一举一动。西班牙人也没有闲着，他们也在伦敦建立了情报系统，将伊丽莎白的防御进展一五一十地反馈给西班牙。一名来自葡萄牙的名叫安东尼奥·德·维加（Antonio de Vega）的间谍便是其中能量最大的一位，他和英格兰宫廷都有所接触。4月末，他得到消息，沃尔辛厄姆正在打听自己的情况，在英格兰情报系统对他收网之前他便离开了英格兰。

其他间谍人员则大多依靠驻法大使伯纳迪诺·门多萨搜集情报。彼时，对于收到的情报，门多萨总是一厢情愿地加上自己的解读，或许他是希望用这些情报来取悦国王吧。2月23日，门多萨告诉腓力二世，伦敦塔中的所有枪械均已出库，以武装女王的船只，“他们甚至把架在怀特塔上的枪械都抬了出来。所以很显然，英格兰女王的军火库乃至英格兰全国均极度缺乏火药”。4月5日，门多萨再次报告称德雷克的旗舰“复仇者号”上的一门加农炮发生了爆炸，导致7人重伤，35人被炸死；据他所说，英格兰人视此事为“不祥之兆”。[52] 3月底，另一名西班牙间谍上报称：“目前普利茅斯的防御一团糟，当下大量船员正在忙着抢救船上储备的粮食……诺里斯上校每天都在伦敦操练其手下的士兵。现在这些士兵还不是那么趁手，但是假以时日便可堪重用。所以，无敌舰队的起程日期如果再行拖延，恐生变故。”此外，西班牙的间谍组织也在密切注视并及时反馈英格兰政府部门的宣传攻势。

> 在祈祷中，伪教牧师们反复宣传称西班牙国王在其所有领地大搞独裁统治，他们还说国王发誓登陆英格兰之时，凡年龄介于17岁和70岁之间英格兰人一个不留。[53]

当然，西班牙人搜罗的情报并不全是反映英格兰战备进度的。4月1日（或许是个重大日子），一名西班牙间谍兴奋地报告称“一大群跳蚤”正在女王会客厅的窗户上集结，另有“30条大鱼，即所谓的河豚，沿（泰晤士）河而上直抵女王王宫前的闸门”。腓力二世本人确曾阅读了这些密件，还亲自做了批示。[54]

弗朗西斯科·德·巴尔韦德（Francisco de Valverde），西班牙人，曾被英格兰人囚禁。获释后，在接受西班牙人问询时，回复称朴次茅斯正在修筑新的防御工事，其工事“由晒干的砖块与材捆（木头）”砌成。据说该要塞驻扎着一个兵营，人数在2000左右。当被问及英格兰天主教徒是否真的会揭竿而起，热烈欢迎入侵英格兰的西班牙军队时，他的回复是：

> 该国确有相当一部分人会与西班牙军队和腓力二世一道并肩作战。
>
> 民众中流传着这样一种说法，即1588年，上帝的荣光会普照人间，英格兰将臣服于罗马天主教廷。英格兰民众都在翘首盼望这一天的到来。[55]

对于即将入侵这个国家的所有侵略者来说，他们最想知道的是哪些人会在他们入侵时同他们并肩作战。他们列了一张敌军首领名册，要不加区分一并抓捕。腓力二世手头上也有这样一份名单，是雅各布·斯图亚特（Jacob Stuart）呈递的。斯图亚特曾受雇于苏格兰女王玛丽。如果不出意外，若西班牙人取得了胜利，“异端与教会的分裂势力”将没有好下场。西班牙人的眼中钉包括莱斯特伯爵、他的哥哥沃里克伯爵（Earl of Warwick）及他的姐夫亨廷顿伯爵（Earl of Huntingdon）、伯利、“国务大臣沃尔辛厄姆”、贝德福德伯爵（Earl of Bedford），克里斯托弗·哈顿爵士（Sir Christopher Hatton）及女王的表兄汉斯顿勋爵等人。腓力二世所读到的这份名单中的大部分人确实是“统治英格兰王廷的首恶分子，他们都在枢密院大臣之列”。名单上还有威廉·黑登（William Headon）这个“诺福克的头号人物，国王陛下的主要对手”，托马斯爵士（Sir Thomas）及约克郡的威廉·费尔法克斯（William Fairfax）及“约克郡议会的其他重要人物”。

很显然，腓力二世的线人的工作做得还是相当到位的。在一份标题为“英格兰天主教徒与国王陛下的盟友”的文件中，萨里伯爵和哈罗登的沃克斯勋爵（Lord Vaux of Harrowden）位列榜首。“萨里伯爵系诺福克公爵的子嗣，目前被囚禁在伦敦塔中”。“沃克斯男爵也是一位虔诚的天主教徒，目前被囚禁在弗利特街”。[56]诺福克郡共有 4 人上榜，其中就包括亨利·贝丁菲尔德爵士（Sir Henry Bedingfield），“在腓力二世在英格兰逗留期间，他曾担任篡权夺位的伊丽莎白女王的卫士”。[57]这份文件中还写道：“我祈求上帝将伊丽莎白烧死，她罪有应得。其余的异教徒也都该死。只有把他们都干掉，我们才能过上和平与安宁的生活。”“除了德比郡（Derby）[58]和利物浦（Liverpool）外，兰开斯特郡大部分人也都是天主教徒，平民尤其如此。”威斯特摩兰郡和诺森伯兰郡也依然“对国王陛下忠心耿耿。”[59]

1586 年 8 月，西班牙人再次对英格兰天主教徒的忠诚度进行评估。据估计，在林肯郡，将有 5 个乡绅率 200 余众起义；在诺福克郡，将有 12 名义士率领 300 人起义；而在汉普郡，“到处都是天主教徒。其中有 4 名绅士极其虔诚，其势力也不容小觑。而且汉普郡多港口优良，且物资丰沛”；在苏塞克斯郡，“有 6 名德高望重的天主教徒，其实力如何目前尚不得而知。为了不暴露其身份，尚无法获取该情报”。[60]

此时，“史上最幸运的”无敌舰队已经枕戈待旦，跃跃欲试了。

无敌舰队当前共有舰只 129 艘，总排水量 61000 吨，其中包括：主力战舰 35 艘；武装商船及货轮 68 艘；医疗船 2 艘、船员 85 人，包括 5 名外科医生，5 名内科医生；葡萄牙盖伦式桨帆战舰 4 艘。无敌舰队下辖 10 个分舰队，装载枪械 2485 挺，其中 1497 挺为铜质枪械；加农炮炮弹 123790 发；火药 1497 坎塔尔（quintal）。[61] 食物储备预计可维持整个舰队半年之需，包括饼干 11 万吨，培根肉 6000 吨，奶酪 3433 吨，各类鱼 8000 吨，大米 3000 吨，大豆、鹰嘴豆共计 6320 法内加（fanega，约合 35 万升），[62] 食用油 11398 阿罗瓦（arroba），[63] 醋 2.387 万阿罗瓦。船上载的酒比淡水还要多，有 14170 大桶，[64] 淡水有 1870 大桶。

军用物资储备如下：火绳枪 7000 支，滑膛枪 1000 支，手榴弹 6170 枚，矛 111280 支，革制水壶 8000 个，鞋子 5000 双，便鞋 1.1 万双，火炮运载车 20 辆，加农炮炮弹 3500 发，足够 40 匹骡拉炮车的马车、炮架、缰绳。

无敌舰队士兵和水手共计 26170 人。其中西班牙士兵 16232 人，葡萄牙士兵 2000 人，志愿兵 124 人。志愿兵又称“勇于冒险的绅士”，他们多因宗教狂热或嗅到了劫掠和财富的气息而参战，他们还带了 465 名随从。全军将士分为 7 个兵团或“大方阵”，共计 25 个连队，每个连队下辖百人。士兵中有过作战经验者有 1 万人——其余士兵均是从乡下招募而来，并未受过正规训练。他们或是“葡萄园主”，或是牧羊人，或是农场的劳动者。[65] 战舰配备水手 7700 名，火炮手仅 167 名。梅迪纳·西多尼亚的副将及其他军官总计 158 人；随军神父 180 名人，负责无敌舰队的心灵抚慰工作，其中包括一位名叫托马斯·威特里斯（Thomas Vitres）的爱尔兰神父。[66]

无敌舰队的船员中也不乏英格兰人、爱尔兰人和荷兰人。在这些“颇具绅士风度的投机者”中至少有 4 人是英格兰人。在那些领着薪水的军官中，从名字来看有 18 人应该是英格兰人或爱尔兰人。以下是他们中 14 人的名字：莫里斯·杰拉尔丁爵士（Sir Maurice Geraldine）、爱德蒙·斯泰西（Edmund Stacey）、威廉·斯泰西（William Stacey）、查尔斯·奥康纳爵士（Sir Charles O’Connor）、崔斯特瑞姆·温斯莱德（Tristram Winslade）、理查德·伯利（Richard Burley）、彼得·马利爵士（Sir Peter Marley）、帕特里克·吉恩福德（Patrick Kinford）、罗伯特·理弗德（Robert Riford）、爱德华·理弗德（Edward Riford）、理查德·西顿（Richard Seton）、罗伯特·丹尼尔爵士（Sir Robert Daniell）、弗雷德里克·帕特里克（Frederick Patrick）及亨利·米切尔（Henry Mitchell）。[67]

船上的生活毫无隐私可言。除了每隔不久就要做一次祈祷外，其余时间都是吵吵闹闹、乱哄哄的。除了高层军官之外，普通士兵、水手并没有固定的休息区，吊床的数量也少得可怜。上层甲板上除炮架之外的空间则成了士兵和水手们最喜欢的睡觉之处。

有人干脆将带有轮子的床固定在甲板上，然后竖起短木板来抵挡季风，算是占了个窝。除了作战时间，他们大部分时间都被晾在甲板上。也难怪上过无敌舰队舰船的人，没有谁不祈祷每天有个好天气。[68]

梅迪纳·西多尼亚十分专注于细节，他为无敌舰队制定了严格的配给制度。每人每天面包供应为 1.5 磅（约合 680 克），若当天只供应饼干则每天供应 2 磅重，每天供应雪利酒或里斯本酒一瓶。等到产自克里特岛（Crete）的酒精含量更高的克里特酒喝完后，每人每天的酒水供应量减少到 1 品脱（约合 568.3 毫升），这还是用水勾兑过的。每人每天吃喝拉撒洗的全部用水供应量只有 3 品脱。星期六和星期四供应培根肉 6 盎司（约合 170.1 克），大米 3 盎司（约合 85.1 克）；星期一、星期三供应萨丁岛产的奶酪 6 盎司，大豆或者鹰嘴豆 3 盎司。星期三、星期五、星期六为“吃鱼日”，供应金枪鱼或鳕鱼 6 盎司，这两类鱼消耗完之后供应 6 盎司鱿鱼或 5 条产自加利西亚和安达卢西亚的沙丁鱼，并配以 3 盎司的西西里岛产的大豆或鹰嘴豆。

与英格兰舰队上的食谱相比，西班牙人的食物供应简直少得可怜。英格兰士兵和水手在“食鱼日”（fish days）可以分到 1 磅（约合 450 克）的饼干，还可以分到 1/4 磅的“腌鱼”或者腌制鳕鱼的 1/8，外加 4 盎司的奶酪、2 盎司的黄油、1 加仑（约合 4.55 升）的“小酒”或低度啤酒。由于存放时间过长，能喝到的酒大部分都是酸的。在“食肉日”他们可以分到同样数量的啤酒和饼干，外加 1 磅重的腌牛肉。星期一为“培根日”，每人限领培根 1 磅，大豆 1 品脱。[69]

在佛兰德斯，帕尔马的大军已招募到步兵 1.7 万人，骑兵 1000 人，这还已经刨去了病退和逃跑者的数量。其厨师每天烘烤 5 万个面包。帕尔马依然马不停蹄，希望征召更多士兵（除马夫之外），以期最终的远征军人数能够达到步兵 2.6 万人。士兵中西班牙人 4000 人、爱尔兰人和苏格兰人 1000 人、[70] 瓦龙人（Walloon）8000 人、勃艮第人 1000 人、意大利人 3000 人、德意志人 9000 人，[71] 其中还有一个名叫巴恩斯（Barnes）的英格兰人。

佛兰德斯建造驳船的工作进展不顺，问题百出，以至于西班牙人自己都怀疑是不是有人从中蓄意破坏。因为用了青涩未干的原木，结果无法用其打造船身。最终派上用场的 300 艘平底驳船要么是强制征用的，要么是向运河船主租用的，不得已又使用了大量的小型加来式桨帆船、小艇及三四十艘独桅小霍伊船（hoy）。[72]

4 月 5 日，帕尔马致信国王腓力二世，信的内容是关于海军行动开启的，信中言辞激烈："既然上帝也对无敌舰队的起程时间一拖再拖欢欣鼓舞……那么我只能得出这样的结论，鉴于我们的目的纯粹是为了促进上帝的神圣事业，推迟必是为了上帝更大的荣耀及更辉煌完美的胜利。"然而笔锋一转，帕尔马公爵又表明了自己对该计划的担心："敌人已经……对我们的计划有所警觉，知悉了我们的计划，并已经做好了防备措施。很明显，这项曾经如探囊取物般唾手可得的伟大事业现在正面临无穷无尽的困难，我们必将付出鲜血，应付更多麻烦。"正如他接下来的评论所说的那样，帕尔马公爵并不甘心成为命运的人质：

我确信陛下您会采取一切措施确保我成功渡过海峡。兹事

> 体大，容不得半点儿耽搁。无论是在登陆前还是登陆的过程中，西多尼亚公爵和我都应该配合得天衣无缝。倘若配合失败……恐怕将难以如愿尽到为陛下达成壮志宏图的责任。[73]

“圣马可节”（St Mark’s Day）这天（4月25日），梅迪纳·西多尼亚公爵虔诚地来到里斯本天主教大教堂请西班牙无敌舰队的圣旗，圣旗高悬于阁楼顶。旗上点缀着西班牙的徽章，侧面是十字架与圣母马利亚的肖像及一叠羊皮卷，羊皮卷上面用西班牙文写着：“主啊，请显灵，为您的事业做出评判。”一排步兵和一排水手跪在地上，手中高高擎起羊皮卷，显得无比庄严，他们身下就是停泊无敌舰队统帅旗舰的港口。统帅登上了旗舰。旗舰的主帆高悬另一幅圣母马利亚的画像。

教皇西克斯图斯颁发特诏，赦免所有随西班牙无敌舰队出征的军士，及所有为他们祈求胜利的祈祷者。在西班牙，祈祷无敌舰队大获全胜的祈祷声经久不息，“为使更多的人可以参加集会”，宗教节庆日和礼拜日举行了盛大游行。在埃斯科里亚尔宫殿，王室举办了3个小时的接力，与全国民众共同祈祷。[74]据利博马诺称，“国王腓力二世每天跪在圣餐前为无敌舰队祈祷2~3个小时”，“等候国王接见的人声称，国王每到晚上必升入天国，祈求上帝降下关于这次征服英格兰的伟大事业胜败的谕旨”。威尼斯驻西班牙大使的话既表明他处之泰然，又显得深富哲理，“按照凡人的思维逻辑，每个人都认为，困难越大，上帝的恩宠就越多”。[75]

然而并非所有人都这般自信满满。5月，身经百战的黎凡特分舰队司令马丁·德·贝滕多纳（Martin de Bertendona）警告教皇派来的使者：与我们的舰只比起来，“英格兰人的舰只速度更快，也更坚固，远程火炮火力更多更强”。英格兰人会不惜一切代价避免与西班牙无敌舰队短兵相接展开接舷战，他们会“用远距离重炮将我们击碎。而我们却难以近身给予他们沉重一击”。他甚至还揶揄地说：“我们满怀信心地驶向英格兰，只是相信会出现奇迹。”[76]

为了这场圣战，西班牙无敌舰队必须将自己打造成一支虔诚的舰队。在下令出征时，梅迪纳·西多尼亚强调此次使命的主要目的是“侍奉上帝，使神圣天主教的敌人、在异教徒的压迫下不计其数的悔罪之人能够重新回到教会的怀抱”，每一名士兵、每一个水手在远征之前都将被赦免并领取圣餐。此外，任何人“不得做出玷污或惹怒上帝、圣母或任何圣徒之事，任何忤逆之人都必须得以矫正，经受磨砺”。每天早晨“黎明时分”，所有舰艇上的各连队“皆应向主桅致敬”。[77] 日落时分，舰船上的所有男子汉都要高唱《福哉马利亚曲》；有时候，《萨尔韦·雷吉纳曲》也会连同歌唱圣母的连祷文一起被放在星期六的唱诗名录中。甚至一周中每天的暗号也由圣词的变体构成。例如星期日的暗号是“耶稣”（Jesus），星期一是“圣灵”（Holy Ghost），星期二是“圣三一”（Holy Trinity），星期三是“圣詹姆士”（Saint James），星期四是“天使”（The Angels），星期五是“诸圣”（All Saints），星期六是“圣母”（Our Lady）。

“平民女子”——包括娼妓——禁止随行。船员发誓时“不够庄重”将会被惩罚。此外，船上严禁饮酒与赌博。出征之前产生的“争吵、怒火、不敬及伤害等行为”都需要“克制与暂息”；任何违规者，“无论其是直接还是间接违规的”，任何对规章制度怨恨、不满者都将因叛国罪而“被处死”。舰上的士兵和水手应和睦相处，结成“坚定的友谊”。为确保“友善”，梅迪纳·西多尼亚禁止携带匕首作为私人武器。

规章制度宣读完毕，无敌舰队统帅便开始了他的日常事务性工作。统帅的旗舰“圣马丁号”鸣响加农炮标志起程，舰队的其他舰只应“争分夺秒”紧随其后，并鸣笛示意。在驶离科伦纳（Corunna）之后，无敌舰队将开足马力向康沃尔郡附近的锡利群岛南部行驶；掉队者应在兰兹角（Land’s End）与利泽德半岛（Lizard peninsula）之间的芒茨湾（Mount’s Bay）与主力舰队会合后重新归队，如果梅迪纳·西多尼亚要召集舰长开会，他会在旗舰的后桅杆防风灯附近升起旗帜，并发射信号弹。

“在日落之前”，所有战舰必须熄灭做饭用的炭火。在交战过程中，如果一艘战船起火，紧邻的战船必须放下小船和小艇去救火或救济船员。上校及各连连长必须负责确保“甲板整洁，士兵严阵以待，时刻准备战斗”，并且确保所有装备至少一周清洁两次。

舰上的火炮手务必确保身旁备几桶醋水混合物，方便浇灭任何落在他们船体上的燃烧剂。每艘战舰上必须携带两船石头，在敌军试图登船时作为投掷物从桅杆顶部投下，阻止敌军登船。航行中任何船只不得超越旗舰或落到殿后的副统帅舰船之后。所有船只务必顺风行驶以确保“抱团前进。在这一点上，舰长、船长、舵手关系重大，务必恪守职责”，这一点至关重要。

任何人不得违抗主帅的指令：出发前，军需官应大声宣读主帅命令，航行横渡英吉利海峡期间，每周 3 次选读主帅将令。[78]

5 月 7 日，英格兰。根据一名“在西班牙舰队服役的一艘意大利船只”的舰长提供的精确情报，英格兰人估算出西班牙舰队共有船只125~130艘，包括73艘“大巨船”已经整装待发。该船司令官为米兰骑兵营主帅唐·阿隆索·德·莱瓦（Don Alonso de Leyva），随船步兵700人，配备攻城炮5门。[79]

人们都认为腓力二世肯定会在起程之前的最后时刻向梅迪纳·西多尼亚签发指示，强调和帕尔马协同作战的重要性，务必确保西班牙海军和陆军能协同作战。腓力二世指出，英格兰舰队的目标是“远程交火，以发挥其火炮优势”，而西班牙无敌舰队应该逼近敌舰，迫使其“短兵相接，近弦作战，厮打在一起”。另一份文件描写了女王的舰队利用其火炮“如有必要，即应采取防备措施，压低炮管，击沉敌舰”。在帕尔马在英格兰建立一个桥头堡之后，无敌舰队应驻扎在泰晤士河河口，其余分舰队守卫肯特郡和佛兰德斯之间的水道。

腓力二世并未意识到在登陆的海滩或海滩附近占领一个海港的重要性，他也没有预见到占领一个便利港的难度。这些态度散见于绝密的指令之中。以下指令为腓力二世下达给梅迪纳·西多尼亚的，指示帕尔马入侵行动一旦失败则立即占领怀特岛。

> （该岛）显然防御不足，如果我军进攻定能拿下。这将为你提供……一个安全的避风港港口，使你能更加轻易地实现战略目标……如果你走这条线，你就会注意到宜从东岸登陆，东岸的水域要比西岸的水域宽得多。

最终，海军主帅西多尼亚收到一封密信，被要求在帕尔马登陆英格兰之后将这封信转呈后者。这封信再次强调了入侵英格兰之后和平谈判的三大目标：务必确保信仰天主教的自由；务必确保英格兰归还其占领的低地国家城市和城镇；“英格兰人还须就他们给国王腓力二世本人、国王的领地及国王的臣民所造成的伤害进行经济补偿。补偿数额肯定大得惊人”。[80]腓力二世还决定，如果梅迪纳·西多尼亚在军事行动中以身殉国，“智勇过人、德才兼备”的骑兵统帅唐·阿隆索·德·莱瓦将会被任命为无敌舰队总司令。[81]

5月21日，梅迪纳·西多尼亚致信腓力二世，向其通报无敌舰队状况。因天气恶劣，西班牙无敌舰队依然被困在里斯本的锚地。9天之后（5月30日），在离葡萄牙海岸线3里格（约合16.65千米）处，他再次写信告知腓力二世，西班牙无敌舰队已正式起程，踏上了“征服英格兰的伟大事业”的征途。

腓力二世丝毫不敢懈怠。因担心恶劣的天气会将自己那些弱不禁风的大型帆船吹向法国港口，他立即致信西班牙驻法大使门多萨。腓力二世认为“根据我和基督教国王（法国国王亨利三世）达成的同盟协议，西班牙战舰应该享受特权待遇”。自然，这封信不会提及腓力二世在经济、外交上对吉斯公爵与法国的天主教同盟的资助。门多萨也确实遵照指示，在无敌舰队的使命一事上欺骗了法国国王。腓力二世的说辞是这样的：“胆大包天的英格兰海盗迫使我不得不在今年夏天清除海面，这就是我派出舰队的目的。我会小心谨慎，不会伤及其臣民。”西班牙国王希望法国国王能够理解他的难处，这样他的舰队就应当“以两国之间的和平友善对待西班牙舰队。你应当让他认为你是设身处地为他着想，让他放下包袱和疑虑。为达到这个目的讨好谄媚也没有关系”。[82]

门多萨召集英格兰驻巴黎的流亡分子查尔斯·佩吉特勋爵

(Lord Charles Paget)府邸聚会，他还许诺将归还威斯特摩兰伯爵被查扣的房产。流亡分子们纷纷举杯相庆，畅想着马上就能重回故土，拥抱再度回归天主教怀抱的英格兰。佩吉特和他的哥哥从裁缝那边买了两套法衣后，出发前往帕尔马部加入了入侵英格兰的部队。他们鼓吹说腓力二世肯定能在10月之前听到圣保罗大教堂的弥撒声。英格兰大使斯塔福德在听完这些话后嗤之以鼻，“如果腓力二世亲自出征，10月之前腓力二世就会在泰伯恩刑场被处以绞刑”。看着眼前的兴奋喧嚣，威斯特摩兰开始对西班牙的入侵感到隐隐的不安。他告诉斯塔福“良心使他发现，他无法接受外国势力入侵他的国家”。[83]

在里斯本，耶稣会会士佩德罗·德·里瓦德内拉(Pedro de Ribadeneira)撰写了一份文件，号召大家拿起武器，由此吹响了集结号。随后他将这些文件分发给无敌舰队的各级军官及勇于冒险的绅士们，以鼓舞他们的士气。里瓦德内拉呼吁大家扬帆起航，“向着荣耀、荣誉、义务、财富，向着并不艰险的伟业进军”。让我们“为上帝的神圣事业而奋斗，让上帝引导者我们。有这样一位伟大的引航者，我们将不惧任何艰难险阻。天堂里的圣徒，特别是那些支持西班牙和英格兰的圣徒将与我们同行。英格兰的圣徒正承受着异教徒的迫害，他们在呐喊，他们在向上帝呼救，为他们复仇”。英格兰的殉道士如罗切斯特枢机主教约翰·费希尔(John Fisher)、托马斯·莫尔爵士(Sir Thomas More)及“数不胜数的天主教加尔都西会士，方济各会修士以及其他各个教派的圣徒，他们惨死在国王亨利(八世)手中，血流成河”。他们在召唤，召唤上帝“为他们复仇，在他们为之流血的土地上，为他们复仇”。那些“被伊丽莎白用极其残忍暴虐的手段折磨、撕成碎片的”神学院的教士们也将帮助新的十字军！

> 与我们一道出征的，还有上帝保佑的无辜的苏格兰女王玛丽。玛丽女王血迹未干，无数的见证者见识了这个叫伊丽莎白的女人的残忍无道与不忠不义，见证了她如何挥剑刺死一位虔诚的女王。
>
> 等待我们解救的还有无数被囚禁的、发出呻吟的天主教兄弟姐妹，那些为了信仰而流着泪沦为寡妇的女人，那些为了灵魂不朽而不得不牺牲肉体的抽泣着的女仆，那些吮吸着异教的毒奶长大的稚童。如若没有人去拯救他们，他们只能走向毁灭的绝路……最后，无数的天主教同胞，无论他们属于什么阶层，无论他们是工人还是市民，是骑士还是贵族或者神父，都在受着异教徒的压迫、践踏和蹂躏。他们在眼睁睁地期盼我们将他们解放，使他们脱离苦海……
>
> 拿出我们的勇气！拿出我们的坚毅！拿出我们西班牙人的无畏！有了这些，胜利就是属于我们的，我们就会无往而不胜！[84]

在安东尼奥·阿奎尔雷斯看来，西班牙和英格兰之间恐怕是打不起来了。“见到国王陛下神武的舰队”，英格兰人肯定会吓得屁滚尿流，不战而降。他和同事一起抓阄，猜猜“谁能先拿下英格兰”，由此可见此人是何等狂妄自大。[85]

第五章

眼见为实

站在这艘巨型帆船上，我们终于再次看到了大陆。主桅楼旌旗招展，旗帜两侧分别绣着“十字架与圣母马利亚”和“抹大拉的玛利亚”肖像。末将一声令下、三炮齐发，无敌舰队全体将士齐声祷告，感谢仁慈的上帝，他引领着我们渡尽劫波来到这里。

——梅迪纳·西多尼亚致国王腓力二世的一封信，1588年7月30日，于利泽德半岛外海的“圣马丁号”旗舰上[1]

天气恶劣，强风呼号。西班牙无敌舰队沿着葡萄牙与西班牙的海岸线向北逆风踽踽前行。任何舰队的航速从来都是由舰队中航速最慢的舰船决定的。梅迪纳·西多尼亚陈旧的圆底运输船及贝滕多纳率领的黎凡特分舰队的地中海式运粮船，在大西洋颠簸的海面上缓慢地向前挪动。缓慢的行进速度与无敌舰队士兵、水手惊人的食物储备消耗恰成反比。腐烂的食物都被投入了大海。

无敌舰队总司令不得不降低了肉类的供给量，饼干的供给也缩减到每人每天 1 磅（454 克）。[2]

无敌舰队出征第十一天，满载着饼干、大豆和豌豆的“大卫·奇科号”（*David Chico*）圆底船桅杆折断，被拖入加利西亚的比韦罗港（Vivero）进行维修。[3] 风向转为西北。看到天气状况趋于好转，梅迪纳·西多尼亚派遣弗朗西斯科·莫辛（Francisco Moresin）船长搭乘萨布拉船（*zabra*）即舰载艇前往佛兰德斯向帕尔马汇报无敌舰队的情况。由于无敌舰队航速极慢，只有 4 节或 4 海里（约合 7.4 千米）每小时，梅迪纳·西多尼亚相信，经过莫辛催促，帕尔马定会立即率领远征英格兰的部队出海，与他在预定海域兵合一处。

梅迪纳·西多尼亚还亮明了自己的意图：在和帕尔马兵合一处之后，他要在英格兰为自己这支“庞大的舰队”寻找一处适合停泊的港口。他已经咨询了“引航员和经验丰富的水手”，他们一致认为东海岸的伊普斯威奇港（Ipswich）和哈里奇港（及多佛港）可做避风港。这位舰队总司令似乎压根儿没考虑过自己有多大胜算拿下这些港口。他完全沉浸在喜悦之中，认为自己的手下个个“身体壮实、斗志高昂、遇上敌人定能马上投入战斗”。他告诉帕尔马：“我急切盼着马上见到您，亲自向您的卓越表现致敬，这会让我欣喜不已。我们定能提前实现国王陛下的规划，早日实现联合行动。”[4] 而事实证明他高兴得太早了。

6 月 13 日，舰队首次在西班牙西北菲尼斯特雷角附近海面上展开海上实战演练。舰船上层甲板上的床铺、隔板全被移走，大部分士兵只得露天入睡，连睡觉也要顶受极端天气——因此，祈祷天气晴朗的热情几乎胜过了一切。

持续的逆风航行不仅阻碍了无敌舰队前行的步伐，而且以惊人的速度消耗着食物和淡水储备。面对令人触目惊心的下降速度和所剩不多的储备物资，梅迪纳·西多尼亚公爵不免又担心起来。德雷克去年破坏干木桶所造成的恶果已日渐凸显。由于制作水桶的木板没有晾干，所剩不多的淡水储备也开始变绿、发臭。而人一旦饮用了不洁净的水，就会感染痢疾。此时，痢疾已经初现流行之势了。他们只能等待补给了。从科伦纳出发的 4 艘满载新鲜物资的轻型加来船与 2 艘向南行驶的英格兰武装侦察船在巴约讷（Bayonne）附近海面相遇，双方发生了激战。战斗很快结束，英格兰船只被俘，同时被俘的还有藏在英格兰船上的几名西班牙籍舵手。几名为英格兰人效力的西班牙籍舵手被悉数处决，英格兰俘虏则被强行安排在帆船上做苦力。[5] 然而，这 4 艘满载新鲜物资的帆船最终也没能和无敌舰队取得联系。

等不到补给的梅迪纳·西多尼亚考虑在科伦纳或费罗尔（Ferrol）靠港，却又担心这会导致无敌舰队士兵和水手大规模弃船逃逸，这更加重了他的忧虑，再次“像往常那样”闷闷不乐起来。但是物资供应危机愈演愈烈，迫使他不得不下令驶向科伦纳。6 月 19 日深夜，梅迪纳·西多尼亚的旗舰“圣马丁号”及另外 35 艘战舰终于在科伦纳安全靠港了。无敌舰队其余舰只，主要是那些航速较慢、体形庞大笨重的舰船则在港口北侧的岬地抛锚，等待第二天黎明再入港靠泊。岬地上矗立着公元 2 世纪罗马人建造的“大力神”灯塔，默默地注视着即将发生的一切。

是夜，飓风从西南袭来，浪花翻滚，撕扯、裹挟着舰船，将其吹离港口，吹到空旷的海面。海面上到处都是七零八落的船只，一片狼藉。在排山倒海的巨浪面前，军舰像一个个飘摇的木塞一般无助：比斯开分舰队的“苏韦尔苏的康塞西普翁号”（*La Concepción de Zubelzu*）主桅杆被折断。葡萄牙分舰队4艘加来船中的一艘船舵被风浪卷走。部分船只驶入比斯开港（Biscay）、阿斯图里亚斯港（Asturias）和加利西亚港避风，这其中就包括德·莱瓦的吉普斯夸分舰队（Guipúzcoan squadron）受损严重的“圣玛丽亚·罗塔·因科罗纳达号”（*Rata Santa María Encoronada*）与分舰队旗舰“圣安娜号”（*Santa Ana*）。“圣安娜号”的主桅杆、横桁和帆等皆被损坏。还有数艘战舰被狂风一路裹挟北上直吹到了锡利群岛。6月21日，梅迪纳·西多尼亚致信国王腓力二世：“波涛肆虐，狂风呼啸，大雾遮天，暴雨如注，连当地人也说闻所未闻，见所未见。幸运的是，总算还有部分船只没被风浪裹挟走，尤其是加来船，倘若被风浪裹挟出港必然触礁沉没，使整个无敌舰队陷入危境。这已是不幸中的万幸了。”[6]

风暴继续肆虐数日。为确保所有舰船在科伦纳集结，无敌舰队统帅派萨布拉船搜寻被风暴吹散的船只。经查实，至少有14艘盖伦船和加利亚斯式战舰受损严重，另有35艘其他各型号舰船连同舰上所有攻城炮辎重及6567名士兵和1882名水手不知所踪。恩赛因·埃斯基韦尔（Ensign Esquivel）的萨布拉船在离开科伦纳港4天后，被风暴裹挟到了康沃尔郡的圣米迦勒湾（St Michael’s Bay）和（利泽德半岛的）“朗诺斯角”（Cape Longnose）。他描述了船只在海上遭遇的可怕的极端天气，“白天狂风暴雨，晚上四处是风”。每次海浪袭来，萨布拉船船舷就开始进水，下午4时许，正是风急浪高之时，一个浪头掀过头顶，几乎将船打翻。

> 我们浑身上下都湿透了，若不是我们全体船员同心协力，可能就回不来了，船上的所有东西都倾入了大海，船舱里浸满了海水。
>
> 因为船舱进水，我们把一桶酒和两大桶淡水都扔进了海里。

第二天，他们看到了6艘帆船，3艘向北驶去，另外3艘向东南方向驶去，“我们从他们中间穿过，其中2艘还追了我们一阵子”。追了几个小时之后，这2艘船——很可能是英格兰人的侦察船——放弃了追踪。后来，他们终于遇上了无敌舰队一艘“因逆风停航，正对下帆处进行了修补”的离队舰船。[7]

拖船分舰队的副旗舰“圣萨尔瓦多号”（*San Salvador*）和其余12艘姊妹舰也被狂风吹到了锡利群岛，就在它们“已经可以看见陆上的信号灯了”时，遭遇了6艘前来侦查的敌舰。其中3艘敌舰渐渐向西班牙船队后翼的“小圣佩德罗号”（*San Pedro Menor*）围拢，在向其开炮射击后转头向岸边驶去。3天后的黎明时分，分舰队又在兰兹角附近遭遇了2艘敌船。圆底船“猫号”（*El Gato*）袭击了其中的一艘，并在敌舰沉没之前将其俘获。“小白鸽号”（*Paloma Blanca*）则向另一艘敌舰开火，将其主桁击毁。“分舰队司令唐·胡安·戈麦斯·德·梅迪纳（Don Juan Gómez de Medina）登上了激获的敌舰，命船员对其进行了维修，使其可以正常航行。但是，由于海面风浪太大，就在司令准备离开该舰船时发生了意外，司令两根肋骨断裂，所幸没有大碍。”最后，那艘被修好的被缴敌舰也因“风急浪高”而沉没。[8]

1588年6月的天气确实糟糕到了极点。梅迪纳·西多尼亚原本寄希望于发生奇迹，天气能够好转，可现在他的这点儿信心也开始动摇了，他越发沮丧了。原本他就对远征是否明智相当怀疑，现在这种疑虑非但没有减轻，反而加重了。6月24日，他在给腓力二世的信中称其从一开始就没打算揽下这个差事：

> 一开始我就认为我们所要攻击的王国实在是太强大了，况且他们还得到了邻国慷慨的襄助。陛下在里斯本召集的军队恐怕还远远不够。所以一开始我便拒绝担任指挥官。在我看来，很多人只是通过此事借机向陛下表忠心而已，这才蒙蔽了陛下，使您觉得“征服英格兰的伟业”可以轻而易举地实现，然事实远非如此。
>
> 目前科伦纳形势一片混乱，管理问题层出不穷，我们的实力其实远逊于敌人……当下，我们排水量最大的舰船及两艘加利亚斯式战舰仍然没有任何消息。而其他船上已经病倒了一大批人。如果食物供应再跟不上，病倒的人数肯定会进一步增加。

大量食物已经腐烂，剩下的只够撑两个月；“胜败在很大程度上取决于食物补给。陛下明鉴，定能做出正确判断，决定我们是否应该继续航行下去”。事实上更糟糕的是，参与此次“征服英格兰的伟大事业”的不少士兵和水手几乎没有任何作战经验：

我不得不如实禀奏，无敌舰队中真正具备完成您所交任务的素养和能力的人寥寥无几。事实上，这样的人几乎一个也找不出来。

这是我经过认真观察和测试做出的结论，请陛下务必相信臣的话，我们的实力实在是太弱了。

陛下，如若有人告诉您我们实力很强大，您千万不要上当，信了那人的鬼话。

事实上，梅迪纳·西多尼亚道出了真相。这位无敌舰队总司令直言不讳地问："陛下，以我们目前的实力，您真的认为我们应该攻击像英格兰这么强大的国家吗？"现在，无敌舰队（至少部分是这样）正在科伦纳进行修整，难道您不认为这正是"与敌人和解"的绝佳时机吗？[9]

也难怪，收到这封沉闷的信之后，腓力二世极为震惊与沮丧。据威尼斯公使利博马诺的报告称，虽然"手上患着痛风，国王却没日没夜地做着祷告，从不间断"。5 月 21 日是腓力二世 62 岁的生日。不久，无敌舰队给他带来的焦虑的副作用已经开始显现。尽管在向外界通报时，腓力二世总是"身体无恙"，但事实上，案牍工作之繁重早已将他折磨得"筋疲力尽"。而在埃斯科里亚尔宫殿宫墙外，各种宗教游行还在轮番上演，一刻不停地为祈祷无敌舰队的胜利做着各种"苦修和斋戒"。

从佛兰德斯传来的消息更令人不安。6 月 22 日，帕尔马致信腓力二世，表达了其对无敌舰队总司令梅迪纳·西多尼亚的忧虑：

> 他一直在试图说服他自己，认为我会率领那些小船出海与他会合。这是不可能的。我这么做也是在为陛下着想。如果（梅迪纳·西多尼亚）真的这么想就大错特错了，这正是我万分焦虑的原因……到时候他就会明白，当初造这些小船时，就是（准备）在河面上用的，而不是出海用的。按照之前的约定，我必须尽可能在海上直行，而不能绕着走……这样的话，如果遇上英格兰或（尼德兰）反叛势力的战舰，便有可能被轻而易举地一锅端。

对此，腓力二世也是心知肚明，他在这段话的旁白处写下了这样的批语："上帝保佑，千万别发生如此令人尴尬之事。"[10]

帕尔马同样面临资金捉襟见肘的问题，既没钱购买食物储备，也没有钱给部下发军饷。据腓力二世的秘书唐·胡安·德·伊迪亚克斯（Don Juan de Idiáquez）在备忘录中的记载，佛兰德斯的登陆准备工作进展顺利："一切都让人感到满意，唯一的不足就是资金不足。上帝啊，愿足智多谋的公爵想出妙计，愿无敌舰队能早日到来，快快改变资金短缺的局面，使我们避免陷入危险的混乱局面。"[11]

帕尔马还安排人手在安特卫普印刷宣传单，准备在西班牙军队登陆英格兰时发放。这些巨幅宣传单上的署名为枢机主教艾伦，当然宣传单的内容也几乎可以确定是他所写。宣传单阐明无敌舰队此行绝非对英格兰赤裸裸的入侵，而是旨在执行教皇西克斯图斯开除伊丽莎白教籍的圣谕，将英格兰臣民从对伊丽莎白的臣服义务中解救出来，号召他们"团结在天主教军队的周围"。宣传单声称西班牙士兵不会抢劫或掠夺英格兰的天主教徒。凡抓获“篡位者及其同谋”者，将给予其丰厚的奖赏；凡痛改前非，并协助抓获伊丽莎白及其手下那些背叛上帝的臣僚者，一律大赦。英格兰的异教徒将接受我们今天所说的“宗教再教育”；除了“反复告知其真理却拒不悔过者”，其余一概不予处罚。所有处罚决定需经过博学之士商议之后方能实施。[12] 至此，西班牙宗教裁判所的浓重的阴影已经开始笼罩在英格兰的上空。

在罗马，腓力二世派驻梵蒂冈大使奥利瓦雷斯则没有收到从马德里来的关于舰队进展的任何只言片语。他嗅到了一丝不祥之兆，并为此惊恐不已。“无敌舰队从起程到现在已经 39 天了，我却没有收到任何消息，这让我十分焦虑。如果我记得没错的话，按理说国王的军队今天应该已经在南安普敦（Southampton）登陆了吧。”在给国王腓力二世的信中他这样写道。[13] 西克斯图斯五世目前依然“固执已见。在收到西班牙军队登陆英格兰的确切消息之前，他一个克朗也不会给我们。我对其反复施压，希望他在收到无敌舰队出发的消息便能支付一定款项，但是他却坚决不松口”。这个爱钱如命的教皇正忙着“四处搜刮钱财。他才不会让圣天使城堡里的钱被别人的义务牢牢拴住。现在，无论是对陛下您还是对我，他都恨得咬牙切齿了”。[14]

与此同时，在科伦纳，尽管 3 天后又有 5 艘船终于回来了，然而，梅迪纳·西多尼亚的忧虑却更甚以往了。他不再坐等腓力二世的回信了。6 月 27 日，他召集各将领在旗舰“圣马丁号”上召开了作战会议。既然现在还有 28 艘船没有回来，他想征求大家的意见，是否继续执行穿越英吉利海峡的任务。在所有的将领中，唯有唯恐天下不乱的安达卢西亚分舰队的唐·佩德罗·德·巴尔德斯主张立即采取行动。但在检查自己分舰队的物资和弹药储备时，巴尔德斯却发现“所谓的够吃3个月的饼干”有一部分已经发霉，而“培根肉、奶酪、鱼、沙丁鱼及蔬菜已经完全腐败了”。无敌舰队的总监察长唐·豪尔赫·曼里克（Jorge Manrique）在检查后证实，除了面包和酒之外，“其他食物因在船上存放的时间太久，都已经坏掉或腐败变质了”。据此，众位将领一致认为目前的食品储备“不足以维系一支如此庞大的舰队”，应立即将情况呈报国王腓力二世。[15]

不出所料，梅迪纳·西多尼亚接连收到多封来自埃斯科里亚尔和马德里众官员铺天盖地的斥责信。7月1月，国王给梅迪纳·西多尼亚写了一封信。这封信即使不算尖酸刻薄，也称得上直截了当：

> 以我对你的了解，你向我通报这些内容完全出于你对为我效劳的热忱之心及你对统领这支舰队的必胜的渴望。
>
> 我对此毫不怀疑。因此我会开诚布公地和你交心。而对于别人通常我不会如此。

现在上帝依然坚定地和西班牙站在一起，“如果这是一场不义之战，人们必然将这场风暴视为一个启示，认为是上帝在启示我们不要再触犯他。但是我们的行动是完全正义的。我们有理由相信，上帝这样做并非是要我们解散这支舰队，而是要赐予我们比我们期望的更多的恩惠”。他提醒梅迪纳·西多尼亚，如果无敌舰队继续在科伦纳滞留迟迟不出航的话，无敌舰队就会遇上更多的麻烦，尽管英格兰人的海军实力远逊于西班牙，但他们会利用这段时间一边封锁航道和在港口设伏，一边对西班牙的运宝船进行袭扰和洗劫。也许他们还会复制德雷克之前对加的斯发动突袭行动，对西班牙的沿海城市发动袭击，再次给西班牙带来令其羞赧的沉重破坏。

任何伟业的成功都不可能一蹴而就，而是会遇到重重困难。伟业之所以称之为伟业就在于克服了这重重困难。

敌人的实力再强大也不应该成为我们放弃责任承认失败的借口……

敌舰或老旧不堪，或吨位太小，无论是在实力上还是在性能上都难以与我们匹敌；更何况我们在船员方面占有人数优势，我们的士兵也比他们更加经验丰富。

我们船坚炮利，士兵们作战经验丰富，除了我们，还有哪支舰队敢自称作战经验丰富？

敌人的船员则恰恰相反，只不过是从一群普通人中拉来的新手——没有受过任何军事训练的乌合之众。

此番言辞固然称得上豪气干云、勇气可嘉，实则是有勇无谋。腓力二世后来是否曾为自己对敌人的重大误判而心有所愧？他的这些误判是否受到了英国人宣传的误导？抑或他这番话仅仅是为了给这位情绪低落的舰队总司令提振一下士气？我们今天已经无从判断。但是，他之所以这样说更可能是他坚信上帝是支持他的，支持他神圣的事业。他的这份信念打消了梅迪纳·西多尼亚所有的顾虑。

无论是从理智上还是情感上，腓力二世都不容许梅迪纳·西多尼亚再有任何顾虑。梅迪纳·西多尼亚也不想再为此事争执下去：腓力二世以不容置疑的口吻告诉他："这份伟大的事业是献给上帝的礼物……打起精神来，尽到你应尽的职责！"王室顾问唐·克里斯托瓦尔·德·莫拉（Don Cristobal de Moura）与伊迪亚克斯的话同样不容反驳。莫拉告诉他要"吃好喝好睡好，（才能干好工作）"。而伊迪亚克斯的话和国王的话如出一辙，发自内心地求他"打起精神来"！[16]

4天后，他收到了腓力二世的第二封来信，这封信的语气要和缓得多：

> 我的意见是……部队集结完毕后，应立即重新恢复航海之事。这项神圣的事业必定成功，愿上帝保佑，愿我们旗开得胜。成功与否主要取决于天气的好坏。光阴似箭，岁月蹉跎，我们不能再荒废时光了。因此，你务必要不遗余力，尽速将一切准备妥当。

对于无敌舰队的后勤问题，腓力二世认为并不是多大的难题。食物供给"事关重大，除了已经在科伦纳装船的食物外，其余食物将在你出发之后起程，在佛兰德斯交付与你"。国王强调说："你务必仔细留意储备食物的保鲜问题，不要像上次被骗了还蒙在鼓里。"在搬运淡水和物资时，他要求梅迪纳·西多尼亚务必要求

“所有军官必须尽到责任”。对于总司令抱怨说黎凡特分舰队航速太慢的问题，国王回复道“不能因为这样无足轻重的原因，就取消远征行动”。[17]

令人不解的是，国王言辞尖锐刻薄的信并没有加重梅迪纳·西多尼亚心中不祥的预感，反而鼓舞了他，坚定了他远征的决心。或许他终究还是意识到，有些事情，有些责任不是想躲就能躲得掉的。他写信感谢国王的“慰藉”，还不无诗意地说：“随舰队出征的将士将有幸见证世事的沉浮和时代的变迁。一想到上帝亲手设计这次远征行动的目的是使陛下对上帝更加热忱，使官员更有悲天悯人之心，我便不胜欣慰”。似乎是为了证实上帝确实支持腓力二世的行动，“除了黎凡特分舰队的两艘船‘西西里的圣胡安号’（*San Juan de Sicilia*）和‘维森的圣玛丽亚号’（*Santa María el Visón*）及两艘圆底船外，其余的失散船只都又回到了科伦纳港”。这两艘圆底船中的一艘已经进入了人们的视野的下风处，另一艘圆底船“帕兹·格兰德之家号”（*Casa de Paz Grande*）因为渗水严重在比斯开湾沿岸脱离了船队。

梅迪纳·西多尼亚向腓力二世保证：“船只的修缮工作会立即展开。我会亲自督促此事。再没有谁比我更想加快速度，早点动身远航了。请陛下放心，我会竭尽全力推动此事。待船只修缮完毕，我会抓住顺风顺水的天气尽快起航。”[18] 为了检验梅迪纳·西多尼亚的决心，国王任命唐·迭戈·弗洛雷斯·巴尔德斯（Don Diego Flores de Valdés）为海军参谋兼卡斯蒂利亚分舰队（Castilian squadron）司令，寸步不离无敌舰队总司令梅迪纳·西多尼亚，为其出谋划策。

在无敌舰队维修和修缮期间，船上的新鲜食物和淡水被搬运到了各船船舱，而其他储备及弹药则分别安放在其他船上。重新振作起来之后，梅迪纳·西多尼亚不惧脏活累活，身先垂范，鼓舞众将士加油干。7月10日，他在“罗莎的圣玛丽亚号”（*Santa María de la Rosa*）漆黑脏乱的船舱中连续工作了6个小时，帮忙更换船只的主桅杆。他开心地向腓力二世汇报：“换好之后，我觉得我们做得相当不赖。”[19]

梅迪纳·西多尼亚还设立了一家医院，来收治发高烧的500名士兵。“经过精心照看，他们都恢复得很快。我相信，在上帝的帮助下，所有人都会踏上无敌舰队的征程。”然而，不少人却选择审时度势，直接开溜。尽管梅迪纳·西多尼亚也做了预防措施——他调遣当地的一个步兵连守在码头四周以防有人逃跑——他还发誓“不会落下任何一个人”，然而逃兵越来越多，无敌舰队的兵员持续减少。[20]

比斯开分舰队司令胡安马丁内斯·德·里卡尔德刚从坐骨神经痛中缓过神来，而他对此心知肚明。他知道，虽然他们的无敌舰队总司令梅迪纳·西多尼亚在众人面前总是有使不完的劲，总是激情澎湃，但是其实内心深处隐藏的是“对要抓紧起航的焦虑”。对国王的海军战略，里卡尔德也是顾虑重重。他认为目前至关紧要的是要为无敌舰队在帕尔马登陆之后找到一个安全的避风港。他告诉腓力二世：“如果能在（泰晤士）河上找到一处下锚地，再有陆军的协助，就不需要再额外增派任何兵力。或者即便需要增援，佛兰德斯的兵力也已经足够了。”退而求其次，如果不能在泰晤士河下锚，英格兰西南部港口诸如法尔茅斯、普利茅斯或者达特茅斯都是不错的选择，至少能提供不少便利：

> 特别是如果急需兵力和物资增援的话，便只能从西班牙调兵遣将、调拨物资。如果没有大型舰队的护送，途经（英吉利）海峡时遭遇危险的概率急剧攀升……
>
> 如果我们在遭遇敌人后能打败敌人，那么我们的损失还不算严重……然而，无论如何，敌人都有足够的船只在我们途经海峡期间对我们增援船只的通过形成阻碍。
>
> 但是如果无敌舰队能够部署在英吉利海峡的某些港口，情况就会大不一样，敌人想要阻碍我们的增援船就会很难。
>
> 增援船能够有充足的势力对沿岸港口实施打击，同时（英吉利海峡）被我军占领的港口能够起到有效作用，这二者结合才是最好的途径。
>
> 佛兰德斯的陆军成功渡海，实力增强之后，无敌舰队可以回到阿申特岛（Ushant），接应增援船只，这样增援船只就可以进入某处港口。然后由此港口出发，可以借由布里斯托尔海峡通向内陆，或与其他陆军形成合力。

里卡尔德对于帕尔马的陆军横渡多佛海峡也心存疑虑："这需要时间，特别是如果要运送骑兵的话（我觉得肯定会有）。肯定不可能一次全部运送过去，如果幸运的话也许两次可以完成。"[21]

7月13日，无敌舰队终于在科伦纳集结。舰队总共有船只129艘、水手7700人、士兵1.8万人，从科伦纳的兵营又抽调两个连做补充。很多替换上来的部队的士兵都是新手，没有受过什么训练。梅迪纳·西多尼亚下令挑选一些老兵，然后将老兵移交给不同的作战单位，“这样既能保证每艘船上都有一定比例的新兵和老兵，又能够增强团队精神”。

通过其他途径招募的士兵就更是没一点军人的样子。当听说“一些年轻人”只是因为出身绅士家庭就被任命为船长的时候，里卡尔德的内心感受到了绝望。他愤愤不平地说：“他们根本就不是军人，也不知道打仗是什么。”据安达卢西亚分舰队的“罗萨里奥夫人号”（*Nuestra Señora del Rosario*）上的军医报告，其中一些投机分子在科伦纳一上岸，“就不愿意再登船了”。[22]

祸不单行。据梅迪纳·西多尼亚的观察，莱莫斯伯爵（Count of Lemos）送过来的500名加利西亚士兵及从蒙特雷（Monterey）拉来的壮丁“简直一无所长、一无是处，甚至连怎么打头阵都不会”。还有一些士兵饿得不成样子，天天躺在甲板上，一动不动，看着跟死人没区别。很多人对火绳枪、滑膛枪既没见过，也没听说过。“这些人大都已婚，都上有老下有小。有的上了年纪，根本就打不了仗。他们的妻子还经常跑来哭闹，闹得我都觉得让他们来当兵实在让我良心上过意不去。我甚至曾经想把他们都遣返原籍，让他们返回家园”。[23]

然而自信的无敌舰队总司令并没有被这些问题吓倒，两天后他告诉腓力二世：“在上帝的帮助下，如果天气允许的话，我希望明天或后天起航的一切准备能够就绪。”卡斯蒂利亚分舰队、吉普斯夸分舰队、安达卢西亚分舰队及预备役分舰队的小型递送船和萨布拉船已经拖曳出港，其他船只将于第二天出港。现在无敌舰队一切准备工作已经就绪，只等一个好天气了。

梅迪纳·西多尼亚下令在港口边的小岛上搭起了帐篷和圣坛——岛上正在建造圣安东城堡（Castillo San Antón）——为修道士们聆听水手和士兵的告解提供场所。接着，所有的水手和士兵全部登船。[24] 每个人都领到了一个铅锡合金徽章作为护身符。徽章的正面是基督的圣像，反面是圣母马利亚的肖像。聆听无敌舰队士兵和水手的忏悔并赦免他们的罪是一项繁重的工作，共有 8000 人被赦免了罪过。无敌舰队总司令骄傲地告诉国王“这是一笔无价的财富。在我看来，这比舰队所搭载的价值连城的珠宝还要宝贵得多”。然而，在那些愤世嫉俗的人看来，这次在这座小岛上举行的隆重而又神圣的赦免罪行的庆祝仪式，不过是为了防止更多人弃船逃跑罢了。

然而，令人沮丧的是，天气依然糟糕：西北偏西风正盛，裹挟着大西洋的海浪不停地向科伦纳海湾袭来，出航计划不得不再度拖延。7 月 19 日，各舰队司令官再次在公爵的旗舰“圣马丁号”上碰头讨论下一步的战略战术问题。大家一致认为，经过反复测验验证，新月形阵形性能可靠，应以该阵形通过英吉利海峡。侧翼由装备重型火炮的战舰组成。这一次，唯一的不同意见依然还是来自唐·佩德罗·德·巴尔德斯。他敦促将无敌舰队等分为前锋和后翼两部分，而航速较慢的运输船和补给船则介于前锋舰队和后翼舰队之间，受它们的保护。[25]

安东尼奥·德·塔索·阿奎尔雷斯在给安达卢西亚的家人写信的时候说：“人员物资都已上船，只待天气好转；现已颁布命令，任何人不得离舰，违者一律处死。”[26]

7 月 21 日早上，西南风微醺，无敌舰队终于驶离科伦纳港。

这天，旌旗招展，号角声嘹亮。人们聚集在港口高高的岬地上欢送并祈祷无敌舰队凯旋。在他们眼中，西班牙海军一定是一支英勇无畏、令人生畏的力量。

到目前为止，这支“世上最伟大、最幸运的舰队”所经历的都是罕见的厄运。不幸的是，这天同样也不例外。

下午 2 时，在无敌舰队驶离科伦纳 9 海里（16.65 千米）处时，风突然停了。海面上风平浪静，所有的船只都定在了原地一动不动，船帆无精打采地耷拉在桁端。直到次日凌晨 3 时，才从东南方向吹来一阵徐徐的清风。在升帆的过程中，加来船“祖尼加号”（*Zúñiga*）舵盘底座被损毁。整个舰队只得焦急地等待“祖尼加号”的修补工作。大约 12 小时之后，无敌舰队绕过奥特格尔角（Cape Ortegal），进入比斯开湾，这标志着梅迪纳·西多尼亚率领的无敌舰队直扑英格兰，他梦寐以求的荣耀之旅正式开始了。

此时，在英格兰，紧张氛围随处可见。在一片慌乱中，人们在仓促地为这场捍卫伊丽莎白王国的战斗做最后的准备。政府雇用了一批武装商船来扩充女王的海军，沿海城镇也提供了部分船只。[27] 霍华德率领的 20 艘船组成的舰队在普利茅斯与德雷克的舰队兵合一处。他们将一支 14 艘船组成的女王舰队的分舰队及从各港口征集来的 16 艘大船交给亨利·西摩爵士指挥。西摩的旗舰是“彩虹号”，其主要任务是守卫多佛海峡，尽一切力量粉碎帕尔马的陆军横渡海峡的任何企图。[28]

和对手西班牙人一样，英格兰海军同样饱受食物短缺之苦。5 月 28 日，英格兰海军大臣绝望地给伯利写信：“阁下，目前我部的食物供应仅够维系 18 天，当地已经被我搜刮了个遍，也刮不出什么油水了。”目前天气很好，无敌舰队很可能已经起航。如果好天气持续，“6 天内，他们就会打到我们的家门口了”。他还说：“现在蒙上帝的恩典，风势正好，有利于我们出海。因此，即便是饿着肚子，我们也要出发。”在普利茅斯，“聚集着一群英格兰最优秀的、最英勇善战的船长，士兵和海员。现在他们都跃跃欲试，一心想报效女王。可令人叹惋的是，这样一群壮士竟然连肉都吃不上”。[29]

英格兰驻低地国家的指挥官威洛比勋爵（Lord Willoughby）直言不讳地提醒反叛诸省的总司令，要他们不要忘了他们与英格兰舰队达成的协同作战的协议。根据该协议，为挫败“西班牙国王（对伊丽莎白）的任何企图”，低地国家须“自行出资武装部分船只”。与此同时，女王已经得知敌人计划袭击贝亨奥普佐姆（Bergen-op-Zoom）及“补给奇缺与城防薄弱的”奥斯坦德港。因此，她催促荷兰人抓紧加强防御工事与各处兵营的防备。[30]

似乎是出于某种潜在的原因，伊丽莎白政府颁布法令，下令加强泰晤士河河口，特别是坐落在东海岸上埃塞克斯郡的防御，认为帕尔马的军队最有可能在此登陆。女王的军队也将在这里抵抗并与之作战。但是为了防止发生误判，英政府决定在埃塞克斯的蒂尔伯里与肯特郡的格雷夫森德之间的河面上搭建一座用小船连成的浮桥，以便军队能够快速地驰援王国的东南部地区。和伊丽莎白所做的诸多决定一样，搭建这座浮桥的批文很晚才下发，而测量工作直到 7 月 27 日才开始。

无论怎么看，在行动果决的敌人面前，蒂尔伯里要塞——用船只的桅杆和铁链在泰晤士河面连成的浮栅——都相当不牢靠，更何况无敌舰队还配备了攻城炮。蒂尔伯里的碉堡有两层，呈封口半圆形，始建于1539年亨利八世在位期间，目前正在加固。[31]碉堡的外围新挖了两条护城河（上有吊桥）。护城河的外面加固了新的外崖，外崖上插满了木栅。要塞设计初衷是与毗邻蒂尔伯及格雷夫森德的新塔文（New Tavern）的河段上一个长达80码（731.52米）的相似的防御工事一道，构成交叉火力，以阻吓试图顺流而上攻占伦敦的任何船只。[32]然而，由于这些工事修建仓促，看起来更像是临时搭建的野战工事而非永久的防御工事。

在肯特郡的诺斯弗利特（Northfleet）、伊里斯（Erith）和格林希斯（Greenhythe）已新建或准备新建一些炮架。但是，7月，女王新任命的陆军统帅莱斯特伯爵在视察时发现这里根本没有适合放置火炮的平地。此外，他认为弥尔顿（Milton）和格雷夫森德的碉堡根本就“毫无防御能力”，斥其为“平生所见最无意义的东西”。[33]6月中旬，西摩曾建议从哈里奇和伊普斯威奇派出20艘霍伊船，“依托其灵活性和快速转向突进的能力，将其布防在泰晤士河河口，以便对帕尔马的登陆企图发动先发制人的打击”。[34]最终，英格兰只派了一艘90吨级的“铠甲号”（*Brigandine*）在泰晤士河河口与北海交界处一个名叫诺尔（Nore）的沙洲附近承担警戒任务。[35]出人意料的是，在加的斯战役后受德雷克指控的威廉·伯勒恢复了职权，被任命为300吨级的“博纳沃亚号”（*Bonavolia*）的指挥官。“博纳沃亚号”部署在伦敦的泰晤士河下游承担警戒任务，“以防敌人在半潮水位时发动入侵”。当然，对于吃尽了苦头的伯勒来说，这也算是个安慰了。[36]

沃尔辛厄姆此时正在床上“养病”。伊丽莎白一而再再而三地拒绝承担国防开支，令他既恼火又万般无奈。对于英格兰能否挫败西班牙的入侵，他越来越不抱希望。他心痛地告诉伯利：“王国正身陷危险之中，十万火急，而国家却不怎么将这当回事儿，为此所做的准备也马马虎虎。即使是在上帝看来，敌人为进攻所做的准备也要比我们的防御准备精心得多。”6 月 19 日，霍华德的一番话流露出的担忧和沃尔辛厄姆如出一辙：“看在上帝的面子上，请女王陛下现在不要只顾得心疼钱袋子。”

伊丽莎白本人的安危依然是个大问题。6 月 2 日，女王通令诸贵胄“务必迅速使全国进入防御势态，抵抗西班牙的任何企图”，并命令他们从现在开始依照枢密院令“备好适宜的重骑兵和轻骑兵……随时准备勤王护驾”。[37] 女王的侍从也开始戒备，时刻准备转移至安全地带。12 名主要的异见分子已经被拘捕并押往伦敦塔，以防其图谋行刺女王。[38]

6 月 12 日，伯利收到了亨利·基利格鲁爵士（Sir Henry Killigrew）从海牙（The Hague）寄来的信，信中夹着枢机主教艾伦那份恶意满满的《致英格兰各贵族与平民的劝诫书》（*Admonition to the Nobility and People of England*）。他并未将这本“邪恶之书”转呈沃尔辛厄姆，并颇为大气地评论道：“如果枢机主教认为所有的有产贵族绅士都会支持西班牙的入侵，那他就真是上当了。”[39] 似乎是为了证明自己的话，7 月 1 日，伯利下令实施戒严令，任何私藏或传播教皇圣谕、书籍和宣传册的行为都将受到严惩。[40]

在英格兰，间谍和反间谍工作抓得很紧。多佛市长和地方法官们逮捕了“从加来抵达英格兰”的阿德里安·梅奈克（Adrian Menneck）。据信梅奈克是一名为帕尔马效力的间谍，从他身上发现了“英格兰、苏格兰和爱尔兰海岸线的大量地图或海图”。

目前英格兰还没有收到关于无敌舰队行踪和意图的确切情报。如果说狂暴的天气残忍地戏弄了梅迪纳·西多尼亚的舰队的话，英格兰海军吃的亏也不少。

6月6日，德雷克“乘着女王的气势雄伟的‘复仇者号’安全返回了普利茅斯。他写信向伯利汇报了自己在海峡上的侦察情况。在出海的7天时间中，他们经受了“滔天巨浪”，在他这位海军副司令看来，这种天气在初夏极其反常。他们途中遇到了一艘正返回母港圣卢卡尔（San Lúcar）的圆底船，向他们诉说了16天前他们的遭遇：

> 一支庞大的舰队已从里斯本出发，当时风向是北风，舰队一路向西……船长和船员……看到的舰队如此庞大，具体多少艘船他们数都数不过来。
>
> 也许很快我们就能得到更多关于他们的消息，也有可能他们会先驶向（科伦纳的）阿波堤，然后再在那里集结。

在信的末尾，德雷克写道：“我每天都在祈祷，祈祷上帝保佑女王陛下，祈祷上帝赐予我们恩典，使我们越发敬畏上帝，使我们不惧任何敌人，无论他们有多少人。”[41]

3天后，沃尔辛厄姆向霍华德传达了伊丽莎白关于严禁在巴约讷“侦察西班牙舰队行踪”的指示。女王担心无敌舰队可能在女王的舰队没有发现他们的情况下已经穿越了英吉利海峡。因此她建议英格兰舰队应该“在英格兰和西班牙沿海一带活动，以便对西班牙舰队发动的针对英格兰、爱尔兰和苏格兰的企图随时予以还击”。[42] 霍华德现在已经吃尽了风暴的苦头，他争辩说，“手下大部分作战经验丰富的将官都认为应该立即前往”西班牙海岸；此外，一味被动等待无敌舰队只能耗尽自己所有的食物储备。但尽管如此，他依然会奉命行事。[43]

6月23日，星期日。英格兰终于等来了无敌舰队的确切消息。一艘来自鼠洞村（Mousehole）的满载着盐驶向法国的三桅帆船“在锡利群岛和阿申特岛之间的海域遇到了9艘大型帆船，他们当时正向东北方向”的康沃尔郡沿岸驶去——很显然，这是从科伦纳被风暴裹挟到海外的无敌舰队中的一部。

> 他向他们靠近，很显然，他们是西班牙人，其行为做派及船上的味儿都表明是西班牙人确凿无疑。西班牙人……开始追他……3艘西班牙船只紧追不舍，这个英格兰人一度怀疑自己逃不掉了。
>
> 刚看到西班牙船的时候，西班牙船上还有两面旗，但很快就被西班牙人给藏了起来……他们的船帆上绣满了红十字架。每艘大船的船头都有一艘小船或一艘无桅杆的舰载艇在拖着他们前行。[44]

前一天，“一个来自埃塞克特的名叫西蒙斯（Simmons）的人声称上星期五他们被一支庞大的舰队追逐，对方开火打伤了一些船员”。他逃了回来，在康沃尔郡上了岸，匆忙赶来普利茅斯向海军大臣通报消息。[45]

在英吉利海峡的另一端，西摩一直对佛兰德斯的帕尔马的任何举动保持着高度警惕。6月末，他在格里夫兰附近巡航了30个小时，在此期间，他看到有两艘小船离开了敦刻尔克。

> 我们的两艘舰载艇去追那两艘船，向敌舰发射了数发萨克尔炮弹，但是敌人并不收帆，直到我们的一发炮弹将其中一艘船的主桅杆击断。后来我们才发现，原来是法国加来式平底船。
>
> 我问他既然知道我们的底细为什么不收帆，为什么不投降。他说误以为我们是纳瓦拉国王的舰队，他自己当时已经不知所措了。
>
> 我告诉他们，如果帕尔马公爵或吉斯公爵这样做，如果他们不给我好看，我肯定会将他们击沉——我还告诉他们，英格兰女王陛下不仅有能力解决国内纠纷，而且有能力帮助法国抗击神圣同盟，无需天威震怒，就可以把他们解决掉。

第二艘船想逃跑却搁浅了，船员游泳逃生。“我派（几名滑膛枪手）乘坐小船绕到他们附近，但为时已晚。突然冒出了100来号人，既有骑兵又有步兵，但是对方也不敢近前……”此时，大风骤起，“因为天气实在是糟透了”，西摩不得不撤到肯特郡的港口避风，这一待就是30个小时。[46]

霍华德已经接到无敌舰队在科伦纳重组的确切消息。7月4日，等不及将储备物资搬上船，霍华德借着强劲的东北风率领60

艘战舰驶出了普利茅斯港，但是在锡利群岛和阿申特岛附近遭遇了强劲的南风。5 天后，英格兰舰队受强风裹挟不得不返回普利茅斯，回来时补给短缺，部分船只又开始进水。回到普利茅斯后，霍华德马上替海军财政大臣兼船长约翰·霍金斯辩护：

> 我听闻最近伦敦对霍金斯先生多有恶评，原因仅仅是“希望号”（*Hope*）进水需要维修。
>
> 我认为，我们如此多的舰船在海上漂了这么多天，还是在如此恶劣的海况之下，就这么几艘船漏水，还真不多见。

霍华德对某些人对霍金斯的批评不屑一顾。他说“希望号”的裂缝这么小，“乘着它开赴威尼斯都没问题”。在回到普利茅斯港之后，部分受雇的商船因为受损需用圆材及绳索来修复，而有的舰船上已经出现了病号。[47]

在伦敦，事态仍在进一步发展。不少事项远比女王的舰船出现小小的裂缝严重得多。现在伊丽莎白政府就正面临着一个新的危机：政府要破产了。1588 年 1 月，女王强行向比她富有的一些臣民借贷 7.5 万英镑以缓解国库的压力。3 个月后，女王又向伦敦市政府借款 3 万英镑，利息为 10%。现在这笔钱早就花得一分不剩了。

7 月 19 日，饱受胃溃疡之苦的伯利致信沃尔辛厄姆，向他说明自己绝望的处境，这也是他实在拿不出钱来维持舰队运转的原因之一：

我现在根本无法静下心来给你写信，我的胃实在不舒服。但是有些事我不能对你隐瞒。这些事情很快就会导致让人绝望的恶果。

伯利本周已经向舰队支付了6000英镑的工资和伙食费，但是随后就收到了在7月28日之前再支付海军1.9万英镑的要求。此外，前期签下的1.3万英镑的食物储备的款项也在催要，所以财政大臣已经劝债权人推迟结账及分期结账。伯利欲哭无泪，他写道："我想知道的是为什么海上牺牲了这么多人，死人为什么还要领薪水，并且这样的死人还不少。"此外，不只是海军，还有陆军高达1.1万英镑的费用等着他支付。

如果我确切地记得需要支付给埃塞克斯防备敌人登陆的5000名步兵和1000名骑兵的具体款项数额的话，我写这封信的心情就会更加凄凉……

如果和平无望，人们都希望（我也坚信）敌人的悲惨的结局会早一天到来。我们都怀着这一份共同的期望，我希望上帝发发慈悲，让敌人早点犯下致命的错误，因为我可能要用半年的时间才能筹到款。

他已经和伦敦的两名银行家霍雷肖·帕拉维希诺爵士（Sir Horatio Palavicino）[48]和理查德·索顿斯托尔（Richard Saltonstall）商谈从他们那儿分别借款4万英镑和5万英镑的事宜。利息是10%，"但是我们现在没有金条了，而如果兑换成你们海上所需的金条的话需要很长的时间”。伯利还希望能从汉堡边上的易北河（River Elbe）沿岸的斯塔德（Stade）[49]的英格兰商人那儿借到2万~3万英镑。[50]

梅迪纳·西多尼亚则有自己的难处。7月25日，星期日，他派传令官唐·罗德里戈·特略·德·古斯曼（Don Rodrigo Tello de Guzmán）前去联络帕尔马。第二天凌晨风平浪静，死一般寂静。随后葡萄牙人的加来式大型桨帆船“戴安娜号”（*Diana*）上的操桨手苦力们叛变，船开始进水。暴风来袭，“戴安娜号”不得不返回西班牙港口。这些船体狭长的船只最初就是被设计用来在平静的海面上作业的，根本无法长期抵御大西洋上排山倒海的巨浪；由于反复遭到浪花的拍击，船体侧板上的裂缝开始翘起；三艘加来式大型桨帆船也失联了。7月27日，风暴再起，无敌舰队再次被吹得七零八落。无敌舰队总司令在报告中说：

> 海浪太大，所有的水手都说从未见过7月有这么大的浪。
>
> 不仅海浪滔天，浪花还经常倾泻在船队甲板上。迭戈·弗洛雷斯的旗舰“圣克里斯托瓦尔号”（*San Cristobal*）的舰尾瞭望台都被海浪冲走了。
>
> 晚上我们都不敢合眼，生怕无敌舰队会遭遇重大损毁，但是事实上我们对此根本无能为力。
>
> 那一晚真是一场噩梦。

次日，海浪势头稍减，能见度有所增加，梅迪纳·西多尼亚站在旗舰上瞭望，忽然发现自己的舰队少了40艘战舰——佩德罗·德·巴尔德斯率领的安达卢西亚分舰队的所有舰只、所有的拖船及部分小型递送船不见了踪影。这位海军统帅遭受了第一波重创。

"巴扎那号"（*Bazana*）加来式大型桨帆船在巴约讷港的入港处触礁撞毁，其姊妹舰"戴安娜号"搁浅。[51] 比斯开分舰队旗舰"圣安娜号"主桅杆折断，在法国瑟堡半岛（Cherbourg peninsula）的拉霍格港（La Hogue）避风，后转至勒阿弗尔港（Le Havre），一直待到无敌舰队的军事行动完全结束也未能离开。[52]"圣洛伦佐号"（*San Lorenzo*）加利亚斯式战舰主舵受损。得知此事之后，梅迪纳·西多尼亚心生一丝悲凉："在风急浪高的海面，这些船只真是不堪一击。"一炮未开，他已经损失了3艘战舰。

7月29日，星期五，黎明，晴，有雾。稍后，云开雾散。下午4点，利泽德半岛已经驶入视野，无敌舰队收帆等待掉队者。

第二天，梅迪纳·西多尼亚祈祷感激"上帝引领我们跨越万水"来到这里。在给腓力二世的信中，他这样写道："祈盼万能的主让我们接下来的航程顺风顺水，一如我们和所有基督徒共同期盼的那样。"

第六章

战端既开

阁下：战事短期内绝不可能结束。为国计，为上帝的神圣事业计，请尽速增援各类炮弹、火药，越多越好。

——海军大臣霍华德致弗朗西斯·沃尔辛厄姆爵士的一封信，1588年7月31日于“皇家方舟号”[1]

7月30日星期六一大早，西班牙无敌舰队驶入敌国海岸线的视野内，梅迪纳·西多尼亚公爵当即在旗舰“圣马丁号”的甲板上召开了作战会议。[2]在他以标准的军礼向前来参会的将领们一一表示致敬时，康沃尔郡的多处烽火台点燃了示警的狼烟，它们冉冉升起，在空中飘荡。无敌舰队安置在旗舰主桅杆顶端的哨兵们把这些尽收眼底。海浪狠狠地击打着船身，破损的战舰吱呀作响。舰队的每一个人都开始意识到，战事终于临近了，并下意识地暗暗向上帝祈祷保护。在这天上午的早祈祷仪式上，船员们受随行修道士的感召，纷纷虔诚地跪在湿漉漉的甲板上，祈祷着：“祈求我们的主赐予我们胜利，打败背叛上帝信仰的异教徒们。”[3]

此时，远在马德里的腓力二世也在挂念着无敌舰队的命运，他焦躁万分，备受煎熬。倘若他得知船员们此刻的虔诚举动，必定会诚心诚意地对他们赞许有加。然而，他无法得知无敌舰队的确切消息，这让他越发焦虑。在欧洲各地，关于西班牙无敌舰队命运的各种流言早已不胫而走。在安特卫普，有小道消息称：“英格兰舰队和西班牙无敌舰队在英格兰海岸遭遇，西班牙舰队……已被击溃。”在都灵（Turin），流言却称，无敌舰队沿英吉利海峡北上，已经和帕尔马公爵的军队胜利会师。而在布拉格流传着又一个版本，说西班牙军队中暴发了淋巴腺鼠疫，无敌舰队因此返航，正朝科伦纳驶去。[4]最后一种流言于7月底传到了法国国王亨利三世的耳中，彼时他正在鲁昂举行国宴。他即刻对西班牙嗤之以鼻：“真是个好消息！恐怕真正的原因是，他们一看到英格兰舰队的桅帆，就吓得望风而逃了吧。”[5]

怎么才能打败英格兰舰队那帮异教徒呢？这天早上，西班牙舰队暂泊在英吉利海峡的入口处，将领们在会上各抒己见，热烈讨论，相关的描述在许多著作中可见。我们可以确定，统帅后来向腓力二世报告的，会议做出的最终决定是：“放缓前行……至怀特岛后停航。后续行动待收到帕尔马公爵关于他部情况的消息后再做定夺。”

> 从怀特岛至佛兰德斯沿线，无一处港口或避风处……我们的船只有可能被迫进入浅水区，然后不可避免地折损。
>
> 为避开这一显而易见的风险，我已决定在怀特岛外停航，

等待了解公爵部的进展情况后再做定夺。因为按照计划，我部一到，他部就应立即行动，勿得让我空等。

然而，梅迪纳·西多尼亚公爵万没有想到，他将会收不到帕尔马的任何消息："在整个航行期间，我们没有遇上哪怕任何一艘船……能为我们提供哪怕半点儿消息，我们只能瞎打误撞。"[6]早上围着"圣马丁号"的会议桌争论不休的将领们还不知道，西班牙"征服英格兰的伟大事业"所仰仗的至关重要的西班牙海陆两军协同作战计划已经出现了致命的失误。苦涩的种子业已生根，灾难正在萌芽。在接下来的几天和数周时间内，西班牙将不得不吞下这颗种子结下的灾难性恶果。

统帅后来发给腓力二世的正式汇报字斟句酌、文笔优雅，却对作战会议上的激烈争论只字未提。会上，部分将领——包括里卡尔德、阿隆索·德·莱瓦和奥肯多——曾强烈要求统帅部署火攻船，立即进攻或封锁普利茅斯。如果普利茅斯港还停泊着英格兰舰只的话，他们认为此举则更是势在必行。[7]

然而，梅迪纳·西多尼亚一心想着国王下达的掩护帕尔马部登陆的指示，担心无敌舰队找不到安全的避风港。一想到上次风暴给舰队带来的损失，他便寝食难安。他和前一年德雷克洗劫加的斯之前的威廉·伯勒一样，认为将领们的计划风险太大。首先，普利茅斯港的入口极狭窄，仅能同时容纳3艘船并排通过。其次，岸上的防御火炮的威力也不容小觑。他的主要目标是护送帕尔马部的陆军从佛兰德斯出发，横渡多佛海峡。在未完成该战略目标之前，他不希望舰队再遭受什么重创和损失。他的看法得到了安达卢西亚分舰队司令佩德罗·德·巴尔德斯的支持。

因此，当风向转为西南风时，梅迪纳·西多尼亚下令，舰队抱团以新月阵形沿英吉利海峡缓慢前行。其中，贝滕多纳率领黎凡特分舰队为先锋，梅迪纳·西多尼亚率领主力舰队为中军紧随其后，吉普斯夸和安达卢西亚分舰队分列两翼，航速较慢的圆底运输船居中，比斯开分舰队负责殿后。同时，部分舰只被抽调出来组成索科洛战斗编队（*socorro*）——一种机动性的战术编队——负责增援阵形中遭遇危险的部分。

英格兰海军大臣霍华德已经收到了西班牙无敌舰队来犯的消息。英格兰舰队在西南一线部署了多艘舰船，负责提供早期预警，充当英格兰的屏障。托马斯·弗莱明（Thomas Fleming）的巴尔克船“金鹿号”（*Golden Hinde*）便是其中一艘。星期六下午 3 时许，弗莱明乘船来到普利茅斯港，禀报了敌舰抵近利泽德半岛的消息。

弗莱明的“金鹿号”可能正是那艘在东去之前大胆鲁莽地冲撞无敌舰队先锋舰队的舰船。它的舰尾火炮挑战似的突突了一阵，无视黎凡特分舰队“圣玛丽亚·罗塔·因科罗纳达号”更猛烈的炮火回击。这起事件不免让梅迪纳·西多尼亚担心起来。于是，他派自己旗舰上的掌旗官、号称英语通的胡安·希尔（Juan Gil）乘坐桨式补给船前去打探英格兰舰队的行踪等情报。梅迪纳·西多尼亚坚信，英格兰舰队此时应该还在 250 英里（402.34 千米）之外的多佛海峡集结着，以伺机围猎帕尔马准备入侵英格兰的驳船。他还认为，令人望而生畏的“大魔头”德雷克此刻应该正率领着一支小型分舰队在德文附近的海岸巡逻。

据说，霍华德此时正和德雷克一道一边焦急地等待弗莱明船长的消息，一边在普利茅斯高地（Plymouth Hoe）上气定神闲地玩滚木球游戏。[8] 这件趣闻时至今日仍为人们所津津乐道。事实上其出处只能追溯到此事发生 40 多年之后。这则逸闻讴歌了海军将帅临危不惧的英雄气概。而那句脱口而出的经典对答——“先比完这一局再说。再给西班牙人点儿时间，反正他们命不久矣”——其有据可查的文字记载已经是 200 多年之后的事了。[9]

尽管这些逸闻趣事可能系后人杜撰，但其中却折射了当天下午真实发生的一系列重大事件。这表明这个故事还是有一定可信度的。康沃尔郡烽火狼烟四起，教堂钟声回荡，这一切无不提醒人们，这次西班牙人是真的来了。当地的民兵组织迅速武装起来。沿岸防御拉响了警报。虽然炮台数量不多，但是炮弹已经上膛，炮手已经就位，只等一声令下。强风裹挟着潮水不断向普利茅斯港涌来，英格兰舰队猫在普利茅斯港动弹不得，只能静待晚上潮水退去。幸好这天潮水退得及时，敌舰距离太远，无法利用潮汐之便对普利茅斯发动攻击。这为英格兰水兵搬运补给和武装舰船赢得了宝贵的时间。当然，按照英格兰人典型的沉稳、冷静的画风，或许他们要比完这一局保龄球再说。

对于霍华德和德雷克来说，他们并没有虚度这个宝贵的下午和晚上。他们将所有停泊在港的船只缓缓地、费力地拖曳出港口[10]，并在雷姆岬（Rame Head）完成了集结，只等天光放亮，给西班牙人来一记迎头痛击。现在他们已经集结了一支庞大的海上力量：增援舰只的到来使得英格兰舰只的数量超过了百艘。

午夜刚过，前去打探情报的掌旗官胡安·希尔少尉便带着一艘缴获的法尔茅斯渔船及船上的 4 名船员归队返回。经过审讯，这几名康沃尔俘虏招出了一条让众人相当忐忑不安的消息：霍华德和德雷克都在舰队行列中，而且英格兰舰船已离开普利茅斯港并集结完毕，正伺机对无敌舰队发动攻势。西班牙舰队海军顾问迭戈·弗洛雷斯·巴尔德斯告诫梅迪纳·西多尼亚，如果无敌舰队继续以当前的航线、航速前进，极有可能会抢在敌人的前面。届时，无敌舰队不仅会腹背受敌，而且会丧失上风头的优势。[11] 为了避免这一糟糕的局面，无敌舰队战船随后停泊在康沃尔郡梅瓦吉西（Mevagissey）附近多德曼角岬地 400 英尺（120 米）外的背风处。身后由 V 字形的铁器时代的地堡所环抱。对于负责向舰队中的各船传达明天的作战细节的乌塞达（Uceda）船长来说，这是一个不眠之夜。

7 月 31 日，星期日，破晓。浩瀚的大海包裹在重重迷雾之中，但随后就刮起了西北偏西风，雾霭一吹而散，接着又下起了绵绵细雨。天刚放亮，梅迪纳·西多尼亚就吃惊地发现至少 85 艘英格兰舰船正向他驶来，已经到了埃迪斯通岩（Eddystone Rock）以西 5 海里（8 千米）处，而且英格兰人完全占据了上风处。看到这一幕，梅迪纳·西多尼亚即便不感到恼羞成怒，也定会倒吸一口冷气。更让他担心的是，这支由 15 艘舰船组成的英格兰分舰队已经穿插到了无敌舰队和康沃尔郡卢港（Looe）一个渔村之间海域的近岸一侧。英格兰人的意图很明显，他们想引诱西班牙人偏离航向，然后将他们一网打尽。梅迪纳·西多尼亚的旗舰发射了一枚信号弹，无敌舰队进入全面作战状态。旗舰上升起了王室旗，西班牙人正式向英格兰宣战了！

西班牙舰队顺利摆出新月形作战阵形，所有舰船上都悬挂着各自的舰旗或分舰队司令的彩旗，在刺耳的号角与喧天的锣鼓声中前进。火炮就位，上层甲板上也张开了网兜，以阻止敌人登舰。莱瓦的分舰队在新月形队列的北侧，负责打头阵，里卡尔德的分舰队位于新月形队列的南段，梅迪纳·西多尼亚的盖伦船则部署在阵形中央负责守卫着运输船。从新月形队列的这头到那头，绵延长达 6 英里（9.6 千米）。

五颜六色的帆、舰旗、长旒旗色彩艳丽、相互交织，构成了一幅令人望而生畏的画面。在很多人看来，缓慢移动的新月形作战阵形更像是密集的步兵队列，密密匝匝的桅杆酷似步兵的长矛阵。且不论其速度之快、演练之精确，单单是无敌舰队气势之恢宏便足以令靠近无敌舰队的英格兰舰船上的士兵叹为观止、错愕不已。这些看得目瞪口呆的人中就包括排水量为 200 吨的武装商船巴尔克船“塔尔伯特号”（*Barque Talbot*）的指挥官亨利·怀特（Henry White）。据他的描述，“敌舰宏伟壮观、整齐有素，我私下认为我们的舰队难以与其匹敌。我们出发时是如此的寒酸，简直有损于我们对自己国家的认同，更无法彰显英格兰海军的荣耀”。另一名水手更直言不讳地记述了自己在看到无敌舰队那一刻是何等大惊失色：“西班牙人竟然打造、集结、组建了一支令人难以想象的超级庞大舰队。其各种火力配置如加农炮、轻重型火炮等都令人叹为观止。”[12] 意大利人本蒂沃利（Bentivollo）也亲眼看见了西班牙舰队的阵势，他的描述也更加栩栩如生，“遮天蔽日的……桅杆、帆缆，高高耸立的艉楼和舰首直刺云霄、战舰数不胜数，挤满了整个轮渡码头。所见之人无不惊骇”。[13]

在 21 世纪的今天，像开战前要正式宣战这种细微的外交细节已经快被人们遗忘。[14] 至少，在打响第一枪或者开始飞机轰炸之前，最后通牒或者一份山雨欲来、黑云压城的联合国决议之类的通报已经式微。战争的发动者会尽量避免使用“战争”一词，而是用“冲突”这个委婉的词取而代之——因为一旦突破这个底线，便可能牵涉到各类诉讼，还可能会吃一场昂贵的官司。

16 世纪的战争和今天的战争相比已相去甚远，至少要远比今天的战争“绅士”得多。然而无论何时何地，战争的本质都是一样的，都同样充满了血腥。霍华德就认为，在这种双方舰队相互对峙的重要场合，有必要遵守骑士精神，即等双方都准备妥当方可开战。因此他派遣手下的一艘排水量为 80 吨的巴尔克船“轻蔑号”前来正式宣战，而在西班牙人看来，这自然是一种轻蔑的“挑衅”。“轻蔑号”勇敢地驶入西班牙舰队新月形阵形的火炮射程之内，朝德·莱瓦的“圣玛丽亚·罗塔·因科罗纳达号”象征性地开了一炮便匆忙回撤，到英格兰舰队归队。

先礼后兵，霍尔德已经做到仁至义尽。上午 9 时许，他下令发动全面攻击。霍华德对西班牙无敌舰队新月形的钳形双翼始终保持高度警惕。因此他更倾向于对敌军阵形的中心地带及尾翼发动攻击，同时德雷克与约翰·霍金斯的分舰队则对新月形队列左右两翼实施打击。霍华德率领的“皇家方舟号”打头阵，袭击西班牙舰队的尾翼，以期和梅迪纳·西多尼亚的旗舰交火——这也符合战场上的同级别将官对决的战场礼数。

霍华德的舰船横扫无敌舰队的尾翼。霍华德先与莱瓦率领的先头舰队交上了火。霍华德错将“圣玛丽亚·罗塔·因科罗纳达号”当成了无敌舰队的旗舰“圣马丁号”，此时两舰间距 400 码

（437 米）。在一通交火之后，为策应德雷克率领的 40 艘舰只组成的分舰队，霍华德又与新月形队列北翼的里卡尔德负责殿后的分舰队展开了厮杀。

无敌舰队的军需官佩·德罗德·卡尔德隆在圆底船分舰队副旗舰、排水量为 650 吨的运输船“圣萨尔瓦多号”上目击了双方的炮火对攻。他目睹了“圣玛丽亚·罗塔·因科罗纳达号”试图接近德雷克的“复仇者号”的细节：“‘圣玛丽亚·罗塔·因科罗纳达号’向‘复仇者号’靠近，但双方的炮火却都引而不发，没有互相射击。‘复仇者号’担心“圣马特奥号”（*San Mateo*）过于接近自己与自己展开接舷战，便一边拼命摆脱‘圣玛丽亚·罗塔·因科罗纳达号’，一边朝‘圣马特奥号’开炮。”[15]

海战不同于陆战，其可怕之处也异乎寻常，对于毫无经验的水手新兵来说尤其如此。一波又一波震耳欲聋的轰炸声，伴着热浪、浓烟和一片混乱，一波又一波的实心弹结结实实地如雨点般砸向船体，既令人心悸，又让人头晕恶心。被炸飞的木屑四处飞溅，像一支支死亡之箭刺入人的身体，留下一道道伤口，滴答着恶心的液体。金属炮弹、石弹纷至沓来，甲板上到处都散落着残缺不全的肢体，撕心裂肺的哭号不绝于耳。四处都是飞溅的血迹，空气中弥漫着浓重的、令人作呕的血腥味、火药味与无法掩饰的恐惧氛围。为了击中目标，或躲避敌舰的万炮齐发，舰船经常会突然变向，船员们经常被撞得眼冒金星、晕头转向。而最让人恐惧的莫过于爆炸的瞬间——霎时燃起的大火往往会引燃弹药库，爆炸的冲击波将整艘船炸上了天，漫天的碎屑夹杂着断肢残臂倾泻而下，最终消失在波涛之下。一幕幕惨绝人寰的人间惨剧，一声声凄厉的炮声、哀号声，一阵阵扑鼻而来的令人窒息的气味，无不时刻折磨着每个人的神经。眼前的混乱和疯狂，足以让任何人不知所措，大脑一片空白。更可怕的是无路可逃，无处可躲。对于短兵相接的接舷战，一切皆在炮火之下。

所以，面对德雷克的旗舰与“凯旋号”“胜利号”的疯狂进攻，比斯开分舰队像泄了气的皮球也就不难理解了。无敌舰队上下陷入了一片恐慌，部分舰船自乱阵脚，纷纷向舰队中央的梅迪纳·西多尼亚寻求庇护也便不足为奇了。卡尔德隆在一份文件中描述了当时的场景：不少舰船“几近”逃窜，“直至旗舰强制他们逆风而上，直面敌军”。[16] 他在写这些的时候想到的可能就是这些舰船吧。

上午 10 时 30 分许，里卡尔德率领的分舰队副旗舰“葡萄牙的圣胡安号”（*San Juan de Portugal*）收帆停航，炮口一致对准敌舰。当时，他正受到 8 艘英格兰舰船的围攻，双方相距 300 码（274 米）。很显然，里卡尔德是打算强攻并至少强行登上一艘英国舰船，但英军却始终对里卡尔德的炮火和全副武装的士兵极为警惕，一直刻意与其保持着距离。英军在安全距离外，对里卡尔德的副旗舰狂轰滥炸，持续一小时之久。

面对敌舰持续不断的疯狂轰炸，里卡尔德陷入了孤立无援的境地。据里卡尔德后来的回忆，他遭到 300 发炮弹的打击，他还断定自己的副舰船“主缆绳及主桅杆支索已被炸毁”。其中一发炮弹将其前桅杆“整体”击碎，所幸人员伤亡并不惨重。卡尔德隆称，“只有舰长佩德罗·德·雅采纳（Pedro de Ycaina）和部分士兵受伤”。[17] 当然，很显然他所说的伤者是指那些有身份的人，至于被炸身亡的15名船员，这名军需官则连提都没有提。

梅迪纳·西多尼亚意识到里卡尔德所处的窘境，他下令自己的旗舰张开前帆，松开（帆）脚索，向北舷一侧打舵，顺着风，迎着危险，向混战区驶去。在一片混战中，安达卢西亚分舰队和吉普斯夸分舰队中充当索科洛编队的几艘舰船、比斯开分舰队的“伟大的格里芬号”和那不勒斯分舰队的4艘加利亚斯式战舰“圣洛伦佐号”、“那不勒斯号”（*Napolitana*）、“祖尼加号”及“赫罗纳号”（*Girona*）也紧随其后，跟着旗舰“圣马丁号”加入了混战。“圣马丁号”随即遭到两艘英格兰盖伦船的夹击。

战事激烈，又持续了90分钟，直至将近下午1时英格兰人撤出战斗才暂告结束。英格兰人之所以撤出或许是因为火药和军火已所剩不多。尽管梅迪纳·西多尼亚降下上桅帆继续求战，但第一天的战事就这样结束了。曾从事间谍工作，目前随“复仇者号”出战的尼古拉斯·乌斯利认为西班牙舰队“在战斗中队形十分严整。如果没有上帝的帮忙，英格兰人单靠自己恐怕是势单力薄，撑不了几天”。[18] 梅迪纳·西多尼亚则对英格兰人的战术及其舰队的灵活性大为惊叹。在日记中，他惊叹英格兰人竟然“不愿（与其）纠缠”，而是一味使用火力打击的战术打法。[19]

现在，无敌舰队对普利茅斯的威胁或已化解，然而霍华德和德雷克却注定高兴不起来。向无敌舰队新月形防御阵渗透的企图并未得逞，而试图打乱这种阵形的努力也已告失败。英格兰人远距离的炮火攻击并未对敌人造成任何实质性伤害。更要命的是，此战所消耗的加农炮炮弹和火药已远远超出预期。据西班牙旗舰上的炮术官巴内加斯（Vanegas）船长估计，英国人至少发射了

2000 发炮弹，而西班牙人却只发射了 750 发炮弹。[20] 从积极的方面来看，英格兰的舰船确实速度更快，灵活性、机动性要强于庞大笨重的西班牙战舰。况且他们还有效地阻吓了敌人的登船企图。

汹涌的海面上浓烟滚滚、气味刺鼻，里卡尔德将受损的战舰转移到新月形阵形中央，抓紧实施紧急修补作业。无敌舰队仍在缓缓向东航行。英格兰舰船则神出鬼没，不断从远处发射炮弹，袭扰无敌舰队。

英格兰人撤出军事行动不过数分钟，梅迪纳·西多尼亚便遭遇了连续两次灾难性事故中的第一次事故。这次事故使他损失了 2 艘主力战舰。因担心里卡尔德的受损舰船“无法在一天之内再次承受任何新的打击”，“罗萨里奥夫人号”指挥官分舰队司令唐·佩德罗·德·巴尔德斯迅速改变航向前去营救，却撞上了比斯开分舰队舰船，造成“罗萨里奥夫人号”船首斜桅及主舵严重受损。下午 2 时许，无敌舰队再次发生严重事故，一艘舰船突然爆炸将另一艘满载黄金的薪酬船炸沉。卡尔德隆记述了这次事件：

因引燃了搬到甲板上用于战斗的火药，奥肯多率领的（吉普斯夸）分舰队的“圣萨尔瓦多号”发生了爆炸：

据说事件的起因是舰长唐·佩德罗·普列戈（Don Pedro Priego）鞭打了下到船舱里的一名德意志炮兵，怒叱其让一门火炮沾上了水，还扬言要将其开除。

该火炮手随即用火去烤那门火炮，随后将左舷火炮火绳杆扔进了火药桶。

双侧后甲板被炸飞，200 人被炸死，其中包括在一旁观看的恩赛因·卡斯塔涅达（Ensign Castañeda）。“圣萨尔瓦多号”舰首、舰尾均被炸裂。很多人跳船溺水而死。

卡尔德隆依例对遇难同事表示哀悼，对幸存者表示慰问，对自己的失职表示歉疚。他还补充说，“薪酬主官胡安·德·韦尔塔（Juan de Huerta）已经获救，其主管的账簿及部分财物也被抢救了出来”。[21]

一时间各种耸人听闻的流言在西班牙舰队中传得沸沸扬扬。有传言称，一名荷兰裔主炮手因为准头差、命中率低而受到斥责。于是，他便将火药撒在甲板上一直引到了一个装满炸药的火药桶，在冷静地点燃火药后，他纵身一跃跳进了大海。还有谣传称该主炮手因在后甲板吸烟而遭到舰长训斥，他从容地将陶质烟枪中还燃烧着的烟丝磕进了甲板上成堆的火药桶。第三种版本的流言谣传该主炮手是个德意志人，因玩忽职守而吃了长官的杀威棒，为了泄愤才炸了船。[22]

隔了一段时间后，佛罗伦萨人彼得鲁乔·乌巴尔蒂诺的描述给这起事件又蒙上了一层更加奇幻绮丽的色彩。据他说，这名主炮手被西班牙陆军军官给戴了绿帽子，这次爆炸事件系其疯狂的报复行为：

那个步兵长官……放浪形骸，全然不顾文明秩序的约束。他不仅羞辱了佛兰德斯来的主炮手，还动手打了他。他为什么这样做？是因为一言不合就大打出手，还是出于本民族的习惯羞辱了炮手的妻子，我不得而知。但是对于这个蒙头转向、不知所措的炮手来说，既要为这样一群人卖命，又要接受他们无耻的羞辱，自己的妻子和年轻的女儿指不定什么时候还会再次被他们羞辱，这种奴隶般的生活让他绝望……绝望驱使着他，使他点燃了火药桶……为自己所遭受的不公正报仇。[23]

这是个关于欲望、绝望和复仇的可怕故事，听起来相当火爆、刺激，虽然夸张却并非没有佐证。据一个英格兰人说，他们在排水量为 958 吨的“圣萨尔瓦多号”的幸存者中发现了一名德意志女子。[24] 梅迪纳·西多尼亚三令五申禁止无敌舰队女性随军的禁令执行效果由此可见一斑。

爆炸将舰尾楼炸飞，舰尾上层甲板及船舵也被炸坏。无敌舰队统帅只得下令舰队暂时停止前进，并派几艘小型递送船前去搭救熊熊燃烧的船舱及搜救周边海域的幸存者。首先搭救的当然是“要人”，即有身份地位的人士。卡尔德隆的船上总共 35 人遇难，大多都是被烧死的。死者中包括“圣萨尔瓦多号”舰长唐·佩德罗·普列戈。梅迪纳·西多尼亚在“圣马丁号”旗舰上指挥该营救行动。他下令将“圣萨尔瓦多号”上的财宝用小船运送到其他舰船上，并将受损舰只舰尾拖离上风处以免舰船中部肆虐的大火继续向舰首蔓延。西班牙人拉起了人墙来接力水桶，“圣萨尔瓦多号”幸存的船员在其他船员的帮助下终于将大火扑灭。幸亏营救及时，当时大火已经在一寸一寸地逼近船艏下方的火药库了，而火药库盛放着 7 吨火药，否则后果不堪设想。西班牙无敌舰队再次起航，只是，舰队中多了一幅景象：2 艘加利亚斯式战舰缓缓地拖动这艘历尽劫难的战舰前行，而在破损的甲板上，还横七竖八地躺着几名被火烧伤的幸存者。[25]

对梅迪纳·西多尼亚来说，这天真是祸不单行。站在“圣马丁号”旗舰高高的后甲板上，他肯定在反思这天发生的一切。无敌舰队在英格兰人的第一波进攻中幸存了下来，但梅迪纳·西多尼亚却颜面扫地。他们所遭受的最严重的打击并非来自敌人，而是源自一些本可避免的偶发事件。整整一天，除了难得清闲片刻啃的几口面包和产自撒丁岛的奶酪外，他几乎滴水未进。如果说他的酒杯中盛的不是酒水而是失望与绝望的话，那么现在这份绝望已经开始外溢蔓延了。

风越吹越乱，像鞭子一样激起了千层浪。受损的“罗萨里奥夫人号”变得越来越难以控制。5时许，“罗萨里奥夫人号”再次发生碰撞，这次它撞上了它的姊妹号——安达卢西亚分舰队的排水量为730吨的“圣卡塔利娜号”。“罗萨里奥夫人号”前桅杆从根部折断，斜架在了中桅杆上。一时间，上层甲板到处都是绳索和木器件，一片狼藉。佩德罗·德·巴尔德斯的“罗萨里奥夫人号”现在已经完全失控，只得发射信号弹来求救。

“圣马丁号”赶了过来，其舰长马罗林·德·胡安（同时担任西班牙无敌舰队的领航员）下令用拖船拖曳“罗萨里奥夫人号”前进。但是风浪越来越大，拖钩还没挂住几分钟，拖索就挣开了。梅迪纳·西多尼亚的海军顾问迭戈·弗洛雷斯·巴尔德斯劝总司令放弃这艘已经破损的舰船，因为强行施救只会危及无敌舰队的使命及舰队自身的安危。对于梅迪纳·西多尼亚公爵来说，这是个痛苦的抉择。他或许已经意识到了自己的海军顾问和“罗萨里奥夫人号”指挥官之间势同水火的关系——两人虽是表兄弟，却因为多年前的一点小误会反目成仇。事后梅迪纳·西多尼亚曾懊悔不已地说："若能弥补这个过失，即使我命休矣又何妨！"[26]

单纯从海战策略来看，放弃"罗萨里奥夫人号"尽管会打击无敌舰队的士气，却也不见得就是个错误决定。然而，很快就起了谣言："大家千万不要冒险，如果不曾被其他船只救援过，就不要主动去救援别的船只，因为这样做只会把自己搭进去，何苦来哉？"[27]为平息谣言，梅迪纳·西多尼亚派了2艘小型递送船前去搭救"罗萨里奥夫人号"上的船员，但佩德罗·德·巴尔德斯拒绝了任何援助。敌人就近在咫尺，他却不愿意放弃自己的船。除了他这个分舰队司令外，船上还有船主维森特·阿尔瓦雷斯（Vicente Alvarez）、228名水手，以及由阿隆索·德·萨亚斯（Alonso de Zayas）任队长的安东尼奥·德·埃利亚（Antonio de Heria）连队的122名士兵和胡安·德·伊瓦拉（Juan de Ibarra）率领的20名士兵组成的陆军分遣队。除了士兵和水手外，船上还有腓力二世的5万达克特金币；梅迪纳·西多尼亚本不应忽略这笔巨额财富，但奇怪的是他却并没有设法将其转运走。

在"罗萨里奥夫人号"的船员名单上还有7名图谋推翻伊丽莎白统治的英格兰天主教流亡分子。

夜幕降临，幸存者在"罗萨里奥夫人号"颠簸的甲板上做着晚祷。此时，旗舰"圣马丁号"已经启程，准备与相距两个小时航程的无敌舰队大部队会合。预备役分舰队司令奥古斯丁·德·奥赫达（Agustín de Ojeda）被指派乘坐分舰队旗舰"萨拉戈萨夫人号"（*Nuestra Señora de Pilar de Zaragoza*）与4艘舰载艇一道留下来协助"罗萨里奥夫人号"。数个小时后，远处的海面上又传来了加农炮的声音。

他这边四面楚歌，无敌舰队大部队却对他弃之不顾，巴尔德斯简直出离愤怒。友军指挥官距离“我们如此之近，可以清楚看到我的处境，搭把手便可顺手使我们脱离苦海，然而他却并没有这么做”。只留下他一个人孤零零地“面对敌人的整支舰队，而敌人此时距我只有 1/4 里格”。[28]

是日晚（7 月 31 日），霍华德从普利茅斯附近海面上的“皇家方舟号”上致信沃尔辛厄姆，记述了第一天的战况：

> 我就不用长篇累牍来搅扰您的雅兴了——事实上我也没时间写信，忙得很难抽开身……
>
> 上午 9 时许，敌我双方开始交火，战斗一直持续到下午 1 时。战斗中，很多敌舰受损渗水。但是，敌舰确实异常强大，我舰未敢贸然深入。
>
> 当然，我们绝不会坐视敌舰肆意妄为。我们会穷尽一切手段来压垮敌人。
>
> 阁下，托女王陛下洪福，我们的船长在作战中个个奋勇当先……我坚信他们将获得更多丰厚的嘉奖。

随后，霍华德寥寥数笔，提到了之前未果的侦察使命——“之前南风劲吹，敌人倾巢而出”——他还回顾了自己怕与无敌舰队失之交臂——“上天助我，风向已变”。[29] 当然，这位海军大臣不忘再三殷切期盼更多的炮弹和火药补给。

亨利 · 西摩负责佛兰德斯外那片狭长海域的防御。德雷克在给亨利·西摩的一封简短的信中记述了他们“如何奋力追敌，并最终赶上敌人……双方互射火炮。在他看来，敌人有毅然送命的决心”。他告诫西摩要“时刻准备着，在其所驻守海域以最佳阵容、最有力的方式协助（霍华德）勋爵击溃一切来犯之敌”。据他估计，无敌舰队“船只至少百艘，大型舰只数量不少，但是真正称得上战舰的不足一半”。[30]

霍华德在“皇家方舟号”上召开了作战会议。会议讨论了当天的战况，及面对无敌舰队的强大防御难以渗透的问题。会议决定在当晚采取行动，由“复仇者号”的德雷克为先锋负责领航，追袭无敌舰队。“复仇者号”艉舷高悬防风灯，以确保其后的舰船能准确地判断与无敌舰队之间的安全距离。这一决定是德雷克根据其丰富的航行经验、技能及高超的航海技巧所提议的，由霍华德最终拍板。这是一个极其明智的命令，然而霍华德还是低估了德雷克这个一向不按常理出牌的海军副将在面对敌人时贪婪的求胜欲。

梅迪纳·西多尼亚在致帕尔马的一封信中这样写道：

> 今晨敌舰队出没，占据上风处，袭击了我方后翼。
>
> 双方交火，为有效打击敌军，我的旗舰与敌舰超近距离交战。后敌舰撤退，但依然尾随我方舰队。敌人目的很明确，就是要拖延或阻止我部的下一步行动。
>
> 若敌有意与我决战，今天显然是个绝佳的机会，但是他们并没有这么做。

他反复强调自己的意图，即“在上帝的帮助下，排除敌军一切干扰，继续航行直到收到阁下对下一步行动的指令”。无敌舰队统帅还请求帕尔马抽调部分引航员在舰队前往佛兰德斯时提供必要协助。“在完全不掌握沿线水文状况的情况下，熟悉本地状况的引航员可帮忙将舰队引航到避风港，以尽量避免风暴的袭扰”。[31]他将这封信交给了掌旗官胡安·希尔。希尔是一名出色的水手，但是由于风浪太大，希尔的舰载艇第二天才正式出发。

而在西面海域，“罗萨里奥夫人号”依然绝望地在海水中打转，毫无生还希望。晚 9 时许，尾随无敌舰队的英格兰舰队已经悄然赶来，由伦敦城出资赞助的私人武装船的先锋舰“玛格丽特与约翰号”（*Margaret and John*）最先嗅到了“罗萨里奥夫人号”的肉味，渐渐地跟上了饱受蹂躏的西班牙人。奥赫达率领的盖伦船和 4 艘负责护卫的舰载艇弃“罗萨里奥夫人号”于不顾，调头向德文郡外的斯塔特角（Start Point），即无敌舰队的主力方向驶去。“罗萨里奥夫人号”已毫无生还的希望。“玛格丽特与约翰号”船长约翰·费希尔小心翼翼地接近“罗萨里奥夫人号”，朝敌舰舰尾瞭望台一阵滑膛枪猛射。这无异于捅了马蜂窝，巴尔德斯连发两枚加农炮炮弹予以还击。英格兰舰船也用炮弹还以颜色。情况不明，兵贵慎而不贵勇，英舰稍稍后撤，静待时机。

一夜之间微风骤起，层层雾气压迫着海面。霍华德的“皇家方舟号”在爱德蒙·谢菲尔德勋爵率领的 1000 吨级的“熊号”和爱德蒙·芬顿（Edmund Fenton）的 600 吨级的“玫瑰玛丽号”（*Marie Rose*）两艘大型战舰的陪同下，尾随德雷克“复仇者号”的艉舷防风灯前行。

但是天未破晓，前方的防风灯的微光却消失了。

大部分舰船只得停止前进。海军大臣霍华德不得不走出船舱一探究竟。这时，瞭望台传来消息说正前方又发现了灯光，所以很快他的担心就减少了一半。灯光很遥远，但可以肯定是德雷克的船上发出的。霍华德急于迎头赶上，结果大部分英格兰舰船都落在了后面，且很分散。8 月 1 日凌晨，他们距离西边的海岸线依然遥远，而且此时还刮着西风。[32]

更让霍华德担心的是，依然不见德雷克"复仇者号"的踪影。

等几乎撞上无敌舰队的后翼时，他们才大惊失色，此时他们已经差不多来到了德文郡布里克瑟姆（Brixham）外的贝里角（Berry Head）。原来他们看到的灯光并非来自德雷克"复仇者号"，而是敌舰后甲板上高悬的防风灯的灯光。

率领那不勒斯分舰队 4 艘加利亚斯式战舰的雨果·德·蒙卡达（Hugo de Moncada）司令也很快意识到，紧随其后的并非无敌舰队舰船，而是英格兰舰队旗舰"皇家方舟号"。他恳求梅迪纳·西多尼亚批准他与这 3 艘离队的英舰交战。蒙卡达的桨船舰首配备了火力强大的舰炮，可在任意风向下在短距离内达到最大航速。他据理力争，认为自己的桨船是攻击英格兰战舰的不二利器，可迅速切断英舰的逃生后路并将其炸沉。然而不知出于什么原因，"梅迪纳·西多尼亚却认为自己没有自行决断的权利"。这位无敌舰队统帅的动机到底是什么？难道他和霍华德一样，认为必须兵对兵、将对将地平等决斗？抑或是他还在尊奉腓力二世下达的（与帕尔马会合前）尽量免战、避战的指示？

西班牙舰队为这个提议吵翻了天。而此时，霍华德的旗舰与另两艘战舰已经掉转船头溜之大吉了。

现在，海军大臣霍华德忧虑的是敌人可能在托贝（Torbay）附近登陆。而英格兰舰队其他舰船尚需数小时才能赶到。果真如此，德文郡的海岸就无险可守了。

德雷克呢？他到底在哪儿？天光放亮，“复仇者号”逆风出现在了西班牙分舰队受损的旗舰“罗萨里奥夫人号”附近。和他一道的还有雅各布·惠顿（Jacob Whitton）船长率领的普利茅斯私人武装船“罗巴克雄獐号”（*Roebuck*）[33]及德雷克的2艘舰载艇。

而在晚上，“罗萨里奥夫人号”上的7个英格兰天主教流亡者中，有5人已经悄悄乘小舟逃跑。他们很清楚，一旦被女王的海军俘虏，他们的命运会怎样。

对于德雷克要其投降的要求，巴尔德斯一开始是拒绝的。后来，听说了对手是大名鼎鼎的德雷克后，他答应登上“复仇者号”谈判投降事宜。条件是宽厚的。他获得了单独考虑投降条件的时间，并最终同意投降。他的战舰成了德雷克的战利品，他的手下成了俘虏，以供将来交换战俘，而巴尔德斯本人却成了德雷克的座上宾，享受了与德雷克共进晚宴的礼遇。事后，巴尔德斯回忆道：“德雷克是一位真正的绅士。他向我们伸出了友谊之手，言辞恳切，还答应我们一定以比对待其他战俘更优越的条件来对待我们。”[34]

当看到“罗萨里奥夫人号”上5万达克特金币时，德雷克几乎无法相信自己的眼睛。他随即将这些财宝用帆布袋运到了“复仇者号”上。同时搬上“复仇者号”的还有腓力二世准备赠予英格兰天主教贵族家族的礼物，那是一箱宝剑，剑柄上镶满了珠宝。[35]

惠顿将战利品“罗萨里奥夫人号”拖回达特茅斯港。舰上所有军需、火炮、弹药悉数拆卸用于缓解英格兰舰队物资补给的短缺。400 名俘虏中的大多数都病死在了监狱中。两个英格兰籍俘虏由船长采利（Cely）押送至伦敦塔，以“叛乱与叛国罪”囚禁。其中一名叫崔斯特瑞姆·温斯莱德（Tristram Winslade）的被移交给沃尔辛厄姆的手下。这些手下可以“根据个人喜好……对犯人用刑”。[36] 西班牙俘虏中有 40 人被关押在布莱德韦尔监狱（Bridewell gaol），在这里他们将享受与“关押在西班牙的英格兰囚犯同等的待遇”。[37]

在与舰队主力会合之后，德雷克本来会陷入极其尴尬的处境，但谁也没有料到，他竟然迅速蒙混过关了。至于那天晚上到底发生了什么，他回复时欺上瞒下，众人可谓心知肚明：按照他的说法，那天午夜刚过，他就在右舷方向发现了几艘船。他认定那就是西班牙人的舰船，于是便熄灭了防风灯，一路狂追。后来，他才发现原来是德意志汉萨同盟的商船，便准备尽快返航与海军大臣的舰队主力会合。人们不难想象出他的故事的后半段：天亮之后，当德雷克赫然发现自己“距离‘罗萨里奥夫人号’竟然只有 2~3 个锚索的距离时”，他是何等吃惊。

霍华德认为现在国家正是用人之际，将英格兰人的海上英雄送上军事法庭不是明智之举，这自然也在情理之中——尽管事实上德雷克的行动使英格兰舰队在追击无敌舰队上付出了时间和距离上的代价。当然，如果西班牙人真的在托贝登陆的话，德雷克必然要承担全部罪责，怪就怪他对达克特金币太过贪婪。

与德雷克生活在同时代的大多数人非但不会谴责德雷克玩

忽职守，反而会对他羡慕无比。“凯旋号”舰长马丁·弗罗比舍（Martin Frobisher）则是个例外。对于德雷克的举动，马丁·弗罗比舍的反应尤为激烈：“我们一直在找（德雷克的）灯光，却始终找不到……整个晚上，（德雷克）像个懦夫一样守着它（‘罗萨里奥夫人号’）。这是他的猎物。他就是想骗我们，好独吞这5万达克特金币。我们当然也有份，否则，我就要白刀子进去，红刀子出来，让他好好出点儿血。”[38]

这天凌晨1时后，英格兰人又缴获了一个战利品，尽管其价值难以与前面的战利品相媲美。“圣萨尔瓦多号”于昨晚爆炸，受损严重，梅迪纳·西多尼亚断定其已沉没，便下令幸存的船员弃船逃生。此时，“圣萨尔瓦多号”前舱的弹药库还存放着130桶火药和2246发加农炮炮弹；但凡稍有经验的海军指挥官都会下令将此军火库炸掉，以防其落入敌人之手。然而，作为无敌舰队统帅，梅迪纳·西多尼亚竟听其自然，未采取任何措施。

临近午夜，英格兰舰队发现“圣萨尔瓦多号”依然在大海上飘荡。海军大臣查尔斯·霍华德派遣堂弟托马斯·霍华德勋爵率“狮子号”，约翰·霍金斯率“胜利号”前去缴获该战利品。登上这艘船的残骸后，他们看到了让人唏嘘叹惋的一幕：

> “圣萨尔瓦多号”甲板已经塌陷，操舵室损毁严重，舰尾已经炸开，大约50具烧焦的遗体面目狰狞，让人看了不寒而栗。刺鼻的气味令人作呕，惨状令人不忍直视。托马斯·霍华德勋爵与约翰·霍金斯在该舰待了不到一分钟，便匆匆离开了。

此前向霍华德汇报无敌舰队来犯的消息的弗莱明船长负责将“圣萨尔瓦多号”拖曳到多塞特沿岸的韦茅斯港（Weymouth）。在韦茅斯，“圣萨尔瓦多号”上所有的火药、军需品被悉数卸下，由一支小型轮船组成的船队运往海上补给英格兰舰队。

康沃尔郡民兵奉命东进增援临近郡县，但是在一些民兵看来，自己守卫家乡已算尽到拥护女王的职责了。西班牙人的舰队已经从他们家乡的海岸经过驶向别的郡县，保卫那些地方就不是他们的责任了。他们一门心思想回家收庄稼了。那些不愿意东征的士兵决定弃长官和军旗开溜了。[39]

第七章

冰与火的考验

依照计划，我舰突袭了停泊中的无敌舰队。（8艘）火攻船奉命执行此冒险行动；其中就包括我的巴尔克船“塔尔伯特号”……现在，我只能听天由命，仿佛万贯家财毁于一旦。接下来，我尊敬的阁下，我恐怕不得不向您请命，交给我一个新的使命，批准我沿街乞讨去吧。

——亨利·怀特致弗朗西斯·沃尔辛厄姆爵士的一封信，
1588年8月，于肯特郡的马盖特[1]

1588年7月23日，枢密院指示全国各郡县首席治安长官，鉴于“又发现西班牙舰队活动的迹象”，着令各郡县动员自己的军队，并于6日内将士兵派往埃塞克斯以击退试图入侵斯特拉特福（Stratford）的侵略者。此外，另调集6000士兵前往肯特郡，以抵御帕尔马率领的佛兰德斯军团的入侵。因英格兰的军事首领并不确知侵略者会在何处海岸登陆，其余的地方民兵团应时刻戒备。

“随时关注烽火台的动态……若发现敌人在任何地点试图登陆，均应及时上报”。此外，着令各地治安官维护好本地秩序，“对流浪者、游手好闲者或其他任何可能导致不稳定因素的可疑者，应果断制止或拘押。若出现任何不稳定事件或发现可能导致此类麻烦的叛乱者，应按照戒严令对其进行处置或处决”。[2]

7月，不少人被捕下狱，英格兰处处弥漫着不安的氛围。伊丽莎白任命莱斯特为陆军中将兼“英格兰南部地区”陆军总司令，负责抵御侵略者，并抗击“叛乱分子、叛国分子、其他不法分子及其追随者的任何针对我们、针对王室及损害王室尊严的行为”，以及“镇压、制服或处死”一切反叛者以“维护我们的臣民，维护和平”。[3]克里普斯（Cripps）船长被任命为宪兵司令，专门负责执行严苛的法律禁令。为避免在民兵组织的行伍中出现类似第五纵队（fifth-columnist）的叛逆者，每一名军官和士兵都必须当着检阅官的面宣誓效忠于伊丽莎白。[4]很显然，对于英格兰统治者来说，天主教徒对西班牙侵略者的大力支持依然是一个近在眼前而又挥之不去的现实威胁。

理查德·罗杰斯（Richard Rogers）是萨福克郡伊普斯威奇毗邻的韦斯特菲尔德郡（Westerfield）某教区的牧师。他在日记中这样记述道：“目前，我们面临着西班牙入侵者和国内敌对势力对善良与自由的双重威胁。国内敌对势力指的就是那些数不胜数的天主教徒，他们期待着叛乱，好压迫我们。”他所在的教区居民以斋戒来祈祷胜利，为当地的民兵组织送行。[5]

英格兰国内出现了一份宣言，提醒人们警惕“邪恶的卖国谣言”。谣言称西班牙人入侵仅仅是为了保卫英格兰天主教徒。而英格兰政府声称，真相恰恰相反，英格兰一旦战败，英格兰人将“只能臣服于教皇的意志，而英格兰的王权……将被迫交给外国统治者，具体人选由教皇任命”。届时将上演“血腥镇压……女王的王权将被剥夺，女王的全体臣民无论贵贱将面临屠杀。而这一切仅仅是因为英格兰人出于良知尊奉万能的主，仅仅是因为他们坚信自己信奉的才是真正的基督教……仅仅是因为他们效忠于女王陛下”。而“英格兰人自己的王权、王国、国民及英格兰人一直秉持的自由，早已融入英格兰人的血液达500余年之久，而现在，他们将要面对的是500年来未有之重大威胁”。[6]

当西班牙舰队出现在英格兰国门的南端时，都铎王朝的宣传机器开始越发高速地运转起来，着力散布西班牙人准备实施种族灭绝和种族清洗等可怕传闻，以此来激发、强化英格兰人的恐惧与反抗意识。据门多萨的密探报告，伊丽莎白的御前大臣们“个个高度警惕，拼命使人民相信西班牙人在无敌舰队的一艘舰船上装了满满一大船的绞索，意欲绞死所有英格兰男性；另一艘船则满载皮鞭专门用于鞭笞英格兰女性，随无敌舰队一同出征的还有3000~4000名奶妈来抚养英格兰的下一代。据说，凡7~12岁的孩童均要在脸上打上烙印，使人们永远记得他们是英格兰人的后裔”。宫中传出的流言称，“西班牙国王已下令杀光所有7岁以上的英格兰人，无论男女，概莫能外”——这种说法后来传遍了伦敦城的大街小巷。一名西班牙间谍评论道：“我们都知道，这不过是敌人想让所有人都仇恨西班牙人的伎俩。”[7]

就在西班牙无敌舰队驶入英吉利海峡之际，英格兰颁布禁令，所有在英格兰居住的外国人一律禁止外出，他们经营的商店一概歇业整顿。[8] 如果说这些只不过是微妙的误导人的错误信息的话，它至少对已经泛滥的仇外心理起到了火上浇油的作用。而仇外心理一直是都铎王朝时期英格兰人的重要性格特征（如果非要说今天英格兰人不排外的话，至少 4 个世纪之前英格兰人是相当排外的）。[9] 无敌舰队军事行动编年史研究者彼得鲁乔·乌巴尔蒂诺（Petruccio Ubaldino）就经常抱怨，称自己在伦敦的街头经常被人骚扰。他不无遗憾地说："想找一群白乌鸦不难，而找一个对外国人没有敌意的英格兰人却是难上加难。"[10]

很多迹象表明，西班牙人的入侵意外地激发了英格兰人的爱国热情。甚至连最顽固的异见分子都开始爱国了。关押在威斯贝奇城堡的部分囚犯向财政大臣伯利请愿，积极要求作为普通士兵和信仰新教的同胞一道参战。财政大臣礼貌地拒绝了他们的请愿。在他看来，与其让这些人"到战场上搭把手"，不如把他们关押起来对女王更有利。[11]

然而，那些未受过正规训练而又装备简陋的士兵对伊丽莎白并不都是忠心耿耿。后来，当无敌舰队在加来附近海面下锚时，驻扎在多佛海峡前线的 4000 个民兵中不少人都丢盔弃甲逃之夭夭。当然，薪水较低是一个原因，但是更主要的是士兵们对于在英吉利海峡上即将发生的战事心存恐惧。腓力二世的密探报告称，英格兰至多能够征兵 22 个连队，每个连队 100 人，兵员"极不规整"。[12] 港口的防务在引进了一支 800 人的荷兰火枪手分队后得到了强化。[13] 而在肯特郡，居民的忠诚度也有相当大的不确定性，令人不安。据沃尔辛厄姆安插的无所不在的线人报告称，有些人"一听说（西班牙人）获胜的消息便高兴得手舞足蹈，而得知英格兰人获胜的消息就立马黯然神伤起来”。还有些人坚持认为西班牙人“就是比生活在这片土地上的人好”。[14]

南部沿海战事不断，而在泰晤士河沿岸伦敦上游处的里士满宫（Richmond Palace），各部大臣们忙着参加一个又一个激烈的研讨会。现在，前期防御工事的懈怠、忽视与拖延终于像伤疤一样被一个个揭开了。不少防御工事本应在几周前就筑好，目前却还在匆匆赶工。军械署中校罗伯特·康斯特布尔爵士（Sir Robert Constable）接到命令，“为格雷夫森德未完工的要塞提供尽可能多的手推车，越多越好，或者提供至少 240 只篮子”，以帮助汗流浃背的苦力们尽早完成防御工事的土方、木方作业。[15]巴克赫斯特勋爵（Lord Buckhurst）接到通知，切勿解散苏塞克斯的军队，尽管“各位爵士大人认定西班牙人在后有海军统率的追兵的情况下不会也不敢轻易在此登陆”。5 拉斯特（last，重量单位）火药被运往朴次茅斯补给霍华德的舰队，另 5 拉斯特的火药被运往埃塞克斯的布伦特伍德（Brentwood）补给莱斯特的军队。

伊丽莎白手下的大臣还不得不介入正在汉普郡交战的苏塞克斯伯爵和温彻斯特侯爵之间的恼人纷争，好言劝他们“达成更多共识”，女王陛下乐见其成，“值此多事之秋，冤家宜解不宜结”。他们耐心地解释说，1000 人的队伍“足够在女王陛下腾出手来派海军增援之前承担起朴次茅斯的防卫”。约翰·诺里斯所下达的关于防卫的命令“应该得到执行，而非擅自变更以致引发不便与内斗”。[16]

亨利·西摩爵士一方面密切关注帕尔马的动向，另一方面焦急地等待着火药支援。他已“谦卑地祈求了千百次”，盼着枢密院能够运送补给。次日，他的请求有了回复：10 拉斯特的火药已经运往肯特郡补给他的船队，“其中半数走陆路，另一半走海路……均为长途运送”。但是因为伊丽莎白已经将位于多佛的“上帝之家”（Maison Dieu- God’s House）的寺院弃置不用多年，所以给西摩分舰队运送的补给就只能从罗切斯特和伦敦出发。多佛的治安官理查德·巴里（Richard Barry）被指派分管“在多佛……桑威奇及其他五港同盟的港口酿造供给专用的啤酒……以备皇家海军之用”。[17] 海战确实是烧钱的买卖。

8月第一周，埃塞克斯的4000民兵抵达泰晤士河入海口北岸的西蒂尔伯里。正如莱斯特向沃尔辛厄姆报告的那样：“地形……对于此地的海防极为有利。将士们个个跃跃欲试，我从未见过如此急切地想和敌人作战的队伍。”因为部队集结过于仓促，连口粮都没有携带，“所以等他们到达目的地后，既没有啤酒也没有面包招待他们。在行军20英里（32.19千米）之后，他们完全有理由感到泄气甚至哗变，但是他们没有怨言，而是众口一词……为了女王陛下和国家，吃再多的苦也无怨无悔”。对此，莱斯特颇为赞赏。他已经弄到了100吨（大桶盛装）啤酒来为他们接风，可惜还没有运到。因此，莱斯特推迟了另外一支来自伦敦的1000人部队的出发时间，“直到能为他们提供饮食”。莱斯特已经发现，饮食问题会成为部队的一大难题。

> 我花了整整两天的时间走访所有的集镇，拿着现钱号召酒肆饭庄的人一同前往将士们的宿营地，但是目前还没有一家抵达营区。[18]

翻阅国家危急存亡之际往来的信札和急件，人们可以清晰地感受到伊丽莎白政府正陷入无法控制的恐慌之中。沃尔辛厄姆的信写得“比以往任何时候都更加详细、琐碎”，他生怕听到霍华德舰队和西摩舰队出现逃兵的消息。这个超级间谍还截获了帕尔马“随时可能出动”的线报。线报称“为了蒙蔽敌人，帕尔马已经连续 7~8 天未见任何生人，也未视察任何部队和船队”。[19]

第一代汉斯顿勋爵、女王的表兄、宫务大臣亨利·凯里（Henry Carey）也被任命为陆军中将率部保护女王的个人安全。这支部队有步兵 2.9 万人、骑兵 4400 人，在伦敦西郊的圣詹姆士（St James）集结。各郡县将再征募 1 万人的增援部队于 8 月 7 日在伦敦集结。[20]

在国际上，荷兰议会答复了伊丽莎白的求援，派遣海军司令纳瓦拉的贾斯汀（Justin of Navarre）率领 24 艘船只封锁佛兰德斯海岸，以阻止帕尔马的军队横渡多佛海峡。同时，荷兰另派 32 艘船舶守在斯鲁伊斯（Sluys）附近海域，135 艘船在安特卫普附近巡航。但是荷兰部分领导人认为西班牙军队攻打的对象并非英格兰，而是荷兰与泽兰，因此将不再派遣拿骚的分舰队对英格兰进行增援。西摩此时身处肯特郡沿海锚地唐斯，他冷漠地注视着这一切：“荷兰人不会和我们站在一起……我认为荷兰人只会关心他们自己的海岸线，而不是我们的海岸线。”[21]

事实证明，苏格兰国王詹姆士六世是更加坚定的盟友，至少从他的回信上来看是这样的。他在给伊丽莎白的回信中称呼其为“夫人及最亲的教友”，承诺将尽己所能帮助这位 54 岁尚无子嗣的女王捍卫自己的国家。他自己曾经说过“时世险狭，方显朋友本色；大乱之世，共克时艰”的话，毫无疑问，他已经把自己当成了伊丽莎白的朋友和臣子，因此，部分愤世嫉俗者自然会认为他已经盯上了英格兰王位的继承权。

> 借此契机，我愿向您倾诉我一直以来对新教的热忱，及作为您的至亲及邻居对您和您的王国的爱戴。
>
> 我……在此愿意贡献我的军队、我本人及我所能调动的一切为您所用……与以任何形式、任何手段出现的敌人作战，以捍卫您的王国。我绝不会像外人一样袖手旁观，因为无论从何种意义上来说，我都形同您的亲生儿子，我们亲如一家。

他祈祷伊丽莎白能够“尽快”化解危机，祝她“赢得对上帝的敌人即西班牙侵略者的一场酣畅淋漓的胜利”。最后，詹姆士写道：“愿万能的上帝保佑您，我尊敬的夫人、最亲爱的教友，保佑您的臣民、您的财产和您的王国。”[22]

与此同时，8 月 1 日星期一下午，在英吉利海峡上、多塞特的波特兰半岛地峡（Portland Bill isthmus）西边，梅迪纳·西多尼亚在开完作战会议后改变了无敌舰队阵形。为防止西摩的分舰队和霍华德的分舰队形成前后夹击之势，他把无敌舰队分成两个战斗编队，将航速只有 2~3 节的大驳船守护在编队中央。而唐·阿隆索·德·莱瓦负责率领一支由 43 艘船组成的后位编队，其中还包括葡萄牙分舰队的“圣马特奥号”、“圣路易斯号”（*San Luis*）和“佛罗伦萨的圣弗朗西斯科号”，以及比斯开分舰队的“圣地亚哥号”（*Santiago*）和其他加利亚斯式战舰。公爵本人亲率 20 艘大帆船组成的编队并自任先锋。[23] 比斯开分舰队的大帆船昨日的逃跑行径时时刺痛着他的心，因此，公爵下达手谕严厉警告各舰船指挥官，凡临阵脱逃者立即处决。为了展现重视程度，他特派执法官与刽子手乘递送船同行传递手谕。[24]

霍华德致信沃尔辛厄姆，请求他立即派兵增援："请火速调派朴次茅斯港所有（能够出海的）船只增援。敌舰目前呈 Z 字形航行，必然会发现我们尾随其后。我们绝不能让他们轻易登陆。"[25]

晚上，风突然停了。双方舰队在多塞特沿岸的莱姆湾（Lyme Bay）附近滞航。8 月 2 日，星期二，凌晨 5 时许，东北风微醺，随即转为东南风。波特兰半岛正好横亘在港口前做掩护，自驶过埃迪斯通岩（Eddystone Rock）以来，无敌舰队终于第一次处于上风处。梅迪纳·西多尼亚下令雨果·德·蒙卡达率领那不勒斯分舰队的加利亚斯式战舰向领航的英国船只开炮。然而，或许是因为 24 小时前他攻击霍华德及其脱队的船只的请求被拒，雨果·德·蒙卡达愤而拒绝领命。抓住这个空隙，英格兰人的一列大帆船在海军大臣旗舰的引领下顶风驶来。他们从西班牙舰队的左翼即北舷近岸一侧穿插而过，占据了上风向。梅迪纳·西多尼亚亲率自己的分舰队截击英舰，迫使英舰掉头向东南方向驶去。马丁·德·贝滕多纳率领着黎凡特旗舰"雷加佐娜号"试图登上其中一艘英舰，很可能就是"皇家方舟号"，但是这艘英舰迅速转向离岸方向，并快速和敌舰拉开了距离。后面充当索科洛战斗编队的"圣马科斯号"（*San Marcos*）、"圣路易斯号"、"圣马特奥号"和"圣玛丽亚·罗塔·因科罗纳达号"等舰船对其紧追不舍。

9 时，双方在距波特兰 4 英里（6.44 千米）的海面上交火。交火迅速演变成一系列零星冲突，场面混乱。西班牙人多次试图强登英舰，而霍华德的舰船十分灵巧，西班牙人无从得手。此时，由马丁·弗罗比舍的1100吨级的“胜利者号”领衔，由5艘武装商船即“百夫长号”（*Centurion*）、“皇家商船号”“玛格丽特与约翰号”“玫瑰玛丽号”及“金狮号”组成的一支孤立无援的英军分舰队在波特兰半岛南端滞航。海军统帅梅迪纳·西多尼亚发现这是一次发动海上突袭的决定性机会，便命令蒙卡达的红黄相间的加利亚斯式战舰发动袭击。

事实上，弗罗比舍的舰船的情况并没有看上去那么糟糕。当然这也可能是他们故意布下的局。东南方有一处由鹅卵石与贝壳堆积成的，被称为“屠宰场”的沙坝。因其阻隔，形成了潮汐流，速度高达7节，其凶险可谓尽人皆知。英格兰人希望借助潮汐流直接穿过波特兰半岛的南端。蒙卡达的“圣洛伦佐号”为先锋，数艘加利亚斯式战舰紧随其后，舰首火炮朝着弗罗比舍的旗舰及一艘体积更小的英舰猛烈射击。那艘体积较小的英舰很快遇上了麻烦，舰上的船员都已经跳上了小船。西班牙的几艘加利亚斯式战舰桨帆齐用，但是他们越是想靠近“胜利者号”，却被推得越远。湍急的波特兰潮汐流几乎将他们掀翻。英格兰人的炮火直接打在西班牙操桨手身上，有的操桨手被炮弹击碎，其他操桨手软趴趴地坐着，桨片横七竖八错杂在一起。“祖尼加号”上的一名军官讲述了他们攻击弗罗比舍及其他两艘英舰的场景：

> 5艘敌人的大帆船向我军的加利亚斯式战舰发动攻击。彼时（1时）风向突变（转为南风），敌舰完全占据了上风处，

我舰转为下风处。

结果我舰无法实施增援。加利亚斯式战舰因此不得不掉头与无敌舰队会合。[26]

对于蒙卡达所处的困境，梅迪纳·西多尼亚没有丝毫怜悯。他派遣一名高级军官向蒙卡达“大声……喊话，丝毫不顾及他的面子与荣誉”。[27]夜间，他又派人给蒙卡达传话，言辞极其苛刻：“今天的仗打得好啊！如果加利亚斯式战舰能够如吾所愿奋勇当先，定能对敌造成重创！”[28]

风向再变，英格兰人再次占据了上风处，简直感激涕零。德雷克的分舰队对无敌舰队的后卫舰队即南侧翼发动了袭击。首先暴露在英格兰12艘船只的炮火之下的是里卡尔德的“圣胡安号”。在这猛烈的炮火下，西班牙的其他舰只纷纷逃走，里卡尔德气得牙根痒痒，认为他们缺乏相互协助精神，“毫无帮助其他舰船的意识，只想躲在其他舰船的后面。所以才会怯战，才会潜逃，才会相互撞在一起。让人羞于提及”。[29]最后，梅迪纳·西多尼亚下令14艘大型盖伦船前往搭救里卡尔德。

旋即，英格兰舰队又将主攻对象锁定在了梅迪纳·西多尼亚孤立无援的旗舰“圣马丁号”上，英军所有舰船如“皇家方舟号”“伊丽莎白乔纳斯号”（*Elizabeth Jonas*）、“莱斯特号”“金狮号”“胜利号”“玫瑰玛丽号”及“无畏号”一边疾驰而过，一边冲其开炮。据“圣萨尔瓦多号”圆底船上的卡尔德隆报告称，公爵旗舰的48门火炮至少还击了80发炮弹，而“敌舰至少发射了加农炮炮弹500发。有的炮弹击中了‘圣马丁号’的船体，有的击中索具，炸飞了旗杆及主桅杆的一条拉索”。[30]圣旗被炮火扯成两半，船体被实心弹击穿，破裂处开始进水。战损补救小组飞快地堵上了漏洞。“圣马丁号”被笼罩在炮火的浓烟之中长达一个小时之久，以至于无敌舰队其他舰只无从辨别“圣马丁号”的具体位置。当德雷克分舰队最后一艘舰疾驰而过时，西班牙舰只将他们的旗舰围得密不透风，抵挡英格兰人的密集攻势。“圣马丁号”这才终于平安地回归无敌舰队主力舰队。50 吨级舰载艇“愉悦号”船长威廉·考克斯（William Coxe）“在遭遇战激战正酣之际，面对强敌临危不惧，表现出了巨大的勇气”。霍华德报告称：“在一番激烈的冲突之后，面对这样的袭击，西班牙人不得不屈服，他们紧紧靠在一起抱团取暖，犹如任人宰杀的羔羊。”[31]

英格兰（可能是官方的）的一份档案是这样记述这次行动的：战斗“从早打到晚，英军英勇无比。海军大臣自始至终坚持在战斗最激烈的最前线”。

> 此次炮战之激烈程度及耗费之真金白银都是史无前例的。滑膛枪手和火绳枪手重伤者[32]不计其数，但炮声如此密集，以至于战场上几乎听不到甚至察觉不到枪声，双方在滑膛枪射程半程如此之近的距离之内鏖战，任何目睹此役者都会认为这是一场使用小当量火炮的热战。[33]

另一份档案出自一名水手之手。该水手曾在西班牙舰队待过两天，后在荷兰南部的新马斯河（New Maas）入河口的布里勒（Brielle）登陆。他也证实双方在波特兰附近海面进行了激烈的炮火较量。据他说，英格兰人向“每个西班牙人都发射了 4 枚炮弹”。他还称无敌舰队的几艘战舰燃起了熊熊烈火：“在他离开无敌舰队时，他不断回望无敌舰队，只看到熊熊的大火，似乎几艘都在燃烧。”这也是唯一一份记载西班牙舰只身陷火海的文献，但事实上，他所目睹的可能只是滚滚的炮火的浓烟，而他错以为着火了。[34]

下午 5 时许，霍华德下令撤出战斗。究其原因，可能依然是弹药不足。混战持续了近 12 小时，但坦白地说，双方都不敢说自己取得了胜利，也都没有遭受称得上失败的重创。对交战的双方来说，僵局仍将持续，这着实让人感到沮丧。双方互有战损，但均未给对方以致命的一击。英格兰人的炮火均是在西班牙人的重炮射程之外发射的。在如此远的距离下，很难对西班牙人实施有效打击。而西班牙人或许是因为缺乏经验，或许是过于激动或恐慌，在英格兰人尚未进入他们的火炮射程时，便早早开炮。西班牙方面约 50 人战死，60 人受伤；而英格兰方面则没有阵亡人数的记载。

从战术层面来说，梅迪纳·西多尼亚本可将英格兰海军大臣霍华德的舰队分而歼之，但是霍华德的分舰队快速驶向海峡中央，迅速摆脱了战斗，从而使梅迪纳·西多尼亚追击霍华德所获取的优势白白被浪费掉了。如果梅迪纳·西多尼亚集中自己先头部队的火力，全力打击在他看来已经搁浅的弗罗比舍的 6 艘舰船的话，霍华德就不得不返回并按照西班牙的打法和节奏来打这一仗——或者不得不放弃弗罗比舍，使弗罗比舍陷入极度危险的境地。而就霍华德方面的战术来看，英格兰舰队完全呈碎片化，3 支分舰队各自为战，缺乏任何协同作战，没有考虑战场整体的瞬息万变。[35]

现在无敌舰队又重新起航，艰难而缓慢地向东驶去。霍华德则派“巴尔克船和舰载艇上岸运送加农炮弹和火药”。[36]新的补给分别从莱姆、韦茅斯和普利茅斯港起程。事实上，伊丽莎白政府所能提供的补给难以支撑任何新的战役。如果没有从俘获的“罗萨里奥夫人号”和“圣萨尔瓦多号”缴获的220箱火药和3600发实心弹的话，霍华德的很多火炮就将哑火。[37]后来，约翰·霍金斯在致沃尔辛厄姆信中这样写道：“我军和敌军进行了激烈的长时间交火，消耗了大量的弹药和火药。因此，除非物资短缺的现状有所缓解，否则不宜再与敌军接触。”[38]

是夜（8月1日），梅迪纳·西多尼亚在给蒙卡达的公文中强调，“目前第一要务是继续航行。他们（英格兰舰队）无意与我交战，其目的在于拖延我们的进程”。根据这一精神，海军统帅对无敌舰队的阵形做了小规模调整。前锋和后翼仅留下少量舰只，分别由里卡尔德和瓦莱率领。这和数周前唐·佩德罗·德·巴尔德斯在科伦纳作战会议上的提议如出一辙。想到当天发生的战事，无敌舰队总司令在公文结尾处不无讥讽地写道：“兹命你的旗舰与其他两艘加利亚斯式战舰编入后卫舰队……佩鲁齐奥（Peruchio）船长及加利亚斯式战舰‘帕特罗纳号’（*Patrona*，显然是‘祖尼加号’更名而来）与我一道编入先遣舰队。你的职责就是使3艘加利亚斯式战舰保持队形，如无进一步命令，你应随时跟进前方舰队。”[39]既然梅迪纳·西多尼亚依然时刻不忘国王的命令，他其实应该加上一句：“我已将此事业奉为上帝的事业……振作精神，做好自己的分内之事！”

在进入英吉利海峡之时，梅迪纳·西多尼亚就已同意在怀特岛稍作停留，以等待帕尔马进一步行动的消息。因此，梅迪纳·西多尼亚肯定曾考虑过在斯彼特海德海峡（Spithead）或者索伦特（Solent）海峡（怀特岛与英国内陆之间的一片避风水域）某处安全地带下锚。[40]然而，令梅迪纳·西多尼亚担心的是，他依然没有收到帕尔马的任何消息，因此他对在肯特郡沿岸的马盖德等待入侵英格兰的驳船的安排越发不安。他推断，如果在那里等待，西班牙无敌舰队必将受到英格兰舰队的东西夹击，沦为活靶子。倒不如提前下锚，依托斯彼特海德海峡或索伦特的地理优势，做好防御工事——他的领航员曾告诉过他，此地是双潮汐水域，高水位时段长。他可以由此在怀特岛北部拿下或建立一个滩头堡，从而有利于淡水和食物的补给。[41]

8月3日，星期三，早晨。梅迪纳·西多尼亚又遇到了新的麻烦。昨天夜间，650吨级的驳船分舰队的旗舰“伟大的格里芬号”在无敌舰队后翼靠海一侧掉队。日出时分，尾随无敌舰队的英格兰船队中的德雷克自然首先发现了它。这名英军副将高悬风帆，充分利用西南偏南风迎头赶上，朝着在风浪中颠簸的目标，舷炮齐发。第二波炮击的时候，“复仇者号”已经赶了上来，又是一阵滑膛枪扫射。“伟大的格里芬号”承受了至少40发加农炮炮弹的袭击，甲板上约60人遇难，70余人受伤。据弃船逃生的佛兰德斯人讲述，当时的情况十分诡异，德雷克的炮火炸死的都是随无敌舰队出征的英格兰和荷兰流亡者。[42]

里卡尔德的“圣胡安号”再次和无敌舰队的旗舰率先冲到现场。双方展开了密集火力攻击，共发射炮弹5000发以上。蒙卡达的加利亚斯式战舰的舰尾炮击中了“复仇者号”的主桅杆（下斜桁主桅帆被直接打下来），另一艘姊妹舰将“伟大的格里芬号”拖离现场。

午后，微风骤停。双方舰船只能顺水缓缓向东漂流，穿过了怀特岛西端的尼德尔斯（Needles）的白垩纪岩层地带。[43]

霍华德很清楚，如果西班牙人占领怀特岛或者在此海域下锚，将会给英格兰带来巨大威胁。他再次在“皇家方舟号”上召开作战会议，讨论封锁索伦特海峡入口的问题。霍华德对舰队阵形重新进行了战术调整。舰队划分为 4 支独立分舰队，各有舰船 25 艘。分别由德雷克、弗罗比舍、霍金斯和霍华德自己指挥。此外，他下令每支分舰队派出 6 艘武装商船，负责“在夜间同一时段内，在不同地点对西班牙舰队进行袭扰，使得他们疲于应对”。[44] 因双方舰队都因无风而滞航，当晚的行动暂时不必执行。

8 月 4 日，星期四，依然没有起风。双方舰队继续漂流，航速接近桨船而远逊于帆船。这一天是圣多米尼克节（St Dominic's Day），西班牙人认为这一天是黄道吉日，因为这个节日纪念的正是梅迪纳 · 西多尼亚的守护神。

尼德尔斯和大陆之间异常狭窄，浅滩上的潮水激流（潮汐流）更是压缩了航行空间，所以，人们一般都会认为无敌舰队不会自西向东驶入索伦特海峡。况且，沿线还有一处由陆地延伸至海峡的长长的、由鹅卵石组成的钩状砾石咀，走索伦特海峡就意味着无敌舰队将完全暴露在砾石咀上的赫斯特城堡（Hurst Castle）的炮火射程之内。[45] 如果西班牙人想在索伦特下锚，他们将不得不首先经过怀特岛南部的悬崖峭壁，经由圣海伦浅水区（St Helen's

Roads），由东段进入。[46] 而现在，无论是时间还是潮汐都对他们极端不利，因为只有在早上 7 点到正午之间的时间，借着涨潮，舰船才能进入索伦特海峡。在其他时间段，潮水都会对无敌舰队相当不利。[47]

梅迪纳·西多尼亚致信帕尔马，告诉他自己已经改变了作战计划：他现在要掉头前往佛兰德斯沿海而非继续在马盖特附近的北福尔兰角（North Foreland）等待与他会合。信中还提到了最近他和英格兰舰队之间连续不断的冲突：

海上没有一丝风，舰队行驶十分缓慢。我所能做的就是赶往怀特岛。

敌舰连续多日不断对我进行炮轰，战斗往往持续一整天，我军常常不得不掉头应战。

我已尽我所能，试图与敌人展开接舷战。然而敌人异常狡猾，坚决避免与我方接近。

我已经多次采用诱敌深入的策略。我舰甚至已经进入敌舰阵形的中央，试图引诱敌舰中的一艘船与我方展开肉搏战，但是均未成功。敌舰轻快，而我舰笨拙，况且敌人人数众多，物资、弹药储备也极为丰富。

无敌舰队的弹药消耗量也很大，已经所剩不多，因此梅迪纳·西多尼亚要求帕尔马："尽快运送火炮、弹药支援。[48] 切勿耽搁！！切！切！"他强调：

做好准备，随时准备出海与我会合，方才是明智之举。若上帝垂怜，风势助我，我希望能尽快抵达佛兰德斯沿岸。[49]

现在，霍华德希望能驱赶着西班牙人，迫使他们绕到苏塞克斯西海岸最西端的塞西尔角（Selsey Bill），这样的话，西班牙人在索伦特海峡下锚的希望就更加渺茫了。无敌舰队当然不会任由霍华德摆布。霍华德还希望敌舰部分舰船在半岛附近低洼的奥厄斯礁（Owers reefs）与米可森礁（Mixon reefs）处触礁。

这天（8 月 5 日）一早，无敌舰队后方又出现了两个掉队者，分别是葡萄牙分舰队的副旗舰“葡萄牙的圣路易斯号”（*San Luis de Portugal*）和安达卢西亚分舰队的“杜奎斯那·圣安娜号”（*Duquesa Santa Ana*）。它们到底是真的掉队了还是西班牙人精心设下的另一个局的诱饵呢？西风轻吹，风力很小。离这两个掉队者最近的是约翰·霍金斯率领的英格兰分舰队，因为航速过低，他只得放下小船来拖动他的旗舰“胜利号”与这两艘西班牙舰只作战。正在此时，蒙卡达的新编入后卫队的 3 艘舰船“圣洛伦佐号”“那不勒斯号”和“赫罗纳号”突然现身。巨桨在平静的海面上掀起了巨大的浪花，速度飞快。其中一艘拖曳着“圣玛丽亚·罗塔·因科罗纳达号”以增强火力。精心布下的伏击战宛如怪兽张着血盆大口，仿佛要将一切吞噬。

托马斯·霍华德勋爵的“金狮号”，海军大臣查尔斯·霍华德的“皇家方舟号”都因为海上无风而失去了动力，不得不求助于补给船的拖索慢慢向霍金斯的左舷一侧驶来。他们边行驶边向 3 艘加利亚斯式战舰开火。英格兰人的炮火使第一艘加利亚斯式战舰倾斜，第二艘船首的金属撞角被损坏，第三艘舰的舰尾防风灯被打掉。英国官方史料的记载可谓栩栩如生：

> 海军大臣和托马斯·霍华德勋爵与西班牙舰队的3艘加利亚斯式战舰和一艘阿马多铁甲船[50]进行了长时间的博弈，并将它们一一打败。其中一艘……被拖走，另一艘被“皇家方舟号”打碎了防风灯后逃之夭夭，还有一艘被打中了船鼻。
>
> 因风平浪静，双方舰队的其他船只都已滞航，只能远远地观摩“皇家方舟号”与“金狮号”对加利亚斯式战舰拳打脚踢。[51]

据说因为桨船在战斗中被狂虐，“加利亚斯式战舰此后便再也没有在战斗中出现”。然而事实上这些船只受到的损伤并没有那么严重，因为它们还拖走了那两艘充当诱饵的大帆船。

9时许，双方舰队来到怀特岛南端的敦诺斯角（Dunnose Point）。弗罗比舍的船队离红黄色砂岩组成的峭壁更近，航速为1节，航向正东，他希望自己能够从无敌舰队的北侧翼赶超无敌舰队。西南风微微吹起，在无敌舰队的尾翼，霍华德及其率领的分舰队仍在与“圣马丁号”鏖战。梅迪纳·西多尼亚记述了这场战役：

> 敌舰对我之追击比昨日更甚。他们从下层甲板连发重炮，炮火击断了我舰主桅杆吊索。我多名士兵殉国。
>
> “圣路易斯号”赶来助战。同时，里卡尔德仍在与敌相持，迭戈·弗洛雷斯所率分舰队的“（保蒂斯塔的）圣胡安号”也

与敌舰战作一团。激流漂荡，奥肯多的舰只无法与我的旗舰并排作战，只能挡在我的前面……[52]

弗罗比舍与“圣马丁号”及护卫“圣马丁号”的加利亚斯式战舰“圣洛伦佐号”激战正酣，此时，风竟然停了。弗罗比舍只好暂时降下舰旗，并发射了3枚求救信号弹。弗罗比舍的分舰队释放了11艘小船，这些小船冒着无敌舰队北舷密集的炮火将弗洛比舍的旗舰拖到安全水域。霍华德两艘大型帆船“熊号”与“伊丽莎白·乔纳斯号”果断出动，以迟滞西班牙人的出击。这时，突然又起风了。“胜利者号”风满帆悬，迎头赶上，弗罗比舍终于撤出，与其分舰队其他舰船兵合一处。卡尔德隆描述了自己迅速出击、追击敌舰，而“盖伦船‘圣胡安号’与另一艘快船——无敌舰队中航速最快的舰只——却似乎……纹丝不动”的情形。[53]

梅迪纳·西多尼亚再次遭遇了战术失败。同时，他开始担心不断萎缩的弹药存量。因此，他发射了一枚信号弹，重新将无敌舰队编组成“圆盾防守阵形”（英格兰人的叫法），继续向东航行。里卡尔德对“胜利者号”一路追击，却还是让其逃脱了。对此里卡尔德勃然大怒。然而，战斗就这样戛然而止了。双方都没有取得决定性胜利：

我们不断……骚扰敌军，离胜利越来越近。而此时旗舰却发射信号弹令我们撤出战斗，以便继续前进。

在我看来，我们不应该和旗舰一样就这么心甘情愿地放弃天赐良机。我们应乘胜追击，直到敌舰搁浅或者将敌舰撵回港口。

在怀特岛附近下锚以等候帕尔马亲王的消息这个决定也相当不明智，我们应该再度起航……因为此处才是英吉利海峡最佳下锚地。[54]

无敌舰队缓慢地向前挪动，小心翼翼地绕过塞西尔角（Selsey Bill）东南6英里（10.16千米）处危险重重的奥厄斯礁。在这天的战斗中又有50名西班牙人战死，70人受伤。自从进入英吉利海峡以来，已经经历了3次战役。据官方记载显示，西班牙舰队战死者凡167人，伤者241人。考虑到“圣萨尔瓦多号”的爆炸事件，这个数字肯定是被大大低估了。数值之所以这么低，很可能是试图掩盖这些事件。但是更重要也更讽刺的是，这样做才能领到那些战死沙场却仍活在名单上的士兵的薪水。在当时，这种做法在双方舰队中都相当普遍。伯利就曾冷漠地写道：“人死了，薪水还是要照领的。”而英军方面的死伤数字和西班牙人一样，同样存在瞒报现象。“无双号”（*Nonpareil*）舰长托马斯·芬纳在给沃尔辛厄姆的信中这样写道：

上帝保佑女王的军队，在如此密集的炮火之下，我们的伤亡人数低得让人难以置信。

然而千真万确，我们的军队的损失还不到60人。

上帝让我们做女王的忠实的臣民，这才是对耶稣真心实意的感谢。[55]

怀特岛的防御部队人数不多，他们在悬崖峭壁上远远地等待，焦虑地观察着战役的进展，希望自己能够击退任何来犯之敌。怀特岛的战略防御地位极其重要，但怀特岛总督乔治·凯里爵士手下却只有3000人。他不知道敌人真的入侵怀特岛那天他该怎么办。他记录了自己目睹的一切，并将其呈递给伦敦。他的记录可以和此前他人对此战激烈程度的印象相互佐证。

> 今晨，双方舰队在我岛以南6里格处大战。[56]战斗从5时一直打到10时，枪林弹雨，炮声震天。从岛上看，似乎可以判断在这次武装冲突中双方使用了小口径非大口径火炮。谢天谢地，我们只有2名士兵受伤。
>
> 据舰上得到消息，亨利·西摩勋爵难敌敦刻尔克人的攻击，锡利群岛已被法军或西班牙人占领。

（事实上这些传言根本就是谣言：西摩并没有遭到敦刻尔克的西班牙人军队的袭击，锡利群岛也没有被占领。）下午3时，交战双方的舰队驶离怀特岛海域。[57]

双方继续战斗，这天又发射了4000发炮弹。霍华德和西班牙人一样，都面临着弹药紧缺的问题。

> 因为弹药消耗量惊人，海军大臣认为，在敌人抵近多佛之前继续打击敌人并非上策。到多佛之后，敌舰队……会与我方亨利·西摩勋爵及威廉·温特爵士的舰队相遇。届时，我方舰队之势已大为增强，与此同时还可从岸上获得更多更好

的军火支援。

沃尔辛厄姆在答复中同意安排“运送23拉斯特的火药及相应数量的子弹”。[58]

同一天，枢密院致信霍华德同意增调更多滑膛枪枪手。

> 阁下，请知悉，我已（下令）调拨肯特郡所有的物资供应，并派遣一大批精挑细选的、最优秀的、受过训练的士卒……运抵沿海……可使阁下和亨利·西摩勋爵舰队的人员翻倍。[59]

现在，在霍华德的战术规划中，近舷战已经成了首选。

而在海峡的最东段，西摩也在为自己分舰队力量之薄弱激愤不已。他致信枢密院：“此外，各位阁下须清楚，你们曾答应将我舰队舰船数量增加到78艘，当时我们的数量为36艘，而现在呢，还不到20艘。”当然，除了舰载艇外，王室的舰船只有8艘。“我之所以反复强调这一点，是因为在此前的书信中，由于公务太多，日理万机，把这么一件重要的事情给忘了。”[60] 西摩的牢骚起了作用，8艘受雇伦敦武装商船在尼古拉斯·戈格斯（Nicholas Gorges）的率领下出发前往这边“狭长的海域”增援西摩。这些武装商船包括“苏珊安妮帕内尔号”（*Susan Anne Parnell*）、“所罗门号”（*Solomon*）、“乔治·博纳旺蒂尔号”（*George Bonaventure*）、“安妮·弗朗西斯号”（*Anne Frances*）、“葡萄园号”（*Vineyard*）、“紫罗兰号”（*Violet*）、“塞缪尔号”（*Samuel*）及“简·博纳旺蒂尔号”（*Jane Bonaventure*）。

西摩的忧虑并非没有道理。爱德华·诺里斯爵士（Sir Edward Norris）从奥斯坦德发来通报，通报称帕尔马“已经在敦刻尔克翘首盼望月圆之夜，好借着大潮出海。他们动员的所有骑兵已经在赶往敦刻尔克的路上了。现在他们开始越来越频繁地提到直捣英格兰这个话题”。[61]

在伦敦，据说被监禁在伦敦塔的阿伦德尔伯爵菲利普·霍华德已经开始秘密准备弥撒仪式，以庆祝无敌舰队大获全胜。该情报是“罗萨里奥夫人号”上一名被俘的名叫约翰·斯诺登（John Snowden）的叛国者因惧怕被送上泰伯恩行刑场的绞刑架而供认的。他将自己从菲利普·霍华德那里偷来的一本做弥撒用的祈祷书上交给沃尔辛厄姆，以示改过自新、效忠女王。据说上了年纪的天主教神父威廉·本奈特（William Bennet）招供，弥撒仪式将改在伍德街监狱（Counter in Wood Street，伦敦城的一个治安监狱）举行，而他本人也在那里接受了讯问。威廉·本奈特的供述状将永受惩罚与诅咒，这份供述由其本人“亲手所写”，得来相当不易：

阿伦德尔伯爵曾说：“让我们祈祷吧。我们现在比以往任何时候都应该祈祷。”

承主恩典，天主教信仰枝繁叶茂。我们获得解救的时机已经近了。

此外，伯爵还说如果天主教再度兴起，就任命我为（圣保罗天主教大教堂）主教。

我还记得伯爵在听说发现了西班牙舰队的踪迹时的反应。

他要求我当着托马斯·杰勒德爵士[62]的面为圣灵唱诵弥撒，请上帝赐福，保佑西班牙人旗开得胜。

我当着阿伦德尔伯爵的面做了弥撒，他本人也做了弥撒，唱诵的内容一致。当时，托马斯·杰勒德及伯爵的仆人哈蒙德（Hammond）[63]也在场。[64]

托马斯·杰勒德也扛不住，做了如下供述：

（阿伦德尔伯爵）告诉我们西班牙舰队已经进入了英吉利海峡。无敌舰队的桅杆密密匝匝，如大雾笼罩一般。而我们的舰队根本不是西班牙人的对手……

对于西班牙人的到来，女王和枢密院都吓破了胆。而后他忧郁地说："愿上帝保佑我的弟弟托马斯（他主动要求到英格兰舰队服役）。我希望能够永远……不受限制、自由自在地做弥撒，我希望天主教信仰能再度焕发蓬勃的生机。"

阿伦德尔还要求囚禁在伦敦塔的其他天主教神父，"每天24小时不间断地为天主教的伟大事业不断取得进步而祈祷"。[65]

在提审阿伦德尔伯爵并以上述指控质问他时，伯爵的冷静沉着激怒了汉斯顿勋爵。汉斯顿破口大骂阿伦德尔是"禽兽不如的叛国者"。他还扬言自己"实在忍不了4天后再处以他绞刑，恨不得现在就绞死他"。不出所料，阿伦德尔最终将面临叛国罪的指控。[66]

然而，并非所有的天主教贵族都这么有血性。著名的天主教神父第一代蒙塔古子爵（First Viscount Montague）安东尼·布朗（Anthony Browne）已经62岁了。伊丽莎白登上王位后就把他踢出了枢密院。1585年，面临外敌入侵的威胁，他又被剥夺了苏塞克斯治安官职位。而他的一个弟弟当时正在无敌舰队服役。但到了8月2日，当布朗听说朴次茅斯的波斯陶山上的灯塔被炮火击中，他便自告奋勇要和仆从一道保卫女王。他抱怨称“别人都收到了邀请来保卫女王陛下的安全，唯独自己没有”。[67]他之所以自愿与西班牙人作战，显然是英格兰政府强大的宣传攻势发挥了作用。

让我们的视线重新回到英吉利海峡。8月5日，霍华德舰队靠岸补给了弹药。此时双方舰队正在苏塞克斯沿岸滞航，都在加紧船只修补作业。当晚起风了，海军大臣再次召集军事会议通过决议，决定在抵达多佛海峡之前不再主动对无敌舰队发动攻击。借此机会，霍华德利用特权代行女王职权封霍金斯、弗罗比舍、托马斯·霍华德勋爵、谢菲尔德勋爵及“无畏号”80岁的老舰长乔治·比斯顿（George Beeston）为骑士。

晚上风继续吹。借着风势，西班牙舰队加速行驶。第二天上午（8月6日）10时已经能够远远看到法国海岸线了。梅迪纳·西多尼亚的领航员告诫他，如果不想被强大的洋流裹挟到北海（North Sea）去，就必须在加来近岸锚地下锚。下午4时，西班牙舰队在法国加来港外4英里（6.44千米）处下锚。此处距离敦刻尔克只有24英里（38.62千米），而敦刻尔克正是帕尔马部队准备发起对英格兰进攻的港口之一。尾随其后的英国舰队在惠特桑德湾（Whitsand Bay）下锚。双方舰队之间的距离正好在加农炮射程之外。数小时后，西摩率领的35艘舰船赶到。背风处是一湾浅水，到处都是沙洲，即“佛兰德斯沙洲”。荷兰人故意撤掉了浮标和航行标志，使得这片水域越发危险重重。[68]

尽管法国宣称中立，但是“圣马丁号”和加来地方政府驻地加来城堡之间往来频繁。加来城堡的主人德古尔当（de Gourdan）在对英战争中失去了一条腿，所以梅迪纳·西多尼亚的特使埃雷迪亚（Heredia）船长在拜会完德古尔当回来时，带来了德古尔当“亲切友好的、愿意效劳的承诺”。海军统帅梅迪纳·西多尼亚再次致信帕尔马，向他通报自己已经抵达加来。同时信中难以掩饰其对驻在佛兰德斯的帕尔马长期杳无音信的诧异。

> 我一直在给您写信……向您通报我和无敌舰队的行踪。然而我不仅一封回信都没有收到，甚至连您是否收到我的信都不敢确定……
>
> 您可以想象我是多么焦虑。我多么希望有人能够帮我解疑释惑，信差是否真的安全抵达你处？现在，我将再次派出快艇与你联络。

现在敌人依然在梅迪纳·西多尼亚的侧翼，“能够打到西班牙舰队，而西班牙舰队所处的位置却无法给敌人带来多大打击”。在这湾浅浅的水域，他需要帕尔马给他派 40~50 艘小船来增强无敌舰队的防御。等再次起程时，“我们可以一同为无敌舰队寻觅更加安全的避风港”。[69]

从参加布尔堡和谈（Bourbourg peace talks）的英格兰代表团的反馈可知，关于西班牙舰队行踪的报告依然没有送到身在佛兰德斯的帕尔马的案头。当天下午 3 时，英格兰代表团收到了 6 天前双方舰队在普利茅斯第一次交战的消息。英格兰代表在慷慨陈词抗议一番之后打点行李愤然而去。[70] 帕尔马则对这一消息不屑一顾。他起初判断这只不过是英格兰人的谈判策略而已。“我努力引导他们继续和谈。即便英方提到无敌舰队，我也不为所动，打算继续谈判。”[71]

第二天（8 月 7 日），梅迪纳 · 西多尼亚终于收到了帕尔马的回复。唐 · 罗德里戈 · 特略的舰载艇被无敌舰队的几艘战舰误判为英格兰船只而遭到炮轰。在亮明旗帜之后，方才传递了书信。帕尔马的回信写于 3 天前。信的内容把梅迪纳 · 西多尼亚惊得目瞪口呆，一时无语。

帕尔马竟然还没做好起航的准备！他竟然连“哪怕一桶啤酒、一名士兵”都没有安排上船。所以，必须等到 8 月 12 日下星期五，他才能和无敌舰队会合。

更糟的是，梅迪纳 · 西多尼亚接下来再次收到的帕尔马来信竟称，全体士兵和补给装船可能需要 15 天时间。[72]

帕尔马之所以耽搁如此之久是因为他试图蒙蔽时刻监视其一举一动的荷兰人。他命令部队远离预定的出发港来迷惑敌人，使敌人相信西班牙人打算攻打的是荷兰和泽兰而非英格兰。为不时迷惑敌人，使其搞不清楚自己要从哪个港口出发，帕尔马将入侵英格兰的舰队分派到斯勒伊斯、敦刻尔克、尼厄波尔（Nieuport）及安特卫普等地的多处港口。停靠在安特卫普港的有大驳船 73 艘，帕尔马的旗舰，以及一艘就在当地建造的大型单甲板桨帆船。先遣队甚至还开凿了一条连接斯勒伊斯港和尼厄波尔港的新运河。

运河宽 10 码（9.14 米），可供平底驳船通行。尼厄波尔港停靠着 173 艘驳船、7 艘武装商船。这些船只将在敦刻尔克与那里的 100 艘运输船会合后一道穿越英吉利海峡。[73] 帕尔马部署在敦刻尔克的兵力共计 1.53 万人，尼厄波尔港兵力 5000 人，还有其他作战单位也在向港口方向集结。

在给腓力二世的一封急件中，帕尔马表示，自己的船

> 状态很好，应该能够发挥应有的作用，即运送士兵顺利渡过海峡。只是水手数量不够……
>
> 船体都很小，士兵在上面不能待太长时间。没有腾挪的空间，久在船上就会生病、皮肤腐烂，最后死掉。
>
> 船只低矮，体积不大。士兵可在极短时间内完成登船。我有信心不会误了陛下的千秋伟业。

梅迪纳·西多尼亚在信中告诉帕尔马："在必要之时，没有安全可言，而大风肆虐依旧，看不到减弱的势头。即便海面上没有敌舰（阻拦），如果风速太大，舰船仍然难以驶出港口。但是我相信，上帝会帮助我们，希望不久之后我就能给您送来我们期望已久的好消息。"得知梅迪纳·西多尼亚所处的位置时，帕尔马面色凝重。[74]

8 月 7 日，星期日。淡水、食物装船（有些船员趁机开溜），梅迪纳·西多尼亚派督军唐·豪尔赫·曼里克前往帕尔马处，向其陈述自己目前的窘境。他说自己目前相当危险，

> 因缺乏避风港，水流湍急，目前我不得不消除不利的天气因素。因此我恳求您尽量在春潮结束前出发。大家一致认为，目前无敌舰队只能以静待变，绝不可擅自行动。

然而，他是不可能在加来长期下锚的。因为西班牙舰只体积庞大，他们也“不可能继续巡航”，这使得他们一直处于敌人的下风处……因此无论怎么努力，也不可能给英格兰舰队造成任何伤害。之后，唐·豪尔赫·曼里克和帕尔马因为准备不充分而大吵一架。若不是因为边上的人拦着，曼里克早就把帕尔马狂殴一顿了。[75]

在2500码（2286米）开外，霍华德正和他的指挥官们在“皇家方舟号”的后舱室商谈下一步的战术规划。目前，最迫切的问题依然是如何干扰、分散和打乱密集防守的如铁桶般水泄不通的无敌舰队。唯其如此，他们才能以数量优势一条船一条船地逐个消灭无敌舰队。也只有这样，才能将部分敌舰引入北部的滩涂地带将他们干掉。

对于英格兰人来说，最有效的方式莫过于利用火攻船。当地地形最适合这种袭击方式：每到晚上，偶然出现的春潮，西风劲吹，都可以确保火攻船直插因下锚而无计可施的无敌舰队的心脏。这个计策不仅能够摧毁敌舰，还能直接打击敌人的士气。1585年4月围攻荷兰城时意大利人费德里戈·詹贝利放的那把“安特卫普地狱之火”至今仍让西班牙人心有余悸。当时，费德里戈·詹贝利给船只装上了炸药，火攻船直接冲向了西班牙人的浮桥。西班牙800余人毙命，尸骸在水面上蔓延1平方英里（259亩）。西班牙人知道詹贝利现在就在英格兰，但他们不知道的是，此人目前正在泰晤士河河口修筑防御浮栅。

一艘舰载艇被派往多佛和正在此地督造火攻船的沃尔辛厄姆联络。但风向和潮汐等有利因素稍纵即逝，因此霍华德下令将其舰队中排水量在90~200吨的8艘船改装成火攻船。德雷克和霍金斯随即分别献出了他们的“托马斯德雷克号”（*Thomas Drake*）与“巴尔克·邦德号”（*Barque Bond*）。其他船只——亨利·怀特的巴尔克船“塔尔伯特号”、威廉·哈特（William Hart）的“霍普·霍金斯号”（*Hope Hawkins*）、“贝尔·扬号”（*Bear Yonge*）、“洛维托夫特的伊丽莎白号”（*Elizabeth of Lowestoft*）及一艘“应急船”，均为武装商船，共同参加行动。最后一艘主动要求改装成火攻船的是南安普敦的“天使号”（*Angel*）。这些船只均被安排在舰队的中后方以掩人耳目。改装工作随即展开。船上塞满了沥青、破旧衣物、干原木等易燃物，桅杆和索具都浇上了柏油。

梅迪纳·西多尼亚仿佛是意识到了危险的苗头。下午，他安排多艘舰载艇充当外围屏障。这些舰载艇都配备了抓锚钩，如遇火攻船则可将其拖离。舰队其他船只脱锚离港，确保毫发无伤。

当日夜间，帕尔马的士兵开始在敦刻尔克和尼厄波尔港登船。[76]

梅迪纳·西多尼亚注意到，在自己驻泊的加来附近海面上，英格兰舰船上灯火忽上忽下。他不禁担心“地狱群魔”会全体出动，于是下令对敌舰严密监视。

晚11时，潮汐来了。午夜刚过，英格兰人就发动了他们的袭击行动——火攻船上的萨克尔炮（由火焰热度驱动发射）双炮齐发，以营造恐慌氛围。火攻船由德文郡人“贝尔·扬号”船长约翰·扬（John Young）担任指挥，康沃尔郡人普劳斯（Prouse）船长任副手。他们和自愿参与的那些骨瘦如柴的船员操纵船队排成完美的一排向目标冲去。约 15 分钟后，就在即将撞上第一艘西班牙舰船时英格兰人点燃了火攻船。英格兰人跳上火攻船船尾拖曳的 5 条小船。因为火药奇缺，所以火攻船上并没有炸弹。

两艘火攻船燃着熊熊烈焰，火舌舔舐着漆黑的夜空，不料却被梅迪纳·西多尼亚的舰载艇拖入浅水区。但又有 6 艘火攻船借着强劲的西风直冲过来，船上喷射着炙热的、血红色的实心弹。真是怕什么来什么，恐惧情绪如瘟疫般在西班牙舰队中迅速蔓延。

海军副司令威廉·温特在“先锋号”上乐滋滋地观察这次进攻，脸上露出满意的笑容：

> 这次火攻给西班牙舰队造成了极大的恐慌，他们拼命地去接索具和锚具。由于事发过于突然，西班牙人乱成一团。我们可以看到，有两团大火在熊熊燃烧，火焰冲天，而那显然不是我们的火攻船。[77]

卡尔德隆被警报声惊醒：

> 敌舰顺流而来，风正帆悬，风向、潮水对他们都有利。甲板上堆着乱七八糟的东西，带着火焰向我们冲了过来。船头燃着熊熊烈火，主帆与前帆都被风吹得胀鼓鼓的，船舵啪啪作响。公爵旗舰旁的一艘加利亚斯式战舰打了一发炮弹提醒我们抓紧避开敌人的火攻船。而后公爵下令我们砍断索具，无敌舰队开始朝北行驶。[78]

事实上，下令砍断索具的正是迭戈·弗洛雷斯·巴尔德斯。他的表现和无敌舰队中其他人并无二致，同样是惊慌失措。

梅迪纳·西多尼亚看到6艘火攻船穿透了西班牙人的防御屏障，担心火攻船上会有“火器或地雷”，便下令“圣马丁号”脱锚。他隐隐觉得此事时机不太对头，于是派阿斯科利亲王（Prince of Asculi）[79]乘坐一艘三桅小帆船前去查看是否所有的船只都已浮锚起航，同时召集船长们召开作战会议。而“圣胡安号”上的里卡尔德却拒绝参加作战会议。他大声嚷嚷，称“不能离开自己的舰船半步，况且他认为自己的建议（终归）也没什么用”。“我说话也不算数啊。”亲王回应道。[80]

现场乱作一团，西班牙舰船顶风逃窜，散落在加来港近岸锚地附近的海面上。有的舰船顺流北漂，漂到了佛兰德斯沿岸的沙洲地带。

蒙卡达的旗舰“圣洛伦佐号”割缆绳时行动迟缓，一起航又撞上了姊妹舰“赫罗纳号”加利亚斯式战舰。在后退时，其艉舷又撞上了“圣玛丽亚·罗塔·因科罗纳达号”。蒙卡达的旗舰后甲板被撞碎，船舵也与“那不勒斯号”的锚索搅在一起被损坏，舵盘完全失灵了。火攻船越来越近了，甲板上的士兵纷纷拽着绳子，想逃到旁边的“圣玛丽亚·罗塔·因科罗纳达号”上去。“圣洛伦佐号”上被认定有罪的操桨手们“开始叫苦连天，敲打着锁链，希望跳入大海逃生，他们宁愿被淹死也不愿意被烧死”。[81]蒙卡达尝试维修舵盘却没能成功。法国人的两艘舰载艇劝蒙卡达坐拖船离开，却遭到了他的拒绝。或许在他看来，法国人开的价高得过于离谱了吧。

这个加利亚斯式战舰分舰队指挥官最后付出了更昂贵的代价。“圣洛伦佐号”最后在加来港入口处的沙洲搁浅。“圣洛伦佐号”甲板倾斜角越来越大，潮水退去，甲板上的舰炮角度对着天空。桨片横七竖八，一片狼藉。霍华德分派 11 艘小船和一艘舰载艇，以及 100 人的登船小组前去打扫战利品。双方随即发生激烈的交战。“圣洛伦佐号”上的意大利籍水手和炮手首先逃到了岸边，最后只有不到 50 名船员“与船长一道战至最后一刻”。蒙卡达赤手空拳对付锋利的鱼叉、刀剑与火炮，最后被一枪正中眉心，倒在了血泊之中。一直在寻找打劫机会的“玛格丽特与约翰号”也参与了战斗，最终拿下了这艘急于参战，准备大开杀戒却最终触礁的加利亚斯式战舰。

以英格兰人的性格，他们当然马不停蹄地开始抢劫这艘加利亚斯式战舰，却遇到了法国军队的干扰。法国人是从加来赶来帮助“圣洛伦佐号”的。因为担心近在眼前的战利品得而复失，英格兰人和前来解救西班牙人的法国人打成一团。打斗持续。法国人警告英格兰人立刻撤离，否则就要动用岸上的火炮将他们和这艘破损的加利亚斯式战舰炸上天。英格兰人并不理会，法国人便真的发射了几发加农炮炮弹。直到此时，英格兰人才悻悻离开。

“玛格丽特与约翰号”上的陆军中尉理查德·汤姆森（Richard Tomson）是登上那艘加利亚斯式战舰的英格兰人之一。

> 我们继续与他们作战，他们舒适地坐在舰船上，对我们居高临下；而我们乘坐的则是舰载艇，只能仰视，头顶无遮无掩，直接暴露在危险之中；敌舰上除了 300 名士兵，还有

450 个奴隶。

战斗持续了半小时，蒙上帝恩典的眷顾，我们竟然用滑膛枪击毙了敌舰舰长，赢得了胜利。更让我们意外的是，敌人纷纷跳下甲板，奋力向岸边游去，妄想逃命。

有些人全身湿透，逃之夭夭，还有人，特别是大部分奴隶落水溺亡……

因此我们就登上了这艘大船，这着实不容易，竟然用了我们一个半小时，因为敌舰确实太高了……士兵们忙着抢战利品，直到潮水涌来方便了拖曳……我们才把它拖走。

在法国救援队到达之后，“我们某些粗鲁的士兵也开始抢劫法国人，抢走了他们的项链和珠宝，仿佛法国人也变成了敌人。法国人登上岸后向我们抗议，并将船舷墙和舷炮炮口都对准了我们，炮火一阵紧过一阵，各式火炮都有，情势十分危险”。“圣洛伦佐号”配备了多门青铜加农炮、200 桶火药及“各式各样的储备物资，但是就我所知基本上没有什么值钱的金银珠宝”，汤姆森不无遗憾地说。[82]

战斗从头至尾共持续了 3 个小时，大约 50 名英格兰人和 50 名西班牙人及“惨叫着救命的”奴隶战死。“愉悦号”船主威廉·考克斯第一个登上加利亚斯式战舰，也第一个壮烈殉国。[83]

8 月 8 日破晓，无敌舰队如鸟兽散，散落在无边无际的海面上。在加来港的入港处，6 艘火攻船烧焦的龙骨依然在冒着黑烟。

现在，霍华德终于迎来了彻底打垮敌人的良机。

第八章

逃回老巢

西班牙海军势如猛虎、来势汹汹，但我们敢于虎口拔牙，一颗一颗地拔。我向上帝祈愿，愿我们的陆军同样能对付得了这样一支强大的军队。

——海军大臣霍华德致弗朗西斯·沃尔辛厄姆的一封信，1588 年 8 月 8 日于“皇家方舟号”[1]

8 月 8 日，星期一，黎明。梅迪纳·西多尼亚的旗舰“圣马丁号”和南边的英格兰舰队相距只有 1 英里（1.1 千米）。海况急剧恶化，风急浪高，愈演愈烈，强大的水流使得船只无法定锚。霍华德本打算俘获损毁严重的“圣洛伦佐号”，却功败垂成，这让他心神不定。更致命的是，正是这一分神，给海军统帅梅迪纳·西多尼亚争取了两个小时来重新集结无敌舰队，并重新布防以面对即将到来的大杀戮。现在跟在西班牙旗舰后面的只剩下葡萄牙大帆船“圣马科斯号”“圣马特奥号”“圣费利佩号”及里卡尔德的

“圣胡安号”。他便迅速派舰载艇去寻找漂散在格里夫兰附近的海面上绵延达 7 英里（11.85 千米）的无敌舰队，指示他们以角弧形防守阵形速速归队。此时，西南偏南风正盛，为了避免撞上敦刻尔克附近海面的暗礁和沙洲，他向北驶去，准备拼死断后，为无敌舰队的重新归队和重组争取时间。

与此同时，霍华德率领 136 艘船组成的舰队在加来峭壁处下锚，全面进入战备状态。昨天的作战会议已经通过了新的战斗方案，由霍华德领衔，德雷克分舰队和西摩分舰队紧随其后，展开下一波进攻。这也许是他们打败无敌舰队的最后的机会。作战会议决定执行抵近敌舰，近距离平射的作战方针。今天，无论是风向还是潮汐都对英格兰人格外有利。

清晨的第一缕阳光洒下，和马可（Marco）船长一同挤在三桅小帆船上的阿斯科利亲王大吃一惊：

> 我发现自己就在敌人的舰队之间，而无敌舰队距离太远，很难赶上。正在此时，我突然看到了一艘向无敌舰队各舰船下达进入作战状态命令的……舰载艇。于是我登上了舰载艇……想着要赶往（旗舰）所在的位置。我们将所有的帆全部张开准备加速前进，但是方向和潮汐都对我们不利。此时敌舰正在与我舰队交战。我就这样在双方舰队后面处于孤立状态。[2]

早上 6 时，乘坐“复仇者号”的德雷克和“无双号”的托马斯·芬纳首先打响了战役。他们率领着分舰队中女王直属舰队的 4 艘战舰，并由弗罗比舍的小舰队密切配合。当时，梅迪纳·西多尼亚的“圣马丁号”旁可能聚集了大约6艘战舰，因此德雷克一直等进入距离敌旗舰100码（91.43米）的距离才开火。刚交上火时，英军采用的是舰首炮轰击。转而风急浪高，英军开始全面转向舷炮轮射战术，然而却未让无敌舰队伤筋动骨。在短暂的交火过程中，无敌舰队先后共向“复仇者号”发射了加农炮炮弹40发。[3]随后，“复仇者号”率领其分舰队向东北方向驶去，双方暂时停战。

德雷克是怯战临阵脱逃了，还是又去追寻其他洗劫对象和战利品了？也许他是去奔袭浅滩旁等待与无敌舰队旗舰在深水区会合的其他敌舰了。他的不辞而别和提前退出主战场的行为令“凯旋号”（*Triumph*）主将马丁·弗罗比舍爵士大为光火。后来，在埃塞克斯的哈里奇的一场激烈争论中，德雷克在格里夫兰海战中擅离职守的行为终于让弗罗比舍再也压不住火了，压抑已久的对这位海军副司令的怒火彻底爆发了：

> 德雷克天天指责别人打仗不行，就他行。他心里应该清楚别人打得也不赖，甚至比他打得还要好。开始时只听他吹嘘了……跟在其他船只的屁股后面。最后一掉头就看不见他的踪影。他开溜得快啊，溜得很开心、很熟练嘛。这不是怯战是什么？这都不算卖国什么算卖国？——我时常警醒自己说话前要三思，但是今天，我还就把话撂这儿了，我说的话我负责……
>
> 真是红口白牙，满嘴谎话。比他能打的人有的是。[4]

让我们再回到佛兰德斯海岸线战场。弗罗比舍对“圣马丁号”的持续炮轰仍在继续。其分舰队各型战舰不断在“圣马丁号”舰首和舰尾之间来回穿插、射击。正当旗舰“圣马丁号”处于守势之时，“圣马科斯号”前来助战，加入了混战。霍金斯分舰队在其旗舰“胜利号”率领下也悉数加入打击“圣马丁号”的行列。“玫瑰玛丽号”“无畏号”及“燕子号”（*Swallow*）也随即跟进，深入抱团取暖的西班牙舰队队形中心区域作战。一枚重达 50 磅（22.68 千克）的炮弹击穿了“圣马丁号”吃水线下 7 层木板厚的船体，留下了一个大洞。无敌舰队总军需官、心事重重的佩德罗·德·卡尔德隆（Pedro de Calderón）目睹了这一切：

> 炮火十分猛烈。旗舰“圣马丁号”左舷一侧的帆和舰体至少遭受了 200 发炮弹的打击。人员死伤惨重，3 门火炮被摧毁，索具也损毁严重。
>
> 船体吃水线处留下了致命的炮洞，船体严重透水。整整一天，两名潜水员丝毫不敢松懈，想尽了一切办法，用钩锁[5]和铅板等堵住渗水。[6]

双方舰队交战以来，西班牙舰船首次在战场上遭受重创。胜负未定，战斗正式进入白热化阶段。负责殿后的“圣费利佩号”和“圣马特奥号”与至少 17 艘英国舰船纠缠在一起。双方距离很近，据卡尔德隆称，“连滑膛枪和火绳枪都派上了用场，敌方伤亡惨重”。英格兰人的炮火更加猛烈，“圣费利佩号”的前桅杆被击碎，舵盘失灵，右舷 5 门火炮被震脱炮架，260 名船员和士兵阵亡。尽管上层甲板已经被炸碎，前甲板开裂，指挥系统已经“搁浅”，“圣费利佩号”的船长唐·弗朗西斯·德·托莱多（Don

Francisco de Toledo）依然下令备好抓钩，准备与最抵近他们的英军舰船[7]展开接舷战。

> 英格兰人开始劝降。一名站在主桅上手持刀剑和盾牌[8]的英格兰士兵向他喊话："我们进行了公平的较量。你们已经证明了你们的骁勇善战。我们的条件很宽大，现在是时候投降了。"
>
> 但是我们用一枚炮弹回应了他的喊话，那名英格兰士兵被当场炸飞……旋即战场上又响起了火绳枪和滑膛枪的子弹声。
>
> 敌人后撤，我们的士兵齐声嘲笑他们的懦夫举止，臭骂他们没胆，是信路德宗的软蛋。我们连续叫阵，让他们回来应战。

最终，"圣费利佩号"被赶来的索科洛战斗编队的"圣路易斯号""圣马特奥号"及"三位一体巴伦西亚号"救起。"圣马特奥号"冒着威廉·温特的"先锋号"与西摩的"彩虹号"的猛烈炮火前来施救。"一个英格兰人跳上了我们的甲板，我们瞬间把他砍成了几段。"[9]卡尔德隆的圆底船"圣萨尔瓦多号"也赶来对"圣费利佩号"施以援手，但却为他们的慷慨施援付出了代价。

> "圣萨尔瓦多号"的舰首、舰尾及侧舷暴露在敌人的炮火之下长达4小时。这段时间内无一人前来搭救。舰上死伤无数，帆、索具皆遭受破损，以至于不得不换下主帆。海水顺着炮洞涌进船舱。直到4个小时后，他们等来了"圣玛丽亚·罗塔·因科罗纳达号"的援助。[10]

后来梅迪纳·西多尼亚解释说，大部分战舰“一炮未发就已经受损严重，无法再抵御英格兰人新一轮炮火的打击”。[11]

在“圣马科斯号”上，佩德罗·埃斯特拉达（Pedro Estrada）在炮火中又损失了一名战友：“今天，一发炮弹（实心炮弹）削去了唐·费利佩·德·科尔多瓦（Don Felipe de Córdoba）的头颅。他脑浆迸裂。（他是）我最好的挚友……（一同牺牲的）还有24位正与我们一道调整前桅帆的士兵。”[12] 无敌舰队后卫编队中的贝滕多纳的“雷加佐娜号”上也死伤过半，鲜血染红了顶层甲板。主力火炮从炮架上震落，然而，“雷加佐娜号”继续英勇奋战，火绳枪枪手以堆积如山的尸体为掩体，从主桅楼和甲板上不断向敌人开火。

围绕着西班牙旗舰“圣马丁号”的激战持续了大约两个小时。在此期间，无敌舰队船只向唐·阿隆索·德·莱瓦的“圣玛丽亚·罗塔·因科罗纳达号”聚拢。面对此役震天的火炮声，“圣马丁号”上的随军修道士伯纳迪诺·德·贡戈拉（Bernardo de Gongora，“罗萨里奥夫人号”上逃生的幸存者）既恐惧又困惑：

> 从炮声的密集程度和滚滚的硝烟来看，这无疑是有史以来最惨烈同时让人困惑无比的战争……
>
> 在8腕尺大的水域内竟然聚集了如此密集的军舰。[13]
>
> 整整一天，为了避免船只滑向浅滩搁浅，我们顶着恶劣的天气，紧紧抓住帆脚索不敢松手。但是如此一来，我们就无法发射炮弹了。
>
> 部分士兵阵亡，但是我们没有受到多大影响。公爵阁下能

够幸免于难简直是个奇迹。[14]

与他同行的另一个随军神父拉托雷神父也在旗舰上。据他的描述，炮弹像冰雹一样从天而降，“有的砸在甲板上，有的击穿了甲板。最后，各条战舰被打得落花流水，四散各处无法相互接应。更让我们喘不上气来的是，敌人的大帆船密密匝匝地向我们直冲过来。在如此艰难的困境中，我们竟然幸免于难，这都要感谢主的护佑”。[15]

但是到了10时许，在东北偏北风中，无敌舰队再次以熟悉的角弧形阵形出现。“先锋号”船长温特评价道：

> 敌人又编组为半圆形。海军主帅和副将……居其中……两翼是加利亚斯式战舰，各16艘。[16]

温特对无敌舰队的右舷即东面的弧形带发动进攻。英军强大的火力迫使西班牙部分舰船向舰队中心位置靠拢，有4艘“甲板撞在了一起”。黎凡特分舰队的“西西里的圣胡安号”上一半船员战死，舷炮周围全是斑斑血迹。比斯开分舰队的佩德罗·德·乌加特（Pedro de Ugarte）另一艘665吨级的“玛丽亚·胡安号”（*Maria Juan*）也遭到英格兰的罗伯特·克罗斯（Robert Crosse）的“希望号”重创。“‘玛丽亚·胡安号’在向英舰喊话愿意投降，但话还没喊完”，就已经沉没——沉船速度如此之快，以至于只有80人来得及登上小救生艇被“圣马丁号”救起，幸免于难。剩下的188名船员死死抓着上层甲板上的横桅杆和索具与战舰一起沉入大海，无一幸免。[17]“玛丽亚·胡安号”成为第一艘被英格兰人炮火击沉的无敌舰队舰船。

霍华德率领“贝尔号”“博纳旺蒂尔号”“狮子号”对无敌舰队后卫编队的中心区域发动了攻击，并与之近舷交战。战斗一直持续到当天下午6时。“先锋号”上的半加农炮、大蛇铳和半蛇铳在近距离内共发射实心弹500多发。温特（被自己的一门加农炮的后坐力震伤）“离火炮远远的，而我却从未离开敌人的火绳枪的火力覆盖范围。双方距离如此之近，以至于能够听见对方舰船上伤兵的呻吟声”。温特简直就是个“屠夫，当然他们遭受的损失也相当惨重”。[18]

天气越发糟糕了。狂风自西北偏西呼啸而来，暴雨滂沱，能见度骤降。英舰退出了战斗，和敌舰拉开了距离，远远地尾随在缓缓向东北方向移动的无敌舰队身后。为避免“圣安娜号”沉没，奥肯多的旗舰“圣安娜号”上的船员马不停蹄地采用人工抽水的方式向大海中排水。卡斯蒂利亚分舰队的“圣彼得罗号”也是炮洞无数。一边是堆积成山的死尸，一边是正在接受救治的伤员，一边是正在对受损船只进行紧急修复作业的筋疲力尽的无敌舰队船员。对于西班牙人来说，在佛兰德斯浅滩搁浅的危险依然挥之不去。帕德雷·杰罗尼莫（Padre Geronimo）报告称“整整一晚几乎无人合眼，一路上我们都在担心随时会撞到沙洲上”。[19]与此同时，耳朵里不断传来告解的声音，祈盼圣母马利亚能够赐福，帮助他们战胜任何可怕的困难活下来。

霍华德下令舰队重新恢复作战阵形，驶入无敌舰队的上风向。他已经厌倦了这场战争。在给沃尔辛厄姆的书信中，他对伦敦的官僚做派发出叹息，再次提出增援弹药的请求。弹药匮乏的情况依然严峻，没有任何改观。一些小口径火炮因为没有弹药，只好拿犁铧等碎铁块临时替代品当作杀伤性武器来用。“来信收悉。您在信中说您马上会收到一批数量可观的炮弹和火药。但是，因军事行动的不确定性，无人可以派送给你。请您抓紧时间想办法接收那批火药，然后尽快将其运送到我部。”而后，他汇报了当天的战斗情况：

我舰一路追打敌舰直至晚上，给敌舰造成了很大压力。但敌舰阵容依然强大，实力依然不可小觑。但我们坚信，上帝保佑，我们会力克敌舰。[20]

德雷克的汇报即便算不上热情洋溢，也可以用豪气万丈来形容：

蒙上帝垂怜，今天我们凯歌高奏，一路压着敌人使其一直处于下风。蒙上帝成全，近几日内帕尔马亲王和西多尼亚公爵将无法会合联手行动。即便哪天他们真的会合了，提到今天的军事行动，他们也无法释怀……我们今天的行动使敌人闻风丧胆，使我军气势如虹。[21]

“无双号”舰长芬纳信心满满。他认为是上帝“伸出援手，帮助了女王陛下。因为今天英格兰的战损简直闻所未闻。我可以确定地说我们牺牲的将士还不到 60 人”。他坚信上帝“会捍卫自己的荣誉，将那些违背上帝旨意、毁灭上帝臣民的来势汹汹的敌人一扫而光。对于那些邪恶的、搞偶像崇拜的人来说，这必将如瘟疫一般可怕”。[22]

而霍金斯给沃尔辛厄姆的信则清醒得多：

> 整整一天，我们对西班牙人穷追不舍，进行了艰苦卓绝的战斗。我们的战士在争斗中体现了巨大的勇气……
>
> 风向已转为西风，风力很大。西班牙人开始向北移动，我舰队紧随其后。
>
> 今天的战斗给了西班牙人一定的打击。
>
> 感谢上帝，英格兰舰队损失微乎其微。
>
> 目前，敌舰已至，来势汹汹。我军实力不济，只能积蓄力量，等待时机。
>
> 眼下，弹药奇缺，请火速提供补给支援。如若不然，国必危矣。须知，敌人是举天主教全体之力，强强联合的强大舰队……
>
> 目前我军薪水欠奉，将士疲敝，需要休整。我再次恳请阁下，所需钱资不必再运往普利茅斯，请尽速运往多佛海峡。[23]

霍金斯对格里夫兰海战的重要性的认识无疑是相当清晰而正确的。英格兰舰队本可以在这次海战中给无敌舰队重创，但却并没有彻底打败无敌舰队。

夜幕降临，无敌舰队受损严重的舰船已经落在新月形防御阵形的后面。舰上的炮洞和连续射击时产生的强大的后坐力导致船体开裂，“圣马特奥号”渗水严重。[24] 当晚，“圣马特奥号”在奥斯坦德和斯勒伊斯之间的沙洲搁浅。从属于拿骚的贾斯汀（Justin of Nassau）、负责封锁敌舰舰队的大平底船上的荷兰水手们对“圣马特奥号”发动了攻击。“圣马特奥号”船员苦战两个小时，最后船长唐·迭戈·皮门特尔（Don Diego Pimentel）开出了投降条件。船长及多名军官被俘虏。其余船员或当场被无情地扔进大海或稍后被绞死。天主教徒蒙塔古子爵的弟弟、“勇于冒险的绅士”威廉·布朗和“另一名英格兰人”战死。[25] 泽兰各州的地方长官称“‘这另一名英格兰人’家财万贯，将其家产留给了蒙塔古子爵的弟弟威廉……和皮门特尔搅和在一起的英格兰人还有不少。有一个叫罗伯特，还有一个叫拉斐尔（Raphael），曾是伦敦市长托马斯·托斯塔尔（Thomas Tostal）的仆人……大概是这个名字，其姓氏则不为人知”。[26]

吉普斯夸分舰队的 500 吨级的尤卡船（*urca*）“尤卡少女号”（*Doncella*）一直守卫在“圣马特奥号”的姊妹舰唐·弗朗西斯·德·托莱多率领的“圣费利佩号”一侧。在发出求救信号之后，“圣费利佩号”准备将舰上所有船员全部转移到“尤卡少女号”上。才转移了 300 名船员时，人们又开始担心“尤卡少女号”也会沉没，刚刚转移到摇摇晃晃、受损的“尤卡少女号”上的船员又匆匆弃船回到了“圣费利佩号”上。“‘尤卡少女号’船长胡安·波萨（Juan Poza）报告称……其船体正在下沉。（托莱多）回复称如果情况属实，与其死在圆底船上，不如死在盖伦船上，因此他们又都回到了‘圣费利佩号’上。”[27] 不久，“圣费利佩号”也在奥斯坦德与斯勒伊斯之间搁浅。主桅折断，帆被扯成碎片。在和荷兰人再次交火之后，托莱多和“大部分绅士们”乘船逃往尼厄波尔，但是船上其余 640 人中，只有 127 个“可怜的吓得面目全非的船员”从海浪中捡了一条命。“成事不足败事有余的”荷兰人想让“圣费利佩号”再度上浮但未能成功。在第二天驶入法拉盛之前，“圣费利佩号”沉没。第三艘船是一艘小型递送船，或许是迭戈·弗洛雷斯的卡斯蒂利亚分舰队的“帕杜亚的圣安东尼奥号”（*San Antonio de Padua*），也在泽兰的拉姆金斯城堡（Rammekins）外沉没。

西班牙舰船受损严重。除了在加来附近损失的“圣洛伦佐号”又损失了 4 艘舰船 。死亡人数飙升到 1000 多，伤者有 800 余人。遭受重创的无敌舰队依然有着可怕的战斗力，对英格兰来说依然是一股潜在的可怕威胁。但是这天晚上，伤者的痛苦哀号，将死之人的呻吟声，无疑使无敌舰队的士气受到了极大的打击。

8 月 9 日，星期二。一早，幻灭的挫折感开始在无敌舰队上层指挥官之间蔓延。除了梅迪纳·西多尼亚外，高级将领中间开始出现投降这种卖国言论。但是“圣马丁号”舰上的随军神父拉托雷报告称，舰上已经“没有舰载艇，因此也断了同霍华德之间谈判的渠道，上帝已经将这条路堵死了。但是无论如何，梅迪纳·西多尼亚公爵都绝不会和霍华德谈和或向其投降，他宁愿像一名骑士一样战死沙场也绝不愿苟且偷生”。[28] 现在，无敌舰队夹在海岸线与英格兰舰队之间，随时有可能在佛兰德斯的沙洲上搁浅、沉没，恐惧弥漫在无敌舰队上空。友舰舰首的测深员不断播报着当前的水深，仅有膝盖深的吃水深度数据更加深了人们的恐惧。海军统帅手下一名叫路易斯·德·米兰达（Luis de Miranda）的参谋也不得不承认：“我们似乎已经预见到了失败的结局。抑或是被俘，抑或是整个无敌舰队撞上沙洲葬身大海。这天简直是人间地狱。无敌舰队上上下下几乎无人再奢望成功，只是静静地等待死亡来临的那一刻。”[29]

此刻，旗舰“圣马丁号”依然位于无敌舰队的后卫编队之中。同在后卫编队的还有“圣马科斯号”大帆船，迭戈·弗洛雷斯的“圣胡安号”大帆船，及一些加利亚斯式战舰。而在他们身后半里格（2.78 千米）的海面上，即是 109 艘英格兰舰船。英格兰舰船一度想展开攻击。但是无敌舰队的加利亚斯式战舰迅速赶来保护旗舰。致命的沙洲之间浪花翻飞，化作一道白练，印刻在无敌舰队将士的脑海中。英格兰人或许已经认定西班牙舰船此番凶多吉少，必将走上末路，所以他们才打消了攻击的念头，逐渐后撤。

此刻，水深只有 7 英寻（12.8 米）。梅迪纳·西多尼亚呼叫在旗舰一侧伴行的“圣安娜号”上的身经百战的指挥官米盖尔·德·奥肯多：“奥肯多先生，我们怕是要输了，如之奈何？如之奈何？”两舰之间，浪花飞溅。奥肯多大声讥讽道：“不是还有顾问迭戈·弗洛雷斯在吗。”无敌舰队上下对这位海军顾问的反感憎恶可见一斑。奥肯多继续说道：“至于我，我唯有一死报国。请多为我补充一些弹药来。”[30]

梅迪纳·西多尼亚下令发射 2 枚信号弹以重整无敌舰队阵形，他还派了小型递送船通令各舰船逆风前进。梅迪纳·西多尼亚的领航员告诉统帅一个严峻的现实：“现在哪条船都救不了了……因为西北风风势强劲，无敌舰队必然随风漂向泽兰的沙坝。”在他看来“只能听天由命，寄希望于上帝了”。[31]

然而，上帝真的帮了他们。

风向突然转为西南风。无敌舰队随即离开海岸，向北驶去，进入了北海的安全水域。

霍华德再次召集各级指挥官到“皇家方舟号”上参加作战会议。长期的弹药短缺迫使他们不能再像格里夫兰海战时那样对西班牙人发动攻击。正如他手下的亨利·怀特船长日后抱怨的那样：“我们本可以在海上多打几次大胜仗，但国内的吝啬鬼使得这些都化为了泡影。”[32]作战会议一致决定，继续尾随无敌舰队“直至无敌舰队彻底离开英格兰的海岸线，驶入（苏格兰的）福斯湾（Firth of Forth）再行回撤，届时再增加补给（现已极度匮乏）回到内陆，继续守卫国土和海岸线……”[33]然而帕尔马的陆军的威胁依然没有解除，因此，霍华德给西摩留下了一支增援分舰队以协助其防守多佛海峡。他们中的一些船只还可以在哈里奇获得弹药和其他用度的补给。西摩虽然依然求战心切，但是还是克制自己的欲望服从了命令。西摩和霍华德不知道的是，帕尔马在得知了昨天的战况后，已经完成了1.6万人的登船工作。

这天晚上，梅迪纳·西多尼亚也召开了作战会议。会上唐·迭戈·弗洛瑞斯强烈建议重返加来，而其他人则都认为“如若天气条件许可便重返英吉利海峡；如若不然，鉴于无敌舰队缺乏一切必要物资，迄今为止一直苦苦支撑，已然举步维艰，受损惨重，就应该顺着风势，借道北海返回西班牙”。[34]事务主官卡尔德隆对借道苏格兰北部海域，途经爱尔兰西部海域进入大西洋是否明智顾虑重重。他提醒众人若从该路线返回科伦纳行程长达750里格（4167千米），“且风急浪高，人生地不熟，恐前途未卜”。他像以往一样雷厉风行，核实了无敌舰队的物资及淡水储备确实日益萎缩。事实证明，回程之旅只能节衣缩食了。

表面上看，选择这条航线似乎并非没有道理。虽然整个行程需要 4~5 周的时间，但是对指挥官们来说，可以预计的是这个季节的天气应该不会带来什么问题。在 9 月底秋分时节常刮的大风刮起来之前，他们应该已经返回西班牙了。

在行驶到纽卡斯尔以东 30 里格（166.68 千米）处时，因为淡水紧缺，梅迪纳·西多尼亚下令将所有的马匹及 40 头拉炮架的骡子赶入了大海。

地点切换到伦敦。持续一个多月的紧张与不安情绪开始消弭。早前，枢密院在给坎特伯雷大主教约翰·惠特吉夫特的信中要求信众为英格兰战胜无敌舰队的胜利公开祷告。[35] 为缓解伦敦市民的焦虑，西班牙囚犯就被押在车上游街示众“以显示抓到了俘虏”。这其中就包括在第一次战役中俘获的“罗萨里奥夫人号”主将唐·佩德罗·德·巴尔德斯。[36] 在接受审讯时，巴尔德斯称在无敌舰队中服役的英格兰流亡者“并未秘密参与到伟大事业之中”。对于叛乱分子会拿起武器支持无敌舰队入侵的承诺，他也矢口否认对此知情。伯利敏锐地意识到了宣传攻势的巨大作用。他下令在审讯过程中必须询问犯人以下问题：“攻下伦敦及其他城镇之后如何分赃？在俘获英格兰贵族之后，是否要缴纳赎金才能放人？”但是巴尔德斯坚称自己并没有收到在西班牙人攻下伦敦之后洗劫伦敦城的命令。[37]

在获悉格里夫兰海战大捷之后，伦敦城燃起了篝火以示庆祝，但在伊丽莎白政府看来，无敌舰队依然是心头大患。8 月 9 日，担任德比郡、诺丁汉郡和斯坦福德郡首席治安官的第六代什鲁斯伯里伯爵（Sixth Earl of Shrewsbury）乔治·塔尔伯特（George Talbot）一再强调保持长期警戒的重要性，他下令："负责监管叛乱分子者应实施更加严密的监管。"[38] 他还主动向女王请缨以抵抗外敌入侵："我虽垂垂老矣，然为女王排忧解难必能使我老当益壮；尽管体力已经不复当年，然老臣这颗心依然年轻着、躁动着，渴望给敌人沉重一击。臣愿意为女王效犬马之劳，直至生命最后一息。"[39] 到 8 月 18 日，托马斯·摩根爵士（Sir Thomas Morgan）还在警告莱斯特伯爵，帕尔马公爵"已经招募到 3 万 ~4 万士兵，打算在明年春潮来临时和无敌舰队会合，一道出战入侵英格兰"。[40] 第二天，托马斯·司各特爵士（Sir Thomas Scott）告诉莱斯特，德雷克已经警告了他"西班牙军队确实计划在（肯特郡的）利德（Lydd）附近的邓杰内斯角（Dungeness）登陆，并打算在此构筑防御工事，顺便还能从法国得到源源不断的食品及其他必需品的供给"。[41]

伊丽莎白的顾问及陆海军指挥官疑虑重重，为伊丽莎白长期的财政紧张状况及其本人的吝啬而忧心，担心这会导致危险尚未解除英格兰就放松戒备。霍华德警告沃尔辛厄姆道："千万不能让女王陛下过早解散海陆军队。请尽早尽速告知我帕尔马部在敦刻尔克的状况，我等他们的船队已经等得望眼欲穿了。"[42] 德雷克也担心"某些人会建议女王不再保留这么大规模的军队"，他诚惶诚恐，"建议女王切勿因节省一些微不足道的费用而危害女王陛下的国运"。[43]

与此同时，无敌舰队还在缓慢向北航行，而监视他们的英格兰船只数量也在相应地减少。梅迪纳·西多尼亚依然面临着不少不得不应对的烦心事。他的旗舰3次发射了加农炮召集手下的指挥官，却被直接无视了。最后，他不得不派小船逐个去请这些船长。拉托雷神父记述了“圣马丁号”甲板上欢迎这些指挥官的场景。舰队统帅梅迪纳·西多尼亚勃然大怒，他质问这群指挥官说：“你们有没有听到炮声？”指挥官们点头承认，却辩解称“我们以为您的旗舰要沉了，于是我们判定是非之地不可久留”。沉默良久后，梅迪纳·西多尼亚还是下达了“叛国者死”的命令。[44]

需要应对的还有别的罪行。8月11日，20名陆海军军官被指控在格里夫兰海战中临阵脱逃。当着无敌舰队陆军高将领唐·弗朗西斯科·德·博瓦迪利亚（Don Francisco de Bobadilla）的面，卡斯蒂利亚分舰队“圣佩德罗号”舰长弗朗西斯科·德·库埃利亚尔（Francisco de Cuéllar）被指控不配合舰队的行动。[45]

> 他下令将我押送到军法署署长的（“拉维亚号”）舰上接受处罚。我找人求情。尽管署长很严厉，但还是同意财务官在听完我的案情之后为我作证。
>
> 他得知我为国王陛下尽忠尽责，是国王的忠诚卫士之后，不愿意执行收到的命令。
>
> 他致信公爵大人，明言除非收到公爵大人的亲笔手谕，否则拒绝执行命令。[46]

库埃利亚尔最终被赦免。然而“名闻天下的绅士”、“圣芭芭拉号”圆底船船长唐·克里斯托·瓦尔德·阿维拉（Don Cristobal de Avila）“以残忍而耻辱的方式”被绞死——其头颅被挂在舰载艇的桅顶上，尸体在无敌舰队的队列中游行示众以儆效尤。其他人则被罚到加来式大型桨帆船充当苦力或降职处理。卡尔德隆记下了这番话："据说这些人在作战当天擅离职守，拒绝参战。"[47]

8 月 12 日，星期五，下午。风向，西南偏南。双方舰只抵达福斯湾。霍华德担心西班牙人可能会在苏格兰登陆来支持当地的天主教徒推翻苏格兰国王詹姆士六世的统治。无敌舰队继续向北航行，霍华德留下两艘舰载艇尾随西班牙舰队直到他们通过奥克尼岛（Orkney）和设得兰群岛（Shetland islands）。2 时许，霍华德怀着一颗感恩的心踏上了回国的旅程，那里有充足的食物和淡水。他告诉沃尔辛厄姆："我们获悉西班牙人要么会绕过爱尔兰沿着海岸线返航，要么会抵达丹麦某地。"[48]

梅迪纳·西多尼亚在日记中这样写道："敌舰一直紧随我舰之后。但是他们看到的是我们整齐严谨的队形和稳固的后位编队，于是便放弃了追逐，转而返航向英格兰驶去，直到消失在我们的视线中。目前的风向依然是南风……风向使然，我们不可能再返回英吉利海峡了。"[49] 第二天（8 月 13 日），梅迪纳·西多尼亚下令进一步缩减食物供应量。每人每天的供给只有面包 8 盎司（226.8 克）、酒半品脱（0.28 升）、水 1 品脱。在极度的绝望中，他向一名法国裔领航员许诺，"只要能将他带到西班牙港口"，就赠予他 2000 杜卡特金币。[50]

在千里之外的罗马，腓力二世的大使奥利瓦雷斯还在苦苦地盼着教皇西克斯图斯五世能给他施舍点儿钱。尽管教皇每天都在做弥撒为无敌舰队的胜利祈祷，却不愿意出一分钱。8 月 7 日，奥利瓦雷斯再次局促不安地站在教皇面前，长篇大论、滔滔不绝，只为能拿到钱，希望能够提前支取教皇所答应的部分入侵资助金。他提醒踌躇不决、焦躁不安的教皇，当初力劝腓力二世来承担“征服英格兰的伟大事业”这项重任的不是别人，正是教皇本人。

> 国王陛下坚信，教皇轻而易举就可兑现支付。教皇的推脱虽不至于逆转战场上的形势，却会对上帝的事业及教廷的圣洁造成巨大的伤害。若铸成大错，灾难降临，教皇必将痛悔不已。但所有的后悔终将于事无补；而现在，国王让教皇所做的事对您来说不过易如反掌而已。

然而这些略带威胁的话并没有动摇教皇的心。西克斯图斯听了，只是耸了耸肩。正如奥利瓦雷斯所说，“只要提到钱，就像是要他的命。所有的努力都不过付诸流水”。

11天后，驻罗马大使惆怅满怀地再度向腓力二世报告了其所肩负使命的进展状况。提到具体筹集了多少资金：

> 千言万语的劝说换来的不过是我扭头刚走，他就在餐桌前喋喋不休、满口荒唐言……即使是两岁的娃娃也说不出这种胡话。
>
> 他没有一丝怜悯心、同情心，也从不为他人考虑。他的行为让人反感、懊恼。在他看来，人们接近他就是为了抢他的钱，那可是他的心头肉啊。

西克斯图斯坚持严格遵循协议不妥协：不登陆，一分钱也不给。他还厚颜无耻地公然咆哮说：

所谓的无敌舰队的事就是敲诈。你们的国王到目前为止没有为征服英格兰事业筹集一艘船。整天只会吹破大天，就想靠着这个恐吓英格兰女王来达到和平的目的……他还向众人展示了一份报告书。报告书大意便是如此……尽管那份报告荒唐离谱，但是只要能达到他的目的，他才管不了这些。[51]

西克斯图斯从未体谅过腓力二世的苦衷，一方面他似乎是要与腓力二世对抗到底，另一方面他却被英格兰女王迷得五迷三道。他对威尼斯驻教廷大使——大嘴乔瓦尼·格里蒂说，腓力二世“整天小打小闹，把时间浪费在无敌舰队上；反观女王则行事果断。如果女王能够皈依天主教，她就会成为我们虔诚的爱戴对象。她值得我们这样爱戴”。

你瞧瞧德雷克！何等人物？一把火就烧了腓力二世 25 艘船……又在里斯本干了一票。一会儿抢了一个小型舰队，一会儿洗劫了圣多明各。他的大名如雷贯耳，英格兰人纷纷慕名前来和他一道分享战利品。

说到这里确实让人难过。但是我们真的不看好西班牙的什么无敌舰队，害怕它会招致灾难。

腓力二世早就应该按我说的做，去年 9 月我就告诉他让他起航。

现在他还能做什么？穷得掉渣，光是从曼托瓦（Mantua）

那里他就欠了30万达克特，托莱多大主教那里他还欠20万达克特。

正是因为贻误了战机，他现在损兵折将2万人，战死的战死，得瘟疫的得瘟疫。

可给足了英格兰女王备战的时间。[52]

即使从梵蒂冈借不到钱，总还是有银行家的。这年8月，腓力二世典当了妻子的金银珠宝首饰，随后又以25%的利率从热那亚借了“100万金币”。

战场上传来的首批战报往往会包含大量的误导性信息。其原因多为信息传递的时效性差，加上人们的主观臆测及战争本身的错综复杂。8月9日，一向乐观的西班牙驻法国大使门多萨兴冲冲地报告了他听到的一周前西班牙无敌舰队对英格兰舰队大捷的消息。这则消息是鲁昂的伊索阿尔多·卡佩罗（Isoardo Capello）寄来的。消息称无敌舰队“击沉敌舰15艘，其中包括英格兰舰队的旗舰，而幸存者已经撤退到了多佛”。腓力二世回复道：“既然你认为这则消息真实无误，特别是写信人也说了自己在现场目击了这一切，我也真心希望它是真的。”腓力二世又致信梅迪纳·西多尼亚：

法国人都在传这则消息准确无误……我向上帝祈祷，希望这一切都是真的，也希望你能够乘胜直追，将战果最大化。宜将剩勇追穷寇，不要给敌人重组阵形的机会。待你与我的侄子帕尔马公爵会师之后，凭借上帝的天威，敌人对我之畏惧和我军将士之威猛，我们定能取得更多更大的胜利。

在信的末尾，腓力二世写道：“我们的事业就是上帝的事业，我坚信上帝会支持我们的行动，我也期望你的勇气与决策必然能够成就我所有的期望。我急切地期待着你的消息。”[53]

威尼斯驻西班牙全权公使赫罗尼莫·利博马诺早就领教过了门多萨荒诞的乐观。“这份战报信息混乱，而大使先生却早就习惯于用未经证实的消息来自欺欺人。没有人公开庆祝，大使也不敢向国王祝贺词，”腓力二世宣称，“他相信上帝肯定会不遗余力地支持自己的事业，因为他从来也没想过要享受，他心里想的就是坚定对上帝的信念及加强天主教的力量。”国王心有戚戚地写道：“即使我能征服英格兰，也不知道要用多少年才能弥补无敌舰队一天的开销。”[54]

在巴黎，无敌舰队大捷的消息“传遍了全城”。为了粉碎西班牙人的这个谎言，英格兰驻巴黎大使斯塔福德花了 5 克朗印刷了 400 份小册子。门多萨称巴黎的天主教徒根本不买英格兰人的账，“认为英格兰人简直是一派胡言，荒唐可笑之极。英格兰大使的一位秘书在法国王宫中宣读了一份来自英格兰的纪要，希望以此来澄清事实。然而人们听到之后都勃然大怒。为了保命，这个秘书不得不逃之夭夭”。门多萨——这位乐天派的西班牙驻法大使虽然现在已经半盲，但还是本性难移。他坚称鲁昂传来的战报表明“英格兰人在交战中损失惨重”，“据说德雷克被加农炮炸伤了双腿，英格兰人心情极为沉痛”。[55]

西班牙人那儿传来的乐观战报还不止于此，身在鲁昂的胡安·德·加马拉（Juan de Gamarra）听说英格兰舰队在纽卡斯尔附近的海战中损失了40艘舰船："我们的无敌舰队对敌人进行了坚决的打击，击沉敌舰20艘，俘获敌舰26艘，这26艘战舰都状况甚佳。目睹前方战场上的友舰瞬间变成碎片的英军舰船吃惊不小，于是匆忙逃窜，也损失惨重。现在英格兰战舰已经破败不堪，没有了船员。"无敌舰队大摇大摆地进入纽卡斯尔港，幸好"港口倒是完好无损"。在结尾处他称："港口内，英格兰人都拉长了脸，一句话也不愿说。"[56] 还有流言称因海军遭受的重创，英格兰人陷入了一片恐慌之中。德雷克在试图登上"圣马丁号"时被俘（正是这个消息使门多萨勇气倍增，在巴黎自己的寓所前点燃篝火庆祝大捷）；以伊丽莎白为首的英格兰政府明令禁止传播任何关于英格兰舰队战况的消息。英格兰国内开始越来越担心英格兰天主教徒会揭竿而起。

此后，一艘德意志汉萨船的船长报告称，他们在所经过的海域发现大批溺毙的骡马。[57]

8月15日，莱斯特收到消息，女王要视察驻扎在埃塞克斯郡西蒂尔伯里的陡峭的山巅的"王室军营"。莱斯特欣喜若狂，情不自禁地致信女王伊丽莎白。信中称将士们已经做好准备"为您献出生命——为您，我尊敬的温婉的女王殿下！上帝保佑您永远健康，请务必不要再改变行程。您的迎宾人员都已做好一切准备，并对这一准备赞叹不已。[58] 行宫整洁、温馨，不失王室风范，距离我的营地不到一英里"。"安全措施全部到位，保证和圣詹姆士宫一样安全"。[59] 莱斯特在等待着喜讯传来。现在对他来说，想把手下的士兵召集起来都有困难，士兵们装备破败不堪，想找一匹战马、一匹拉车的马都不容易。亨利·科克爵士（Sir Henry Cocke）和菲利普·博特勒爵士（Sir Philip Boteler）不得不“在赫特福德郡和那些绅士们周旋，甚至怀疑他们欺骗女王陛下，没有尽心尽力，把好马良驹都偷偷藏了起来，把那些病马老马送到了兵营”。[60]

莱斯特制订了详细的计划，为其手下 1.6 万名步兵与 2000 名骑兵提供食宿。他还威胁周边 20 英里（32.19 千米）的商户，如果他们胆敢隐藏“稻米或酒水”，将会受到“最严厉的监禁或罚款”。60 种商品被列为部队供应品，价格由集市办事员核定并负责监管：“上好的小麦”1 夸脱（quarter，合 12.7 千克）限价为 20 先令；1 磅（0.45 千克）“可口的、新鲜的黄油”限价为 3 个便士币（合 1.67 便士）；1 磅“埃塞克斯产上好奶酪”限价 1 便士；1 斯通（stone，合 6.35 千克）“上好的牛肉”限价 1 先令（合 5 便士）。[61] 即使是这样，依然不乏以次充好等投机行为。

莱斯特在给女王的信中表达了对女王设定好的巡游线路的焦虑——他警告女王要避开海岸线，称如果走海岸线，女王可能会沦为西班牙登陆洗劫小分队的俘虏。

> 如果陛下愿意，最远——抵达您在（埃塞克斯的）黑弗灵行宫（Havering），您的军队就驻扎在伦敦近郊……这样才能提供有效的防御。
>
> 如果陛下乐意，可以花 2~3 天的时间视察一下军营和各处要塞。这些地方距离黑弗灵行宫只有 13 英里（20.92 千米）之遥，方便陛下在途中或在兵营休憩。
>
> 我相信陛下会对您的臣下的寒舍感到满意[62]，一英里的距

离内还有一位绅士的府邸可供陛下休息。

考虑到陛下的安危，臣斗胆能够建言的最远距离也仅止于此。托上帝的洪福，在这些区域可保陛下安全无虞。[63]

8月18日星期二一早，霍华德和饥肠辘辘的船员们终于回到了哈里奇和马盖特的近岸锚地。

就在这天早上，伊丽莎白从威斯敏斯特修道院登上王室驳船起程前往蒂尔伯里。刚刚从战场凯旋的将领身穿锃亮的铠甲，头戴插满鲜艳羽毛的无面具头盔，威风凛凛，站在9艘桨船上护送女王出行。王室仪仗队在银号的鼓乐声中顺着泰晤士河的潮水顺流而下直奔目的地。女王抵达蒂尔伯里时，附近教堂的钟楼响起阵阵欢快的钟声迎接女王的到来。帐篷搭建的营房占地5英亩（合2.02公顷），营地四周是匆匆搭建的土质防御工事。由泰晤士河河岸经平坦的沼泽地一路抵达山脚下的是新砌的一条长堤。

迎接伊丽莎白的是罗杰·威廉斯（Roger Williams）率领的一支由2000名步兵和1000名骑兵组成的护卫队。莱斯特就在女王的近侧。女王肩披红发，帽上插着翎羽，一路骑行，只有当士兵在路边一边磕头一边大声为女王祈福时，女王才稍稍驻留。以上均为官方记载。但是也有人怀疑这些士兵中有人要求女王支付拖欠的薪水。当然，伊丽莎白觉得有必要事先通知士兵们，要求他们“不要向女王表达这种偶像式崇拜”。[64]

这天晚上，女王并没有在“臣僚的寒舍”休息，而是选择了“里奇先生的府邸”[65]——也可能是在阿德恩庄园（Arderne House），即位于山腰的霍登府邸——府邸周围卫士多达2000人。

第二天早上，女王又手持大元帅指挥杖（权杖），前后穿着不合身的护心护背铠甲，装扮成男儿身，像“全副武装的女战神帕拉斯（Pallas）”一样回到“王室行营”。她骑马检阅了部队，左右各有 4 名步兵护驾。一队骑兵紧随女王身后。在一片彩旗飘飘、鼓乐声震天之中，女王骑行在英勇的阵列之间。托马斯·德洛尼（Thomas Deloney）在一首爱国民谣中描述了这个场景：

女王骑着奔腾的骏马一路走来宛如天仙
八名扈从分列两侧短衣襟英勇各逞英豪
女官们衣着华美艳丽毕恭毕敬翘首以盼
头饰上点缀珍珠钻石发套纯金丝丝如羽
卫士们挎着大红弓箭在腰个个威猛无比[66]

伊丽莎白骑着膘肥体壮的高头大白马，发表了她一生中最重要的演说，莱斯特的牧师莱昂内尔·夏普（Lionel Sharpe）博士记述了全文。[67]

亲爱的臣民们：

有人因为担心我的个人安危，担心有叛国者，劝我不要检阅全副武装的山呼海啸欢迎我的诸位壮士。

但是我宁愿身首异处也不愿意质疑我信赖和挚爱的臣民。

只有独裁者才会恐惧！我一向如此，在上帝的指引下，我的臣民的善念与忠诚是我最大的依托，也是我最坚固的铜墙铁壁。

此刻我来到你们的身边，不是为了消遣，也不是为了自我愉悦，而是决心在战火的炙烤中，为了上帝，为了我们的王国，为了我的臣民，为了女王的荣耀，为了生生不息的血脉。哪怕身归尘土我也要和你们生在一起，死在一起。

我知道自己只是一个手无缚鸡之力的孱弱女儿身，但是我和列祖列宗一样不乏君王的气魄和胸襟。身为英格兰的君主——无论是帕尔马，还是欧洲大陆的任何王公贵族，胆敢犯我的王国之境者，我都将鄙视之。

任何毁灭我荣誉者，我都将以死相搏。我就是你们的统领、你们的法官，无论从事何种工作，我都将有功必赏，有过必罚。我知道，你们勇往直前，你们期望接受封赏。我以王室的名誉向你们保证，我会言出必行。

须知，我们的大将军代表的就是我，率领的可是天下无双的、高贵的、可贵的臣民。因为你们，我们的军营中才会如此和谐，战场上才会出现如此奋勇杀敌的壮举，才会为我和我的将领披肝沥胆。因为你们，我们必将在不久的将来取得辉煌的胜利，大败上帝的敌人、我们王国的敌人！[68]

将士们对女王的讲话报以“山呼海啸般的回应”：“万岁！万岁！！”个个都满含爱国之情。莱斯特认为女王的演讲“激起了善良臣民的爱国之心，即使是在场的体弱多病之人也足以有勇气与胆敢来犯的最傲慢的西班牙人一决高低”。[69]

稍后，女王在莱斯特的中军大帐面见了来访者。来访者中就包括爱德华·拉德克利夫爵士，他向他的亲戚——脾气火暴的苏塞克斯伯爵这样描述了当时的场景：

> 女王陛下大驾光临使得中军大帐蓬荜生辉。陛下举止优雅，我等心甚慰藉。
>
> 女王兴致颇佳，派人宣我到海军大臣大帐觐见陛下，让我吻了她的手，还对我在行动中的勇往直前颇多溢美之词。她赞扬我为王室立了大功，不愧是名门之后。她还告诉我，在不久的将来将委我以重任。

但是女王在同莱斯特共进晚膳时对他说："有邮件情报显示，帕尔马公爵正准备发动军队再袭英格兰。这一次他会风驰电掣，不会给我们留下喘息之机。"

> 消息传遍了整个营帐区。其目的何在我并不知晓。但目前我们并没有做好增派更多士兵的准备。所以这个消息应该并不属实。[70]

为安全起见，莱斯特催促女王尽快返回圣詹姆士宫。但是女王似乎很享受军事上的荣耀，拒绝离开：她"在此危难之际不愿扔下部队独自离开"。这为后人所津津乐道。直到天色已晚，伊丽莎白才心满意足，优雅地答应了离开蒂尔伯里行营的请求。

次日全军为庆祝胜利举行斋戒。

无敌舰队逃之夭夭，女王终于底气十足起来，她拨冗回复了苏格兰国王詹姆士六世提出的善意的援助建议。

我亲爱的教友，现在看来，罪恶肇始，无论其多么恶意满满，无论其多么势大力沉，终将以耻辱而终结。

上帝石破天惊的眷顾，使敌在我领海之浅浅一隅受到重创，我并以排山倒海之势压迫着敌舰，迫使其前往别处继续他们故作声势的侵略行径。现在，他们顺风而下已经抵达你王国的沿岸。我坚信，他们受到的绝不是箪食壶浆的夹道欢迎。

我相信，这种暴虐、骄纵、疯狂的举动只不过是腓力二世国王厄运的起点。你也尽可放心。

正是他，才促成了我至伟的荣耀，使我能够给他带来进一步的更大的打击，使他终日生活在黑暗之中。[71]

埃塞克斯和肯特郡的部队单日开销就高达 783 英镑 14 先令 8 便士，女王随即下令遣散部队。[72]

无敌舰队驶过苏格兰北部，利博马诺收到了一封来信，信是一个在西班牙舰船上服役的意大利朋友寄来的。信中写满了绝望："环绕苏格兰的航线太过漫长——祈求上天保佑，愿我们能平安回家。我现在饥饿交困。每个人每天的酒水供应量不到半品脱，水还不到一品脱。况且水有一股子味儿，比麝香还难闻，根本就难以下咽；已经有十多天了，我滴水未沾。据说我们现在是要直接驶向科伦纳。"[73]

然而，成百上千的西班牙水手和士兵再也回不了故土了。他们的返乡梦被大西洋的风暴击得粉碎。

第九章

陈尸异国海滩

斯莱戈（Sligo）沙滩长约5英里，经过仔细清点，我一共发现1100具被海浪冲刷到岸边的尸体……村民们告诉我，沿海其他地方情况类似。当然，各处尸体数量可能不一。

——爱尔兰议会秘书杰弗里·芬顿（Geoffrey Fenton）致伯利勋爵的一封信，1588年10月28日，于都柏林[1]

8月13日，梅迪纳·西多尼亚下达命令，无敌舰队经由菲尼斯特雷角（在西班牙人眼中这里便是世界尽头）返回母港科伦纳或费罗尔港。谁也没有想到，他这个（前往世界尽头的）命令竟一语成谶。命令十分简短，写在纸上一角。这天风雨交加、大雾弥漫、海浪汹涌，在如此复杂的海况下，舰队在北海北部海域艰难前行。梅迪纳·西多尼亚指示各舰舰长："海岸线沿线风险很大，须提高警惕，以防撞上爱尔兰岛。"[2]

格里夫兰海战损失带来的危害还在显现。两天后，无敌舰队统帅不顾里卡尔德的反复规劝与抗议，下令舰队全体加速返航。凭着冷静理智的头脑，他下达了一个残酷的决定，即掉队的船只须设法自保自救，正如与刚刚进入英吉利海峡的“罗萨里奥夫人号”的命运一样。8月19日早晨，绵绵的细雨终于停了，灰色的海岸线再次进入人们的眼帘。唐·迭戈·恩里克斯·特列斯（Don Diego Enríquez Tellez）率领的黎凡特分舰队风帆尽毁的“西西里的圣胡安号”与舰队失去了联系。到了晚上，又有13艘舰船因航速过慢消失在人们的视野中。至此，梅迪纳·西多尼亚的舰队只剩下110艘舰只。这13艘船只中包括排水量为600吨的“圣地亚哥号”圆底船，即所谓的“妇人船”。该船在挪威沿岸触礁，幸存者32人，既有步兵也有他们的太太，在汉堡登陆。另一艘船可能也是在那片海域沉没。[3]

由于没有苏格兰和爱尔兰的海图，事务总长卡尔德隆和他手下的法国领航员都告诫梅迪纳·西多尼亚“一定要尽量远离爱尔兰的海岸线”，但是海军参谋迭戈·弗洛雷斯却反对上述观点。不幸的是他错误的建议被采纳了。[4] 由此引发了致命的航海失误：西班牙人根本无法区分爱尔兰南部沿海的开普可利岛和西海岸的无数的海岬，例如埃里斯角（Erris Head）。

8月21日，无敌舰队总司令致信国王腓力二世。信中他急于向国王解释这次使命失败的原因：

> 无敌舰队现在已经完全被打残，七零八落。无论有什么风险，我现在第一要务就是为陛下挽救它，虽然我们是在如此高的纬度航行，虽然我们已经走了太长的路。

现在我们缺乏弹药，好船也没几艘。实践证明我们无法指望现有的船只。女王舰队的炮火强度及其航速表明，敌舰在作战方面要远胜我们。

而他随后的几句话更令人诧异："陛下的舰只几乎全仰仗火绳枪和滑膛枪，这就使得我们只能和敌人接舷作战，否则我们的优势就发挥不出来。"

在征得各位将官即经任命的顾问官及各级将领同意后，我们采纳了目前的这条航线……由于天气的原因我们也只能走这航线。现在依然刮着西南偏南风。

我们已经穿过了挪威海峡，目前正穿行在苏格兰的奥克尼群岛和设得兰群岛之间，目的是尽可能地少走弯路。

目前舰队的供给已严重不足。为了保证剩下的给养及用水能够维持一个月，所有人的日供给都大大削减了。[5]

陛下可以想见众将士受了多大的苦……现在，不计伤者（伤者无数），已经有3000余人病倒。

祈求上帝垂怜，使我等能够顺风顺水，早日返回母港。唯其如此，这支军队，无论是步兵还是水兵才能保全，才能获得救赎。

即便如此，梅迪纳·西多尼亚还是怯怯地表示，他坚定地相信"自己一定会在陛下任内见证陛下的神圣计划得以实现，为万能的主争辉"。[6]他将这封信交给了自己的一个参谋唐·巴尔萨泽·德·祖尼加（Don Balthazar de Zúñiga），安排其在设得兰岛主岛靠大西洋一侧的附属岛屿斯卡洛韦（Scalloway）登陆，[7] 并命其先行返回西班牙做好准备，以待无敌舰队返回加利西亚。[8] 西班牙人还打劫了苏格兰人和荷兰人的渔船，抢到一些鱼肉和淡水来补充无敌舰队日渐短缺的储备。[9]

从 8 月 24 日至 9 月 4 日，苏格兰北部海域大雾弥漫，风雨交加，西班牙无敌舰队一直在这片海域苦苦挣扎。[10] 由于海况恶劣，多数舰船失修，部分舰船失联。8 月 24 日之前，卡尔德隆的圆底船"圣萨尔瓦多号"还能远远地跟在无敌舰队的后面，但是随后便与无敌舰队失去了联系，孤零零地漂泊在爱尔兰西岸某个大型岛屿附近的洋面上。

> 海水不断冲刷着沙滩，使舰船时刻处于危险之中。军需官下令将船只向西北部拖行 30 里格（166.68 千米）。无敌舰队的其他舰船肯定也采取了同样的措施。因为如果不这样，必然会损失至少数艘船只。海岸线非常不规则，风大浪急，裹挟着船只直往海岸线冲去。[11]

不久，卡尔德隆的预感便一一应验了。苏格兰和爱尔兰西海岸变成了无敌舰队（及腓力二世不切实际的军事野心）的坟场。一共有至少 27 艘西班牙船只在该海域遇难。[12]

4 艘战舰与无敌舰队主力失去了联络，它们分别是：运输分舰队的旗舰 650 吨级的"伟大的格里芬号"（*El Gran Grifón*）、"伟大的格里芬号"的姊妹舰"巴萨的安贝格号"（*Barca de Amberg*）、

“黑色城堡号”（*Castillo Negro*）以及唐·阿隆索·德·卢松（Don Alonso de Luzón）率领的黎凡特分舰队的“三位一体巴伦西亚号”。这 4 艘船只结伴向西南方向航行。两周后的 9 月 1 日，“巴萨的安贝格号”触礁。幸存下来的 256 名船员被紧急转移到了“三位一体巴伦西亚号”和“伟大的格里芬号”上。“巴萨的安贝格号”最后消失在波涛之下。

威尼斯船“三位一体巴伦西亚号”是一艘经过改造的运输船。船上载有大量攻城炮——每门火炮重达 2.5 吨，每枚实心炮弹重达 40 磅（18.14 千克）——除此之外，船上还有自载炮台 42 个。从科伦纳港起航时船上有步兵 335 人、船员 75 人，到现在死伤惨重，人员锐减。尽管所有炮洞都已经填堵，但是船体依然渗水严重。船上的淡水及食物储备不仅要供应给船上原本就有的 100 多伤者病号，还要供应给“巴萨的安贝格号”过来的士兵，已所剩无几。因此，唐·阿隆索·德·卢松决定登陆以寻求补给。9 月 16 日，“三位一体巴伦西亚号”在马林角（Malin Head）和福伊尔湖（Lough Foyle）之间的多尼戈尔郡（Co. Donegal）的金那格湾（Kinnagoe Bay）西端砾石滩不远处触礁。

卢松和 4 名军官刚上岸就被 20 多个“野蛮人”团团围住。惊慌之余，他们一边往船上撤，一边抽出短剑来自卫。更没想到的是这些人并没有对他们动手的意思，而是把他们客客气气地请下了船。随后又赶来了一大拨人，逼着他们交出了武器，并将他们的衣服、衣服上的金纽扣及 7300 块达克特金币一抢而空。[13] 最终，在讨价还价半天之后，他们用 200 块达克特金币从当地的爱尔兰权贵约翰·奥多彻蒂爵士（Sir John O’Docherty）那儿换来了几艘小船。他们花了两天的时间，准备将“三位一体巴伦西亚号”上的全体船员接到岸上。在此过程中有一艘小船沉没，爱尔兰人趁火打劫。尽管如此，他们还是搭救了400多名西班牙人、希腊人和意大利人。西班牙人上岸后购买了马肉和黄油，在海上漂泊数周之后，他们终于吃上了一顿饱饭。“三位一体巴伦西亚号”最终断为两截，45名没来得及转移的伤员溺水而死，[14]连同30名趁火打劫的爱尔兰人一同消失在海浪之下。

卢松及其手下才出龙潭，又陷入了虎穴。

他们决定向南行军20英里（32.19千米），穿过伊尼什欧文半岛（Inishowen peninsula）的沼泽地抵达唐暨康纳（Down and Connor）主教[15]康纳·奥德维尼（Connor O'Devenny）的老家伊拉城堡（Illagh Castle），再向西海岸进发，在当地找些船只返回西班牙。但是半路上他们却遭遇了约翰·凯利（John Kelly）少校率领的一支为英格兰效力的爱尔兰雇佣军。这支雇佣军有骑兵200名，“步兵、火绳枪兵及弓箭手”300名。在一番例行公事的零星交火之后，双方也算有个交代，卢松率队投降，随后被押往都柏林。

爱尔兰人将这47名西班牙军官和他们手下的士兵隔离起来，分别关押。他们被一群凶神恶煞的爱尔兰士兵围在中间。爱尔兰人认为很可能能从他们那儿榨取一笔不菲的赎金。“没有任何级别”的士兵则被扒光衣服之后带到附近的野地里，被火绳枪手一阵阵的子弹打翻在地。试图逃跑的士兵则被骑兵用长矛捅死。“三位一体巴伦西亚号”的舵手胡安·拉萨罗（Juan Lázaro）描述了爱尔兰人逼他们蹲坐在地上，两名骑手挥动手中白色的长矛[16]示意士兵朝他们射击的场景。[17]大约300名西班牙人被杀，另外100

人在受伤后被遗弃在沾满鲜血的草地上，是生是死听天由命。

还能勉强站起来的伤兵历经千辛万苦，终于穿过泥炭沼泽地，最后抵达了伊拉城堡。有些爱尔兰农民抢去了部分士兵所有的财物，而有些当地人却对这群逃亡者相当好，甚至为他们提供食宿。[18] 大部分幸存者都得到了一个来自邓卢斯（Dunluce）的名叫索利·博伊·麦克唐奈（Sorley Boy McDonnell）的爱尔兰酋长的帮助。此公是个大善人，他不顾都柏林政府“禁止协助西班牙人，违者处死，财产充公”的威胁，帮助了很多西班牙人。[19] 麦克唐奈发誓“宁可牺牲自己的性命，损失自己和妻儿的财产也不愿看到基督徒流血牺牲。他举起手中的剑来捍卫天主教信仰。无论爱尔兰总督、英格兰女王甚至英格兰政府如何警告他，他都要将剩下的西班牙人送走”。[20]

被俘的军官和绅士被强行押解到都柏林北部30英里（48.28千米）外的德罗赫达（Drogheda）。但是一路上饥寒交迫，只有卢松和唐·罗德里戈·拉索（Don Rodrigo Lasso）最后幸运地活了下来。两人随后被送往伦敦，1591年3月在交换俘虏时被遣返回国。[21]

在凯里郡南部的瓦伦西亚岛（Valentia Island）海域，自8月27日以来，“圣胡安·保蒂斯塔号”（*San Juan Bautista*）一直与卡斯蒂利亚分舰队排水量为872吨的盖伦船“三位一体号”（*La Trinidad*）结伴而行。9月12日，“三位一体号”失联。9月15日，最大的轻帆船（双桅杆的舰载艇）、排水量为75吨级的“卡斯特罗夫人号”（*Nuestra Señora de Castro*）在离队18天后，由于船体漏水严重在菲尼特（Fenit）小镇外的特拉里湾（Tralee Bay）

抛锚。船上 24 名船员游上岸后，向特拉里城堡（Tralee Castle）的爱德华·丹尼爵士（Sir Edward Denny）的夫人、沉默阴郁的玛格丽特·丹尼投降。

不幸的是，这一次可没有那么幸运，他们抽到的是一副烂牌。

1579—1580 年间，教皇入侵爱尔兰时，丹尼曾在斯梅里克（Smerwick）俘虏了黄金要塞的意大利裔指挥官塞巴斯蒂安·圣朱塞佩（Sebastiano di San Giuseppe）中校。丹尼满心希望能得到一笔赎金，然而让他气恼的是圣朱佩塞竟然逃了。[22] 这一下丹尼不光是折了面子，而且落得人财两空。8 年前，他立下毒誓，发誓从此以后，只要西班牙人落在他手上，便格杀勿论。现在机会稍纵即逝，是兑现自己的承诺的时候了。"卡斯特罗夫人号"上的船员被悉数扣留，在经过一番严刑拷打后，船员们供认目前无敌舰队舰船只剩下 70 艘。他们还坦承，无敌舰队中有一个叫"唐·威廉"（Don William）的英格兰人，此人"个头中等、秃顶"，就在梅迪纳·西多尼亚的船上服役。[23] 丹尼立即下令将丁格尔（Dingle）的 17 名西班牙水手处死。但是其中有 3 人表示"愿意支付赎金来赎命，承诺会找沃特福德的朋友来赎他们"。然而由于说不出担保人的姓名，最后这 17 人无一例外被立即执行死刑。[24]

以 16 世纪人的眼光来看，这些杀戮即使不能说是正常的，也在情理之中。当时又没有《日内瓦公约》（Geneva Convention）来保障被俘的作战人员的人权。战俘没有任何特殊的权利，特别是那些无钱无势的俘虏，根本不可能给看守的士兵带来丰厚的赎金，他们的命运就可想而知了。此外，对于那些不听使唤的爱尔兰酋长和不服管束的爱尔兰的天主教徒来说，英格兰人无力约束和管辖他们。德斯蒙德反叛事件（Desmond rebellion）记忆犹新，教皇在丁格尔半岛煽动的军事冒险也还殷鉴不远。也难怪接到西班牙舰船在爱尔兰登陆的消息时，驻都柏林的英格兰人当局会闻风而动。显然，他们在担心这是外敌对爱尔兰的又一次入侵。

以残忍著称的康诺特省（Connacht）总督理查德·宾厄姆爵士（Sir Richard Bingham）就曾说过："有关陌生船只的消息接踵而至。它们到底是从英吉利海峡和爱尔兰海失利而逃窜的无敌舰队舰船，还是由西班牙本土直接开赴而来，没人能说得清楚，只能猜测。"在宾厄姆看来，西海岸舰船数量过于庞大，因此他断定这些船只应该是来自西班牙本土。"这天夜间，我一直在等各地来的战马给我传递最新情报。我必须到海岸线上亲自查看一番。或是北上托蒙德（Thomond），或是向南下斯莱戈（Co. Sligo），我不去不行啊。"[25]

爱尔兰总督威廉·菲茨威廉（William Fitzwilliam）警告称：目前"这片穷乡僻壤"确实"形势危急、情势棘手"[26]。他还向伊丽莎白的枢密院着重强调，自己手下能捍卫爱尔兰的只有 750 名受过正规训练的士兵。爱尔兰当局"被西班牙人彻底搞蒙了"。面对着西班牙人的入侵，他手下的士兵实在是少得可怜，因此爱尔兰总督向西海岸所有军官下令，"但凡看到西班牙人，一个不漏全部抓起来，格杀勿论"。抓到之后严刑拷打也是这一政策内容之一。[27] 爱尔兰议会秘书乔治·芬顿（George Fenton）则对西班牙幸存者支持爱尔兰人叛乱的企图保持高度警惕："爱尔兰人可听不进任何人的长篇大论或谆谆教诲，他们唯一看重的是能抢到什么东西。"[28]

前文提到的差点儿被无敌舰队处决的弗朗西斯科·德·库埃利亚尔在梅奥郡（Co. Mayo）触礁。他生动地记述了自己遇上当地人的情景：

> 这些野蛮人就像野兽一样，它们住在山里……的茅草屋，个个人高马大、长相英俊、体格健硕。跑起来赛过獐鹿。他们穿着……山羊毛做成的、宽松的粗布短衫，裹着毯子，留着长发，长发都遮住了眼睛。
>
> 他们总是和英格兰人纷争不断……不许英格兰人进入他们的地盘。而所谓的地盘不是大水漫灌，就是沼泽连片。
>
> 这些人最喜欢偷和抢。他们从来都是武器不离手，逢人便抢。只要有人在隔壁村发现了……比如说牛群，无论是什么东西，他们晚上一准带着家伙赶来，准保闹翻天，见人就杀，见人就砍。
>
> 一句话，在这个王国既无公理又无正义可言，所有人都可以为所欲为。[29]

古往今来，对这些爱尔兰人的批评声就没有断过。大多都是批评他们只热衷于劫掠，对当年在爱尔兰海岸线上的数百名西班牙人太过冷酷无情，眼睁睁看着他们一个个溺毙。的确，西班牙舰只一艘接一艘地沉没，而有关爱尔兰人营救西班牙遇险船员的历史记载则少之又少。然而事实上，在16世纪，没有几个爱尔兰人会游泳。在他们的文化习俗中，一个快要淹死的人就是灾星。如果救了这个灾星，施以援手的人或其亲人迟早要替被救者偿命。

[30] 在他们看来，大海就是吃人的。

英格兰人对西班牙人的大屠杀让人胆战心惊。相比之下，爱尔兰人所屠杀的幸存者并不多，和英格兰人相比不可同日而语。唯一的例外可能是某个叫麦拉林·麦卡布（Melaghlin M’Cabb）的人高马大的武装随员在一处海滩一个人抡着战斧砍杀了80个无助的士兵。[31] 确实，爱尔兰不少附逆的酋长不惜倾家荡产，舍命将西班牙人从英格兰人的惩罚下解救出来。这些酋长中就包括奥鲁尔克（O’Rourke）。他将一个难民整整藏匿了一个冬天。当菲茨威廉要求将此人移交给政府时，他断然拒绝。因为遭到报复，奥鲁尔克的两个儿子被绞死。[32]

风暴历时两周。在风暴打击之下，越来越多的无敌舰队战船被裹挟到了海岸边。对于爱尔兰人来说，这些都是他们的战利品。

在“卡斯特罗夫人号”投降一天之后，克莱尔（Clare）的警长波爱修斯·克兰西（Boetius Clancy）向宾厄姆通报称：昨夜在阿伦群岛（islands of Arran）附近发现两艘船，据估计该岛西侧应该还有更多舰船。其中一艘目前

> 在特洛·奥布莱恩（Turlough O‘Brien）府邸以西约1英里（1.6千米）处的少有人使用的利斯坎诺港（Liscannor）下锚。
>
> 该船上有两艘小艇……其中一艘小艇登陆。看起来不像是英格兰人的小艇。小艇至少能坐20人，艇身和锚均呈红色。艇上有一个陶罐，貌似是装油用的。
>
> 昨晚，他们试图乘坐其中一艘小艇登岸，但是由于港口和天气状况没能成功。

和当地大多数居民一样，我也一直在监视他们的一举一动。[33]

4天后，唐·费利佩·德·科尔多瓦率领的吉普斯夸分舰队的136吨级的“圣埃斯特万号”（*San Esteban*）被海浪冲击到了基尔拉什（Kilrush）北部敦贝格（Doonbeg）附近的白色沙滩上。200多人被淹死，60人在挣扎着逃离的过程中被俘。同一天，在距离出事地点以北6英里（10.14千米）处的马顿岛（Mutton Island）[34]与勒嘉角（Lurga Point）之间，无敌舰队另一艘战舰“圣马科斯号”沉没，全船仅4人生还。这4人及“圣埃斯特万号”上的生还者均被克兰西押送至被后世称为绞刑架山（Gallows Hill）的地方绞死。随后，他们被葬于克莱莱克（Killilagh）教堂附近的一处坑中。[35]

对于无敌舰队来说，这天无疑是黑暗的一天。黎凡特分舰队703吨级的“公布号”（*Anunciada*）起火，在香农河（River Shannon）河口北岸基尔拉什外的斯凯特里岛外锚地沉没。“公布号”已经和另外5艘萨布拉船在此地下锚了一周。这段时间其渗水问题一直很严重。“公布号”抵达该地的次日，450吨级的鼓形圆底运输船“巴萨的但泽号”（*Barca de Danzig*）赶来与他们会合。“但泽号”也因天气原因受损严重。来自意大利拉古萨的木工放弃修复“公布号”，转而试图修复“但泽号”船体。“公布号”上的所有船员、炮火、供给、淡水全被转移到了“但泽号”上。随后，西班牙人干脆就在斯凯特里岛一把火将“公布号”烧了。[36]

在爱尔兰西南部的凯里郡沿岸地区，也有部分船只幸免于难。马科斯·德·阿兰布鲁（Marcos de Aramburu）的盖伦船“卡斯蒂利亚的圣胡安号”（*San Juan de Castilla*）在丁格尔湾入口处的布拉斯海峡（Blasket Sound）下锚待修。该船最后于10月14日顺利抵达桑坦德（Santander）。里卡尔德的“葡萄牙的圣胡安号”（排水量1050吨）载着100多号伤病员在布拉斯海峡与阿兰布鲁（Aramburu）会合。此时，里卡尔德的船上尚存25大桶酒，但是已经没有饮用水；船上的水还是出发前在西班牙装船的，已经“馊气熏天”了。

他们登上大布拉斯岛（Great Blasket Island），用泉水补给了淡水资源。9月21日中午，吉普斯夸分舰队的副旗舰、945吨级的“罗莎的圣玛丽亚号”与他们会合并下锚。“圣玛丽亚号”的帆已经被风暴撕成碎片。然而，刚过两点，“圣玛丽亚号”就撞上了斯特龙伯利暗礁（Stromboli pinnacle of rock），沉没了。除了热那亚领航员之子乔瓦尼·德·马诺纳（Giovanni de Manona）抱着一块木板漂到岸上外，舰上300多号人全部葬身鱼腹。上岸后，马诺纳随后被英格兰人俘虏。他讲述了船上的军官如何以莫须有的罪名指控自己的父亲故意想使船沉没而犯了叛国罪，并一怒之下将其父杀害的经过。“圣玛丽亚号”几乎是瞬间沉没的，船上的军官甚至都没来得及放下救生小船。他还声称，腓力二世的私生子阿斯科利亲王就在船上，也没能逃生。然而事实上亲王此时正在佛兰德斯，此后还为意大利人效过力，因此他所说的显然不属实。马诺纳随后被英格兰人处死。[37]

费尔南多·奥拉（Fernando Horra）的“圣胡安·保蒂斯塔号”于9月23日抵达该海域，此时它已经没有了主桅杆，修复无望。舰上全体船员转移至“卡斯蒂利亚的圣胡安号”和“葡萄牙的圣胡安号”上。西班牙人又一把火烧了“圣胡安·保蒂斯塔号”。10月7日，里卡尔德及其旗舰抵达西班牙的毕尔巴鄂（Bilbao），两天后因心力衰竭在一家修道院与世长辞。

9月16日至21日期间，共有4艘无敌舰队战船沉没，其中3艘在梅奥郡沿岸沉没，它们分别是：黎凡特分舰队的“圣尼古拉斯·普罗达内利号”（*San Nicholas Prodaneli*，834吨级）及两艘尤卡船（*urcas*）“圣地亚哥号”（600吨级）与“圣鹿手轮号”（*Ciervo Volante*，400吨级）。3艘舰船船员多达500人或溺水身亡，或逃了出去。逃出去的船员或一上岸即被处决，或被关押在理查德·宾厄姆看管的噶威监狱，随后被处决。[38]而第四艘船搁浅的地点大概是在基拉拉湾（Killala Bay）的蒂劳理（Tirawley）。

唐·阿隆索·德·莱瓦的“圣玛丽亚·罗塔·因科罗纳达号”驶入乌鱼半岛（Mullet Peninsula）和阿奇尔岛（Achill Island）环抱下的入海口布拉克索德湾（Blacksod Bay）。[39]船上有爱尔兰叛将詹姆士·菲茨莫里斯·菲茨杰拉德的儿子莫里斯·菲茨莫里斯（Maurice Fitzmaurice）。9月21日，该舰在巴里克罗伊（Ballycroy）附近下锚的过程中被臭名昭著的激流潮冲到费伊滩（Fahy Strand）搁浅。菲茨杰拉德死在了甲板上，被人用柏木棺盛殓后顺着海浪漂到岸边。

莱瓦将士兵和物资转移到俯视着整个海湾的天鹅绒城堡（Doona Castle），然后放火烧了“圣玛丽亚·罗塔·因科罗纳达号”。与此同时，安达卢西亚分舰队的圆底船“杜奎斯那·圣安娜号”在港外10英里（16.9千米）处、贝尔马利特（Belmullet）南部6英里（9千米）处的埃利（Elly）港平稳下锚，莱瓦率领手下士兵行军25英里（40.23千米），抵达并接管了“杜奎斯那号”（*Duquesa*），打算乘“杜奎斯那号”和750名士兵抵达中立的苏格兰。然而厄运接踵而至，9月25至26日晚间，风暴将这艘900吨级的大船推向多尼戈尔郡罗斯贝格（Rossbeg）的洛赫罗斯·莫尔湾（Loughros Mor Bay）。在准备下船时，莱瓦的一条腿被旋转的绞盘手柄打伤。然而，他轻伤不下火线，勇敢地夺下了基尔图里斯湖（Lough Kiltooris）湖面上奥博伊尔岛（O'Boyle's Island）上的一处要塞。莱瓦在一片混战之中在该要塞架设了一门轻型火炮。此时莱瓦得报，南部19英里（30.58千米）处的基里贝格斯港（Killybegs harbour）正停泊着加利亚斯式战舰“赫罗纳号”。莱瓦坐着船上木工粗制滥造的一把椅子，率领着士兵从阿达拉（Ardara）出发，前去和“赫罗纳号”会合。

接下来的两周的时间内，西班牙人在基里贝格斯港入口处的坎图拉角（Camtullagh Head）打捞搁浅于此的另一艘西班牙舰。以此为材料，抓紧修缮“赫罗纳号”。部分爱尔兰人求莱瓦留下来，领导他们与英格兰异教徒抗争。但是莱瓦以另有职责在身为由拒绝了。[40] 获悉爱尔兰总督菲茨威廉正带着一支英格兰军队向他们扑来，莱瓦“登上了船，领航员中有3个爱尔兰人和1个苏格兰人”。[41] 最后，10月26日，共计1000多名西班牙人搭乘加利亚斯式战舰前往苏格兰，其中300人为苦力。[42] 还有200名西班牙人没有登船——其中就包括“蒂珀雷里郡教区”的詹姆斯·玛查理（James Machary）。“玛查理身为女王陛下的臣民竟然替西班牙人卖命”，所以，爱尔兰总督“恨不得亲手把他绞死”。但是最后，他还是将玛查理交给了伦敦的枢密院审判。[43]

两天后，在一个风雨交加的晚上，“赫罗纳号”在安特里姆郡（Co. Antrim）高高耸立的拉卡达角（Lacada Point）附近触礁断为两截。全船仅9人攀上峭壁到邓卢斯城堡[44]寻求庇护，最终抵达苏格兰。索利·博伊·麦克唐奈总算是找回了一些被海浪带到岸边的“酒”，随后他以当地的仪式为260名被海浪卷到岸边的西班牙遇难船员举办了体面的葬礼。[45]加利亚斯式战舰的失事使得西班牙和意大利不少贵族门庭陷入了无尽的哀思：据一份西班牙文献记载，“殉国者名单上的绅士人员众多，足足列满了一叠纸（24张纸）”。

一连数个月，马德里的人们一直在祈盼莱瓦及其所率军队，期望他们能奇迹般地活着，相信他们还在与英格兰人作战，或者和爱尔兰叛军领袖结盟共同对付英格兰。1589年1月的一份报告称，莱瓦和“爱尔兰3骑士”攻陷了邓多克镇（Dundalk），并且和“奥尼尔（O’Neill）及麦克唐奈等反对信仰路德宗的女王的义士联合起来”。同样在1月，爱尔兰商人中还流传着这样的说法：莱瓦“从搁浅的船只上将重型火炮和军火卸下”，架设在斯莱戈郡某处港口，将该港口打造得“固若金汤”。莱瓦的爱尔兰盟友奥鲁尔克和奥康纳都对莱瓦“相当满意，因为有了莱瓦的鼎力相助，他们再也不惧怕英格兰女王了”。[46]

但是这种乐观实在是没有依据：莱瓦确实勇敢坚毅，但在无敌舰队所遭遇的最惨重的单次事故中莱瓦已经毙命。据说，莱瓦“一副长髯，个子高大，身形修长，发呈淡黄色，俊朗飘逸。他举止温和稳健，言谈总是深思熟虑，既温和又得体，他不只赢得了手下的爱戴，也赢得了同侪的赞誉”。[47]腓力二世曾坦言，失去莱瓦比失去整个无敌舰队更让他痛心疾首。

然而，屠杀并未结束。9 月 22 日，比斯开分舰队副旗舰“伟大的笑容号”（1160 吨级）在梅奥郡克鲁湾（Clew Bay）西侧的克莱尔岛附近触礁沉没。舰长佩德罗·德·门多萨（Pedro de Mendoza）和 100 名幸存者逃到了克莱尔岛上。他们想偷几条渔船逃生，不料却遭到当地酋长道达拉·罗·奥马利（Dawdarra Roe O’Malley）的截杀，64 人遇难，门多萨本人也未能幸免，其余人等皆被俘获。[48] 只有一名西班牙人和一个来自韦克斯福德的爱尔兰人被赦免。[49]

3 天后，黎凡特分舰队的 3 艘武装商船在斯莱戈郡北部多尼戈尔湾（Donegal Bay）附近的斯特里达海滩（Streedagh Strand）长达 2 英里（3.22 千米）的沙滩附近沉没，这 3 艘船分别是：“朱莉安娜号”（*Juliana*，860 吨级）、“维森的圣玛丽亚号”（660 吨级）及分舰队的副旗舰“拉维亚号”（728 吨级）。3 艘舰船在距离海岸线一定距离的水域搁浅，搁浅后不到一小时舰船便开始解体，最终导致大约 1000 人丧生。其余 300 名幸存者被理查德·宾厄姆的士兵所杀。逃生者中有一人名叫弗朗西斯科·德·库埃利亚尔，他最初在“圣佩德罗号”（*San Pedro*）上服役，被解除职务后开始在威尼斯的“拉维亚号”上工作。他讲述了沉船的经过：

> 飓风拍打着侧舷，巨浪滔天……锚具根本就抓不住海床，船帆四处漏风。3 艘船同时向铺满细沙的岸边疾驶而去，最后船体被卡在巨大的岩石中，动弹不得。

“驼背中校”唐·迭戈·恩里克斯（Don Diego Enríquez）的“拉维亚号”上装了价值1.6万达克特的珠宝和金币。每一块甲板下都有4名士兵负责关闭舱门和密封舱口。在沉船的一瞬间，70多名滞留在破损船体中的士兵纷纷跳到救生小船上。然而，滔天的巨浪瞬间就将小船吞噬，浪花裹挟着船员将其冲到岸边，尸体随着海浪在沙滩边起伏。

> 惨状让人不忍目睹，跳上小船的绅士全都葬身大海。
>
> 救生船在岸上躺了一天半后终于被一群野蛮人发现，他们将船翻过来……破开甲板，将尸体一一拖出，这时他们发现唐·迭戈·恩里克斯还有一口气，就结果了他的性命。
>
> 随后，他们将尸体全身上下剥个精光，拿走了所有的珠宝和财物。尸体横七竖八，暴露于沙滩上。
>
> 库埃利亚尔在艉楼甲板上目睹了这幕人间惨剧。他惊恐万分，眼睁睁地看着那么多人一个个溺水身亡，落水者“无一人生还”。
>
> 其他人则在船舱里惊声尖叫，祈求上帝拯救。各船船长纷纷将金项链和金币扔进大海。我能够看到……海滩上到处都是敌人，幸灾乐祸地看着我们的惨状，又唱又跳，欢呼雀跃。我们的士兵一上岸，就被那200多野蛮人和敌人扑上来抢走一切，还扒个精光……他们对我们的士兵一顿恶揍，将我们的人打得遍体鳞伤。

库埃利亚尔不会游泳，他一边挣扎着往岸边扑腾，一边四下寻找可以抓住的残骸。正在此时，曾经的军法署署长马丁·德·阿兰达（Martin de Aranda）突然出现在“拉维亚号”的船艉楼甲板上。阿兰达“眼中含泪，神情沮丧”，缝在衣服内口袋中的达克特金币过重，压得他几乎直不起身。库埃利亚尔死死地抱着一块木舱板，跳进了水中。阿兰达也抓住了一块残骸，却被巨浪卷走。阿兰达越漂越远，不断下沉，可怜的他还在不断地央求上帝饶他一命。库埃利亚尔两腿都受了伤，腿上都是鲜血。他使出了全身力气，挣扎到了岸边，并趁着夜色，偷偷地藏了起来。第二天，他发现了一个被英格兰人纵火后废弃的修道院。修道院窗棂的铁条上吊着 12 个西班牙人。而此时沙滩上横七竖八躺着 600 具尸体，旁边围着一群野狗和鸦雀，正忙得不亦乐乎。[50]

爱尔兰总督菲茨威廉随后巡视了斯特里达海滩：

> 我来到西班牙舰船搁浅的海湾巡视。与我得到的汇报中描述的一样，沙滩上共有 1200~1300 具尸体。
>
> 我纵马在这片 2 英里长的海滩上，来到海滩中间……看到到处都是沉船上剥离的木板。依我看，这些木板足可以打造 5 艘超级大船。除了木板外，海滩上还散落着不少大救生艇、缆绳和桅杆……部分桅杆之长、宽都是我这辈子从来没有见过的。[51]

菲茨威廉派大卫·格温（David Gwyn，他不久前刚刚在巴约讷从无敌舰队的沉船中逃生）来负责打捞斯特里达海滩上的沉船及船上的珠宝和火炮，并审讯关押在德罗赫达的西班牙囚犯。不幸的是，格温携带着从幸存者身上抢来的价值 160 英镑的金银珠宝潜逃到了法国的拉罗谢尔（La Rochelle）。回到都柏林之后，总督又成了流言中伤的对象。据称，他在加来船上服役的时候曾说："沃尔辛厄姆是西班牙人的间谍，他会亲手把女王交到西班牙人手中。"听到这个谣言，总督大为光火，发誓宁死也绝不背叛沃尔辛厄姆。[52]

库埃利亚尔逃到岸上时遇上了两个全副武装的人，其中一个是英格兰人，另一个是法国人，此外，他还遇上了一个 20 来岁的"奇女子"。这名女子阻止了她的同伴对他下死手，但是却放任那两个人扒光了他的衣服，抢走了他的金项链及缝在紧身上衣中的 45 个达克特金币——那是他从科伦纳出发前领到的两个月的薪水。他们把他的紧身衣又还给了他，但是拿走了他的衬衣。据库埃利亚尔回忆，这个"野蛮的女人将他的衬衣挂在自己的脖子上，打手势告诉他，这件衬衣她要了。她还自称是个基督徒"。后来，库埃利亚尔逃到了苏格兰，又乘船逃往敦刻尔克。然而不幸的是，就在即将抵达敦刻尔克时，船只再次遇险。库埃利亚尔和同船的 270 名船员刚抵达港口就被荷兰人用刀架在脖子上做了俘虏。直到 1589 年 10 月 4 日，他才安全抵达由西班牙人控制的低地国家的安特卫普市。[53]

让我们的视线再次回到爱尔兰。9 月 25 日，300 吨级的平底驳船"白隼号"（*Falcon Blanco Mediano*）在噶威海湾伊尼什博芬岛搁浅。全船 80 名船员弃船逃走，被康内马拉（Connemara）的奥弗莱厄蒂家族（O'Flahertys）藏匿了起来。爱尔兰总督颁发命令，凡藏匿西班牙人 4 小时以上者，将以叛国罪处以绞刑。至此，奥弗莱厄蒂家族才将自己藏匿的西班牙人交给了理查德·宾厄姆爵士。[54]宾厄姆曾吹嘘称，仅在康诺特一地，他就斩杀了1100多名西班牙幸存者。然而此时他却突然厌倦了杀戮，竟然饶了这些人的小命——或许他想着多捞一些赎金？但是，这些人最终还是没能逃过一劫。菲茨威廉亲自下令将他们处决。另一艘418吨级的比斯开分舰队的"胡安的康塞普西翁号"（*Concepción de Juan de Cano*）上的船员在看到搁浅船只的幸存者在岸上点燃的篝火后，在靠近南部的噶威市以西18英里（30千米）外的卡纳（Carna）附近的阿尔德湾（Ard Bay）靠岸。[55]

有据可查的无敌舰队的沉船事故还有两起，不过这两起沉船均发生在苏格兰海域。

9月4日，650吨级的旗舰平底驳船"伟大的格里芬号"与命运多舛的"巴伦西亚的圣三位一体号"分道扬镳，随后便在苏格兰西海岸任由飘忽不定的风暴摆布。9月27日晨，"伟大的格里芬号"在即将抵达奥克尼与设得兰之间的费尔岛（Fair Isle）时，在斯特罗姆赫利尔（Stromshellier）的峭壁的狭小入口处搁浅。[56]船员纷纷向岸边逃去，7人死亡，300名幸存者（其中包括原"巴萨的安贝格号"上的船员）受到了岛上几户佃农的款待。

他们登岸的时候肯定会感叹命运的奇妙。他们来到了一个奇妙的世界。岛上的居民竟然无一例外全是秃子——他们自己将其归咎于"常年艰辛地在湍急的潮水中跋涉"。[57]一名历尽饥寒却依然傲气十足的西班牙高级军官问当地的酋长马尔科姆·辛克莱·奥文戴尔（Malcolm Sinclair of Owendale），这辈子可曾见过"像他这样（英俊）的人"。酋长沉默片刻后答道："你的脸是挺白净的。我在巴罗沼泽地（Burrow Moor）见过不少比你英俊得多的，不过他们可都是被俘后被吊打的货色。”[58] 他们在岛上住了数个月，没有人管他们的死活，其中约 50 人因为伤病去世，被葬在费尔岛南端一块被后世称为“西班牙人的坟场”的地方。[59] 其余的人也都弱不禁风，风轻轻一吹，就能掉落下悬崖。11 月 6 日，这幸存下来的 250 个人终于乘着租来的渔船抵达了苏格兰的安斯特拉特（Anstruther）。1589 年 3 月，他们被遣返回了西班牙。

唐·迭戈·恩里克斯·特列斯率领的拉古萨的战舰“西西里的圣胡安号”排水量为 800 吨，船员多达 300 余人，成了第二艘在苏格兰海域沉没的无敌舰队舰船。不过这次沉船却与天气无关。9 月 25 日，“西西里的圣胡安号”在苏格兰西岸的马尔岛（island of Mull）东北端的托伯莫里湾（Tobermory Bay）下锚。“西西里的圣胡安号”在锚地待了 4 周，边检修船体边增添补给，为返航做准备。为答谢当地地主拉克兰·麦克莱恩·杜阿尔特（Lachlan MacLean of Duart）同意他们在此地下锚的恩情，西班牙人借调 100 名士兵给拉克兰当雇佣兵来助其解决家族恩怨。西班牙雇佣兵随即洗劫了杜阿尔特的仇家科兰拉诺德（Clanranald）的麦克唐纳家族的拉姆群岛（islands of Rum）和埃格岛（Eigg），以及另一个仇家阿达摩尔坎（Ardamurchan）的麦克莱恩（Maclean）家族的坎纳岛（Canna）和穆克岛（Muck）。

11 月 5 日，“西西里的圣胡安号”突然发生爆炸，仅 15 人幸免于难，船上其他人员全被炸死。[60] 此后，拉克兰的西班牙雇佣兵人数降至 50 人，直到来年西班牙人回国。

爱尔兰总督菲茨威廉怀疑是因“挪用金银财宝的”被罚的法国人心生不满，点燃了火药，炸毁了船只。[61] 事实上，真正的黑手是弗朗西斯·沃尔辛厄姆手下的间谍。这名间谍名叫约翰·斯莫利特（John Smollett），来自邓巴顿，对外自称苏格兰商人，专为西班牙人采办食物。这天，西班牙船员犯了一个大错，竟然在前甲板上晾晒火药。正是这一蠢得不能再蠢的举动让斯莫利特抓住了天赐良机。他将一块点燃的布条扔到了火药旁，便匆匆下船，急急忙忙朝岸边奔去。不多时，身后就传来了爆炸声。[62]

“西西里的圣胡安号”被炸飞，舰船残骸在距离岸边 50 码（500 米），11 英寻（20.12 米）水深的海面上漂荡。[63]1730 年，人们在该海域找到了一门刻有法国国王弗朗索瓦一世纹章的加农炮——这很可能是 1557 年圣昆汀战役（Battle of St Quentin）中西班牙人缴获的战利品。这门加农炮现在还陈列在因弗拉里城堡（Inverary Castle）。1906 年人们又在该船上发掘了一个直径为 11 英寸（27.94 厘米）的银盘，随后就有传言称这是一艘运宝船，这当然并不属实。

9 月 8 日，坐标伦敦。沃尔辛厄姆听取了“西班牙人在刚刚过去的风暴中在爱尔兰西海岸遭受重创、损失惨重的汇报”。3 周后，英格兰政府已收集到大量关于无敌舰队遭受损失状况的相关信息。这些信息极为详尽丰富，简直可以“积简充栋”了。[64] 沃尔辛厄姆向伊丽莎白驻巴黎大使爱德华·斯塔福德通报称：“我们期待着更多西班牙舰船遇险的消息。在我们的海员们看来，西南风如此猛烈，西班牙人想返回本土不过是痴心妄想。”[65]

幸免于难的西班牙士兵只好在爱尔兰的荒郊野地里流窜。这个消息令伊丽莎白十分不安。她通令英格兰西部各郡县首席治安长官，严令民兵“时刻严阵以待，只待一声令下，一个小时之内便可兵发爱尔兰”。菲茨威廉请求“从布里斯托尔调派5~6艘战船”，布防在爱尔兰西海岸，以阻击“40艘被海浪肆虐准备归国的西班牙人战船”。[66]

事实上根本无须向爱尔兰派遣任何步兵，因为西班牙人的军事威胁已然烟消云散了。例如，部分西班牙幸存者已经开始追随蒂龙伯爵（Earl of Tyrone）休·奥尼尔（Hugh O'Neill）。即使时隔8年后，仍有8名西班牙人在为伯爵卖命。这其中就包括佩德罗·布兰克（Pedro Blanco）。他在“朱莉安娜号”（*Juliana*）沉船事故中捡了一条命，随后便做了伯爵的侍卫。

约有100名出身高贵、“有望勒索到赎金”的西班牙人被菲茨威廉执行了缓刑。其中61人被押解到了英格兰。其余的30多人在1588年12月从都柏林押解往切斯特（Chester）途中逃走。爱尔兰北部的卡里克弗格斯（Carrickfergus）警员克里斯托弗·卡莱伊尔（Christopher Carleill，沃尔辛厄姆第一任妻子的继子）协助他们上了停泊在都柏林湾的自己的“燕子号”舰载艇。随后，他谎称该船被盗，囚犯劫持了船上8名船员和一名绅士，并“胁迫他们……将船和船员带走”。他要求补偿自己的损失。这30多个人最终平安抵达了科伦纳。1589年8至9月间，有人还看到过这艘舰载艇。据卢克·普兰基特（Luke Plunkett）的报告，“燕子号”和另一艘船解救了无敌舰队的意大利裔人士，并在爱尔兰沿岸抢劫了过往船只。1589年11月，3名“爱尔兰的船员”——可能是该船原有船员——被西班牙人处决。[67]

在苏格兰和爱尔兰西海岸究竟有多少西班牙人溺亡？又有多少人被屠杀？各方对这方面数据的估计一直存在巨大差异。1589

年，贝尔特伦·德尔·索尔顿（Beltrán del Salton）呈递给腓力二世的报告中称3428人溺亡，1016人被英格兰人处决。[68]但是，其报告中提到的沉船数只有13艘，幸存者也仅有106人。如果将索尔顿未计算在内的所有沉船全统计在内的话，死亡总数将高达6751人——这与此前西班牙官方统计的6161人已经比较接近了。[69]据乔治·芬顿的记载，无敌舰队沉船16艘，死亡5394人。[70]最新的文献研究表明，溺亡或登岸后因饥饿与疾病死亡的总人数为3750人；另有1500人被英格兰人和爱尔兰人所杀；幸存者仅750人。[71]

9月26日，菲茨威廉告诉伯利："上帝用沉船、野蛮人和饥荒的手段，替女王好好地教训了这群骄傲自大、目中无人的西班牙人。"[72]但他并没有提及英格兰人对幸存者的大屠杀，在他看来这完全是两码事。

不幸的是，无敌舰队的厄运并未完结。

10月4日，排水量为600吨的那不勒斯分舰队的加利亚斯式战舰"祖尼加号"被强风裹挟到了法国港口勒阿弗尔。"祖尼加号"的军需官佩德罗·德·伊古尔多（Pedro de Igueldo）告诉身在巴黎的门多萨，"祖尼加号"的桅杆必须换新，船体倾斜必须校正，裂缝必须用沥青填补，在此之前，舰船无法再次出海。由于每天食物配给严重不足，很快就有16名法国士兵、12名意大利士兵和西班牙士兵当了逃兵，这也是情理之中的事。伊古尔多抱怨称："只能要求船员安分地待在甲板上不要上岸，而这恐怕是世界上最令人头疼的差事了。"

今晨又有两人逃走，在逃跑过程中得到了守城士兵的帮助。我已将此情况通报了法国当地主管官员。

该主管官员立即亲自前来，杖责守城士兵20军棍。若不是我恳请其手下留情，该士兵肯定会被戴上镣铐关进大牢。

他又下令手下前去捉拿那两名逃兵。该手下果然精明强干，当天下午便将二人捉拿归案。原来此二人化装成了法国人，这一招确实可以瞒过很多人。[73]

“祖尼加号”用了一年的时间才修葺完毕并偿清所有款项。船上 300 名船员也在法国苦苦困了整整一年才最终返回到西班牙。“祖尼加号”成了最后一艘返回西班牙的无敌舰队舰船。

11 月 6 日，在成功避开爱尔兰西海岸的重重危险之后，排水量为 550 吨级的医疗救护船“大圣佩德罗号”（*San Pedro el Mayor*）在南德文郡崎岖的博尔特泰尔地峡（Bolt Tail）搁浅。168 名幸存者与比斯开分舰队“圣安娜号”上的 300 人被送到了法国。“圣安娜号”因主桅杆于 7 月 27 日破损而在法国港口勒阿弗尔寻求庇护。最终这些人在年底前回到了西班牙。

8 月 31 日，帕尔马公爵最终放弃了攻打英格兰的计划，转而命令舰队顺流而下，分散袭击荷兰各处目标。

9 月 3 日，“征服英格兰的伟大事业”失败这个灾难性的消息以急件形式经由法国送抵埃斯科里亚尔宫。这则急件报告了格里夫兰海战战败及无敌舰队向北逃窜至苏格兰的消息。

在搁置数日后，腓力二世的私人秘书马特奥·巴斯克斯（Mateo Vázquez）将佩德罗·努涅斯（Pedro Nuñez）几天前写的书信交给腓力二世，以这种隐晦的方式将战场上失利的消息透露给了自己的主子。佩德罗信中文字充满了阿谀奉承，然而在阿谀奉承的表象下佩德罗却小心翼翼地隐藏着他对整个事件的冷峻的研判，他引述了一起历史事件来警示腓力二世，可怕的灾难可能即将登场："法国国王路易九世（Louis Ⅸ）被教廷封为圣徒，随后参与了神圣的事业。[74]然而，他却眼睁睁看着自己的军队被瘟疫打败，他自己也兵败被俘。"随后，他更直截了当地指出："我们必将为无敌舰队是否取胜而更加担心。"巴斯克斯在另一封奏报中建议为强大的西班牙舰队的平安归来做更多的祈祷安排。腓力二世在空白处批示道："西班牙所有的所作所为都是为了上帝的事业。我们的灾难已经够多了，希望上帝不要再用灾难来考验我们了。"[75]

梅迪纳·西多尼亚于9月21日抵达西班牙北部的桑坦德。只不过这次可不是衣锦还乡。

"我们打算借着潮汐靠港，不料汐流方向却正好相反"，迫不得已，只好在爱诺亚角（Point Enoja）下锚。下锚一天后，舰队统帅便发了高烧，还得了痢疾，"这令我身心俱疲，心情沉痛"，他还说自己"几乎只剩最后一口气"。他命放下一条小船，自己乘着小船先行上岸。旗舰"圣马丁号"则由几艘舰载艇拖曳入港。

在"征服英格兰的伟大事业"中，天气因素自始至终都折磨着他。虽然"圣马丁号"已经回到西班牙，但天气这个噩梦依然没有画上一个完整的句号。西南风风势强劲，旗舰"圣马丁号"只得驶向拉雷多（Laredo），与加利亚斯式战舰"那不勒斯号"停泊在一起。因船体裂缝，"圣马丁号"渗水严重，船员们不得已，只好找了3条缆绳缠绕住"圣马丁号"船体。

梅迪纳·西多尼亚向腓力二世报告："8艘船相继进入港口，

另有 5~6 艘则驶向比斯开沿岸。”

> 还有 6~7 艘船零散地漂在港口外，我只能祈求上帝，希望它们能相继安全靠港。
>
> 我们历尽千辛万苦，简直无法形容，在航海史上亘古未闻。我们的不少战舰上淡水用尽，不少士兵连续两周滴水未沾。
>
> 在我的旗舰上，病殁者 180 人，水手染病者四而有三，士兵或染伤寒，或染其他传染病，无一幸免。
>
> 吾之家人，凡 60 人，或病殁或抱恙，能效力者仅二人已矣。

梅迪纳·西多尼亚还虔诚地、无怨无悔地说：“感恩我主，凡事皆为上帝的旨意。”随后，他又回到病榻，“虽然很想做点什么，却无法视事”。[76]

米盖尔·德·奥肯多带着 5 艘舰船回到了吉普斯夸。刚一靠港，分舰队旗舰上的军火库就发生了爆炸，旗舰瞬间被大火吞噬，100 名船员被炸死或烧死。老家桑坦德的妻儿拒绝见他。他把自己锁在房间里，不久去世。死因可能是伤寒。

在罗马，支持西班牙人的枢机主教则抱怨教皇，怪其没有兑现承诺，资助无敌舰队——“未能登陆英格兰并非国王之过，”他避重就轻地说，“纵然失败，也不该责怪国王，而应该向其表达慰问。”[77]

里卡尔德在临终前将自己记录的无敌舰队作战日志呈送给了国王腓力二世。国王在备忘录中写道：“我从头到尾翻阅了一遍。读完后我真希望自己不曾翻看。真是字字扎心，令人肝肠寸断。”

第十章

上帝与我们同在

> 我亲爱的国民（主的宠儿）……多亏了上帝的仁慈及女王的深谋远虑和远见卓识帮我们化解了战争，仿如上帝亲自出手相助，使你们无须再经受一场对你们的勇气和武器的锋利程度的考验。
>
> ——激励女王陛下的忠实臣民的劝诫书，
>
> 安东尼·马腾（Anthony Marten），1588 年[1]

9 至 10 月期间，历经摧残的无敌舰队——史上“最伟大、最幸运的海军”的舰船终于三三两两地回到了西班牙北部的母港。舰上官兵个个拖着疲惫的身躯，怀着一颗感恩的心，终于回到了故土。这些舰船花名册上一个个被划去的姓名及舰上人员的惨状无声地述说着他们回程遭遇的梦魇。7 月 21 日自科伦纳浩浩荡荡起程的 129 艘舰船中，至少有 50 艘（39%）再也没能回到西班牙。有人估计多达 64 艘舰船失踪，大多都是吨位较小、脆弱不堪的小型递送船和萨布拉船。[2] 回到了西班牙盖伦船只有 34 艘，部分盖伦船受损严重，已经不可能再出海。正如埃斯科里亚尔宫僧侣若泽·德·锡古恩萨（Friar José de Sigüenza）后来伤心承认的那样，这次无敌舰队的损失是“600 年来西班牙遭遇的最大的灾难，堪称闻所未闻、见所未见”。[3]

与西班牙人的遭遇截然不同，英格兰人只是在加来附近损失了 8 艘火攻船。在交战中，英格兰全军上下只有约 150 人战死。

尽管伊丽莎白政府宣称自己取得了战争的胜利，然而给西班牙人带来灭顶之灾的既非女王舰队卓越的战略战术，也和英格兰人大肆渲染的人种优势毫无关系。除了在格里夫兰海战中被英格兰人摧毁的 4 艘战舰外，西班牙人的战损和伤亡的最主要原因还是西班牙人因自身疏忽造成了事故，以及他们通过苏格兰北部海域后遭遇的极端恶劣天气。腓力二世也认为无敌舰队并非败给了英格兰人。他哀叹道：“我的舰队本应该是去对付英格兰人的，结果却不得不去对付所谓的风浪。”

然而，对无敌舰队来说，厄运并没有随着他们颜面扫地，灰溜溜地败退回国戛然而止。先是奥肯多的 1200 吨排水量的重舰“圣安娜号”在桑坦德港发生爆炸。随后另一艘舰船因船员短缺未能及时落帆下锚而在拉雷多搁浅。接着，第三艘舰船在安全靠港之后，因海水不断顺着裂缝灌入船体而沉没。相较于战斗序列和战舰的损失，人员伤亡则更加触目惊心。无敌舰队起程时水手共 7707 人，最后回到国内的只有不到 4000 人；起程时共有士兵 18703 人，而回国的只有 9500 人。士兵死亡率高达 49% 以上。以上统计数据还不包括那不勒斯分舰队及葡萄牙加来式大型桨帆船上那些可怜的苦力。在西班牙的官僚们看来，这些人实在是微不足道，不配上死亡名单。和战舰的损失一样，真正在战斗中死亡的——即便把在爱尔兰西海岸被屠杀及处决的人也算作战斗死亡——也只不过占所有死亡人数的很小一部分。大部分人真正的死因其实是既令人愤慨又让人不齿的多如牛毛的细节疏忽：缺乏清洁食物和饮用水；伤兵未能得到及时有效的医治；流行病的肆虐；无法适应北大西洋寒冷的气候；水文状况不熟，航海技术欠缺。这其中不少死亡完全是可以避免的。而回归故土的幸存者其实也是不幸的。他们回国后依然饱受伤寒、坏血病及流感的困扰，"不少人因此而丧命"。

在第一艘船返回西班牙后，加西亚·德·比列约（Garcia de Villejo）立即向腓力二世的陆军大臣安德烈斯·德·普拉达（Andres de Prada）报告："有1000多人患病，如果现在就让他们全部登陆，医院就会人满为患……目前，伤病员太多，无法一一救治。但是如此一来，在这样一个充满恶臭的污浊凄惨的境地下，船上的士兵不可避免都会得病。"

会计出身的比列约以冷峻视角警告称："船上存放着大量的腐败食物，请您下令将它们全部扔进大海。如若不然，肯定会有不法商贩将其购买后碾碎搭配其他配料制成新的饼干。以次充好的饼干足以将为数不多的健康的无敌舰队将士毒倒。"[4]很快，病号就增至4000余人。幸存者或病倒，或因日渐稀缺的供给瘦成了皮包骨，最后在本土港口活活饿死。因为需求量太大，军需处实在拿不出足够的食物救活这些饿殍。对英格兰人来说，消灭西班牙人这个明显完不成的任务，就这样因西班牙人的无能轻而易举地实现了。梅迪纳·西多尼亚引以为傲的组织能力，腓力二世急不可耐地催促无敌舰队起程及其错误的战略战术，都导致了不可一世的西班牙无敌舰队的覆灭。

据吉普斯夸的官员估计，仅吉普斯夸一省就有502名无敌舰队船员死亡——仅在塞巴斯蒂安港口一地就有128人毙命。而在爱尔兰海域遇难的吉普斯夸人也不过就100来号。而在5月30日无敌舰队第一次打算起航之前，就有221名吉普斯夸人染病死亡，而舰队也未能如期起航。真正战死沙场的吉普斯夸人其实只有23人。[5]死亡原因分布图令人震惊，而这种现象在西班牙北部各地均有反映：一名旅行者曾说过，“世界上再也找不到比阿斯图里亚和比斯开更令人哀伤欲绝的地方了”。[6]

而死亡带给成千上万或贫或富的家庭的是无法承受之痛。有些家族所有男性无一幸免：军法署署长马丁·德·阿兰达（在斯特里达海滩溺亡）一家，9个堂表兄弟全部死亡，无一幸存。[7]11月，教廷驻西班牙新任大使阿尼巴莱·德·格拉西（Annibale de Grassi）抵达西班牙赴任。其所到之处几乎人人身着丧服（何其令人心酸），问其原因，无一例外他们几乎全是无敌舰队的家属。[8]可以说西班牙举国陷入丧亲之痛，然而对于那些对自己的亲人（可能是他们的父亲、兄弟、孩子）是生是死，身在何处，到底都经历了什么一无所知的人来说，他们又该怎么承受这难以抚平的创伤和痛苦？在无敌舰队舰船返回西班牙3个月之后，这些家属依然徘徊在西班牙北部的海岸，绝望地等待着失联亲人的消息。随着地平线上一艘又一艘姗姗来迟的迷航舰船的出现，他们的希望一次又一次破灭了，这对于他们又是何种打击！

10月末，腓力二世致信托莱多大主教，向世人展示了他面对巨大灾难时的巨大勇气。

> 无论上帝做什么，世人都有义务感激上帝。因此，我感谢上帝所做的一切，感谢上帝的怜悯之心。如果不是暴风肆虐袭击舰队，无敌舰队不知还要经历多少险恶；我想，上帝的仁慈与我们不断的祈祷殊途同归。

但是，到了该停止祈祷的时候了。他下令："目前祈祷活动和公开演讲已经做到位了，该告一段落了。"[9]

无敌舰队的惨败带给西班牙人的震惊是毁灭性的，因为此前的种种关于它的胜利的谣言带给人们太多的希望。爱德华·帕尔默（Edward Palmer）是沃尔辛厄姆手下的密探，其公开身份是一名活跃在西班牙的英格兰籍天主教教士。帕尔默关注着圣塞巴斯蒂安（San Sebastián）民众对一系列事件及流言的反应，例如霍华德和德雷克被俘，普利茅斯和怀特岛被占领，帕尔马的军队数日内便可攻入伦敦等传言。"每当这些谣言传来，各个城镇都像过节一样热闹，家家户户摆上了庆功宴，很多人都穿着节日的盛装骑着高头大马走上街头，还有人举着老鬼德雷克的木偶游街示众。德雷克的木偶被五花大绑戴上镣铐，俨然一个囚徒。到了晚上，他们点燃篝火继续狂欢，不仅对英格兰女王大肆谩骂，还跑过来砸我家窗户"。而现在无敌舰队铩羽而归，"他们全都变了一个人似的，像丧家之犬一样一个个垂头丧气，为自己以前的做法感到羞愧不已。国王腓力二世独自待在埃斯科里亚尔宫，没有人敢告诉他无敌舰队战败的消息。整个世界都在嘲讽他、笑话他”。[10]

腓力二世开始遁世，开始与世隔绝。他把自己一个人关在位于圣洛伦佐的房间内。灾难，巨大的灾难已经无法逃脱。虽然他仍执迷不悟，仍坚信只要相信上帝就会发生奇迹。

胜利的希望已化为泡影，无敌舰队在对神圣事业的追寻中战败——腓力二世陷入了无尽的痛苦之中，政府的日常运作也突然停摆了。威尼斯驻西班牙大使利博马诺注意到，“国王听不进任何人的说辞，也懒于理政，士兵们领不到薪水，人民愤怒的呐喊声势震天”。一名叫帕德雷·玛利安·阿扎罗（Padre Marian Azzaro）的王室神父告诉腓力二世，尽管他组织的祈祷和游行“非常好，但是显然上帝更愿意先聆听别人的祈愿声”。国王问他：“哪些人的祈愿声？”玛利安答道：“那些在宫廷外久久不愿离去的、痛苦的、被压迫的穷人的祈愿声，那些没有领到薪水的士兵的祈愿声，以及那些期待早点处理好公务的人的祈愿声。”[11]

在战争中蒙受舰船损失的船东也没有获得任何补偿。利博马诺在报告中称：

> 无敌舰队部分舰船被放弃或被烧掉，它们的船主向国王申请赔偿……却被直接告知国王没有义务赔偿他们的损失，正如私人也不会赔偿他的东家船只一样……这些船只被强制征收所引发的争议与国王的特权比起来实在是微不足道。[12]

11 月，埃斯科里亚尔宫。对失败事实的万般拒绝终于演化成绝望，无助的绝望。国王现在病得厉害，高烧不断，痛风也再度发作，他怀着满腔的痛苦、无尽的凄凉给他的私人秘书马特奥·巴斯克斯写了一封信：

> 突然有那么一天，人们会期望自己从来就没来过这个世上。
>
> 如果上帝不愿给我一个奇迹（我希望他真的会），我宁愿去死，回到天国，回到上帝的身边，也绝不愿眼睁睁看着这一切……这就是我的祈愿，我不愿见证如此沉重的厄运与羞辱。
>
> 主啊，就让我犯这个错吧，虽然我并不认为我真的犯了什么错。
>
> 恰恰相反，如果上帝自己都不支持自己的事业，我们终将见证……什么才是真正的恐惧。

腓力二世强调说："你所见的终究只是你所见的。"[13] 他对自己的宫廷神父吐露了心迹："上帝并没有现身来支持自己的事业。那是因为他没有惩罚我们的罪。"

梅迪纳·西多尼亚试图给予那些幸存者更多关爱与食物。但是要在周边村镇给这么多伤兵及饥肠辘辘的士兵找到吃的这个任务确实难度太大，令人生畏。人们不禁要问，连吃都吃不饱，所谓的为大家提供糖、葡萄干、杏仁蜜饯的命令到底有什么用？

不出所料，舰队统帅一回国就因战场上的做法而受到了严厉的批评。利博马诺报告称："各方都一致谴责梅迪纳·西多尼亚公爵缺乏将才、胆小怯懦……所有人都认为无敌舰队之所以惨败，就是因为他缺乏实战经验，缺乏勇气。"[14] 梅迪纳·西多尼亚恳请国王恩准自己先回乡养病，他不想回马德里解释这次使命为什么一败涂地。梅迪纳·西多尼亚的家乡在圣卢卡，掩映在橘子树丛中。令人没想到的是，腓力二世展现了他的宽宏大量，批准了公爵的请求。他告诉公爵“身体为重，不必多想。来日方长，最好先回家看望妻儿”。[15]

10月5日，梅迪纳·西多尼亚坐着马车[16]，和手下的17个仆人都身着黑衣，带着11头驮着行李的骡马，鞍囊里装着之前拖欠的7810达克特金币，像一支送葬队伍一样，穿山过水，开始了返乡之旅。19天后，他终于回到了家中。帕德雷·维多利亚（Padre Victoria）注意到，公爵“出海前满头的青丝，如今已是满头华发”。他仍继续担任无敌舰队总司令，并继续肩负安达卢西亚的公职，负责当地的防御工作，还保留了加的斯的总督职权。[17]

10月底，罗马。祈祷无敌舰队胜利的声音终于沉寂下来。[18]从教皇那儿为“伟大的英格兰事业”争取哪怕是一便士的资助款的残存希望亦如梵蒂冈的焚香一样化为了泡影。奥利瓦雷斯告诉腓力二世：“恐怕我们在教皇这里会一无所获。让人难以想象的是在这样的情形下，他竟然丝毫不隐瞒其自私自利的恶劣品行。”[19]西斯克图斯指示自己手下一名枢机主教写信给国王，对无敌舰队的战败表示慰问，并鼓励他再次发动对英格兰的远征行动。他之所以不亲自写信，就是怕腓力二世“以此为借口，狮子大开口向他要钱”。[20]

在埃斯科里亚尔宫寂静的深宫里，腓力二世独自静坐，反复回味着无敌舰队远征的一个个细节。渐渐地，他理出了头绪，找到了无敌舰队惨败的原因，至少他自己是这么认为的。他的心慢慢冷却下来，而摧毁英格兰的决心则更加坚定了。

接下来，他准备再赌一把。威尼斯驻西班牙大使利博马诺认为，腓力二世

> 已经认定，这次惨败，不是败在敌人的强大，也不是败在天不助我，而是败在将士们没有拿出应有的勇气。
>
> 他宣称，如果无敌舰队是战败而非不战而败，不战而逃——事实上在他看来无敌舰队确属无心应战——那么自己的心血也没有白费，付出再大的代价也不算枉然。
>
> 言而总之，他认为西班牙的声誉受到了玷污。他声称，只要换上一位稳健而英勇的将官，必能恢复西班牙的名誉，重现帝国荣耀。

他已经无法心平气和地承认英格兰女王“可能有能力抵御西班牙”。他坚信女王已经虚弱不堪，不仅疲于应付国内外各种势力，而且早已国库空虚。他还相信女王的臣民仍生活在水深火热之中，在“遭受苛捐杂税和宗教迫害的双重践踏和蹂躏”。利博马诺还说：

> 简而言之，在外人看来，腓力二世已经下定决心，准备来年再赌一把……无论他的决定是什么，即使这个决定与众人的想法背道而驰，人们也开始为国王的健康祈福，因为这一连串的灾难着实深深地伤了他。[21]

腓力二世决定重整旗鼓，重整军备，重建无敌舰队，发誓拿下伊丽莎白的王国。11月，西班牙议会议员觐见腓力二世，并且"私下告诉国王他们议决拿出400万~500万（金币），并且许诺倾其所有，甚至让自己的儿子参战，助国王打败那个老妇人，为西班牙一雪前耻"。[22]

但是这位精明的威尼斯公使警告国王，德雷克可能携胜利的余威，再次袭击西班牙的港口：

> 如果德雷克再度出海，袭击西班牙的沿岸地带，会给西班牙带来不小的麻烦。目前，西班牙舰船分散在沿海各地，没有重兵把守。而回国的士兵个个伤病累累，处境艰难。有的船只驻泊的港口附近甚至没有要塞防守。如果德雷克来袭，不仅不会遇上什么像样的抵抗，反而会轻而易举得手，摧毁历尽千难万苦归国的西班牙船队。[23]

与此同时，从佛兰德斯传来了无根据的谣言。谣言称帕尔马于8月13日已率领驳船出发，准备入侵英格兰，临出发前却在敦刻尔克损失了两艘船才作罢。[24]两天后，帕尔马公爵致信梅迪纳·西多尼亚，催促他立即率领无敌舰队返回敦刻尔克，护送帕尔马的步兵横渡英吉利海峡和苏格兰水域。然而为时已晚。"帕尔马颇为自负，抗议称自己会尝试横渡海峡，哪怕粉身碎骨也在所不惜。"[25]然而事实上他心里比谁都清楚，这封信已然于事无补，这样做只不过是做做样子罢了。

8月31日，尽管部队中意见分歧越来越大，帕尔马毅然撤换了入侵英格兰的舰队，重新部署陆军，再度发起对荷兰反叛势力的军事行动。其手下的西班牙士兵“纷纷咒骂”其怯懦不堪，不敢执行攻打英格兰的计划。瓦隆人军团（Walloon troops）则“蛮横地提出进一步要求，要求发放拖欠的薪水”。[26]对于纷至沓来的不同意见，帕尔马概不理会。随即，他下达了围攻贝亨奥普佐姆镇的命令。围攻6周却依然久攻不下，帕尔马只得忍垢撤兵。伊丽莎白得知消息大喜过望，在她看来，这不啻对西班牙人的又一次重大打击，表明“西班牙不仅海军不堪重用，陆军也不过尔尔”。

不出所料，一出事，各方纷纷开启了推诿模式。

利博马诺的报告中称梅迪纳·西多尼亚与帕尔马之间产生了“严重的裂痕”——“双方都想把锅甩给对方”。利博马诺的同事、驻法大使在报告中指出，帕尔马的政敌控诉他“严重玩忽职守”，而他的支持者则声称帕尔马已经“做好了登船的一切准备，并且已经开始付诸实施。而梅迪纳·西多尼亚率领无敌舰队明明已经抵达帕尔马驻地不远之处，却被几艘火攻船吓破了胆，一溜烟地逃了”。[27]

帕尔马公爵的门下食客尼克洛·切西伯爵（Count Nicolo Cesis）来到罗马，向教皇和枢机大主教们发表了一番长篇大论：

> 他为他的主子也就是帕尔马的行为进行了辩护……证明帕尔马并没有拒不执行国王的命令。帕尔马已经下令1.4万人登船，然而由于天气恶劣却没能和（梅迪纳·西多尼亚）会师。于是，帕尔马就率部在一处开阔的港口等待无敌舰队，然而梅迪纳·西多尼亚却并没有率舰队前来会师。对此帕尔马也无计可施。[28]

帕尔马的说辞并没有奏效。很多人都认为“他急着把自己摘干净……这番说辞是对国王的不敬。他这不是在攻击梅迪纳·西多尼亚，而是在攻击国王陛下”。[29]帕尔马的辩解并没能说服梵蒂冈。据奥利瓦雷斯称，梵蒂冈认为西班牙人全部委罪于梅迪纳·西多尼亚公爵，只会把他逼疯。[30]西班牙驻都灵大使胡塞佩·德·阿库尼亚（Jusepe de Acuña）向腓力二世递交了萨伏依公爵请求撤换帕尔马公爵的信函。他们所获的情报无一例外表明“帕尔马确系拒不执行国王的命令（无论无意还是心存恶意），并拒绝协助梅迪纳·西多尼亚。陛下，若继续让帕尔马公爵执掌尼德兰殊为不妥”。[31]

事实上，此次行动关键的战略错误在于：一、无敌舰队没有找到可靠的避风港；二、在梅迪纳·西多尼亚抵达加来后，帕尔马未能让攻打英格兰的西班牙步兵及时登船起程。纵观腓力二世征服英格兰的计划，其最致命的薄弱环节莫过于西班牙海、陆军的会师。随后发生的种种不幸则证实了这一点。在当时，海上信息传递速度之慢形同蜗牛（现代人的说法），且可靠性极差。这就使得海陆两军司令之间的协同作业形同虚设。帕尔马一再试图通过封锁荷兰来掩饰其真实的战术意图。而重装步兵却不可能长期窝在拥挤而脆弱的大驳船中，耐心等待无敌舰队的到来。而如果梅迪纳·西多尼亚就地等待帕尔马率领的西班牙步兵一一登船，则不可避免会受到英格兰舰队的袭扰和围攻，将毫无反击之力。对梅迪纳·西多尼亚来说，要在暗礁密布的敦刻尔克附近为帕尔马部护航，不仅要扫清水上水下多重威胁，还有可能面临英格兰人和荷兰人舰队的联合攻击。在他看来，风险太大，无论如何都是无法承受的。

然而，如果帕尔马的军队真能在肯特郡成功登陆，并将无敌舰队上搭载的攻城炮部署就位，那么伊丽莎白政权的前景就岌岌可危了。面对训练不足、装备落后的英格兰壮丁和尚未完全就位的防御工事，帕尔马麾下身经百战的老兵必能势如破竹。须知，1592 年入侵诺曼底（Normandy）后，帕尔马的步兵 6 天之内便推进了 65 英里（104.61 千米）。以此行军速度来看，帕尔马登陆英格兰后，一周内便可兵临伦敦城下。[32] 然而，古往今来，两栖登陆作战一向是所有军事行动中风险系数最高的行动。两栖作战严重依赖天气、潮汐和运气。也许帕尔马是幸运的，正是因为没能用脆弱的平底驳船将士兵送过英吉利海峡与苏格兰海峡，他才因祸得福，保住了数千名西班牙士兵的性命。

马德里的官员纷纷质问帕尔马“假如天气状况许可，无敌舰队也完成了它的使命，陆军究竟什么时候才能真正登船起航”。12 月 30 日，帕尔马从布鲁塞尔致信唐·胡安·德·伊迪亚克斯，给予了回应：

> 我现在就开诚布公、毫无隐瞒地回答您的问题。尽管某些人明知故问，尽管很多无知的蠢货大放厥词还不打算收敛，但我还是会回答您的问题。8 月 7 日我们本就可以登船起航……我亲眼看到在尼厄波尔，1.6 万名士兵已经登船，星期二即 8 月 8 日黎明我抵达敦刻尔克，准备登船的士兵也已经就位，并开始登船。
>
> 他们本可以和军需品一道上船……因为万事皆备。倘若没

有接获无敌舰队的情报，登船就不会暂停，就可以立即起航了。

倘若不是那份情报，他们当晚就可以出港，第二天就可以和尼厄波尔港出发的船队会合，一道完成自己的使命。因为一切已经安排妥当。

的确，由于步兵招募得太多，给骑兵预留的空间不够。如果无敌舰队不能为无船可乘的骑兵提供食宿，他们就只能乘坐 20 艘竹筏渡海。

即使竹筏坐不了，我们也可以让剩下的骑兵乘坐其他船只。我们会争分夺秒，根本不会影响主要任务的完成。我们要拿下海峡对岸的一处港口，给无敌舰队做避风港。

帕尔马自认为不惧任何指责。他要求支持他的将官和地方长官提供证据和口供，证明军需及其他物资已经准备好。他说："请相信，我曾（对梅迪纳·西多尼亚）说过，我只需要 3 天的时间，就可以完成士兵的登船并起程。我这么说绝非空口白牙。我敢保证，在上帝的帮助下，我必能在更短的时间内兑现我的承诺。"[33]

此外，无敌舰队还犯了一系列的战术错误，最终导致其惨败。这些战术错误既有体制原因，也有文化层面的原因。梅迪纳·西多尼亚曾一再请求帕尔马增援更多小口径实心炮弹，然而，人们在日后发掘无敌舰队的沉船船骸时，却发现了大量各类型号的完好的加农炮炮弹。梅迪纳·西多尼亚为何如此贪婪？其真正的原因在于无敌舰队各舰船的火炮从装弹到瞄准再到发射这一套流程过于耗费时间。"圣弗朗西斯科号"（*San Francisco*）上共有 21 门加农炮组炮，却仅发射 242 发炮弹；其姊妹舰"圣卡塔丽娜号"

（*Santa Catalina*）上有23门加农炮，发射炮弹仅300发。平均下来，每门加农炮每天发射的炮弹仅3发。在格里夫兰海战中，“圣芭芭拉号”（*Santa Barbara*）上火炮发射炮弹的极值仅为8.37发，而在此前的交战中“圣芭芭拉号”上的火炮日均发射炮弹仅1.1~2.35发。这一射数根本无法形成给英格兰舰队带来致命一击的火力网。“伟大的笑容号”共领到10磅（4.54千克）的加农炮炮弹200发，到目前为止，在其沉船残骸发现地费尔岛共计发现了炮弹93发。事实证明，其主力火炮根本就没有起到应有的作用。

勤勉的西班牙书记官记录了货物舱单明细，这也从另一个侧面证实了无敌舰队火炮发射频率是何等低下。黎凡特分舰队的“埃斯卡拉的三位一体号”（*Trinidad de Escala*）从科伦纳起程时配备火药10808磅（4902.4千克），但是即使在激战正酣时，其当日发射的炮弹也不过104发，消耗火药仅2027磅（919.4千克）。而讽刺的是，其仪式礼炮和求救信号弹所消耗的火药量竟高达2527磅（1100.74千克）。[34]

此外，在西班牙和葡萄牙，不仅火炮制造工艺粗糙，片面追求缩短交货时间同样导致很多不合格的火炮上了船；从斯特里达海滩发掘的沉船“朱莉安娜号”上发现的一门意大利式萨克尔炮（saker）就在发射炮弹时炮管发生了爆炸。这当然是一场灾难，也许就要了不少船员的命。[35]

不过，无敌舰队也配备了一种小口径加农炮，使西班牙的火力有效值增至霍华德舰队火力有效值的2/3。西班牙舰队的火力值相当于拥有138门可以发射16磅重（7.26千克）的炮弹的火炮，而英格兰舰队的火力值则相当于251门火炮。[36]就船体而言，西班牙舰船侧舷也缺乏女王舰船的打击能力。

和西班牙舰队不同，英格兰舰队的火炮架设在4个小脚轮驱动的炮架上。而西班牙的骡拉加农炮则架设在笨拙的巨轮炮架上，为了起到部分固定作用，炮架上还配备了长长的尾拖。事实上，西班牙火炮更适合陆战，而不适宜于用在空间狭小、拥挤且时常倾斜的甲板上。由于炮身巨大，所以每发射一发炮弹，就需要把火炮往后拉，将其以倾斜角度固定好再填充炮弹。在狭小拥挤的炮台甲板上进行这种操作有相当大的难度，并且严重缺乏灵活性和机动性。唯一可行的替代方案是在擦拭火炮之后，先装填、压实火药和炮弹，而后在发射炮弹时蹲坐在炮管上，以防炮管走位。但是，战斗正酣，在暴露在对方火炮下时进行这样复杂的操作，除非是不要命了，否则谁敢揽这样的差事？

此外，西班牙每门火炮均须配备6名士兵来操作。这6名士兵的工作和艉楼或主甲板上的火绳枪枪手与滑膛枪枪手的操作截然不同。在发射炮弹时，士兵们的职责就是充当狙击手，负责瞄准。发射完毕后，则要负责重新装弹，整个过程十分烦琐、缓慢。火炮发射效率之低使其很难给敌舰造成重创，更遑论将敌舰击沉。根据梅迪纳·西多尼亚的航行条令规定，火炮要保证弹药随时上膛；然而，在发射完第一炮之后，无论战斗进行得多么激烈，无敌舰队的火炮一般都只有打第二发炮弹的时间。[37]或许是因为缺乏经验，或许是因为纪律涣散导致惊慌失措，西班牙船员经常在极远的距离就开始射击，这又大大降低了其炮火的杀伤力。事实上，体积小且配置杀伤性武器的后膛枪反而比火炮的效果好得多。原因嘛，只是因为其操作极其简便。

因此，西班牙人的连续炮击并未给女王的舰队带来严重的伤亡。战争初期，战争消耗尚未远远超出政府预算，从当时女王舰队受损船只的维修成本便不难得出以上结论。

“风浪的腐蚀，加之敌炮的袭击”，德雷克的“复仇者号”确实需要更换主桅杆。“无双号”的“前桅杆、舰首斜桅及主要的后桅都要换新”，而“胜利号”的斜桅与后桅也需要换新。而圆底船“白熊号”（*White Bear*）、“希望号”、“玫瑰玛丽号”、“无畏号”及“猛虎号”（*Tiger*）均出现漏水现象，极有可能是侧舷炮齐发引发的嵌缝开裂。还有几艘小船也被替换，其中部分小船是被抬到上层甲板上后被敌人的炮火击碎的。[38] 1588 年，时任海军财政大臣约翰·霍金斯的记述为我们提供了更多信息。无敌舰队一役打响后，英格兰舰队全年共耗资 9.2 万英镑，其中，舰船的结构性修复仅耗费 3500 英镑。修复工程共计耗费 4 英寸（101.6 毫米）宽的侧板 500 英尺（152.4 米），船体部分共耗用大木钉 1000 个。以上数字表明西班牙人的加农炮并未给英格兰舰船造成多大实质性损毁。为修复作业所采购的大部分侧板都宽度较小，只适用于表面结构及内甲板的修复，或替换船上木工所认定的腐朽圆木。[39]

英格兰炮手比西班牙炮手更加训练有素，英格兰人的重型加农炮数量也比西班牙人的要多。通过低位发射炮弹，充分借助上风优势，炮击西班牙舰船倾斜船体的吃水线及吃水线以下部位，英格兰舰队给予了无敌舰队沉重的打击，让西班牙人痛悔不已。英格兰舰队长期饱受弹药匮乏之苦，倘若能有足够的炸药和军火，他们肯定能让敌舰栽更大的跟头。[40]

西班牙陷入了国难危机。必须有人出来承担责任，即使人数不多。

西班牙人的最大的灾难就是迭戈·弗洛雷斯·巴尔德斯这个人见人恨的无敌舰队海军参谋。他被囚禁在布尔戈斯监狱（gaol in Burgos）长达一年半之久；多名贪得无厌的面包店老板因在饼干中掺杂石灰而被绞死。那不勒斯的军械官因假借向西班牙运送弹药之名，将“满满一船火药及其他军需品送给了英格兰女王”，被处以船裂之刑。他被绑在 4 艘盖伦式战舰中间，被四船分尸。[41] 多份报告可以证实，“餐饮部多名官员被处以极刑”。[42] 梅迪纳·西多尼亚返乡途中在巴利亚多利德（Valladolid）暂宿一宿，当地愤怒的年轻人来到他下榻的寓所外，对他大加训斥。人们反复高呼他对手的姓名“德雷克！德雷克！德雷克！”，来奚落他这个败军之将，还有人给他起来个绰号，称他为“鼠胆公爵”。[43]

坐标巴黎。一直以来迷信无敌舰队取得大捷的假消息的门多萨终于为其过分的乐观付出了惨痛代价。他不敢抛头露面，只能躲在大使寓所里。此前，他真的认为梅迪纳·西多尼亚胜利了，曾情不自禁地欢呼“胜利！胜利！”。现在，只要他一走上巴黎喧嚣的大街，街上的顽童就一路尾随，大喊“胜利！胜利！”来嘲讽他。[44] 他得到小道消息称腓力二世“对其举止，特别是到处散布虚假消息的做法极为不满”，随后，门多萨以眼睛失明为由“请辞”。[45] 然而，直至 1590 年门多萨彻底失明，腓力二世仍未革去其外交官职务。

法国国王亨利三世对英格兰女王大加称赞，赞其“英勇神武、意志坚定且洪福齐天，有如神助”。门多萨闻言十分狼狈。法王亨利还赞叹伊丽莎白的功绩“堪比有史以来最伟大的英明君主。女王孤注一掷，在没有任何外援的情况下，一肩扛起重任，抵抗强大的西班牙人的进犯，并取得了辉煌的胜利”。[46] 威尼斯驻法国大使乔瓦尼·莫赛尼戈（Giovanni Mocenigo）也难以抑制对英格兰海军的崇拜之情：“他们展现了高超的海战技能，有传言称……他们竟然只损失了一艘舰船。”

莫赛尼戈并未意识到伊丽莎白在防御上消极怠工，且迟迟不愿意拿钱资助国防，他对英格兰的“伊丽莎白号”不吝赞誉：

> 女王始终心系国防，她考虑周全……一旦下定决心，必豪气干云，一往无前。她渴望荣誉，她心系王国和她的臣民。[47]

信奉路德宗的德意志出版了木雕画册，以简明的笔触勾勒出了无敌舰队遭受的苦难。画册还模仿尤利乌斯·恺撒（Julius Caesar）的名言“我来了，我看到了，我征服了”，以“它（无敌舰队）来了，它看见了，它逃了”讽刺了西班牙无敌舰队的惨败。[48]

为纪念对无敌舰队的大捷，荷兰反叛势力打造了一批纪念币。其中一枚直径仅 2 英寸（52 毫米），纪念币的正面是西班牙国王的肖像，一个地球仪从国王的手上滑落；[49] 铭文申明了清教的信念，在与教皇的对抗中，上帝站在清教徒一边。这些文字让人不禁想起摩西带领以色列人出埃及过红海后唱的感恩诗：“上帝怒了，狂风起了，敌人逃了。”

重型战舰“圣马特奥号”的舰旗作为战利品还悬挂在莱登（Leiden）的圣彼得大教堂的唱诗班室，供后人瞻仰。泽兰联邦（States of Zeeland）也兴奋异常，他们致信伊丽莎白，声称拿骚的贾斯汀舰队立了头功，“阻止帕尔马的陆军登船才是大败西班牙人的主要原因。无敌舰队之所以大败就是因为帕尔马没有能力增援无敌舰队”。[50] 可以想象，女王读到这封信时是何等鄙夷。

坐标英格兰。伊丽莎白在蒂尔伯里发表抗战胜利演说。24 小时后，她就下令解散了陆军（不顾臣僚反复向其陈述利害关系及他们的重重顾虑），她首先遣散了 6000 名士兵，一周后又遣散了 1500 人。[51] 遣散陆军的原因不仅仅是为了缓解本已令她捉襟见肘的国库危机。在多年饥荒后，农田需要这些壮丁，国家需要粮食大丰收。5 天后，蒂尔伯里兵营宣布解散。

本来就过着田园牧歌般生活的士兵，本应该像功成身退的英雄一样荣归故里。但是他们却没有领到应得的工资，不得不靠出售手中的武器和铠甲来勉强度日。此时，政府又颁布命令警告各地的刁民恶霸，凡“恶意传播谣言，声称未领到工资者”除了被囚禁外将“不会有好果子吃”。私自买卖武器或军用设备被列为违法行为。任何出售铠甲者将可能面临拘留，或就近送往警处或关押处置。[52]

解散陆军后，伊丽莎白紧接着便准备裁撤海军，遣散受雇船只，停用其他舰船。发生在西班牙幸存者身上的凄惨一幕开始在英格兰舰队 15599 名水手身上重演。8 月 31 日，女王被告知：“我怀着无比沉痛的心情，向您汇报您的舰队目前的状况。伤口感染和传染病正愈演愈烈，部分舰船上的状况已经十分危险。即便是身体完全无恙的健康人上船后也会很快染病——不少人都是头天得病，第二天就一命呜呼。”霍华德向枢密院陈述时称：“舰队绝大部分舰船都出现了严重的感染事件。每天都有士兵死去，每天都有一大批人倒下。船上的生活都是传染性的，已经糟糕透了。在人们看来，舰船本身可能就是瘟疫源头……目前，很多船在下锚时都凑不齐下锚所需的人手了。”此外，那些没有染病的人也越发不满。“在拼死拼活捡回一条命后”，他们只希望能拿回全部的薪水，但是所获却“极其有限”，这就使他们“完全改变了之前的态度”。[53]

伊丽莎白的“博纳旺蒂尔号”本来有船员 500 人，现在只剩下 300 人了。“伊丽莎白·乔纳斯号”和罗杰·汤森（Roger Townsend）一同出海的船员，现在除了他，只剩下一个人还活着。霍华德告诉伯利：“马盖特的情景看了让人心酸。士兵们回国后，却没有地方接纳他们，很多人就死在了大街上。”霍华德在战争未结束前就曾登岸，想为士兵们寻找安身之所：“然而，我能找到的最好去处也不过是马厩或户外简易棚。曾经拼死拼活在战场上卖命，回来后却凄凉地死去，只要是个人，怎能不动容。”[54]海军大臣典当了自己的银饰，来资助手下的士兵。他请求“开放国库……救救这些士兵”，“不能让这些为国家流血流汗的人，继续饿肚子继续流泪。这实在是说不过去。我坚信女王陛下也不会坐视不管”。由于长期在海上奔波，水手们大多都没剩下几件衣服：“购置衣服可能需要 1000 英镑……用来发放长筒袜、紧身上衣和衬衣等。不然的话，过不了多久，大部分水手都要没衣服穿了。”[55]

霍华德原本指望以伊丽莎白为首的英格兰政府能慷慨大度，救一救这些老兵。然而，他的梦想却破灭了。身为财政大臣的伯利每天都被一群人围着逼债，他已经麻木了。他冷冰冰地回复霍华德道：“人死了就用不了那么多开支了吧。遣散伤兵也可以削减开支啊……”[56]

和西班牙士兵一样，很多英格兰士兵也患上了伤寒和坏血病，不少人生命垂危。但在那个蒙昧的时代，以当时的医疗知识，霍华德及其手下的船长们将士兵的病亡归咎于士兵们饮用的啤酒：“酿酒人只添加了少许啤酒花，酿制的啤酒多数不合格。”霍华德还称：“就我本人来说，我真不知道除了让士兵们喝发馊了的啤酒，还有什么更能让他们开心的事。不喝馊啤酒又能喝什么呢？”要知道，当时多佛酿制的啤酒“口感可不输伦敦的”。[57]

最终，国库支付给伤病水手的全部费用只有 80 英镑。如果这还嫌少的话，想想那些在加来火攻船上当敢死队的水手们吧，他们 100 多号人加起来总共才拿到 5 英镑。[58]

霍华德不得不再次批准签发许可状，授权伤残士兵可乞讨度日。其中一份许可状由霍华德本人签发的，签收人为海军副司令、治安法官、警长、警员、法警及各教堂守卫。持证人为“伦敦炮手”威廉·布朗。许可内容为“各地教堂有义务收容此人”，有效期为一年。威廉·布朗曾“在法弗舍姆的三桅帆船（“哈泽德号”）上服役”。服役期间，“他全身多处受了炮弹碎片的贯穿伤，从此落下了终身残疾”。[59]

各地港口的死尸散发着恶臭，伤病水手过着凄惨的生活。即便如此，英格兰还是发行了一批大胜无敌舰队纪念币。纪念币上标注的年份为 1588 年，上面镌刻的铭文傲慢自大，让人误以为英格兰人已彻底摧毁了无敌舰队。纪念币直径 1 英寸（25 毫米），正面是年份及一家四口正在祈祷的图案，铭文是拉丁文，意为“谋事在人，成事在天”。纪念币的反面是一艘断裂的帆船，铭文也是拉丁文，意为“西班牙人望风而逃，葬身海底”。

另一枚纪念币是荷兰人赫拉德·范·比拉尔（Gerard van Bijlaer）设计的，该纪念币对西班牙人的攻击更是昭然若揭。纪念币正面是以教皇西克斯图斯五世为首的一个阴谋团伙的集体画像，一群人在密室中策划针对伊丽莎白的阴谋。这些人中既有天主教主教，也有西班牙国王腓力二世、法国国王亨利三世及吉斯公爵等人。他们都被蒙蔽了双眼，脚下的地板上镶满了尖尖的矛头。铭文也是拉丁文，意为“掌中刺难除”。这句话出自《圣经》的《使徒行传》第 9 章第 5 节。“（保罗，即后世所称的圣保罗）说：‘主啊，你是谁？’主说：‘我就是你所逼迫的耶稣。’”[60] 纪念币的反面是无敌舰队触礁，船员坠入大海的画面。铭文也是拉丁文，取自《圣经》赞美诗第 86 篇第 10 节中的一句话：“因你为大，且行奇妙的事；唯独你是神。”[61]

8 月 20 日，枢密院全体前往圣保罗大教堂为英格兰的胜利举行感恩仪式。教堂主事亚历山大·诺埃尔（Alexander Nowell）在教堂墓地的宣讲十字架前发表了感恩布道词。女王本来已同意前往参加，却在最后一刻改变了主意。6 天后，英格兰举行了胜利大阅兵，由莱斯特主持，伊丽莎白和海军大臣从附近宅舍的窗台观看了阅兵式。西班牙的间谍洁诺维塞·马可·安东尼·默西亚（Genovese Marco Antonia Messia）也观看了游行队列。队列里滑膛枪枪手、火绳枪枪手各 60 名，轻骑兵 200 名。士兵们全都穿着橘红色的制服，戴着白色丝绸面饰，场面威严而壮观。骑兵高举一面大旗，上书“哈泽德”（Harzard）几个大字。[62] 轻骑兵携带一张红色的锦缎，“顶上披着一层金纱，很显然，这很符合女人的品味”。后面是格斗表演，模仿骑兵之间的冲突，“两队人马斗得难解难分，互有胜负。他们手中的剑都微微向下倾斜，防止误伤”。[63]

第二天，饱受疾病痛苦的55岁的莱斯特离开伦敦，前往德比郡的巴克斯顿（Buxton）温泉疗养地疗养。他此行行程安排得很随意。到了雷丁（Reading）附近的莱克特（Rycote）便先住了下来。随即，他给伊丽莎白写信问安，“问女王早前的病痛是否已经缓解，这是我在这个世上最挂念的事。我日日祈祷，祈愿女王身体康泰，长命百岁”。女王曾赏赐给莱斯特一些药，用了这些药，他说“自己的身体已经大为改观，女王的赏赐是自己收到的最好的礼物”。在信的末尾，莱斯特写道：“臣为陛下的国祚祈祷。臣再拜。”他又在附记中写道：“臣已从信使特雷西（Tracey）处收到陛下的信物。”[64]

随后，莱斯特又来到牛津郡伍德斯托克附近的查尔博里（Cornbury）的一处“大宅院”，他的行程又停顿下来。默西亚报告称，莱斯特“吃了很多，晚上闹肚子，上吐下泻”。因为吸食了瘴气，于9月4日上午10时去世。[65]去世时还欠下外债2万英镑。在卖光了所有田产后，仍欠女王3169英镑。这都是因为他在担任尼德兰英军陆军中将期间开销无度。[66]

在失去了莱斯特这个陪伴她走过大半生的宠臣（女王亲昵地称呼他为“知己”）后，女王把自己关在屋子里暗自神伤，很多天都不愿意出门，“直到财政大臣和多名议员破门而入”。[67]直到生命的尽头，她的床头一直都摆放着一只盒子，那是她的宝盒，里面珍藏莱斯特在病逝前从莱克特寄来的信，盒子上镌刻着“他的诀别信”几个大字。她一直沉浸在痛苦之中，直到获悉无敌舰队在爱尔兰沉船的消息，才使她暂时摆脱了失去莱斯特的痛苦。得知无敌舰队厄运的那一刻，她“眼里噙着幸福的泪花，仿佛终于从（西班牙人的）狂轰滥炸中解脱了出来”。[68]

9月8日，圣保罗大教堂再次举行感恩仪式纪念大败无敌舰队。缴获的各种西班牙战旗向公众开放展示，其中就包括一面三角旗。旗上是“圣母马利亚怀抱着幼年耶稣”的画面。次日，这些旗帜被悬挂于伦敦桥的索斯沃克（Southwark）与齐普赛（Cheapside）。[69]枢密院致信索利兹伯里与林肯的主教，传达了女王的指示。女王希望“能举办几场布道会，以表达对上帝的感恩之情，感谢上帝帮助女王击败了西班牙国王……使英格兰取得了胜利”。[70]一份专门为此创作的祈祷词这样写道：感谢上帝帮我们“赶走了敌人，让我们免受不测的灾难，这是给我们的父亲般的惩戒……让残忍的敌人终尝恶果，使他们自作孽不可活”。祈祷词承诺，英格兰人会永远“感念主的仁慈保护，感念主把英格兰从敌人的满满恶意、武力威胁及狡诈残忍中拯救了出来”。[71]

全国各地普天同庆，庆祝打败无敌舰队。诺福克郡金斯林（King’s Lynn）附近盖伍德小镇的圣信义教堂的教区居民心中洋溢着爱国之情，他们在一块可折叠的木板上创作了一幅油画，油画再现了伊丽莎白抵达蒂尔伯里及西班牙舰队葬身火海的场景。这个画板后来被用作南过道的墙板。木板上还刻着一行字：“上帝保佑，拯救我们脱离苦海。”

相比之下，其他庆祝活动更加喧嚣和热闹：11月9日被指定为全国战胜西班牙感恩纪念日。各教堂守卫详细地记录了当天敲钟及发射礼炮等各项开销。在曾是前线的埃塞克斯的黑斯廷斯（Hastings）的万圣教堂（All Saints church），“仅为西班牙的丧钟日而准备的酒肉”一项就花了2先令2便士；[72] 在刘易斯，“众人一致同意，将城堡中的两个大物件模拟成西班牙海军进行炮击”，该活动消耗了炸药两大桶。[73] 人们还编排了一出寓言剧《伦敦城的三名贵族老爷和三名贵妇》（*The Three Lords and Three Ladies of London*）来讴歌海军将士战胜无敌舰队的事迹。剧中，西班牙人被拟人化为令人不齿的“骄傲”“可耻”“野心”“背叛”“暴政”及“恐惧”。该剧以西班牙人被一群英格兰学童打败而告终。[74]

各类宣传册的作者举办了一场户外集会，连伯利都情不自禁地感叹道：“物以类聚，人以群分。每个人、每个国家都有自己的朋友和敌人。正是因为不同的人有不同的感情归属，对于各种事件的报道才更加异彩纷呈……然而，每个国家都清楚，事实有且仅有一个。所以，我们才越发需要对报道进行规范和整顿。”[75] 这番评论可谓入木三分，简直可以用来做“宣传”一词的定义了。在这方面，16世纪都铎王朝历届政府可谓长袖善舞，总能做得如行云流水。

英格兰曾出过一本名字极其冗长的宣传册《对西班牙王国滑稽的问或对其失败的欣喜，及该国恰逢其时的烦恼》（*A Skeltonical Salutation or Condigne gratulation and just vexation of the Spanish Nation*）。这本小册子的作者用了10页纸的篇幅用粗体字写了一首关于“如果一个人吃了一条吃了西班牙溺亡士兵的鱼，他是否会感染花柳病”的打油诗，这首诗中的叙事者想知道今年

是否该管管自己的嘴
问自己是否还要吃鱼
可我们沿海到处都是
而这些鱼儿吃的竟是
尸骸
石缝中横七竖八的尸骸
得过梅毒的尸骸……
鳕鱼啊，海鳗啊
饿得发慌
只好以这些尸骸为食
吃啊，吃啊
西班牙舰队的尸骸
吃了头，还有脚
吃了脚，还有腰
对鱼儿来说
这竟成了美味佳肴
就像狐狸见到了鹅哟
这些尸骸都染过梅毒
管他是奴隶还是公侯
没谁能幸免
把他气的哟

然而战天斗地，连神鬼都避让三分的英格兰人可是天不怕地不怕的主儿，只要这锅鱼“炖得够味”……

你的小肚子在叫
你不能说不要
管那鱼儿吃的啥
管那鱼儿哪儿耍
有个球好怕
只要你爱吃
就放心大胆地来吧[76]

蒂尔伯里的辩论家托马斯·德洛尼谱写了一首歌谣来为俘虏佩德罗·德·巴尔德斯的“罗萨里奥夫人号”的英格兰勇士献礼。这首歌谣采用法国民谣《阿尔芒德》(*Almain*)的调子。歌曲名字起得不甚恰切，甚至听起来还相当恶俗，叫《欢快新歌谣》。歌词描述了蒙卡达的分舰队旗舰“圣洛伦佐号”在加来沉没，西班牙人溺水身亡的场景：“看啊，看啊 / 海浪滔天 / 蔚蓝的大海被染成了红色 / 那是西班牙人的血泪。”由于爱国主义热情高涨，德洛尼接下来又写了一首诗，诗中点点滴滴，道尽了西班牙人的背信弃义：

他们想借可怕的征战
将我们的城市和小镇
夷为平地
或抢掠一空
洗劫和杀戮
我们的同胞

心生恶念
便杀心顿起
奸淫掳掠
胡作非为
襁褓中的婴儿
他们攥在手里
“主的真理真义”
他们全都抛弃
要了女王的性命与王座
才是他们的最终目的

我们生活富足
我们生活安逸
他们以残忍和不义
换取富足和安逸
他们竟来烧我屋舍
杀我在床
屠我子孙
抢我粮
一夜之间
回忆成殇

继而，作者又提到了萦绕在无敌舰队心头的阴魂不散的梦魇，即西班牙人发明的臭名昭著的鞭刑：

这种鞭，只笞男

看得人，心生寒

地狱中，群魔舞

即闻鞭，心也苦

鞭上结，金钩造

似齿轮[77]，把命要

鞭一下皮开肉绽

鞭两下魂飞魄散

连女人也难以幸免：

另有鞭，专笞女

纵然懵然无知，见之也怅然

鞭上系铜片

锋利且带尖

人间哪得见

鞭鞭能带血

魂飞魄散一缕烟[78]

这首长诗是按伯利的吩咐所作，虽然韵律差强人意，但字里行间却蕴含着惊人的力量。另外，据说人们从一个“名叫理查德·雷（Richard Leigh）的天主教神父家中搜出了‘致唐·伯纳迪诺·门多萨的一封信’。[79] 随后，他因叛国罪被执行死刑”。他的这重身份被用于宣传再恰当不过了。这封长信无异于一个政治宣传册，信中声称西班牙人战败后，很多英格兰天主教徒都提心吊胆起来，担心罗马教廷会遣返他们回英格兰。

> 我见过不少心地善良的人，也见过不少智慧过人的人，他们一直以来都在暗地里兢兢业业甘冒风险为教皇做事。然而现在，他们内心却开始忐忑起来……他们幡然醒悟，教皇本人一心想完成的宗教改革并不符合上帝的旨意……教皇将尘世的权杖委托给了某位国王，让他仗着武力来侵犯并摧毁女王的王国……和忠于女王的臣民。现在，胜负已经彰显，今年尤其如此，女王是不可战胜的。正如一开始就有人主张的那样，暴力、流血、屠杀、征服等手段违背了基督教的基本教义。

英格兰海军确立了它们的统治地位，新教上帝也无所不能，这似乎已经成了一个任何人都无法辩驳的事实。“西班牙人既未截获也未炸沉任何一艘英格兰船只，甚至连敌舰的一根桅杆也不曾损毁，更不曾俘虏一个英格兰人”，这让关押在伦敦的西班牙囚犯大为震惊。他们连连惊呼，“在这场战役中，上帝简直是路德宗教徒的化身”。

梅迪纳·西多尼亚则饱受恶语中伤，英格兰人的宣传册竟然蔑称他在海上的大部分时间“为了个人安危，几乎全程待在旗舰底舱不敢露头”。宣传册最后以鄙夷和讥讽的语调写道：“以上便是号称天下无敌的西班牙无敌舰队的无敌的悲惨际遇。”[80]

然而在所有关于无敌舰队的悲惨命运的宣传中，最深入人心的形象莫过于乌邦寺（Woburn Abbey）绘在一块木板上的巨幅油画。这是一副伊丽莎白的“巨幅肖像画”，长 52. 4 英寸（约 133 厘米），宽 41.3 英寸（约 105 厘米）。画上女王身着太阳图案的礼服，脖子上象征纯洁的硕大的珍珠悬挂在紧身衣外。女王右手扶着地球，指尖轻触新世界；在她左手旁是一张桌子，桌子上上放着帝国的王冠。画面左侧的背景是英格兰火攻船威胁西班牙舰队的场景，右侧是敌舰被象征着“上帝之怒”的狂风吹翻搁浅的画面。[81]

11 月 24 日，星期日，这天是感恩节。伊丽莎白出现在圣保罗大教堂举行的庆祝对西班牙胜利的另一场宗教仪式上。她乘坐敞篷双轮马车从萨默塞特宫门前的海滩出发。马车的华盖顶端是一个王冠式装饰，前面是两根柱子，柱子顶端分别卧着狮子和龙，在当时的英格兰，狮子和龙经常出现在纹章之上。[82]

保卫英格兰之战共耗费了她国库 16.7 万英镑（按 2013 年的购买力约合 4.63 亿英镑），而在这个天文数字中，用于奖励“伤员”的开支却只有 180 英镑。

女王受到了全方位的安保。一方面是因为对于被暗杀的担心，这个问题一直以来都没有解决；另一方面，被遣散后心怀不满的士兵和水手可能会在伦敦掀起愤怒的抗议浪潮。[83] 当然，他们完全有理由表达不满。他们被拖欠薪水，而且在无敌舰队之役中幸存下来的士兵竟然有一多半因疾病和饥饿而死。

当时这些幸存下来的老兵并不知道，他们中的很多人在不久的将来将再次走上战场，再度与他们的敌人见面。

而这一次，战场则是在西班牙人国土上。

第十一章

英格兰无敌舰队的诞生

在前往里斯本的路上，国王和葡萄牙王子……满心期望当地的达官显贵赶来迎驾……可是，除了一群衣不蔽体的穷酸农民和一位女士外……他们竟然连一个像样的人也没见着。只有那位女士向国王进献了一篮子樱桃。

——威廉·芬纳（William Fenner）致安东尼·培根（Anthony Bacon）的一封信，1589 年[1]

无敌舰队已经颜面扫地，全面撤退。但是对伊丽莎白女王来说，还有两件让人头疼的紧迫要务。其一，英格兰并未打得西班牙舰队彻底臣服。女王的密探提醒她，西班牙可能会东山再起，再次袭扰英格兰海岸线；而驻守佛兰德斯的帕尔马部至今未尝败绩，依然是一支令人望而生畏的力量，可能在下次入侵英格兰时担任陆军主力。西班牙最高统帅也会从此次毁灭性的决策失误中吸取教训，陆军和海军将实现协同作战。其二，伊丽莎白的国库亏空越发严重，也更让人坐立不安。国库持续亏空，不仅严重危及国土安全，还危及了英格兰对尼德兰人反抗西班牙的战争以及对法国反西势力的资助。为筹措资金对抗无敌舰队，财政大臣伯利已经焦头烂额。为了能贷到款，别说是近乎高利贷的利息，即使是惩罚性利息，他可能也不得不接受。1588 年 7 月，英格兰政府向伦敦市政府借款 3 万英镑，其利息接近高利贷。为了这场胜利，女王在内政、外交、军事上付出了多少艰辛！如果不解决这两个问题，胜利的喜悦还没来得及细细品味，便可能瞬间变成难以下咽的苦果，这绝非耸人听闻。

女王的常规岁入为 25 万英镑。1585—1588 年，议会共下拨补贴款 21.5 万英镑。国库储备金 30 万英镑，从中拨出的额外应急资金总数为 24.5 万英镑。国库可是女王的“心头肉”——若非伯利的远见卓识及其在过去 10 年间的精打细算，英格兰能不能挺过来还是个未知数。花钱容易赚钱难。过去的 3 年中，伊丽莎白精打细算，驻扎在低地国家的 7000 名英格兰士兵都只能领到部分薪水，而其资助尼德兰抗西势力的资金则高达 40 万英镑。在英格兰国内，仅应对西班牙威胁一项便需 16.7 万英镑预算。除去这些预算，到 1588 年 10 月初，国库仅剩 5.5 万英镑。而即使是和平年代，这笔钱也仅够 8 个月的开支。[2]

议会要拨款，就必须找到新的开源渠道，而这尚需时日。民众抗税声日渐高涨，已越来越令朝臣们不安。早在 7 月，伯利就曾警告沃尔辛厄姆，“民众的不满情绪在发酵，越来越多的人开始公开表示不满……而这正是敌人喜闻乐见的”。[3] 令人担忧的还远不止这些。于是，各郡县便接到向绅士们强行索要 5 万英镑贷款的指示。1589 年 2 月，投机商威廉 · 米尔沃德（William Milward）被派遣去德意志商谈一笔 10 万英镑的贷款。他接到指示，要他本人假扮成贷款人（以防放贷人趁机索要极高的利息）前去贷款，底线是贷款利息不得高于 10%。但是他此行可谓颗粒无收：没有人愿意预支他一分钱，甚至连 50 年前对伊丽莎白的父亲亨利八世慷慨解囊的富格尔家族这次也不愿意提供贷款了。[4] 迫不得已，伊丽莎白只得执行她所谓的“万恶的政策”，卖掉自己的财产——对于这位向来贪恋金银财富，十分珍视荣誉地位的都铎王朝君王来说，这无异于一个“诅咒”（anathema）。

时局堪忧，伯利一定提醒过女王，16 世纪 40 年代英格兰与法国、苏格兰之间连年战事频繁，战争开支无度，她的父亲亨利八世早就把英格兰掏空了。亨利八世无计可施，只得放任货币贬值，结果导致了严重的通货膨胀，使得在接下来的 10 年中，王国的经济受到了极大的破坏。现在，英格兰不能再犯同样的错误了。

鉴于经济惨淡的现实，伊丽莎白一门心思想找到一个既能解决财政困局又能够化解防御窘境的一箭双雕的办法。约翰 · 霍金斯爵士和沃尔辛厄姆一直都积极支持这种设想，连一向谨慎的伯利也对此热衷起来。该计划不复杂，实施起来也相对安全，如果成功，女王也就实现了对腓力二世和西班牙的复仇了。

腓力二世每年都会用运宝船将大量的金银珠宝从新世界的殖民地运往加的斯。通过洗劫西班牙人的运宝船，伊丽莎白便能收获价值数百万英镑的财富。这桩一本万利的买卖不得把财政大臣乐疯了。此外，截留国王的岁入既能让腓力二世难以填补无敌舰队这个大窟窿，又能断了佛兰德斯驻军的开销和对法国天主教盟军的赞助。也许，对腓力二世的运宝船无论是现实的还是潜在的持续威胁，或者是仅仅使他遭受一条运宝船的损失，说不定就能使他诉诸和平。这样一来，或许使伊丽莎白捉襟见肘的代价高昂的战争就真的终结了呢？

眼下只有一个障碍。这是一切简单易行而又报酬诱人的计划面临的同样问题。

女王的舰队已在海上劈波斩浪达 8 个月之久，亟须休整，休整则需数周的时间。而该行动计划的关键就是掐准宝船船队驶入亚速尔群岛的准确时间。显然，等英格兰舰队休整结束，抵达指定海域，一切都为时已晚，抢劫的对象早走了。如此，这块即将到手的肥肉就飞了。以英格兰目前的财政状况和防御态势，绝不可能撑到明年，即等待 1589 年从古巴的哈瓦那运送财宝穿越大西洋的西班牙运宝船。她等不起！

然而，这块肥肉终究还是落袋为安了。9 月 19 日，约翰·诺里斯爵士呈递了修改后的行动方案。该方案有三大目标。其首要目标是摧毁停泊在西班牙北部港口待修的无敌舰队所有战船。其次，女王的舰队护送步兵占领里斯本，并扶持觊觎王位已久的葡萄牙人多姆·安东尼奥登上王位；其最后一个目标是，英格兰舰队携英军前往并占领亚速尔群岛，守株待兔，以逸待劳，静候西班牙宝船船队自己送上门来。

弗朗西斯·德雷克是诺里斯方案的积极拥趸。两人堪称“上帝的大护法”。经过冗长乏味的辩论，伦敦的清教牧师们最终达成共识：如果将一个信奉天主教的王位觊觎者推上葡萄牙王位能重创上帝的最大敌人西班牙国王腓力二世，那么这样做与《圣经》

教义并不矛盾。得知此事，德雷克和诺里斯不禁长舒了一口气。[5]

伊丽莎白一方面深陷财政窘境，另一方面还要出资帮助爱尔兰组织防御力量以应对西班牙沉船事故的幸存者，实在拿不出这么多钱来资助德雷克的远征行动。因此，只能效仿此前德雷克奇袭加的斯的成功案例，由私人出资资助此次冒险行动。女王个人出资 2 万英镑。伦敦城的赞助商和“冒险家们”出资 4.3 万英镑，并负责支付参与行动的女王直属舰队的 6 艘“二级”舰船——分别为“复仇者号”、“无双号”、“无畏号”、“迅捷号”（*Swiftsure*）、“远见号”（*Foresight*）和“助手号”（*Aid*），及其所属的两艘舰载艇“建议号”（*Advice*）和“梅林号”（*Merlin*），以及雇用其他武装商船的相关费用。女王批准成立的专门委员会将负责为军队招募 8000 名士兵和 1000 名敢死队员。其中半数士兵以志愿兵的身份参与行动，为了节省开支，其余士兵只配备刀剑和匕首。伊丽莎白将为敢死队提供两艘俘获的西班牙船只、10 门攻城炮、6 门野战炮、20 拉斯特的火药及其他器械。荷兰的反叛势力则负责提供 4000 名火绳枪兵并自备武器。这些武器包括 1000 杆戟、3000 支滑膛枪、4000 支轻型火绳枪、2000 个腹甲、6 门攻城炮及 40 拉斯特的火药。荷兰人还需准备 4 个月的食物供应及其他储备。尼德兰的全部开支不足 1 万英镑。如此看来，最起码计划之初是这样的，这是一场低投入的攻击行动。

诺里斯向女王收取了 5000 英镑的预付款，并承诺在凑齐 4.3 万英镑的私人募集金之前不会向女王索要剩余款项，女王爽快地答应了。[6]10 月 11 日，女王在威斯敏斯特修道院向德雷克与诺里斯郑重发布授权，授权他们“全权负责”该计划；授权他们可自行任命下属官员和招募军队，可以“对一年来凭借无敌舰队与敌对势力，企图侵犯英格兰王国的所有势力和个人实施任何报复行动”。[7] 他们还获得了王室同意任何人自愿参加远征的许可状。

伊丽莎白有严重的拖延症与喋喋不休的习惯，而该方案却仅用了 3 周时间便走完了规划、论证和批准等一系列手续，速度着实惊人。她一反常态是因为一时鲁莽呢，抑或是长期以来烦心事太多，急于找一个出口？

坐标巴黎。门多萨很快就获悉英国正在组建远征军的消息。他在伦敦安插在多姆·安东尼奥身边的代号为“大卫”的曼努埃尔·德·安德拉达（Manuel de Andrada）的线人是个得力内应。“大卫”的报告使他确信，的确存在“四五十艘船”协助王位觊觎者上位的计划，“但其具体的准备工作却不得而知”。[8] 两周后，门多萨认定安东尼奥将乘船返回葡萄牙，但他认为这不过是疑兵之计，英格兰人的真正目标是亚速尔：“英格兰人的 50 艘舰船正整装待发，准备工作推进迅速。他们屠宰了大批阉牛用作物资储备。行动的准备工作大都是私人在操办。这些人的目的很明确——捞取好处，因为在他们看来，参与出海洗劫的船只必定都会满载而归，给他们带来丰厚的利润。”[9]11 月初，女王获悉西班牙国王也在对舰队扩军备战，她反唇相讥道：“既然腓力二世喜欢干修复受损战舰的事儿，那我要多给他找点事儿做。”门多萨就此向腓力二世做了汇报。

9 月 12 日，帕尔马开始围攻贝亨奥普佐姆。10 月 20 日，诺里斯率 1500 名英格兰援兵前往解围。在荷兰叛军召开国务会议前，诺里斯公布了英格兰的远征计划。[10] 两个月后，荷兰人答应了英格兰人提出的共同参加远征的要求。荷兰人愿意提供10艘战舰，使用期限为5个月，并出兵1500人，同时诺里斯获准以免税价在荷兰购买任何武器、甲胄、军火及其他物资。

英格兰人得到的情报显示，目前在桑坦德停泊着约40艘无敌舰队舰船，另有12艘停靠在圣塞巴斯蒂安。由于水手紧缺，这些战舰均不满员。又因码头工人短缺，破损舰船的修补工作进展缓慢。情报还显示，无敌舰队上的士兵已经转移到离岸20英里（32.19千米）的内陆的冬季兵营。[11] 这份情报无疑使远征行动变得更加紧迫。沃尔辛厄姆向身在巴黎的斯塔福德透露，伊丽莎白已下定“追击穷寇的决心……不给西班牙国王任何喘息之机，并断了其在邻国策动异端势力闹事的念想”。他告诉斯塔福德应该立即呼吁法国国王亨利三世禁止向西班牙出口任何谷物和海上军用物资。[12] 同时应警告德意志人，一旦在公海上发现装载物资和军火开往西班牙的德意志汉萨商船，将当场罚没。[13]

1589年2月，女王向德雷克和诺里斯着重强调此行两个压倒一切的目标：一是击溃西班牙国王的舰队，二是占领亚速尔群岛，并在亚速尔截获一年一度往来于东西印度和西班牙的运宝船。此行首先要确保摧毁无敌舰队的有生力量，助多姆·安东尼奥登上葡萄牙王位则在其次，因此，不宜在葡萄牙久留。如果当地的西班牙军队实力过于强悍，“须确保自身安全无虞，绝不可冒险行动”。即使安东尼奥受到空前的热烈拥护，英格兰军队的行动也仅限于防守葡、西边境。同时，安东尼奥即位后，应确保其偿付英格兰此次行动的各项开支。[14] 女王所下的这道命令已经再清晰、坚决不过了。

伊丽莎白命德雷克和诺里斯庄严宣誓，并承诺根据行动目标的轻重缓急执行任务，若违背誓言，当以“叛国罪”论处。女王千叮咛万嘱咐，唯恐德雷克会故伎重施，鬼迷心窍，只想着一本万利的打劫勾当而忘了正事。她专门安排自己的“心腹侍从”——枢密院职员安东尼·阿什利（Anthony Ashley）作为自己的“耳目”随行。女王授意阿什利“监视德雷克等人的一举一动及其往来书信……并帮助他们出谋划策”，同时，要“忠实地记录所有共同行动及一切活动”。[15]

不少才解散的士兵积极响应号召，重新拿起武器准备与西班牙人再干一场。同时招募的还有一批备受鄙夷的流浪汉，即所谓的社会上的“人渣”。枢密院注意到了招募成员中“衣衫褴褛、纵情声色”的现象，发布了警报。代号为“大卫”的西班牙间谍报告称，这些新兵“不知被灌了什么迷魂药，认为自己要去的是黄金之国，顺便还能抱得美人归……他们还说，多姆·安东尼奥已向他们承诺，但凡不愿臣服的城池，皆可洗劫一空。安东尼奥还许诺他们，到卡斯蒂利亚（Castile）之后，可以尽情烧杀抢掠，一定先要血洗，再将其夷为平地”。[16]

然而，战争并不总是这么好玩。也许是因为炮弹中混杂了“霰弹”，也许是因为“奸商（为了增加重量）在卖火药时被掺了假”，也许是因为玩忽职守等其他原因，在训练发射炮弹期间，有些刚招募来的新兵被炸成重伤。[17] 在南安普敦，为了能多招募一些机灵的、合格的、真正能为女王陛下效力的士兵，法官和“住在沿海的贵族”接到指示颁布征兵令征召合格的“海员和渔民”。[18]

每逢国家危难之际，总会冒出不少奇人怪事。这年12月，约翰·特鲁（John Trew）写信给女王，自告奋勇要为女王分忧，“以保护和拯救女王……尽管我已垂垂老矣，依然盼着能走上战场”。特鲁就像后世那些手里拎着装有外星人或异形统治世界等“绝对可靠”的机密证据的破烂棕色牛皮纸包，行色匆匆地穿行在各个新闻机构，挨家挨户兜售机密的可怜人。其真实目的很快就在信中暴露无遗：他吹嘘道，“我有一个重大发明，无论在任何极端的情况下，都可以以一人抵挡5000士兵。我还发明了个机器，这种机器能够为人类抵挡炮弹”。和大多数与他一个德行的人一样，他的请求被婉言谢绝了。由此，我们也丧失了一个绝佳机会，无从知晓约翰·特鲁是否是第一个发明坦克的人。[19]

可以想见，远征计划很快就遇上了麻烦，费用开始持续飙升。将领们原本拟定的预算显得过于寒酸。没有钱，再好的承诺也不过是说说而已。船上竟然连攻城炮车都没有。荷兰战舰呢？连个鬼影都没见着。诺里斯从荷兰购买的军需品多半都没有到货。低地国家也没有像他们承诺的那样派骑兵来，而只是从佛兰德斯抽调了12个连的步兵——而且只有1500人，离期望的3500人差太远。福伊（Fowey）来的“宠臣号”满载饼干、牛肉、啤酒和人们的期望，却终因风暴在多佛港沉了。当然后来打捞了上来，但已是后话。[20]1589年3月，港口集结了1.9万人，却遭遇了兵多船少的麻烦。

可就在此时，海上却漂来了一笔罕见巨款——这是一支由60艘排水量为150~200吨的仅装有压舱石的快速平底船组成的船队。它们的目的地是法国，任务是收海盐。德雷克诬陷说在这些船上发现了帕尔马颁发的通行证，然后命令所有人抄家伙干了这一票。[21]

英格兰远征军舰队浩浩荡荡地向普利茅斯驶去，却因“罕见的风暴”而耽搁了，因为“一直都在吹顶头风”。为舰队筹集物资的难度也越来越大。普利茅斯市市长威廉·霍金斯（William Hawkins）一共才购置了12吨食用油，“现在是播种季，我们的豌豆和大豆还不到400夸脱（5080.24千克），去哪里弄到油”？从渔民手里面买到的新打捞上的鱼也不到2000条。牛肉倒是不少，黄油和奶酪都不少，“因为正是产这些的时候”。[22]

远征军尚未开拔就遭遇了财政困局。原定出海计划不得不推迟。供应步兵和4000名水手的物资本来已经装船，现在他们只得再把它们搬下来以图渡过危机。尚未成行，德雷克和诺里斯已经耗资9.6万英镑——几乎占到了最新远征计划整体预算的18%还不止。4月17日，远征军舰队出海后因逆风航行风力过大，被迫返回普利茅斯港。次日，诺里斯对伯利说：

> 我们现在根本就撑不下来，航行也中断了，我不知道这支军队现在还能做什么。
>
> 出不了海，士兵们就会向女王陛下讨要工资，因为他们是为女王的使命被征召的。
>
> 如果不答应他们的要求，整个国家都要遭殃。届时，各地就会抢劫横行，人们会怨气冲天。武器、船上的物资会被哄抢一空，[23]整件事将变成一场闹剧。[24]

然而，伯利早就识破了他的伎俩。这只不过是层层掩护下的一次敲诈而已。然而事已至此，已无法回头。枢密院责成普利茅斯市市长负责为舰队提供一个多月的伙食。同时，从伦敦调拨1万英镑交付舰队，康沃尔郡和萨默塞特郡税官另筹4000英镑由国库转移支付交付舰队。在这件事情上，他们娴熟地耍了个花招，又省了一笔钱：鱼和豆类被牛肉替代，啤酒也省了，仅此一项就节省了7000英镑。此外，本来承诺的1.4万英镑只兑现了1.1万英镑，又为国库省了一笔钱。[25]

伊丽莎白女王又多了一名新宠，即莱斯特年仅22岁的继子、披着一头红发的第二代埃塞克斯伯爵罗伯特·德弗罗（Robert Devereux）。埃塞克斯伯爵身形高大、长相俊美、贪慕虚荣，还喜欢与人争辩。其父行事鲁莽，妄图征服爱尔兰的阿尔斯特省（Ulster），却因行动失败而债台高筑。4年前，德弗罗第一次来到宫廷时已经负债累累，皆因其父所赐。但是这个年轻人却坚持过着任性而奢靡的生活，没过多久，他欠债的对象就越来越多，所欠债务竟高达2.3万英镑（以2013年的购买力计算相当于7000万英镑）。后来，埃塞克斯伯爵终于幡然醒悟，认识到宫廷生活华而不实，决心参加对西班牙和葡萄牙的远征，以此来建立战功（当然还有抢劫带来的可观的回报）。4月13日傍晚，埃塞克斯伯爵未经女王允许，擅自离开圣詹姆士宫，前往英格兰西南部。

抵达普利茅斯后，他致信枢密院，表达了强烈的参战意愿，同时祈求“女王陛下”原谅。“望各位大人替我求情，我求战过于心切，以至于忘了必要的礼节。但是，若不让我参战，我宁愿以死明志。”[26] 在另一封信中，他则坦诚地讲述了自己对金钱的渴望：

我现在已负债2.2万~2.3万英镑。女王对我恩宠有加，我却受之有愧，不能再向她张口。除非我冒险参战，否则没人能拯救我。我宁愿冒险也不愿再像以前那样向女王伸手（要钱）。若一切顺利，我便能家财万贯。若时运不济，我便只能潦倒终生。[27]

对埃塞克斯伯爵未经允许擅自离去一事，伊丽莎白大为光火。她担心参与对敌军事冒险行动会让其置身险境。次日，女王着即差遣埃塞克斯伯爵的舅舅弗朗西斯·诺利斯（Francis Knollys）去寻找埃塞克斯，要求将他像一个逃学的顽童一样带回王宫。

然而，为时已晚。埃塞克斯伯爵偷偷登上了亨利·诺埃尔（Henry Noel）的“迅捷号”，藏身于此一直到晚上。埃塞克斯的舅舅慌慌张张、气喘吁吁地找德雷克和诺里斯借了艘舰载艇便匆忙去追女王的这位误走歧途的宠臣。可惜天公不作美，雷姆岬附近风向并非南风，船只无法通行，埃塞克斯的舅舅不得不返港避风。

女王对任性的埃塞克斯伯爵的迷恋引发了一连串越来越喜剧化的行动。“启斯东警队”式的警匪追逐大战这出混乱大戏拉开了大幕。埃塞克斯的舅舅前脚刚走，亨廷顿伯爵便接到女王的指示，赶往普利茅斯协助埃塞克斯的舅舅。远征军将领只好给埃塞克斯的舅舅重新换了一艘新舰载艇让他去追自己的外甥。然而，令他们万万没想到的是，因风向突变，“迅捷号”已经返回了法尔茅斯港。法尔茅斯港在普利茅斯港以西 60 英里（96.56 千米）处——埃塞克斯在法尔茅斯又待了 10 多天。在此期间，他和那里的陆军军官，特别是他所谓的“铁哥们”陆军上校罗杰·威廉斯一道大快朵颐，过得好不快活。德雷克告诉伯利：“寻找埃塞克斯伯爵确实不易，我们已经派出人手，截至目前仍一无所获。”[28] 德雷克向来对女王阿谀奉承，然而在这件事上，德雷克真有可能和埃塞克斯是一伙的。

1589 年 4 月 28 日，远征军正式起航。舰队共有船只 100 艘，其中 11 艘为租借的武装商船，所有舰船编成 5 支分舰队。其中部分武装商船，如“皇家商船号”、“爱德华·博纳旺蒂尔号”、“托比号”（*Toby*）、“百夫长号”、“金贵号”（*Golden Noble*）、“猛虎号”及“葡萄园号”，曾参与与无敌舰队的决战。同一天，埃塞克斯乘着“迅捷号”从法尔茅斯离港。

按照先前和女王达成的约定，舰队应先前往桑坦德，摧毁返航后停泊在那里的无敌舰队的舰船。但德雷克并未遵守约定，而是掉转航向直奔科伦纳。他把责任推给了风向。此外，与上次鬼使神差出现的德意志汉萨船让他不知不觉地洗劫了“罗萨里奥夫人号”一样，同样的怪事又发生了。他和诺里斯声称，他们截获的情报显示，“在（科伦纳的）拉科鲁尼亚、加利西亚及葡萄牙的港口停泊着各国船只 200 余艘，船上装载着大量资敌军火、桅杆、缆绳及其他物资”。所以，女王的担忧并非没有道理。还未放一枪一炮，劫掠的诱惑已再度在德雷克心中复活，他早把既定的战略战术目标抛到了九霄云外。

5 月 4 日下午 3 时，英格兰舰队在科伦纳港外 1 英里（1.61 千米）处下锚。英格兰人从天而降，令西班牙人错愕不已。威尼斯驻马德里新任大使托马索·孔塔里尼（Tomaso Contarini）在汇报中称：

> 加利西亚总督塞拉尔瓦侯爵（Marqués of Seralva）正忙着处理私事。议会正处于会期。士兵们都不在营区，也未携带任何武器，目前分散在全国各地。
>
> 没有人料到敌人现在突然来袭。城内没有能打仗的士兵，那么多人怎么安置？贵重的物品怎么转移？
>
> （总督的）妻子和女儿得知敌人突袭的消息后，徒步6英里（9.66千米）逃走了。
>
> 总督已经尽力了，军队也尽职尽责。但是敌人突然到来，城防工事薄弱，加之弹药缺乏，城市想不失陷都难。[29]

然而，英格兰舰队的官兵们并没有看到德雷克所说的200艘敌船。安静地停泊在港口的只有4艘船，分别是破败不堪的排水量为600吨的佛兰德斯式圆底船“圣胡安号”、一艘装载着枪炮和长矛的舰船，以及两艘盖伦式桨帆船。

在一片风雨交加之中，英格兰舰队7000名士兵用了3个小时在连接科伦纳岛与大陆之间的狭窄的咽峡地带实现登陆。他们用枪炮击退了藏在下城或“基地城”的小股敌军。5月5日，诺里斯固定好2门半蛇铳向两艘盖伦式桨帆船（两船迅速向安全的费罗尔港逃去）及“圣胡安号”开炮，将“圣胡安号”仅存的数门可用火炮摧毁。

5月6日，其余2000名英格兰士兵也登上了岸，对科伦纳低洼的市郊发动袭击。他们迅速控制了几条街道。西班牙人见大事不妙，一把火烧了“圣胡安号”，只将两艘圆底船遗弃给正准备洗劫城池的英格兰人。英军士兵缴获了大量酒水，他们戏称“解放”

了这些酒。但在喝酒后，很多士兵都醉得不省人事。酒精当然帮不上西班牙人什么忙，然而流行病却放倒了一批又一批英格兰士兵。据罗杰·威廉斯猜测，病源很可能是“梅迪纳·西多尼亚公爵率领无敌舰队回国时带回来的旧衣物和行李袋”。[30]在接下来审讯俘虏的过程中，诺里斯和德雷克获悉科伦纳上城区“存放着大量武器弹药和食品”。英格兰人不打算动用自己的储备了，决定先把这些物资抢到手。在对上城区围攻了4天后，他们汇报称：

> 战斗打得异常艰苦，好在我们在一处城墙打开了缺口。在另一段城墙处，我们将地雷投掷到了临近的圆形碉堡将其毁掉。
>
> 我们发动了总攻，将士们勇敢地爬上了城墙的缺口，却被敌人掀翻掉在墙角，墙角的尸体已经堆积成山了。
>
> 战斗场面惨不忍睹，也因此我们没能攻陷和占领上城区。[31]

德雷克和诺里斯有意地忽略了桑坦德这个原定目标，他们打算继续航行前往里斯本。但是他们之所以做出这个决定，可能另有原因。首先，英军未能阻止盖伦式战舰不断向科伦纳的兵营提供保障。其次，他们已得到消息，西班牙已经出动了12艘舰船前去增援科伦纳。

虽然未能拿下科伦纳城堡，然而其周边的乡村地区英格兰突击队却可谓来去无阻，他们烧杀抢掠，忙得不亦乐乎。西班牙人靠拉壮丁仓皇纠集了一支8500人的队伍在普恩特·德·布尔戈斯（Puente de Burgos）集结。“海盗”诺里斯将其击败，歼敌1500人，其余人等仓皇逃散。英格兰人缴获一面西班牙王室旗帜胜利归来。诺里斯催促伯利说服伊丽莎白，再从低地国家增派30个训练有素的步兵连，并增援更多的攻城炮、枪支弹药和火药，“以备今年在此地的其他战役所用。毕竟在这里作战要比在自家门口和敌人开战安全得多，也更有赚头”。[32]

德雷克仓促撤离科伦纳，这可能是他犯下的一个重大的战术性错误。西班牙人本来担心德雷克会占据港口。如果以此为据点，德雷克便可以源源不断地获得从英格兰跨海运来的物资补给，实力大增，进而可在沿海或内陆开展更多对西班牙人的惩罚性军事行动。威尼斯公使注意到：

> 西班牙海军已经无力在海面上与敌作战。
>
> 他们现在缺人缺船，实力已经大不如前……由于兵源不足，西班牙人迫不得已，只好招募葡萄牙人从军。然而事实上这么做弊远大于利。葡萄牙人怕西班牙人怕得要死，而现在西班牙人竟异想天开想要武装他们。[33]

坐标伦敦。女王对远征军将帅违抗命令一事非常恼火。在接到科伦纳军事行动收效甚微的消息后——“科伦纳无关紧要，强攻只会危险重重”——她大骂他们“不遵照事先约定的计划执行……其余两地才是行动的重中之重，不仅要拿下而且要焚毁那里的敌舰”。图章执事（clerk of the signet）托马斯·温德班克（Thomas Windebank）替德雷克和诺里斯打抱不平，为他们说好话。他认为德雷克和诺里斯的所作所为也是为了“更好地为女王陛下和她的王国效忠”。伊丽莎白厉声呵斥道：“他们去科伦纳不是为了我和国家，是为了钱！”她给远征军下达命令，命他们赶赴桑坦德，摧毁幸存回国驻泊在该地的无敌舰队，“务必在返航前完成此任务……目前你们的所作所为，无法不令我们（不）满意”。[34]

此刻，德雷克和诺里斯还不知道，他们的做法会令女王暴跳如雷。因此，远征舰队开始驶向里斯本。即便他们断定“腓力二世舰队的精锐”就停泊在里斯本，这也毫无疑问是个错误的决定。此时，英格兰远征舰队已经和埃塞克斯伯爵乘坐的“迅捷号”会合。5 月 26 日，2000 人的部队在里斯本北部 45 英里（74.4 千米）外的佩尼谢城堡（Peniche）外墙下登陆。[35] 千真万确，埃塞克斯伯爵一马当先、劈波斩浪第一个冲上了岸。西班牙为防止敌人从峭壁登陆，在此部署了一支 5000 人的部队。英格兰人刚一上岸便同守军展开了激战。在这场白刃战中，埃塞克斯伯爵亲手宰了一名敌军士兵。一位名叫拉尔夫・莱恩（Ralph Lane）的英格兰士兵描述了这场发生在海滩旁黄沙漫漫的高地上的冲突：

> 埃塞克斯伯爵和陆军上校（罗杰・威廉斯爵士）率先登岸……与敌恶战两个小时。随后，我们的大部队才姗姗来迟，因为海浪滔天、巨石嶙峋，我们的船队被打散。在登陆的过程中，很多士兵被海风吹走。
>
> 敌人发动了猛烈的冲锋，但是我军两次将他们击退，在第三次冲锋的过程中，我们将他们彻底打退，敌人退出战场……
>
> 战斗中，埃塞克斯伯爵痛失了一名勇敢的战友，即其挚友皮尤船长（Captain Pew）。皮尤被长矛刺中阵亡。其他人则

死得更惨。西班牙人确实做了最顽强的抵抗。[36]

两天后，埃塞克斯伯爵和诺里斯率领 6000 名士兵（由于疾病，部队急剧减员）向里斯本进发。6 月 2 日，部队抵达里斯本西郊开始围攻里斯本，但是成效甚微。诺里斯手中没有攻城炮，火药存量及用于给步兵的肩扛式武器点火的火柴也已经所剩不多。多姆·安东尼奥曾信誓旦旦地承诺起义军会揭竿而起，但这种情况并未发生。战斗打得毫无章法，人员损失却越来越大。为了发泄心中的愤懑，埃塞克斯一枪扎在了城门上。他向城上的守兵叫阵，发誓要为女王的名誉而战。城上的守军见到这个阵势，都吓得躲了起来，不敢应战。6 月 4 日，英军撤出战斗。

多姆·安东尼奥毫不留情地批评了此次远征行动。

> 我们在佩尼谢登陆。结果士兵们馋上了当地的烈酒。酒是喝了，伤病员却有增无减。在抵达里斯本之前，我们的士兵已经病到无力对敌舰发动攻击的程度。此后的战役，与其说我们是去打仗，不如说是去送死。

然而，对于德雷克和诺里斯两位主帅及英格兰士兵的战斗素质，安东尼奥却不吝溢美之词——当然，他指的是士兵在没有饮酒、没病没灾的时候：“我可以向你保证，一个英格兰士兵绝对可以单挑两个西班牙士兵。只要和他们一道行动，特别是和约翰·诺里斯爵士和弗朗西斯·德雷克爵士在一起的时候，我别提有多开心了。我以我的信仰保证，他们绝对是英勇无敌的绅士。”[37]

此时，德雷克并不支持英格兰军队沿着塔霍河顺流而上，他满脑子装的都是那60艘前往里斯本为西班牙提供补给的德意志汉萨商船。他要劫了这批船。

西班牙人的盖伦式战舰不时发射加农炮，“炮弹炸飞了一位绅士的一条腿。一名军士长骑驴经过圣朱利安镇（St Julian）时，驴被炸死了”。于是，诺里斯不得不撤出卡斯卡河的入海口。尽管在里斯本出师不利，但是在罗杰·威廉斯爵士看来，西班牙和葡萄牙依然是软柿子。他向沃尔辛厄姆吹嘘说，只需要“有1.2万名步兵和1000名配备长矛的骑兵”，女王就能够在这两个国家所向披靡，“逼迫他们签下城下之盟”。他还不无鄙夷地说：“我从来没见过比葡萄牙人更怂的货色。”[38]

据一名僧侣报告称，西班牙人一路追击，直到将英格兰人赶到圣朱利安。他还说西班牙人吹嘘称他们已将英格兰人从里斯本的城门赶走了。诺里斯觉得自己受到了羞辱，他不顾当前正是停战期，立即向西班牙人发出正式挑战。埃塞克斯也不甘示弱，想和西班牙骑兵一较高下，会一会西班牙最勇猛的武士。他要检验一下西班牙人的成色，一对一也好，六对六也好，十对十也好，悉听尊便。[39]埃塞克斯伯爵还称自己就冲在英格兰先头部队的最前面，十分醒目。他头戴无面甲头盔，身上遍插翎羽，左臂缠着红绸，在战场上可谓独树一帜。

第二天一早，他们赶过去却只看到一片空营地。西班牙人早撤了。

对于埃塞克斯伯爵来说，他的这次军事冒险已经画上了一个句号。几天后，德雷克和诺里斯收到了女王的亲笔信。他们十分清楚，如果这次再不立即将伯爵安全护送回英格兰，他们将罪责难逃：

> 如果埃塞克斯现在与你们在一起，你们务必、立即、马上将他安全送回。若胆敢抗旨不遵，以你们的聪明伶俐，必然知道后果有多严重。这不是儿戏，不要想着套用律师们的惯用伎俩，耍小聪明来糊弄事儿。所以，到底该怎么做，你们好好考虑。[40]

阿什利敏锐地意识到，在科伦纳登陆“只会坏了大事。为了保住城池，敌人肯定会全力以赴。与此同时，敌人会穷尽一切手段，争取一切支援与有利条件，来打败多姆·安东尼奥”。他在给国内的汇报中如是写道。[41]

英格兰军队再次登船，舰队再次起航，这一次，他们的目的是至少完成远征行动的最后一个目标：占领亚速尔群岛。鉴于军队目前的惨状和部队的大幅减员，这一目标几乎不可能实现。德雷克此前曾奇袭加的斯，并俘获一两艘西班牙船只。而此次远征简直是奇耻大辱，也许这一次他想复制此前的奇迹，以此来为自己挽回点儿面子，讨回一点儿荣耀。6 月 29 日，德雷克火烧维哥城（Vigo）。但随后便起了风暴，将“复仇者号”撕开了一条大缝，海水不断地喷涌、漫灌，他不得不返航。德雷克的计划就这样被风暴击碎了。7 月 10 日，他率领“20~30 艘船”返回了英格兰。

这次远征堪称一场灾难。9 月 1 日，远征军 120 艘船回到英格兰。出发时远征军共 2.3 万人，返回英格兰时没病没灾的只有

3722 人。其余幸存者全都染了病。死亡人数在 8000~10000 人之间。[42] 仅以其中某条船为例，出发的时候该船满员 300 人，返回普利茅斯时只剩 114 人。而在这 114 人中，还能坚持在船上进行相关操作的只有 8 人。

远征西班牙的行动共耗资 10 万英镑，三大目标却一个也没完成。极具讽刺意味的是，其战绩简直可以“媲美”无敌舰队了，让人无地自容。除了掠夺一些私人财物外，他们最大的收获莫过于在科伦纳缴获的 150 门黄铜加农炮，以及抢劫德意志汉萨船所得的价值 3 万英镑的货物。而为了避免外交纠纷，德意志人的商船则要悉数返还。

代号为“大卫”的西班牙间谍报告称：“多姆·安东尼奥及其追随者灰溜溜地返回普利茅斯。”现在，不只是西班牙人不待见多姆·安东尼奥，英格兰人更不待见他。“英格兰人不再把他当回事儿。在他们眼中，安东尼奥及他手下的那帮家伙简直是‘猪狗不如’。现在，是个人都可以公然当面羞辱他。”[43]

7 月 4 日夜、5 日晨，7 艘船一道抵达普利茅斯，埃塞克斯伯爵随船抵达。他不敢去见女王，而是指使他怯懦的弟弟沃尔特·德弗罗（Walter Devereux）前去觐见女王，并祈求女王宽恕他的潜逃。

英格兰步兵再次被遣散。他们大部分人都没有领到工资。

7 月底，“部分海员和无赖”以“暴动的形式”聚集在伦敦市的王室交易所前，试图非法兜售他们手中的武器和铠甲。伦敦市长下令：无论是谁，“不听劝阻，执意开展任何无秩序活动”者一律“立即监禁”。但是很显然，他失败了，“大批海员和步兵依然在伦敦市从事让人不齿的行为”。8 月 16 日，枢密院致信第十代科伯姆勋爵（Lord Cobham）威廉·布鲁克（William Brooke），讨论爱德华·诺里斯爵士手下的士兵及安东尼·温菲尔德（Anthony Wingfield）的连队士兵在肯特郡的梅德斯通所制造的“巨大混乱”，要求立即将这些暴徒抓捕收监。[44] 因“近期出现士兵在路上攻击行人，抢夺行人财物的行为”，枢密院下令，夜间设立守夜，防止士兵聚众滋事。最后，这些受到不公正待遇的英雄们像流浪汉一样被遣返回了原籍。[45]

受到不公正待遇的可不仅仅是这些普通士兵。10 月，25 名陆军上尉“向（枢密院）联名请愿。他们在征兵、远征军起程前及回国后都承担了巨额开支。现在他们不求（补偿），只求各位爵爷继续雇用他们，让他们继续为女王陛下效力”。[46]

伊丽莎白担心的是这帮失业的大老粗（士兵）在返回英格兰后会不会导致传染病扩散？7 月 22 日，她颁布诏令禁止曾在舰队服役的士兵靠近“各处王宫”，违者将立即被女王的圣殿骑士团拿下，移送至马绍尔西监狱并不得保释。[47]

那些私人赞助商也赔得倾家荡产。伦敦商人托马斯·科德尔（Thomas Cordell）资助了远征行动。结果，像其他赞助人一样，他发现“远征军队及其将领一夜之间回到国内”，个个手里攥着海量的物资，肥得流油、赚得盆满钵满，而“自己却损失惨重”。对于他的遭遇，枢密院也颇为同情。枢密院致信伯利，希望能给科德尔及其合伙人颁发出口权特许状，允许其以零关税向希腊出口 1200 夸特的谷物和 50 佛舍尔（fothers）的铅，[48] 以表彰“他们善良的品行，及自掏腰包、自备物资的积极性。如果远征还要继续下去的话，他们的这份热心、这份积极性必然能派上大用场”。[49]

女王在公开场合盛赞德雷克和诺里斯“英勇无比，品行敦实”，但是当财物损失和人员伤亡超过了某个限度，两人就被送上了法庭，接受关于 1589 年远征事项的质询。女王称，如果德雷克“能按照事前商定，先攻打桑坦德而非拉科鲁尼亚的话，他必能旗开得胜，青史留名”。

> 12 艘战船，本可将西班牙人的海上有生力量一举全歼。
>
> 西班牙舰船上的帆索及全部军械俱已拆卸完毕，每艘船上只有 20 名士兵留守。
>
> 只可惜，谁又能想到他会丢了西瓜去捡芝麻。[50]

两员大将均在伊丽莎白面前失了宠。诺里斯在两年内没有被委以任何军职，而德雷克则直到 1595 年才迎来转机。贪婪毁了他，英格兰海军英雄这张护身符已不再那么灵光了。

而腓力二世还在加紧推进重建无敌舰队的步伐，为此他要花 1200 万金币。西班牙人吹嘘说，一年后，他们便可以打造“一支足以洗劫英格兰的海上舰队和陆军部队。他们要让敌人血债血偿，加倍偿还”。[51]

尾声

西班牙与英格兰之间的战争已经拉开了帷幕。战争的结果只有两个：要么是西班牙国王君临英格兰，要么是英格兰女王称雄西班牙。我们绝不媾和！英格兰海岸线绵长，需要加强防御的可远不止一处……据我们所知，英格兰女王的所谓“无敌舰队”并非无敌，也绝非不可战胜。

——西班牙驻法国大使伯纳迪诺·门多萨，1588 年 11 月 [1]

带着无敌舰队的残兵败将返回西班牙后，梅迪纳·西多尼亚俨然成了马德里千夫所指的对象，承受了几乎所有指责。但事实上，人们常常忽略了导致 1588 年无敌舰队行动失败的一个至关重要的因素：风暴。

气候是周期性的。公元 3 世纪末以后，西北欧就开始了一个长达 15 个世纪的夏季多雨的气候周期。14 世纪短暂出现的夏季少雨现象不过是一个小插曲。到 16 世纪中期，夏季多雨的气候再次回归。其主要特点是夏季多雨，阴晴不定，秋季多风暴，冬季则更加寒冷——这就是所谓的“小冰川期”。一则逸闻可以支撑以上论点。泰晤士河上冻的情况并不罕见，历史上出现过在泰晤士河冰面上开市的记载。16 世纪初，旅居伦敦的威尼斯外交官曾这样抱怨英格兰的天气：“6—8 月几乎天天下雨，这里的人们从来不知道春天是什么样。”[2] 人们耳熟能详的叠句“管它朝朝雨雨又风风”便出自莎士比亚的《第十二夜》（*Twelfth Night*）第 1 幕第 5 场戏。戏中莎翁借一个傻子之口唱出了这句台词。该剧创作于 1601 年，次年 2 月在伦敦中殿律师学院（Middle Temple）的律师集会上首演。这句台词立刻引起了观众的强烈共鸣，以至于莎翁在 1603—1606 年间写《李尔王》（*King Lear*）时，在第 2 幕第 3 场戏又搬出了这句台词。时至今日，这句湿漉漉的台词依然能在阴雨连绵的英国引起人们的共鸣。

除了阴雨天气，对那些在英格兰舰队服役的将士们来说，他们还要面临夏日的阴晴不定、秋日的狂风暴雨大作，以及夏末秋初复杂的气候转换。这种转换是潜移默化的，以至于即便在当时，也没有几个海员真的将其当回事儿。然而，沃尔辛厄姆可能已经意识到了这一点。在编撰预言无敌舰队覆灭的宣传黑段子时，他就利用了这一点。1588 年 8—9 月无休无止的狂风肆虐暴雨大作的天气，很可能是大西洋极锋南下并长期停留在爱尔兰和苏格兰附近造成的。极锋在该处形成了宽度为 310~620 英里（500~1000 千米）的强低气压带。而来自大西洋上的暖湿气流又加剧了低气压的强度。北下的热带气旋虽然有所减弱，但是进一步加剧了低气压。西班牙人是不可能知道这些的，更无法预见到这一切的发生及其意味着什么。对于北部高纬度的气象类型及其变化，西班牙人压根就一无所知。[3]

西班牙人所经历的第一场梦魇发生在7月26—27日。此时，无敌舰队遭遇了来自西北方向的狂风，风速高达40节。这是因为他们驶离比斯开港进入西南航线时，正好有一波低气压由此经过。8月6日，给英吉利海峡作战海域带来阵阵微风的反气旋开始向东南部法国一带移动，这就为另一波来自大西洋的低气压带腾出了空间。这次低气压带的转移带来了强劲的西北风，在8月8日将无敌舰队裹挟到了泽兰的沙洲地带。但是高压脊使得风向突然发生了90度的大转弯，将侥幸没有触礁沉没的无敌舰队吹向北海一带。等无敌舰队驶过苏格兰海域进入大西洋时，强大的低气旋再度相继出现，使得9月12—13日，15—16日期间再度狂风大作。其中一个低气压带迅速加强，5天后再次在爱尔兰西岸掀起了强劲的西北风。9月21日，猛烈的风暴给无敌舰队造成了巨大的损失。9月25日，东南风又来势汹汹地登场了。所有这一切让无敌舰队吃尽了苦头。[4]

英国气象局与东安格利亚大学的气象研究中心用气象模型向人们重现了这惊心动魄的10周。[5]从这个模型中，研究人员可以得出一个较为可信的结论：即人们普遍认为是德雷克的英勇壮举及大无畏的英格兰“规模不大的”舰队打败了不幸的无敌舰队，这个观念并不正确，真正打败无敌舰队的是诡异莫测的天气。

被英格兰人和荷兰人俘虏的西班牙囚犯吃尽了苦头。职位不高、收入不高的俘虏大多被直接关进伦敦的布莱德韦尔监狱，自生自灭。1588年9月，西班牙一名间谍报告称：“阿隆索·德·塞尔纳（Alonso de Serna）死在了这座监狱。很多囚犯都生了病。他们吃尽了苦头。冬天马上就要到了，而他们大多都赤身裸体，没有衣服穿。我看了很心痛，却无能为力。”[6]6天后，另一名西班牙密探马可·安东尼·默西亚报告称，旅居伦敦的意大利人“给这些囚犯施舍了不少东西。但因为囚犯太多，所以分摊到每个人手上就只剩仨瓜俩枣了”。他到监狱去过，发现已有一名撒丁岛人和一名安达卢西亚人因皈依了新教而获释。[7]“给囚犯们布道的是一个西西里亚人，凡不愿意听他布道的，休想拿到一分钱的施舍”。[8]另一名代号为“大卫”的间谍估计是通过行贿解救了9名西班牙人和意大利人。他还给他们办了假护照。1589年7月，这9人在“普利茅斯附近一处布满乱石的沙滩”登船前往布列塔尼（Brittany），而后又从那里起程回国。[9]

最后，1589年5月，伊丽莎白政府答应了帕尔马公爵提出的条件，以每人缴纳10英镑赎金的条件释放了500名囚犯。荷兰人也在做着同样的交易。至于那些有钱有势的俘虏，其赎金金额自然也是水涨船高——这就赋予了那句谚语“每个人的存在都有其存在的价值”以新的寓意，只不过这个寓意也真够邪恶。唐·巴斯科·德·门多萨（Don Vasco de Mendoça）和阿隆索·德·萨亚斯均在缴纳了900英镑赎金后获释；命运多舛的黎凡特分舰队“三位一体巴伦西亚号”（在北爱尔兰的金那格湾失踪）舰长阿隆索·德·卢松与葡萄牙分舰队“圣马特奥号”（在尼厄波尔附近搁浅后被荷兰人俘获）的迭戈·皮门特尔在各缴纳1650英镑后于1591年3月获释。[10]

然而，佩德罗·德·巴尔德斯却是个例外。尽管他傲慢自大、目中无人，连将其俘虏的英格兰人都不待见他，但他却受到了善待。伊丽莎白想把他囚禁在伦敦塔中。但是德雷克不同意，他认为巴尔德斯即便不算自己的战利品，也应该由自己私人囚禁。1593 年，佩德罗·德·巴尔德斯在缴纳 1500 英镑的赎金后获释，他继承了他那受人鄙夷的表哥迭戈·弗洛雷斯·巴尔德斯的财产，从此过上了幸福的生活。他本人于 1615 年去世，享年 70 岁，留下一个合法继承人和 4 个私生子。[11]

对于双方舰队的穷水手们来说，佩德罗·德·巴尔德斯的幸福生活只是个遥不可及的梦。到 1588 年年底，跟随霍华德和梅迪纳·西多尼亚出征的水手还活在这个世界上的只剩下不到一半。但是人们对于都铎王朝时期水手的作用的态度正在悄然发生改变。1590 年，霍华德、霍金斯和德雷克为服役期间伤残而致贫的水手创立了所谓的互惠基金“查塔姆公益金会”（Chatham Chest）。该基金从在王室舰队服役的每名水手月工资中抽 6 便士。[12]4 年后，霍金斯获得许可创办了一家医院，专门接收“10 个或多个贫穷的海员和造船工”。（霍金斯创立的医院今天依然坐落在查塔姆的主干道上，有 8 套公寓，为曾在皇家海军或皇家海军陆战队服役的伤残士兵或需要帮助的士兵提供帮助——这是沿用至今的最古老的海军慈善组织。）而伊丽莎白政府则继续逃避救治、帮扶伤员的责任。1595 年，枢密院以“最近为女王效力的海军官兵致残率攀升……需要救治”为名，指示布里斯托尔市长和当地企业对所有船只征税。[13]

坐标马德里。腓力二世已从无敌舰队惨败的极度震惊中缓过神来。他战胜了自我信任危机，更加坚定了讨伐英格兰的异教徒的决心。1588 年 11 月 12 日，西班牙议会表决通过了继续讨伐伊丽莎白的决议，由此拉开了打造一支全新舰队的漫长而痛苦进程的帷幕。也是在11月，北部省份阿斯图里亚斯省向国王进献了10艘排水量均为120吨的加利亚斯式战舰和6艘排水量为400~500吨的大船。邻省比斯开省租借给国王盖伦船14艘，吉普斯夸省租借给国王“大巨船”14~15艘，每艘大巨船配备萨布拉船1艘。威尼斯公使在报告中说道：“新的舰队最晚将于1589年4月或5月下水，除青铜加农炮外一切配置均可就位。”[14]毫无疑问，所谓的下水日期不过是腓力二世拟定的最后完工期限。然而这个期限同样是异想天开、不切实际。

在坎塔布里亚（Cantabria）造船厂，12艘排水量为1000吨的战舰已开工建造，号称“十二门徒”。与此同时，修复无敌舰队幸存舰船的资金已经到位。

1596年6月，霍华德和埃塞克斯伯爵率领的48艘舰船组成的英格兰舰队再次袭击加的斯，击沉“十二门徒”中的“圣费利佩号”和“圣托马斯号”（*San Tomas*），[15]缴获了“圣安德烈亚号”（*San Andrea*）和“圣马特奥号”。他们占领加的斯城长达两周的时间，而后将其夷为平地。身为当地总督，梅迪纳·西多尼亚饱受批评，其被指责对敌人的袭击反应迟缓，给敌人留下了洗劫城池的充足时间。[16]但是梅迪纳·西多尼亚依然不乏拥趸。一名支持者呼吁人们多看看梅迪纳·西多尼亚多年来对国王的耿耿忠心，“他所有付出，他所经历的种种不幸都是为了对国王忠贞不贰”。[17]1606年，由于梅迪纳·西多尼亚的固执己见，西班牙分舰队在与荷兰之间的直布罗陀战役中再次蒙受重大损失。1615年，梅迪纳·西多尼亚在家乡圣卢卡去世。此时，他已经身败名裂、声名狼藉。

1596年10月，腓力二世打造的新无敌舰队抵达英格兰西南部和爱尔兰西部。这次新无敌舰队带来了国王的敕令，声称他们是为了响应“被压迫被奴役的天主教徒们共同的呼吁”而来，此行的目的是“将受压迫者从枷锁中解放出来，而非惩罚绝大多数无辜的英格兰人”。世易时移，腓力二世也改变了策略。西班牙国王自称“无意与全体英格兰人为敌。如未遇到抵抗，天主教军团不得骚扰、伤害或攻击这片土地及这片土地上的人民，否则严惩不贷”。[18]

新无敌舰队由120艘船舰组成，总司令为唐·马丁·德·帕迪里亚·曼里克（Don Martin de Padilla Manrique）。但新舰队在加利西亚沿海再次遇上大风暴，30艘船只沉没。其余船只只好掉头返回母港。

趁英格兰舰队准备拿下亚速尔群岛之际，腓力二世决定再赌一把。这次西班牙舰队共集结舰船136艘，士兵9000人。他们此行将首先在法尔茅斯建立滩头阵地，拿下彭德尼斯城堡（Pendennis Castle），并向普利茅斯进发。航行进入第9天，船队行驶到康沃尔港西南30英里（50.7千米）处时，已经刮了整整3天的来自东北方向的风暴再次使28艘船只沉没。帕迪里亚心有不甘，但不得不下令返航。“新教神风”再一次挽救了英格兰。

西班牙军队并非没有机会踏上伊丽莎白王国的领土，事实上他们登陆了两次。1595年，4艘盖伦式战舰——“卡皮塔纳号”（*Capitana*）、“帕特罗纳号”、“佩雷格里纳号”（*Peregrina*）和“巴扎那号”在卡洛斯·德·阿梅斯基诺（Carlos de Amésquita）的率领下在布列塔尼南部靠岸，400名西班牙火绳枪枪手踏上了英格兰国土。曾于 1588 年在无敌舰队带薪服役的一名来自韦茅斯的天主教流亡者理查德·伯利（Richard Burley）负责为西班牙人带路。7 月 23 日凌晨，他们抵达康沃尔郡的渔村鼠洞村，200 名西班牙士兵登陆，纵火焚烧了居民点和教区教堂圣保罗教堂后扬长而去。又航行 2 英里（3.2 千米）后，西班牙人来到彭赞斯（Penzance）附近的纽林（Newlyn），400 人登陆。康沃尔郡的一支民兵小分队吓得惊慌失措，如鸟兽散。彭赞斯遭到炮击，房屋被毁，港口 3 艘船被击沉，纽林被纵火。由于担心德雷克和霍金斯率舰队驰援，西班牙人于 8 月 4 日撤退。撤离之前，西班牙人竟公然在英格兰的土地上举行天主教弥撒仪式。整个洗劫的过程中，3 名康沃尔人丧生。[19]

1601 年，西班牙人第二次在英格兰登陆。300 名西班牙士兵在爱尔兰西南部的金塞尔（Kinsale）登陆，以支持蒂龙伯爵休·奥尼尔所领导的爱尔兰叛军。但蒂龙伯爵的追随者最终被英格兰军队剿灭，西班牙人悉数投降。

英格兰私掠船则继续袭扰西班牙人。在无敌舰队一役结束的 10 年时间里，英格兰舰船在加勒比海和大西洋水域共对西班牙船只发动攻击 236 次。1591 年 8 月，英格兰人本想给西班牙运宝船来一次伏击战，却遭到了唐·佩德罗·阿隆索·德·巴赞（Don Pedro Alonso de Bazán）率领的 15 艘战舰的袭击，损失惨重。英格兰 5 艘舰船逃散，只留下理查德·格伦维尔爵士（Sir Richard Grenville）率领的“复仇者号”（德雷克先前的旗舰）一艘船孤零零地在亚速尔群岛附近的弗洛雷斯（Flores）苦战 12 小时。最后大部分船员战死，理查德·格伦维尔举手投降。随后，在特塞拉岛（island of Terceira）外，他们遭到了已经持续了一周的风暴的打击，15 艘西班牙船只与被俘的“复仇者号”全部沉没。

英格兰人一直以来都忧心忡忡，担心天主教徒会发起反叛，支持无敌舰队。然而这些担心都是多余的。但持续面临入侵的威胁迫使英格兰政府不得不动手，对一直不服约束的社区及支持他们的天主教教士进行镇压。

无敌舰队大败之后，偷渡返回英格兰的流亡教士人数锐减。究其原因，伊丽莎白政府抓捕偷渡的教士效率极高（可能高达 62%）。但 1591 年后，潜返英格兰的流亡教士人数又开始有所增加。同年，各郡县、城镇和港口成立了委员会，织成了一张大网，使嫌犯插翅难逃。[20]1592 年，英格兰政府再次下令将顽固不化、不服管束者收监。[21] 事实上，随着民族主义的兴起，爱国主义热情正逐渐赶超宗教势力，英格兰天主教徒也开始强烈地仇恨起西班牙来。耶稣会教士罗伯特·绍斯维尔（Robert Southwell）就宣称女王治下的天主教臣民忠于女王，他向女王保证道：“无论哪个国家的军队……来犯，我们皆宁愿以身殉国，也不愿敌人借我们之手让国家血流成河。”另一名天主教神父安东尼·科普利（Anthony Copley）口开黄腔，警告耶稣会：如果耶稣会赞同西班牙人在英格兰建立影响力，那么全体英格兰人就等着吧，“西班牙人会强奸你们的女儿，鸡奸你们的子孙，甚至连你们家的老母猪也不放过”。[22]

然而，天主教徒依然在为自己的信仰承受苦难。1589 年 4 月 14 日，阿伦德尔伯爵菲利普·霍华德，即前文提到的在伦敦塔囚禁期间仍在祈祷无敌舰队取得胜利的那位，在威斯敏斯特大厅被其贵族同胞以叛国罪判处死刑。[23] 因伊丽莎白迟迟未签署死刑执行令，阿伦德尔在伦敦塔被囚禁长达 6 年之久。在这 6 年中，达摩克利斯之剑（sword of death）时时悬在他头顶。有一次，严重营养不良的他又生了病。他请求女王开恩允许他见见自己的妻儿，但伊丽莎白的态度却十分坚决：

> （如果阿伦德尔）愿意走进国教教堂，莫说他的请求，我甚至可以为其恢复名誉，返还其家产，彰显我王室仁厚之心。

伯爵的回应同样坚决："以现在的情形，我绝不会接受女王陛下开出的条件。若为信仰，我万死不辞。" 1595 年 10 月 19 日，阿伦德尔伯爵去世（有人说是被毒死），葬于高墙环绕的阿德文库拉的圣彼得教堂（St Peter ad Vincula）。他的父亲诺福克公爵也葬于此，而那已经是 23 年前的事了。阿伦德尔的葬礼成了诋毁其本人及其宗教信仰的仪式。葬礼上，牧师谦卑地祈求上帝：

> 感谢主，感谢您一直以来以您的荣耀与仁慈保佑着您的仆人——我们的伊丽莎白女王。尽管敌人明里暗里想置她于死地，使其荣耀化为尘土。愿主保佑她免受敌人的陷害。
>
> 主啊，要么挫败您的敌人，要么使其迷途知返，皈依于您。

1970 年 10 月 25 日，教皇保罗六世（Pope Paul Ⅵ）加封阿伦德尔伯爵为圣徒，伯爵成了上帝的见证人与罗马天主教徒的楷模。次年，他的遗骸被装入神龛，供奉于西苏塞克斯的阿伦德尔天主教大教堂。[24]

另一个霍华德，即海军司令霍华德则是一名虔诚的新教徒。1597 年 10 月 22 日，他被封为诺丁汉伯爵——王国的二等爵位。两年后，他又被任命为“英格兰王国陆军中将”。1619 年 1 月，83 岁高龄的霍华德荣退，正式离开公众的视野。他最喜欢的休闲活动就是牵着狗去打猎——他培育了一种新的犬种，即西班牙猎犬——他的狩猎热情一直持续到终老。1624 年 12 月 14 日，霍华德去世，葬于萨里郡赖盖特（Reigate）的埃芬厄姆家族地下室。

自远征葡萄牙战败而名誉扫地之后，弗朗西斯·德雷克做了多年的苦力。世事变迁，或许他也意识到了自己依靠海盗劫掠的光辉岁月已一去不复返了。现在，西班牙已经引入一套新的运输体系，情报工作也大有改进，英格兰私掠船对从新世界驶来的西班牙运宝船的攻击也屡屡失手。或许该出去干几票大买卖，而不是总这么小打小闹下去。德雷克和约翰·霍金斯爵士再一次联手踏上了前往西印度群岛惩罚西班牙人的远征。他们的目的是洗劫西班牙在新世界的殖民地。1596 年 1 月 12 日，年老而又体弱多病、疲惫不堪的霍金斯在波多黎各（Puerto Rico）附近海域因痢疾病逝。

得知西班牙人运送财宝的圆底船就停泊在巴拿马沿岸波多贝罗港（Puerto Bello），德雷克便心痒难耐。但他已经病了，两周后的 1596 年 1 月 28 日上午，德雷克病逝，享年 55 岁，死因也是痢疾。其遗体被穿上铠甲，盛殓在铅质棺椁中，在波多贝罗附近 3 海里（5.56 千米）处海葬，舰队枪炮齐鸣，为其送行。一名曾在宫中见过德雷克的外国人深深为德雷克的人格魅力所折服。在他眼中，德雷克“具有深刻的洞察力、聪明过人……实干，动手能力惊人，记忆力超群；领导舰队的能力独树一帜；品性温和，懂得克制。所有人都被他深深折服，他备受人们的爱戴和喜欢”。[25]然而，无论其人格魅力怎样，他都不过是一个海盗而已。

1594年，西班牙军队在法国布列塔尼的洛里昂（Lorient）对面的布拉韦河（Blavet）登陆，增援天主教同盟军。他们攻克了布列斯特港（Brest harbour）的克洛宗石岬（Crozon），并以此为据点加强防御工事。英格兰担心西班牙人会攻下英吉利海峡法国一侧的港口，进而于11月发起远征入侵英格兰。约翰·诺里斯再度出山，统领英格兰远征军，与参加过无敌舰队决战的老水手弗罗比舍一道，发誓不驱逐西班牙人誓不罢休。弗罗比舍在率领水手们英勇地攀上攻城梯时大腿中弹。枪炮的位置距离他太近了：用来填实滑膛枪枪膛的填充物深深地嵌入了他的伤口。两天后，11月15日，弗罗比舍因败血症去世。[26]

前文提到，伊丽莎白出巨资资助法国新教势力进行血腥的宗教战争。天主教联盟领袖吉斯公爵将法国国王亨利三世逐出巴黎，并被任命为法国陆军中将。1588年12月23日，法国国王召吉斯公爵前往布洛瓦城堡（Château de Blois）侍奉王驾。吉斯公爵一到布洛瓦城堡，法国王室卫队成员就拔出匕首刺入了他的胸膛。吉斯公爵倒地前大骂法国国王是“背信弃义的小人”。据说，亨利三世看着地上淌着鲜血的尸体说：“他蛮高的啊，我真没想到他竟然这么高。好像比活着的时候还高了一点儿。”当然这个故事的可信度是存疑的。[27]然而城堡中的血腥杀戮并未画上句号。次日，吉斯公爵的弟弟——枢机主教路易·吉斯（Louis Guise）也被国王的亲兵卫队用长矛刺死。

1589年8月，亨利三世本人在上塞纳省的圣克劳德（Saint Cloud）遇刺。行刺他的是一个名叫雅克·克雷芒（Jacques Clément）的多米尼加僧侣。他将一把匕首捅在了亨利三世的身上，而其本人也被国王的卫队捅死。亨利三世一直撑到第二天早上才咽气，临终前他指定信仰新教的纳瓦拉的亨利（Henri of Navarre）为王位继承人，是为亨利四世（Henri Ⅳ）。宗教战争仍在继续。新国王意识到自己只有皈依天主教才能有机会进入巴黎。因此，1593年法国国王亨利四世走进天主教教堂皈依天主教。次年3月，他正式进入法国首都巴黎。1598年，亨利四世颁布《南特敕令》（Edict of Nantes），历时40年之久的法国内战宣告结束。敕令在赋予新教徒实质性权利的同时，向法国打开了一扇通向现世主义和宗教宽容的大门。

帕尔马也卷进了法国的宗教战争。1590年9月，胡格诺教众和保王党人围攻巴黎时，帕尔马曾派兵增援巴黎守军。两年后他在进攻诺曼底时手部受伤。返回佛兰德斯后，他却发现自己已经被剥夺了佛兰德斯总督的职权。帕尔马最后在法国的阿拉斯（Arras）去世，享年47岁。

在交战的两国君主中，腓力二世先一步离开人世。1598年的冬天腓力二世是在马德里度过的。冬去春来，因他痛风和高烧病情严重，御医嘱咐他不可擅自走动。但是1599年6月，他坚持要回埃斯科里亚尔宫。他想“躺在自己的房间里”安详地离开这个世界。

从马德里到埃斯科里亚尔宫短短28英里（45千米）的路程，腓力二世的銮舆整整走了6天。这6天对他来说是一场煎熬。此时的他右手指上生了 4 个脓疮，一只脚上也生了脓疮，右膝盖上还长了一个痈。他不能吃不能睡，肚子由于积水而胀鼓得吓人。他躺在埃斯科里亚尔宫自己的寝殿中，52 天没有洗澡，大小便全拉在床上。为了让床铺不积尿，侍者就在他的床垫上挖了个洞。因为臭气熏天，连腓力二世的亲生女儿和御医也不愿接近他的病榻。他凄惨地躺在病榻上还念念不忘做祷告。儿子来看他的时候，他还坚忍地告诉他："你瞧瞧，我拼了一辈子打下江山，最后不过就是这样的结局。"1598 年 9 月 13 日凌晨，腓力二世去世，享年 71 岁，死时双手紧握着一个十字架。他与第 4 任妻子奥地利的安妮（Anne of Austria）所生的儿子继承了王位，是为腓力三世（Philip Ⅲ）。[28]

伊丽莎白对这位西班牙新国王嗤之以鼻："一个 12 岁还在学字母表的国王，何足挂齿！"她这样说不仅是因为她秉性说话就暴戾：岁月的沧桑已经在加速吞噬这位女王。她已习以为常的、与她朝夕相处的老臣和侍从相继离世，她变得越来越消沉了。

1590 年 4 月 6 日凌晨，被伊丽莎白亲切地称为"黑暗沼泽"的老伙计沃尔辛厄姆永远地离开了她，其死因可能是睾丸癌。沃尔辛厄姆死后留下一大笔债。[29] 两年后，效忠她 40 余载的老臣伯利也患上了重病，很可能是中风或心脏病。女王经常在他的病榻前一坐就是几个小时，悉心照料，用牛角匙给他喂水喂饭。[30] 她这一辈子很少多愁善感。此时，面对着伯利，她却柔情似水。她对他说，她宁愿先死的是她——这番话令这位老臣老泪纵横——女王对伯利多年来兢兢业业为国家、为王室所做的贡献表示"感谢"，一说就是几个小时。她劝他"要想尽一切办法治病，下次见到你的时候，希望你还能为王室效力”。伯利的牙齿已经松动脱落，双腿还患有痛风。不承想他的病竟有了起色，能在枢密院行走，直到几年后病逝。1598 年 8 月 4 日上午 7 时，伯利在位于伦敦考文特花园（Covent Garden）的塞西尔公馆（Cecil House）的家中去世。临死前他痛苦地说：“我真的不想死啊。”伯利之子罗伯特·塞西尔（Robert Cecil，第二任妻子所生）继承了他的首席顾问的职位。伊丽莎白亲切地称呼罗伯特为“我的小矮个儿”。

然而，最令她伤心的是莫过于痛失了她的最爱埃塞克斯伯爵。1601 年 2 月，埃塞克斯因参与了伦敦的一场闹剧式的政变而被斩首。刽子手连砍了三次才将其头颅砍掉。对于都铎王朝的君主来说，叛国罪是十恶不赦的重罪。她对王权的爱远胜于她对这位野心勃勃、花钱如流水的追求者的喜欢。

1602 年，女王在郁郁寡欢中于怀特霍尔宫（Palace of Whitehall）度过了圣诞节和元旦。很快，她就得了重感冒，脸上还起了疖子。疖子既伤了她强烈的虚荣心也毁了她的王室尊严。1 月 21 日，天气阴冷潮湿，王室成员来到里士满宫。伊丽莎白再次染病。这次她吞咽困难，病因很可能是折磨她多年的口腔感染。

两个月后，伊丽莎白在步入一个小教堂时晕倒了。人们七手八脚地把她抬进寝殿，此时她已经意识模糊。但她拒绝躺在床上，而是坐在地上的垫子上。她将一根手指放在口中，一句话也不说，静静地思索着什么。近侍都紧张地望着她，生怕打扰到她。最后近侍们连劝带拉，才将女王安顿在床上。她拒绝进食，她的表兄霍华德给她端来了一小碗粥。她向他诉苦，说她脖子上被人套上了铁镣。霍华德叮嘱她不要胡思乱想，她却坚定地说：“真的，我脖子上真的被套上了铁镣。事情变了。”

很快，她就不会说话了。1603 年 3 月 23 日晚，惠特吉夫特大主教在伊丽莎白的床头为她祈祷直到她沉沉睡去。次日凌晨 3 点，女王驾崩，时年 69 岁。死因很可能是口腔感染和化脓性腮腺炎引起的支气管炎。[31] 一个在宫廷中有亲友的伦敦人向世人透露了伊丽莎白驾崩的消息：

> 今天早上，女王陛下离开了人世，她像一头温顺的绵羊，像枝头熟透了的苹果，“身体只轻轻一颤，没有半点儿痛苦呻吟”，便离开了我们。我相信她一定已魂归天国，此刻正与王室的众多圣徒一道享受永恒的快乐。[32]

上午 10 点，苏格兰国王詹姆士六世被宣布为女王的王位继承人，是为英格兰国王詹姆士一世（James Ⅰ）。4 月 23 日晚，伊丽莎白的遗体乘着挽着黑幔、灯火摇曳的驳船顺流而下来到威斯敏斯特修道院。5 天后，她的遗体被安葬在威斯敏斯特大教堂。讽刺的是，新国王出资将伊丽莎白和她的姐姐玛丽合葬。他们的墓碑上用拉丁文刻着“亦王国亦坟墓，我们——伊丽莎白与玛丽姐妹——长眠于斯，期待重生”。她们生前做不成朋友，死后也一样。

在不远处的亨利七世礼拜堂的南侧廊是苏格兰女王玛丽的墓，墓碑为她的儿子英格兰国王詹姆士一世于 1613 年所立。

詹姆士一世很快就结束了代价巨大却收获甚微的持续 19 年的对西班牙的战争。伯利之子罗伯特·塞西尔、霍华德及哈布斯堡代表团参加谈判并最后敲定了与西班牙的和平协议。哈布斯堡代表团是哈布斯堡尼德兰的谈判代表。1604 年 8 月 28 日，三方最终在《伦敦协议》(Treaty of London) 上签字，标志着冲突结束。然而讽刺的是，通过《伦敦协议》，腓力二世得到了无敌舰队至少要部分征服英格兰才能得到的东西，即英格兰结束对荷兰反叛势力的支持，终止私掠船对西班牙船只的攻击。[33] 西班牙人则承诺此后不再寻求在英格兰恢复天主教的统治地位。

詹姆士一世的继位标志着官方对天主教政策的巨大转变。新国王似乎更加温和，他承诺任何人“只要不反对法律，只要不违法”就不会受到迫害。

至少从某种程度上来说，英格兰迎来了宗教宽容的时代。虽然对一些人来说这还远远不够，对一些人来说这一天来得太晚。1605 年 11 月 4 日，官方对议会上议院的穹顶地下室进行了安全排查，在柴火堆和煤堆下面发现了盖伊·福克斯（ Guy Fawkes ）掩藏的 36 大桶火药。盖伊准备在次日议会开幕仪式举行时引燃火药桶，将詹姆士一世、英格兰贵族和全体议员全部炸上天，从而拉开天主教进军英格兰中部的革命大幕。他们还企图绑架国王 9 岁的女儿伊丽莎白，并推举她为英格兰的天主教君主。

附录一

英格兰舰队战斗序列

	舰船名	舰长	建造年 / 改装年	排水量（吨位）	火炮	船员	兵员	总数	最终命运 / 备注
1. 女王的直属舰队："皇家海军"									
1	"皇家方舟号"（前"雷利方舟号"）	统帅霍华德（旗舰）	1587年	800	32	304	126	430	普利茅斯分舰队的"大巨船"。是以5000英镑的价格从沃尔特·雷利爵士手中购买的。1603年改建，被重取名为"皇家安妮号"。于1636年4月在泰晤士河中沉没。
2	"凯旋号"	马丁·弗罗比舍爵士	1562年。1578年改建	1100	42	340	160	500	普利茅斯分舰队的"大巨船"。1595—1596年改建。1618年售出。

3	“熊号”（或“白熊号”，前“大帆船号”）	爱德蒙·谢菲尔德勋爵	1538年。1564、1578年重新装配	1000	56	350	150	500	普利茅斯分舰队的“大巨船”。1599年重新装配。
4	“伊丽莎白·琼斯号”（即之前的“彼得·波梅格拉内特号”）	罗伯特·索斯韦尔爵士	1559年。1598年重新装配	900	50	350	150	500	普利茅斯分舰队的“大巨船”。
5	“胜利号”	约翰·霍金斯爵士	1562年。1586年重新装配成盖伦船	800	36	304	126	430	普利茅斯分舰队的“大巨船”。1610年改建后被命名为“皇家亲王号”，吨位1200吨。在王权空窗期，改名为“决心号”，但斯图亚特王朝复辟后，改回“皇家亲王号”。是英荷“四日战争”的旗舰，1666年6月3日在盖洛普浅滩触礁投降。被荷兰人焚毁。
6	“伊丽莎白·博纳旺蒂尔号”	初，坎伯兰伯爵；后乔治·雷蒙德	1567年。1581年改建	600	30	174	76	250	普利茅斯分舰队的“大巨船”。1567年购置于赫尔的商人。约1611年，该船解体。
7	“玫瑰玛丽号”	爱德华·芬顿先生	1556年	600	28	174	76	250	普利茅斯分舰队的“大巨船”。1589年重建。1618年在查塔姆被用作临时码头。

8	“希望号”	罗伯特·克罗斯绅士	1558年。1584年改建成加来式桨帆船	600	36	174	76	250	隶属于西部分舰队。1603年重新装配，命名为“自信号”。
9	“彩虹号”（海峡分舰队旗舰）	亨利·西摩爵士	1586年	500	26	174	76	250	隶属于海峡分舰队。1602年改建。1617年重新装配，增加排水量。
10	“狮子号”（“金狮号”）	托马斯·霍华德勋爵	1557年。1582年改建	500	30	174	76	250	普利茅斯分舰队的盖伦船。1609年解体。
11	“先锋号”（“前锋号”）	威廉·温特爵士	1586年	500	37	174	76	250	海峡分舰队的盖伦船。1615年重新装配，1630年改建，增加排水量。
12	“复仇者号”（西部分舰队旗舰）	弗朗西斯·德雷克爵士	1557年	500	34	174	76	250	西部分舰队的盖伦船，1591年9月1日，在亚速群岛附近被西班牙人俘获，5天后沉没。
13	“无双号”（即之前的“腓力—玛丽号”）	托马斯·芬纳绅士	1556年。1584年改建	500	30	174	76	250	西部分舰队的盖伦船，1603年重新装配，重命名为“无双号”。
14	“羚羊号”	亨利·帕尔默爵士	1546年。1581年改建	400	24	130	30	160	海峡分舰队的盖伦船。1618年重新装配，增加排水量。
15	“无畏号”	乔治·比斯顿爵士	1573年	400	24	160	40	200	普利茅斯分舰队的“大巨船”。1592年和1613年重新装配。约1644年出售。
16	“迅捷号”	爱德华·芬纳绅士	1573年	400	26	140	40	180	西部分舰队的“大巨船”。1592年重新装配。

17	“燕子号”	理查德·霍金斯绅士	1540 年。1580 年改建	360	20	130	30	160	普利茅斯分舰队的加来式桨帆船。1603 年被断定不具备出海条件。
18	“远见号”	克里斯托·贝克绅士	1570 年	300	24	130	30	160	普利茅斯分舰队的盖伦船。1604 年被断定不具备出海条件。
19	“博纳沃亚号”	威廉·伯勒绅士	1536 年。1584 年改建	300	5（不确定）	未知	未知	250	加来式桨船。从法国新教胡格诺教派罚没的财产。由西摩率领在泰晤士河河口担当警备船。约 1603 年被废弃。
20	“助手号”	威廉·芬纳绅士	1562 年。1580 年改建	250	19	106	14	120	西部分舰队的盖伦船。约 1599 年时被舰队除名。1603 年被评估为不具备出海资质。
21	“公牛号”	杰里米·特纳绅士	1546 年。1570 年改建	200	17	92	8	100	加利亚斯式战舰，后改造成盖伦船，隶属于海峡分舰队。1594 年评估不具备出海资质。
22	“猛虎号”（即之前的“海龙号”）	约翰·博斯托克绅士	1570 年。私掠船，1584 年购买	200	19	92	8	100	海峡分舰队的加利亚斯式战舰。约 1600 年改造成圆底船。1605 年评估不具备出海资质。
23	“拉特蒙塔纳号”	卢克·沃特绅士	1586 年	150	22	63	7	70	海峡分舰队加利亚斯式战舰。1618 年解体。

24	“白狮号”	查尔斯·霍华德先生	未知	140	18	未知	未知	50	普利茅斯分舰队的盖伦船。船主为海军大臣霍华德。
25	“侦察者号”	亨利·阿什利先生	1577年	120	18	63	7	70	海峡分舰队的巴尔克帆船。一直待在朴次茅斯，未参与交战。1600年宣布改为圆底船。1604年被评估不具备出海资质。
26	“乔治号”	理查德·霍奇斯	未知	120	未知	20	4	24	普利茅斯分舰队的霍伊船。
27	“阿凯蒂斯号”/“忠实的朋友号”	格列高利·里格斯绅士	1573年	100	16	53	7	60	巴尔克帆船。约1600年时，用作圆底船。1604年被评估不具备出海资质。
28	“铠甲号”	托马斯·司各特	1584年	90	未知	未知	未知	36	小型加来式桨船。部署在泰晤士河河口。约1589年被除名。
29	“轻蔑号”	乔纳斯·布雷德伯里绅士	未知	80	未知	未知	未知	40	舰载艇。
30	“鹦鹉号”	未知	1587年购入	80	未知	未知	未知	50	舰载艇。
31	“查尔斯号”	约翰·罗伯茨先生	1586年	70	12	40	0	40	舰载艇。1616年出售。
32	“月亮号”	亚历山大·克利福德绅士	1586年	60	9	40	0	40	舰载艇。约1602年改建。

33	“建议号”	约翰·哈里斯绅士	1586年	50	10	40	0	40	舰载艇。约1607年被除名。
34	“梅林号”	沃尔特·高尔绅士	1579年	50	8	35	0	35	舰载艇。约1599年被除名。
35	“间谍号”	安布罗斯·沃德绅士	1586年	50	7	34	5	39	海峡分舰队的舰载艇。约1613年被除名。
36	“幻想号”	约翰·保罗	未知	50	未知	未知	未知	20	海峡分舰队租借来的私人武装舰载艇。
37	“太阳号”	理查德·巴克利	1586年	40	3	30	0	30	海峡分舰队的舰载艇。约1599年被除名。
38	“锡格尼特号”	约翰·谢里夫	1585年	30	未知	未知	未知	20	海峡分舰队的舰载艇。约1599年被废弃。
	合计								
	38艘			12990吨排水量	约768门火炮	4438船员	步兵1550人	满员约6454人	无人战争伤亡。
2. 雇佣商船船队									
1	“苏珊·安妮·帕内尔号”（伦敦）	尼古拉斯·戈杰斯先生	未知	220	未知	未知	未知	80	海峡分舰队的增援船。黎凡特通商公司所属船只。1592年获得大笔奖金。

2	“紫罗兰号”（伦敦）	马丁·霍金斯	未知	220	未知	未知	未知	70	海峡分舰队的增援船。
3	“所罗门号”（伦敦）	爱德蒙·马斯格雷斯	未知	200	未知	未知	未知	80	海峡分舰队的增援船。
4	“马尔登的爱德华号”	威廉·皮尔斯	未知	186	未知	未知	未知	30	普利茅斯分舰队。
5	“安妮·弗朗西斯号”（伦敦）	查尔斯·利斯特	未知	180	未知	未知	未知	90	海峡分舰队的增援船。
6	“葡萄园号”（伦敦）	本杰明·库克	未知	160	未知	未知	未知	60	海峡分舰队的增援船。
7	“乔治·博纳旺蒂尔号”（伦敦）	埃利埃泽·希克曼	未知	150	未知	未知	未知	80	海峡分舰队的增援船。黎凡特通商公司所属船只。
8	“塞缪尔号”	约翰·瓦萨尔	未知	140	未知	未知	未知	50	海峡分舰队。
9	“夜莺号”	约翰·戴特	未知	120	未知	未知	未知	60	普利茅斯分舰队。
10	“简·博纳旺蒂尔号”（伦敦）	托马斯·霍尔伍德	未知	100	未知	未知	未知	50	海峡分舰队的增援船。
11	“云雀号”	（托马斯）·奇切斯特绅士		50	未知	未知	未知	30	未知

12	“梦幻号”（“幻想号”）	约翰·波尔		50	未知	未知	未知	50	未知
13	“金盏花号”	威廉·牛顿	未知	30	未知	未知	未知	40	未知
14	“黑犬号”	约翰·戴维斯		20	未知	未知	未知	10	1587—1588 年间，船主为伦敦市市长乔治·邦德爵士。
15	“凯瑟琳号”	未知	未知	20	未知	未知	未知	10	未知
16	“种子号”	未知	未知	20	未知	未知	未知	8	未知
	合计								
	16 艘			1866 吨排水量	未知	未知	未知	满员 798 人	无战斗伤亡。
3．归属德雷克指挥的西部舰队的武装商船									
1	“莱斯特盖伦号”	乔治·芬纳绅士	1578 年	400	42	未知	未知	160	船主为莱斯特伯爵。1591 年，海洋探险家托马斯·甘文底斯爵士乘坐该船在南大西洋故去。
2	“皇家商船号”	弗利克的罗伯特·费克	1576 年	400	未知	未知	未知	140	黎凡特通商公司所属船只。1573 年领到王室奖金。
3	“罗巴克号”	雅各布·惠顿		300	未知	未知	未知	120	船主为沃尔特·雷利。

4	“爱德华·博纳旺蒂尔号”	詹姆士·兰开斯特	1574年	300	40	未知	未知	120	船主为牛津伯爵。和“远见号”设计相同。第一艘抵达印度的英格兰船只。
5	“金贵号”/“金诺布尔号”	亚当·西格绅士	1567年（不确定）	250	未知	未知	未知	110	船主为伦敦商人约翰·伯德。
6	“霍普韦恩号”	约翰·马钱特	未知	200	未知	未知	未知	100	
7	“格里芬号”	威廉·霍金斯绅士	未知	200	未知	未知	未知	100	
8	“火花号”	威廉·斯帕克	未知	200	未知	未知	未知	80	
9	“宠臣号”（伦敦）	威廉·温特绅士	1579年（不确定）	200	未知	未知	未知	80	
10	巴尔克船“塔尔伯特号”	亨利·怀特绅士	未知	200	未知	未知	未知	80	火攻船。7月28—29日在加来附近海面焚毁。
11	“托马斯·德雷克号”（“托马斯号”）	亨利·斯潘德洛	未知	200	未知	未知	未知	80	船主为弗朗西斯·德雷克爵士。火攻船。7月28—29日在加来附近海面焚毁。
12	“上帝拯救童贞女王号”	约翰·格伦维尔（格林菲尔德）	未知	200	未知	未知	未知	70	船主为理查德·格伦维尔。
13	“巴尔克邦德号”	威廉·普尔	未知	200	未知	未知	未知	70	船主为约翰·霍金斯。火攻船。7月28—29日在加来附近海面焚毁。

14	“霍普·霍金斯号”（普利茅斯）	约翰·里弗斯	未知	180	未知	未知	未知	80	船主为威廉·哈特。火攻船。7月28—29日在加来附近海面焚毁。
15	“巴尔克圣莱杰号”	约翰·圣莱杰	未知	160	未知	未知	未知	80	
16	“巴尔克莫宁顿号”	安布罗斯·马灵顿绅士	未知	160	未知	未知	未知	80	
17	“巴尔克霍金斯”号（普利茅斯）	威廉·斯内尔	1560年	150	未知	未知	未知	70	1560年收到王室奖金。
18	“巴尔克邦纳号”	查尔斯·恺撒	1574年	150	未知	未知	未知	70	1574年收到王室奖金。
19	“丘尔的船”	丘尔（不确定）	未知	150	未知	未知	未知	未知	火攻船。7月28—29日在加来附近海面焚毁。
20	“贝尔·扬号”	约翰·扬绅士	未知	140	19	未知	未知	70	火攻船。7月28—29日在加来附近海面焚毁。
21	“天使号”（南安普敦）	未知	未知	120	未知	未知	未知	未知	自愿船。火攻船。7月28—29日在加来附近海面焚毁。
22	“洛斯托夫特的伊丽莎白号”	未知	未知	90	未知	未知	未知	未知	火攻船。7月28—29日在加来附近海面焚毁。
23	“巴尔克巴金斯号”	约翰·兰福德	未知	80	未知	未知	未知	50	

24	“联合号”	汉弗莱·西德纳姆绅士	未知	80	未知	未知	未知	40	
25	“伊丽莎白·福伊斯号”	罗杰·格兰特	未知	80	未知	未知	未知	60	
26	“伊丽莎白·德雷克号”	西利的托马斯·塞利	未知	60	未知	未知	未知	30	
27	“权宜号”（米尔布鲁克）	皮尔斯·莱曼	未知	60	未知	未知	未知	40	私人武装舰载艇。
28	“机遇号”	詹姆士·福伊	未知	60	未知	未知	未知	40	
29	“斯皮德韦尔号”（“迅捷号”）（达特茅斯）	休·哈丁	未知	60	未知	未知	未知	40	
30	“钻石号”（达特茅斯）	罗伯特·霍兰	未知	60	未知	未知	未知	40	
31	“戈尔登汗德号”（“巴尔克弗莱明号”）	托马斯·弗莱明	未知	50	未知	未知	未知	30	
32	“喜悦号”	威廉·考克斯	未知	50	未知	未知	未知	30	船主为威廉·温特。

33	“扬号快速平底船”	尼古拉斯·韦布	未知	50	未知	未知	未知	30	
34	“三色堇号”	汉尼拔·萨珀姆	未知	50	未知	未知	未知	24	
35	“夜莺号”	约翰·戈利斯灵	未知	40	未知	未知	未知	24	
36	未名帆船	未知	未知	30	未知	未知	未知	24	
	合计								
	36 艘			5360 吨排水量	未知	未知	未知	满员 2262 人	8 艘火攻船在加来附近海面上焚毁。无其他伤亡。
4．伦敦市承担经费的其他武装商船									
1	“大力神号”（伦敦）	乔治·巴恩斯绅士	未知	300	未知	未知	未知	130	普利茅斯分舰队。1588 年接受王室奖金。
2	“托比号”（伦敦）	罗伯特·卡特尔	未知	250	未知	未知	未知	100	普利茅斯分舰队。商业探险船。
3	“百夫长号”（伦敦）	塞缪尔·福克斯克拉福特	未知	250	未知	未知	未知	100	普利茅斯分舰队。
4	“宠臣号”（布里斯托尔）	约翰·塞克菲尔德	未知	230	未知	未知	未知	90	普利茅斯分舰队。1579 年收到王室奖金。

5	“玛格丽特与约翰号”	约翰·费希尔	未知	210	未知	未知	未知	90	普利茅斯分舰队。船主为约翰·沃茨。
6	“报春花号”（哈里奇）	约翰·布林博恩	未知	200	未知	未知	未知	90	普利茅斯分舰队。
7	“老虎号”	威廉·凯撒	未知	200	未知	未知	未知	80	
8	“红狮号”	杰尔斯·怀尔德	未知	200	未知	未知	未知	70	普利茅斯分舰队。
9	“耶稣升天号”	约翰·培根	未知	200	未知	未知	未知	150	普利茅斯分舰队。
10	“五月花号”（琳恩）	爱德华·邦克	未知	200	未知	未知	未知	90	海峡分舰队。
11	“上帝的礼物号”（洛斯托夫特）	托马斯·兰特洛韦	未知	180	未知	未知	未知	80	待在朴次茅斯。未参战。
12	“巴尔克伯尔号”	约翰·塞罗科尔德	未知	160	未知	未知	未知	70	普利茅斯分舰队。
13	“勇敢号”	威廉·方特洛	未知	160	未知	未知	未知	90	普利茅斯分舰队。
14	“皇家防御号”（伦敦）	约翰·切斯特	未知	160	未知	未知	未知	80	普利茅斯分舰队。

15	“托马斯·博纳旺蒂尔号”	威廉·奥尔德里奇	未知	150	未知	未知	未知	70	普利茅斯分舰队。黎凡特通商公司所属船只。
16	“金狮号”	罗伯特·威尔科克斯	未知	140	未知	未知	未知	70	普利茅斯分舰队。
17	“乔治·诺布尔号”	理查德·哈珀	未知	120	14	未知	未知	80	海峡分舰队的增援船。
18	“托比号”	克里斯托弗·皮戈特	未知	120	18	未知	未知	70	海峡分舰队的增援船。商业探险船。
19	“羚羊号”（伦敦）	亚伯拉罕·邦纳	未知	120	15	未知	未知	60	海峡分舰队的增援船。商业探险船。
20	“谨慎号”/“普鲁登斯号”（利）	理查德·切斯特	未知	120	16	未知	未知	60	海峡分舰队的增援船。
21	“火蜥蜴号”（利）	威廉·古德拉德	未知	120	16	未知	未知	60	海峡分舰队的增援船。商业探险船。
22	“珠宝号”（利）	亨利·罗厄尔	未知	110	17	未知	未知	60	海峡分舰队的增援船。商业探险船。
23	“海豚号”（利）	威廉·黑尔	未知	110	15	未知	未知	70	海峡分舰队的增援船。商业探险船。
24	“罗斯莱昂号”（利）	巴纳比·艾克顿	未知	110	10	未知	未知	50	海峡分舰队的增援船。商业探险船。
25	“安东尼号”	理查德·达夫	未知	110	14	未知	未知	60	海峡分舰队的增援船。商业探险船。

26	“潘西号”（伦敦）	威廉·巴特勒	未知	100	14	未知	未知	70	海峡分舰队的增援船。商业探险船。
27	“戴安娜号”	爱德华·科克	未知	80	未知	未知	未知	40	
28	“通关号”	克里斯托弗·科尔萨斯特	未知	80	未知	未知	未知	40	
29	“发布号”	约翰·金	未知	60	未知	未知	未知	30	
30	“月光号”	约翰·伯勒	未知	60	未知	未知	未知	30	
	合计								
	30艘			4610吨排水量	未知	未知	未知	满员2230人	无战争伤亡。
5. 西部舰队雇用的补给船只									
1	“玫瑰玛丽号”（伦敦）	弗朗西斯·博内尔	未知	180	未知	未知	未知	70	
2	“所罗门号”	乔治·斯特里特	未知	160	未知	未知	未知	60	
3	“白后号”	理查德·布朗	未知	130	未知	未知	未知	40	
4	“伊丽莎白·博纳旺蒂尔号”	理查德·斯塔特	未知	120	未知	未知	未知	60	

5	“理查德·达菲尔德号”	威廉·亚当斯	未知	120	未知	未知	未知	70	
6	“利的伊丽莎白号”	威廉·鲍尔	未知	115	未知	未知	未知	60	1575 年接收王室奖金。
7	“乔纳斯号”（奥尔德伯勒）	爱德华·贝尔	未知	115	未知	未知	未知	50	1575 年接收皇家奖金。
8	“珍珠号”	劳伦斯·穆尔	未知	114	未知	未知	未知	50	
9	“鹈鹕号”/“佩利肯号”	约翰·克拉克	未知	112	未知	未知	未知	50	
10	“贝尔萨布号”	爱德华·布莱恩	未知	110	未知	未知	未知	60	
11	“联合号”	约翰·穆尔	未知	110	未知	未知	未知	40	
12	“伦敦的约翰号”	理查德·罗斯	未知	100	未知	未知	未知	70	
13	“希望号”	约翰·斯金纳	未知	107	未知	未知	未知	40	
14	“金盏花号”	罗伯特·鲍尔斯	未知	80	未知	未知	未知	50	
	合计								
	14 艘			1673 吨排水量	未知	未知	未知	满员 770 人	无战争伤亡。

6. 归属统帅霍华德指挥的普利茅斯舰队的志愿船只

1	“桑普森号”	约翰·温菲尔德	未知	300	未知	未知	未知	110	船主为坎伯兰伯爵。
2	“乐施号”/“撒马利亚人号”（达特茅斯）	未知	未知	300	未知	未知	未知	150	
3	“盖伦达德利号”	约翰·艾丽塞	未知	250	未知	未知	未知	100	理查德·格伦维尔从西班牙人处俘获的战利品船。
4	“巴尔克波茨号”	安东尼·波茨	未知	180	未知	未知	未知	80	
5	“新月号”（达特茅斯）	未知	未知	160	未知	未知	未知	75	
6	“约翰·特里洛尼号”（索尔塔什和塔维斯托克）	托马斯·米克	未知	150	未知	未知	未知	70	
7	“福伊的弗朗西斯号”	约翰·拉什利	未知	140	未知	未知	未知	60	
8	“金赖亚尔号”（韦茅斯）	未知	未知	140	未知	未知	未知	60	
9	“巴塞罗缪号”（托普瑟姆）	尼古拉斯·莱特	未知	130	未知	未知	未知	70	

10	“独角兽号”（布里斯托尔）	詹姆士·兰顿	未知	130	未知	未知	未知	65	1593 年接收王室奖金。
11	“科芒号”	未知	未知	120	未知	未知	未知	80	
12	“威廉号”（普利茅斯）	未知	未知	120	未知	未知	未知	60	
13	“鲁宾号”（“知更鸟号”）（桑威奇）	威廉·克里普斯	未知	110	未知	未知	未知	65	隶属于海峡分舰队的五港同盟船只。
14	“格雷斯号”（托普瑟姆）	沃尔特·埃德尼	未知	100	未知	未知	未知	50	
15	“韦茅斯的盖伦船号”	理查德·惠特	未知	100	未知	未知	未知	50	
16	“巴恩斯托珀尔的约翰号”	未知	未知	100	未知	未知	未知	65	
17	“慈善号”（普利茅斯）	未知	未知	100	未知	未知	未知	未知	
18	“拉特号”（怀特岛）	吉尔伯特·李	未知	80	未知	未知	未知	40	巴尔克帆船。
19	“异教徒号”（韦茅斯）	未知	未知	80	未知	未知	未知	40	

20	“巴尔克萨顿号”（韦茅斯）	休·普雷斯顿	未知	80	未知	未知	未知	40	
21	“独角兽号”（达特茅斯）	未知	未知	76	未知	未知	未知	30	
22	“凤凰号”（达特茅斯）	未知	未知	70	未知	未知	未知	50	巴尔克帆船。
23	“巴尔克霍尔西号”	格林菲尔德·哈尔西	未知	60	未知	未知	未知	40	
24	“托马斯·博纳旺蒂尔号”（莱姆）	约翰·彭泰尔	未知	60	未知	未知	未知	30	
25	“凯瑟琳号”（韦茅斯）	未知	未知	60	未知	未知	未知	30	
26	“玛格丽特号”	威廉·哈伯德	未知	60	未知	未知	未知	30	
27	“飞艇号”（怀特岛）	托马斯·克里夫	未知	60	未知	未知	未知	4	船主为乔治·卡鲁。驻泊地为朴次茅斯。
28	“暴龙号”	未知	未知	未知	未知	未知	未知	未知	船主为坎伯兰伯爵。
29	“狂欢号”（韦茅斯）	未知		60				30	
30	“布莱辛号”	未知	未知	未知	未知	未知	未知	未知	被遣散。

31	“伊丽莎白号”（怀特岛）	阿德里安·吉尔伯特		40				30	船主为乔治·卡鲁。
32	“机遇号”	未知	未知	未知	未知	未知	未知	未知	舰载艇。
33	“加列戈号”（普利茅斯）	未知	未知	30	未知	未知	未知	20	巴尔克帆船。
	合计								
	33 艘			3446 吨排水量	未知	未知	未知	满员 1627 人	无战争伤亡。
7．归属统帅霍华德指挥的普利茅斯舰队的沿岸船舶									
1	“侍女号”（布里斯托尔）	克里斯托弗·彼得	未知	未知	未知	未知	未知		
2	“助手号”（布里斯托尔）	未知	未知	未知	未知	未知	未知	未知	
3	“莱特人约翰号”（普利茅斯）	劳伦斯·克莱顿	未知	100	未知	未知	未知	65	
4	“巴尔卡韦布号”	尼古拉斯·韦布	未知	未知	未知	未知	未知	未知	

5	“安妮哈特号”	约翰·温纳尔	未知	未知	未知	未知	未知	30	
6	“玫瑰号”/“罗斯号”（托普瑟姆）	托马斯·桑迪	未知	未知	未知	未知	未知	50	
7	“礼物号”（托普瑟姆）	未知	未知	未知	未知	未知	未知	21	
8	“复仇者号”（莱姆）	理查德·贝德寇奇	未知	未知	未知	未知	未知	30	
9	“雅各布号”（莱姆）	未知	未知	未知	未知	未知	未知	50	
10	“威廉号”（布里奇沃特）	约翰·斯密斯	未知	80	未知	未知	未知	40	
11	“米凯尔圣莱杰”	未知	未知	未知	未知	未知	未知	未知	
12	“哈特号”（达特茅斯）	约翰·霍顿	未知	60	未知	未知	未知	32	
13	“拉尔夫号”	未知	未知	未知	未知	未知	未知	未知	船主为乔治·卡鲁。
14	“拉斐尔号”（怀特岛）	未知	未知	未知	未知	未知	未知	30	

15	“灰狗号”/“灵缇犬号”	未知	未知	未知	未知	未知	未知	未知	
	合计								
	15 艘			未知	未知	未知	未知	满员超过348人	
8．归属统帅霍华德指挥的普利茅斯舰队的沿岸船舶									
1	“丹尼尔号”（纽卡斯尔）	罗伯特·约翰逊	未知	160	未知	未知	未知	70	因“从事废布料贸易”而被遣散。
2	“盖伦赫琴斯号”（纽卡斯尔）	托马斯·塔克	未知	150	未知	未知	未知	70	因“从事废布料贸易”而被遣散。
3	“巴尔克兰姆号”（纽卡斯尔）	伦纳德·哈维尔	未知	150	未知	未知	未知	70	因“从事废布料贸易”而被遣散。
4	“金盏花号”（奥尔德伯勒）	弗朗西斯·约翰逊	未知	150	未知	未知	未知	70	因“食物短缺”而于7月13日被遣散。
5	“格雷斯号”（雅茅斯）	威廉·马斯格雷夫	未知	150	未知	未知	未知	70	

6	“威廉号”（伊普斯威奇）	巴纳比·洛韦	未知	140	未知	未知	未知	50	霍伊船。
7	“布赖特灵西的威廉号”（科尔切斯特）	托马斯·兰伯特	未知	140	未知	未知	未知	50	
8	“凯瑟琳号”（伊普斯威奇）	托马斯·格莱姆鲍	未知	128	未知	未知	未知	50	
9	“报春花号”（哈里奇）	约翰·科德韦尔	未知	120	未知	未知	未知	40	霍伊船。
10	“伊丽莎白号”（艾伦内森、多佛）	约翰·利特根	未知	120	未知	未知	未知	70	五港同盟船只。
11	“布里克莱瑟的威廉号”	托马斯·兰伯特	未知	100				50	
12	“约翰号”（奇切斯特）	约翰·扬	未知	80	未知	未知	未知	45	
13	“威廉号”（赖伊）	威廉·考克森	未知	80	未知	未知	未知	60	五港同盟船只。
14	“弗里格特号”	格兰特	未知	80	未知	未知	未知	40	

15	“财富号”（奥尔德伯勒）	未知	未知	未知	未知	未知	未知	未知	
16	“侍女号”（赫尔）	约翰·加泰恩伯里	未知	75	未知	未知	未知	38	因“食物短缺”而于6月17日被遣散。
17	“格里芬号”（赫尔）	约翰·汤普森	未知	70	未知	未知	未知	35	因“食物短缺”而于6月17日被遣散。
18	“安妮·博纳旺蒂尔号”（黑斯廷斯）	约翰·康妮	未知	60	未知	未知	未知	50	五港同盟船只。
19	“约翰·扬号”（罗姆尼）	雷诺·维泽	未知	未知	未知	未知	未知	未知	五港同盟船只。
20	“幻想号”（纽卡斯尔）	理查德·菲尼	未知	60	未知	未知	未知	50	因“从事废布料贸易”而被遣散。
21	“小兔号”（赫尔）	马修·雷尔斯顿	未知	50	未知	未知	未知	25	因“食物短缺”而于6月17日被遣散。
22	“上帝的恩典号”（海斯）	威廉·福德雷德	未知	50	未知	未知	未知	30	舰载艇。五港同盟船只。
23	“福伊的宠臣号”	未知	未知	未知	未知	未知	未知	未知	供应船。1589年在多佛码头因风暴沉没，后被打捞起。

24	“苏珊号”（琳恩）	约翰·默斯格雷夫	未知	40	未知	未知	未知	20	因“食物短缺”而于7月3日被遣散。
25	“哈泽德号”（法弗瑟姆）	尼古拉斯·特纳	未知	38	未知	未知	未知	34	舰载艇。五港同盟船只。
26	“马修号”（洛斯托夫特）	理查德·米切尔	未知	35	未知	未知	未知	26	因“食物短缺”而于6月13日被遣散。
	合计								
	26 艘			超过2226吨排水量	未知	未知	未知	满员超过1113人	无战争伤亡。
	合计								
	208 艘船只			超过32000吨				超过15599人	8 艘火攻船被毁

附录二

无敌舰队战斗序列

	舰船	舰长	建造年 / 改装年	排水量（吨位）	火炮	船员	兵员	总数	最终命运 / 备注
1. 葡萄牙分舰队（远洋舰队总司令：梅迪纳·西多尼亚公爵唐·阿隆索·佩雷斯·德·古斯曼）									
1	“圣马丁号”（无敌舰队旗舰）	马罗林·德·胡安	16 世纪 70 年代，葡萄牙	1000	48	177	300	477	返回西班牙。
2	“葡萄牙的圣胡安号”（副旗舰）	胡安·马丁内斯·德·里卡尔德	1586 年，坎塔布里亚	1050	50	156	387	543	返回西班牙。
3	“佛罗伦萨的圣弗朗西斯科号”	加斯帕·德·索萨	16 世纪 70 年代，托斯卡纳	961	52	89	295	384	返回西班牙；但受损严重。
4	“圣路易斯号”	唐·奥古斯丁·梅希亚	1585 年，坎塔布里亚	830	38	116	376	492	返回西班牙。

5	“圣费利佩号”	唐·弗朗西斯科·德·托莱多	1583年，坎塔布里亚	800	40	108	532	640	8月8日在斯鲁伊斯附近搁浅，被荷兰人俘虏。
6	“圣马科斯号”	佩尼亚费尔侯爵	1585年，坎塔布里亚	790	33	117	292	409	最终命运未知。可能于9月20号在爱尔兰的克莱尔省的马顿岛附近失踪。
7	“圣马特奥号”	唐·迭戈·皮门特尔	16世纪70年代，葡萄牙	750	34	120	275	395	8月8日在尼厄波尔附近搁浅，被荷兰人俘虏。
8	“圣地亚哥号”	安东尼奥·德·佩雷拉	1585年，坎塔布里亚	520	24	93	293	386	返回西班牙。
9	“圣克里斯托瓦尔号”	未知	16世纪70年代，葡萄牙	352	20	80	125	205	返回西班牙。
10	“圣伯纳迪诺号”	未知	1586年，坎塔布里亚	252	21	70	170	240	返回西班牙。
11	“奥古斯塔号”（萨布拉船）	未知	1585年，坎塔布里亚	166	13	57	55	112	返回西班牙。
12	“茹利娅号”（萨布拉船）	未知	1585年，坎塔布里亚	166	14	48	39	87	返回西班牙。
	合计								
	12艘			7737	387	1231	3139	4370	9艘船（75%）幸免于难。

2．卡斯蒂利亚分舰队（司令：迭戈·弗洛雷斯·德·巴尔德斯）									
1	“圣克里斯托瓦尔号”（分舰队旗舰）	格雷·戈里奥·德·拉斯阿拉斯	1583年，坎塔布里亚	700	36	120	205	325	回到西班牙。
2	“卡斯蒂利亚的圣胡安号”（分舰队副旗舰）	马科斯·德·阿兰布鲁	1585年，坎塔布里亚	750	24	90	250	340	回到西班牙。
3	“圣卡特利娜号”	未知	1586年（不确定），坎塔布里亚	882	24	140	193	333	回到西班牙。
4	“圣特立尼达号”/“圣三位一体号”	未知	1586年（不确定），坎塔布里亚	872	24	122	173	295	9月12日，在爱尔兰凯里郡的瓦伦西亚附近失踪。
5	“贝戈尼亚夫人号”	胡安·古铁雷·德·德加里贝	1585年（不确定），地点未知	750	24	80	175	255	回到西班牙。
6	“圣胡安包蒂斯塔号”	费尔南多·奥拉	1585年，坎塔布里亚	650	24	60	180	240	9月23日在布拉斯基特海滩被焚烧，损毁严重。
7	“圣佩德罗号”	唐·弗朗西斯科·德·库埃利亚尔	1584年，坎塔布里亚	530	24	90	185	275	回到西班牙。（不确定）
8	“圣胡安号”	迭戈·恩里克斯	1584年，坎塔布里亚	530	24	80	165	245	在爱尔兰失踪。

9	“大圣地亚哥号”	未知	1584 年，坎塔布里亚	530	24	105	180	285	回到西班牙。
10	“圣费利佩圣地亚哥号”	未知	1584 年，坎塔布里亚	530	24	80	160	240	回到西班牙。
11	“圣母升天号”	未知	1584 年，坎塔布里亚	530	24	80	170	250	回到西班牙。
12	“巴里奥夫人号”	未知	1583 年，坎塔布里亚	530	24	80	180	240	回到西班牙。
13	“圣梅德尔希利德号”	未知	1584 年，坎塔布里亚	530	24	75	170	245	回到西班牙。
14	“圣安娜号”	未知	1581 年（不确定），法国	250	24	55	90	145	回到西班牙。
15	“罗萨里奥夫人号”（小型递送船）		1586 年，坎塔布里亚	75	14	25	20	45	不确定
16	“帕多瓦的圣安东尼奥号”（小型递送船）	未知	1586 年，坎塔布里亚	75	12	25	20	45	8 月 8 日的格里夫兰海战之后在佛兰德斯海岸线上的拉麦金附近沉没。
	合计								
	16 艘			8714	374	1307	2516	3823	11 艘船（68.75%）幸免于难。

3．比斯开分舰队（司令：胡安·马丁内斯·德·里卡尔德）									
1	“圣安娜号”	胡安·佩雷斯·德·穆乔	1586年，坎塔布里亚	768	30	310	100	410	7月27日损失一个桅杆，随后在法国勒阿弗尔港避风。后被弃用。
2	“伟大的笑容号”	唐·佩德罗德·门多萨	未知	1160	28	73	261	334	在爱尔兰梅奥郡的克莱尔岛附近搁浅。幸存者100人。9月22日，爱尔兰人杀死了幸存者中的64人。
3	“圣地亚哥号”	未知	1585年，坎塔布里亚	666	25	105	205	310	返回西班牙。
4	“蒙特马约尔的圣玛丽亚号”	未知	拉古萨（不确定）	707	18	48	158	206	返回西班牙。
5	“玛利亚·胡安号”	佩德罗·德·乌加特	1585年，坎塔布里亚	665	24	93	175	268	在格里夫兰海战中沉没。
6	“玛格达莱纳号”	未知	1585年，坎塔布里亚	530	18	60	183	243	返回西班牙。
7	“曼努埃拉号”	未知	未知	520	12	48	124	172	返回西班牙。
8	“苏韦尔苏的康塞普西翁号”	未知	1585年，帕萨赫	468	16	70	150	220	在科伦纳附近因风暴损失主桅杆。最终返回西班牙。

9	“胡安德尔卡诺的康塞普西翁号”	胡安·德尔卡诺	1585年，坎塔布里亚	418	18	58	160	218	9月末在爱尔兰嘎威海湾失踪。
10	“圣胡安号”	未知	1585年，坎塔布里亚	350	21	50	141	191	返回西班牙。
11	“阿吉雷的玛利亚号”（轻帆船）	未知	1585年，坎塔布里亚	70	6	25	19	44	未知。
12	“伊莎贝拉号”（轻帆船）	未知	1585年，坎塔布里亚	71	10	29	24	53	返回西班牙。
13	“米盖尔·苏索的玛利亚号”（轻帆船）	未知	1585年，坎塔布里亚	96	6	25	20	45	未知。
14	“圣埃斯特万号”	未知	1585年，坎塔布里亚	78	6	25	10	35	返回西班牙。
	合计								
	14艘			6567	238	1019	1730	2749	至少8艘船（57.2%）幸免于难。

4．吉普斯夸分舰队（司令：米盖尔·德·奥肯多）									
1	“圣安娜号”（分舰队旗舰）	未知	1586年，圣塞巴斯蒂安	1200	47	82	303	385	巴斯克商船。在科伦纳附近的风暴中主桅杆、帆及桁端受损。安全返回西班牙。但是船上的军火库在圣塞巴斯蒂安爆炸，致100名船员丧生。
2	“罗莎的圣玛丽亚号”（分舰队副旗舰）	唐·马丁·德·比利亚弗兰卡	1587年，坎塔布里亚	945	26	84	238	322	巴斯克商船。在科伦纳附近的风暴中主桅杆损毁后换新。9月21日，在布拉斯基特沙滩沉没，只有1人生还。
3	“圣萨尔瓦多号”	唐·佩德罗·普列戈	1586年（不确定）	958	25	75	321	396	在7月31日的爆炸中受损，200名船员丧命。8月1日，被英格兰人俘获并营救。
4	“圣埃斯特万号”	唐·费利佩·德·科尔多瓦	1586年（不确定）	736	26	68	204	272	在爱尔兰克莱尔省敦贝格触礁；9月20日，船上60人被俘获并绞死。
5	“圣克鲁兹号”	未知	1586年（不确定），坎塔布里亚	680	18	40	128	168	返回西班牙。

6	“圣玛尔塔号”	未知	1586年（不确定）	548	20	73	182	255	返回西班牙。
7	“圣芭芭拉号”	未知	1586年（不确定），圣塞巴斯蒂安	525	12	45	154	199	返回西班牙。
8	“尤卡少女号”（尤卡船）	未知	未知	500	16	40	135	175	在桑坦德失踪。
9	“圣布埃纳文图拉号”	未知	1586年（不确定），坎塔布里亚	379	21	55	154	209	返回西班牙。
10	“玛利亚·圣胡安号”	未知	1586年（不确定），坎塔布里亚	291	12	54	110	164	返回西班牙。
11	“圣母升天号”（轻帆船）	未知	未知	60	9	16	18	34	未知。
12	“圣巴拿马号”（轻帆船）	未知	1586年（不确定），坎塔布里亚	69	9	17	17	34	返回西班牙。
13	“瓜达卢普夫人号”（轻帆船）	未知	1586年（不确定），坎塔布里亚	50（不确定）	1	12	0	12	未知。
14	“玛格达莱纳号”（轻帆船）	未知	1586年（不确定），坎塔布里亚	50（不确定）	1	14	0	14	未知。
	合计								
	14艘			6991	243	675	1964	2639	至少6艘船（42.9%）幸免于难。

5. 安达卢西亚分舰队（司令：唐·佩德罗·德·巴尔德斯）									
1	“罗萨里奥夫人号”（分舰队旗舰）	未知	1587 年，里瓦尔多	1150	46	119	345	464	7 月 31 日，与比斯开分舰队的一艘船只相撞受损，接着又与安达卢西亚分舰队的“圣卡塔丽娜”号相撞。8 月 1 日向德雷克投降，后被带回达特茅斯。
2	“圣弗朗西斯科”号（分舰队副旗舰）	未知	1586 年，坎塔布里亚	915	21	85	227	312	返回西班牙。
3	“圣巴托洛梅号”	未知	1585 年（不确定），坎塔布里亚	976	27	55	210	265	返回西班牙。
4	“杜奎斯那·圣安娜号”	佩德罗·马雷	未知	900	23	65	250	315	9 月 25—26 日期间在多尼戈尔郡的罗斯贝格的洛赫罗斯莫尔湾失踪。
5	“康塞普西翁号”	未知	1584 年（不确定），坎塔布里亚	862	20	71	185	256	返回西班牙。
6	“圣胡安·保蒂斯塔号”	未知	1584 年（不确定），坎塔布里亚	810	31	89	245	334	返回西班牙。
7	“圣卡塔丽娜号”	未知	1585 年（不确定），坎塔布里亚	730	23	69	238	307	返回西班牙。

8	“洪卡的圣玛丽亚号”	未知	1586年（不确定），坎塔布里亚	730	20	66	219	285	返回西班牙。
9	“三位一体号”	未知	1585年（不确定），坎塔布里亚	650	13	54	200	254	返回西班牙。
10	“加尔加林的圣胡安号”	托梅卡诺	1585年（不确定），坎塔布里亚	569	16	40	175	215	返回西班牙。
11	“圣埃斯皮里图号”（轻帆船）	未知	1585年，坎塔布里亚	70	10	15	18	33	未知。
	合计								
	11艘			8362	250	728	2312	3040	至少8艘船（72.7%）幸免于难。
6．黎凡特分舰队（司令：马丁·德·贝滕多纳）									
1	“雷加佐娜号”（分舰队旗舰）	未知	日期未知。威尼斯	1294	30	80	330	410	返回西班牙。
2	“拉维亚号”（分舰队副旗舰）	唐·迭戈·恩里克斯	日期未知。威尼斯	728	25	71	205	276	商船。9月25日在爱尔兰斯莱戈郡的斯特里达附近因风暴触礁。
3	“三位一体巴伦西亚号”	唐·阿隆索·德·卢松	日期未知。威尼斯	1100	42	75	335	410	被指派运送攻城炮的运粮船。9月16日在爱尔兰北部的金那格湾的暗礁滩失踪。

4	“埃斯卡拉的三位一体号”	未知	日期未知。热那亚	900	22	65	340	405	返回西班牙。
5	“朱莉安娜号”	唐·德·阿兰娜达	日期未知。热那亚	860	32	65	290	355	商船。9月25日在爱尔兰斯莱戈郡的斯特里达附近因风暴触礁。
6	“圣尼古拉斯·普罗达内利号”	普罗达内利	日期未知。拉古萨	834	26	68	225	293	9月16—21日期间，在爱尔兰的梅奥郡近海失踪。
7	“圣玛丽亚·罗塔·因科罗纳达号”	唐·阿隆索·德莱瓦	日期未知。热那亚	820	35	90	355	445	9月21日在梅奥郡巴里克罗伊附近的费伊滩搁浅，后被纵火焚烧。
8	“西西里的圣胡安号”	唐·迭戈·特列斯·恩里克斯	日期未知。拉古萨	800	26	60	275	335	11月9日，在苏格兰马尔岛东北端的托伯莫里海湾被沃尔辛厄姆手下的间谍约翰·斯莫利特炸毁。
9	“公布号”	伊维格列尔	日期未知。拉古萨	703	24	79	196	275	9月20日，在爱尔兰克莱尔郡基尔拉什附近的斯卡特里岛附近被击沉并着火。

10	“维森的圣玛丽亚号”	巴尔托洛	日期未知。拉古萨	666	18	70	236	306	商船。9月25日在爱尔兰的斯莱戈郡的斯特里达附近因风暴触礁。
11	“埃斯佩兰萨的圣保蒂斯塔号”	未知	日期未知。卡斯特罗－乌迪亚莱斯堡	300	12（不确定）	未知	未知	未知	未知。
	合计								
	11艘			9005	292	723	2787	3510	至少2艘船（18.2%）幸免于难。
7．圆底船运输分舰队（司令：唐·胡安·戈麦斯·德·梅迪纳）									
1	“伟大的格里芬号”（分舰队旗舰）		日期未知。罗斯托克	650	38	43	235	278	9月28日，在苏格兰的费尔岛附近的斯特罗姆－赫利尔搁浅。
2	“圣萨尔瓦多号”（分舰队副旗舰）		1565年，但泽	650	24	53	218	271	在爱尔兰沿海失踪。（不确定）
3	“黑色城堡号”	佩德罗·费拉	日期未知。低地国家	750	27	46	158	204	在爱尔兰沿海失踪。（不确定）
4	“和平的大房子号”	未知	日期未知。低地国家	650	26	70	250	320	在科伦纳的风暴过后被判定不适宜出海。返回西班牙。
5	“巴萨的安贝格号”	胡安·德·圣马丁	1577年，汉堡	600	23	25	259	284	9月1日，在爱尔兰沿海沉没。

6	“圣地亚哥号”	J. 德・卢纳	1551 年，波罗的海	600	19	32	32	64	9 月 16—21 日期间，在爱尔兰的梅奥郡近海失事。
7	“大圣佩德罗号”（医疗船）	未知	1586 年，波罗的海	500	18	28	176	204	11 月 6 日，在德文附近的博尔特泰尔搁浅。
8	“大白猎鹰号”	未知	1586 年，低地国家	500	16	35	182	217	返回西班牙
9	“力士参孙号”	未知	日期未知。低地国家	500	18	31	184	215	返回西班牙
10	“小圣佩德罗号”	未知	1586 年，波罗的海	500	18	22	175	197	在爱尔兰沿海失踪。年（不确定）
11	“但泽号”	佩德罗・德・阿雷查加	1572 年，但泽	450	26	28	150	178	未知
12	“猫号”	未知	时间未知。低地国家	400	9	22	40	65	返回西班牙
13	“马拉加的圣安德雷斯号”	未知	日期未知。低地国家	400	14	25	40	65	返回西班牙
14	“圣鹿手轮号”	胡安・德・佩尔曼托	日期未知。波罗的海	400	18	39	130	169	9 月 16—24 日，在爱尔兰的梅奥郡附近失踪。
15	“圣芭芭拉号”	克里斯托瓦尔・德・阿维拉	1559 年，低地国家	370	19	25	70	95	未知。船长被梅迪纳・西多尼亚以怯战罪执行绞刑。

16	“女孩和平房子号”	未知	1560 年， 里加	350	15	21	155	176	返回西班牙。
17	“白隼号”	唐·路易斯·德·科尔多瓦	1564 年．低地国家	300	16	24	57	81	9 月 25 日，在爱尔兰的噶威市西部的巴纳触礁。
18	“圣盖博号”	未知	1561 年．低地国家	280	4	16	31	47	
19	“埃塞亚斯号”	未知	1542 年．波罗的海	280	4	20	35	55	返回西班牙
20	“帕洛玛·布兰卡号”	未知	日期未知。低地国家	250	12	30	67	97	返回西班牙
21	“角鲨号”	未知	日期未知。低地国家	200	7	18	80	98	返回西班牙
22	“好运气号”	未知	日期未知。低地国家	160	4	16	49	65	返回西班牙
	合计								
	22 艘			9790	375	669	2773	3442	至少 10 艘船（46%）幸免于难。9 艘船失踪。
8．葡萄牙加来式分舰队（司令：唐·迭戈·梅德拉诺）									
1	“卡皮塔纳号”	未知	未知	未知	5	53	56	109	返回西班牙。

2	“公主号”	未知	未知	未知	5	44	37	81	返回西班牙。
3	“戴安娜号”	未知	未知	未知	5	47	32	79	7月27日，操桨手哗变。在巴约讷搁浅；火炮被抢救出来，但船体破裂。
4	“巴扎那号”	未知	未知	未知	5	46	26	72	7月27日在巴约讷失事。
	合计								
	4艘			未知	20	190人，另有在加来式战船上的戴罪服役的操桨手若干	151	341人，另有在加来式战船上的戴罪服役的操桨手若干	2艘（50%）幸免于难。
9．那不勒斯加利亚斯式战舰分舰队（司令：雨果·德蒙卡达）									
1	“圣洛伦佐号”（分舰队旗舰）	未知	1578年，那不勒斯	600	50	124	245	369	8月8日在加来港搁浅，被毁。
2	“那不勒斯号”（分舰队副旗舰）	未知	1581年，那不勒斯	600	50	100	220	320	返回西班牙。

3	“祖尼加号”	佩鲁齐奥	1578年，那不勒斯	600	50	120	175	295	10月4日，被风暴裹挟到法国的勒阿弗尔港。船只修复持续一年。是最后一艘返回西班牙的无敌舰队船只。
4	“赫罗纳号”	法布里西奥·斯皮诺拉	1580年，那不勒斯	600	50	140	229	369	在基里贝格斯维修过。10月28日，在前往苏格兰的途中于安特里姆郡的拉卡达角附近失事。
	合计								
	4艘			2，400	200	484	869	1，353	2艘（50%）幸免于难
10．预备役分舰队：小型递送船、萨布拉船、轻快帆船和三桅小帆船（司令：奥古斯丁·德·奥赫达）									
1	“萨拉戈萨夫人号”（分舰队旗舰）	未知	1584年，坎塔布里亚	300	11	51	110	161	未知
2	“仁慈号”	未知	日期未知。英格兰	180	11	36	43	79	圆底船。命运未知。
3	“苏格兰人的圣安德雷斯号”	未知	日期未知。敦提	150	12	29	40	69	圆底船。命运未知。

4	“圣克鲁斯费赫号”	未知	未知	150	8	33	30	63	轻帆船。命运未知。
5	“弗朗西斯科的康塞普西翁号”	未知	未知	75	6	40	29	69	轻帆船。命运未知。
6	“圣埃斯佩里图号”	未知	未知	70		40	20	60	返回西班牙。
7	“卡拉萨的康塞普西翁号”	未知	未知	70	5	40	30	70	未知。
8	“瓜达卢普夫人号”	未知	未知	70		40	20	60	轻帆船。返回西班牙。
9	“圣弗朗西斯科号”	未知	未知	64		37	20	57	未知。
10	“贝戈尼亚夫人号”	未知		60	20	40	30	70	轻帆船。命运未知。
11	“卡佩蒂略的康塞普西翁号”	未知	未知	60	10	25	20	45	轻帆船。命运未知。
12	“格拉西亚夫人号”	未知	未知	57	5	34	20	54	轻帆船。返回西班牙。
13	“普埃尔托夫人号”	未知	未知	55	8	33	30	63	轻帆船。命运未知。

14	“圣赫罗尼莫号”	未知	未知	50	4	35	20	55	轻帆船。命运未知。
15	“特立尼达号”/“三位一体号”	未知	未知	未知	2	23	未知	未知	萨布拉船。可能是在爱尔兰沿海失踪。
16	“卡斯特罗夫人号”	未知	未知	75	2	26		26	萨布拉船。在特拉利湾被俘。9月15日后，船员被爱德华·丹尼处以绞刑。
17	“圣安德雷斯号”	未知	未知	未知	2	15	未知	未知	萨布拉船。命运未知。
18	“巴尔迈斯达的康塞普西翁号”	未知	未知	未知	未知	27	未知	未知	未知。
19	“康塞普西翁号”	未知	未知	未知	未知	31	未知	未知	未知。
20	“圣卡塔丽娜号”	未知	未知	未知	未知	23	未知	未知	萨布拉船。命运未知。
21	“卡拉萨的圣胡安号”	未知	未知	未知	未知	23	未知	未知	萨布拉船。命运未知。

	合计							
	21艘				约106	681	约462	
	总计129艘船只				火炮2485门	船员7707人，另有在加来式战船上戴罪服役的操桨手若干	18703人	26410人，另有在加来式战船上戴罪服役的操桨手若干

纪事年表

1527 年	5 月 21 日，西班牙未来的国王腓力二世在巴利亚多利德（Valladolid）出生。其父是神圣罗马帝国皇帝查理五世，其母是皇帝的妻子——葡萄牙公主伊莎贝拉。
1533 年	1 月 25 日，亨利八世在威斯敏斯特秘密迎娶安妮·博林。6 月 1 日，有孕在身且已显怀的安妮·博林被加冕为王后。9 天前，坎特伯雷大主教托马斯·克兰默刚批准亨利与第一任妻子阿拉贡的凯瑟琳（西班牙公主）离婚。
1533 年	9 月 7 日，安妮·博林与亨利八世生的唯一女儿伊丽莎白在格林尼治宫降生。
1534 年	11 月，《至尊法案》获得通过（见“《亨利八世 26 年法案》第一章”），亨利八世成为英格兰教会在尘世间的最高统治者。
1542 年	12 月 8 日，苏格兰未来的女王玛丽在林利斯戈出生。其父是苏格兰国王詹姆士五世（James V），其母是国王的第二任妻子——吉斯的玛丽。12 月 14 日，其父骤然去世，玛丽继苏格兰王位。其母担任摄政，直至 1560 年 6 月 11 日在爱丁堡去世。
1550 年	9 月 15 日，威廉·塞西尔被爱德华六世任命为首席国务大臣，并宣誓成为枢密院成员。他还开始担任伊丽莎白公主

	的土地勘测员。1551年10月11日被册封为爵士。
1554年	7月25日，西班牙的腓力和伊丽莎白同父异母的姐姐——信奉天主教的玛丽一世在初次见面仅两天后在温彻斯特大教堂大婚。婚姻存续期间，腓力和玛丽共享彼此的一切头衔和荣誉。
1555年	6月7日，玛丽一世获得教皇保罗四世（Pope Paul Ⅳ）的圣谕，批准她和腓力为爱尔兰君主。
1556年	1月16日，腓力的父亲查理五世退位，腓力即位成为西班牙国王。腓力的妻子英格兰国王玛丽一世不仅成了西班牙王后，还成了西属东西印度群岛及近海远洋各岛屿和陆地的王后。两人共同拥有的尊称和头衔于是如下：腓力和玛丽，蒙上帝恩典，为英格兰、西班牙、法国、耶路撒冷及锡利群岛和爱尔兰[26]的国王与王后，信仰的捍卫者，奥地利大公与女大公，勃艮第、米兰、布拉班特的公爵与女公爵，哈布斯堡、佛兰德斯与蒂罗尔伯爵与女伯爵。
1558年	4月24日，苏格兰女王玛丽与法国国王亨利二世的儿子——王太子弗朗索瓦在巴黎圣母院结婚。
1558年	11月17日，伊丽莎白一世在玛丽去世后即英格兰女王位。塞西尔进入枢密院，并担任国务大臣。腓力二世向伊丽莎白求婚，但是她一再拖延，不作明确的答复；最终在1559年，腓力二世和法国国王亨利二世的长女——来自瓦卢瓦王室的伊丽莎白成婚。（1568年，瓦卢瓦的伊丽莎白因流产去世；此后，腓力娶了自己的侄女——来自奥地利的安妮为第四任妻子。）
1559年	1月16日，苏格兰女王玛丽和丈夫开始享有如下尊称和头衔：弗朗索瓦和玛丽，蒙上帝恩典，为苏格兰、英格兰和爱尔兰的国王和王后，并且她将英格兰纹章纳入自己的纹章中。
1559年	7月10日，苏格兰女王玛丽的丈夫登上法国王位，是为弗

朗索瓦二世（François Ⅱ）。

1560 年 12 月 5 日，苏格兰的玛丽女王成为寡妇。1561 年 8 月 19 日，她在爱丁堡附近的利斯登陆，回到苏格兰。

1565 年 7 月 29 日，苏格兰女王玛丽与第二个丈夫——伦诺克斯伯爵的儿子和继承人——达恩利勋爵亨利·斯图亚特结婚。斯图亚特被公开宣布为“苏格兰国王”。

1566 年 6 月 19 日，苏格兰女王玛丽的独子詹姆士（即后来的苏格兰国王詹姆士六世，1603 年始同时也是英格兰国王詹姆士一世）在爱丁堡城堡出生。

1567 年 2 月 10 日，苏格兰女王玛丽罹患梅毒的丈夫达恩利勋爵亨利在爱丁堡的柯克·欧菲尔德被谋杀。

1567 年 3 月 13 日，乌斯特韦尔战役（Battle of Oosterweal）爆发——传统认为这是荷兰反抗西班牙统治的开端。西班牙一支千人部队屠杀了荷兰 700~800 名新教徒反叛者。

1567 年 5 月 15 日，苏格兰女王玛丽与博斯韦尔伯爵（Bothwell）詹姆士·赫伯恩（James Hepburn）在爱丁堡的荷里路德宫按新教仪式成婚。

1567 年 6 月 15 日，苏格兰女王玛丽向苏格兰的新教徒贵族们投降。博斯韦尔逃往丹麦，11 年后死在丹麦，死时精神失常。

1567 年 7 月 24 日，苏格兰女王玛丽被逼逊位。其年幼的独子继位。5 天后在斯特林加冕，是为苏格兰国王詹姆士六世。8 月 22 日，玛丽同父异母哥哥莫里伯爵开始担任苏格兰摄政王。

1568 年 5 月 13 日，苏格兰女王玛丽越狱潜逃，其手下的军队又在格拉斯哥附近的兰塞德被莫里伯爵率领的军队击溃。3 天后，她越过索尔威湾逃往英格兰，此后的 18 年中沦为其表姑伊丽莎白的囚客。

1569 年 11 月 14 日，信奉天主教的诺森伯兰伯爵和威斯特摩兰伯爵率领一支 300 人的武装骑兵攻入达勒姆大教堂，焚毁祷告书。随后，他们又发动叛军南下反对伊丽莎白的统治。叛乱最终被伊丽莎白铁血镇压。

1570 年 2 月 25 日，教皇庇护五世颁发圣谕《在至高处统治》，宣布开除伊丽莎白的教籍，剥夺其王位的合法性，并昭告其治下的天主教臣民们无须继续效忠伊丽莎白。

1570 年 4 月，伊丽莎白执政时期的第二部《叛国罪法案》（见“《伊丽莎白 13 年法案》第一章”）获得通过。法案规定“图谋、设想、谋划或者意图置女王于死地或造成任何身体伤害”的图谋，任何“剥夺或废黜”女王“在这片疆域内的行事风格、荣耀与王者至尊”的意图均为叛国行径。法案甚至规定任何涉及伊丽莎白是“异教徒、无神论者、信仰的分裂者、暴君或谋权篡位者”的言论皆属叛国行为。本次议会召集期间还通过了另一部法案。该部法案把任何携带教皇圣谕或“罗马教廷的书刊、用品及其他迷信物件”入境的行为都定为犯罪。（见“《伊丽莎白 13 年法案》第二章”）

1570 年 秋，弗朗西斯·沃尔辛厄姆被任命为英格兰驻法国大使。

1571 年 2 月 25 日，塞西尔被册封为伯利勋爵。1572 年，他被任命为英格兰财政大臣。

1572 年 6 月 2 日，第四代诺福克公爵托马斯·霍华德因叛国罪在塔山被处决。

1572 年 8 月 24 日，巴黎及法国各地在圣巴托罗缪日发生针对胡格诺派新教徒的大屠杀。

1573 年 12 月 20 日，弗朗西斯·沃尔辛厄姆进入枢密院，并被任命为联席国务大臣，从此成为伊丽莎白的间谍网首脑。1577 年 12 月 1 日，他受册封为爵士。

1578 年 1 月 1 日，约翰·霍金斯在岳父本杰明·贡松去世后，被任命为海军财务总管。

1578年	腓力加强西班牙在佛兰德斯的兵力部署，并任命侄子亚历山大·法尔内塞（后受封帕尔马公爵）为总司令。
1579年	7月18日，由爱尔兰、西班牙和意大利部队组成的一小股武装在爱尔兰西海岸的斯梅里克海湾（即现在的阿德纳凯思内湾）登陆，第二次德斯蒙德叛乱爆发。詹姆士·菲茨莫里斯·菲茨杰拉德声称这是一场经教皇格列高利十三世批准的圣战。这次叛乱最终于1583年被平定。
1580年	8月25日，西班牙军队攻克里斯本，葡萄牙被吞并。腓力二世因此获得一个重要的大西洋海军基地，并收编了葡萄牙舰队。葡萄牙舰队虽然规模不大但却装备精良。
1580年	9月10日，600人的教皇卫队在斯梅里克海湾登陆支援德斯蒙德叛乱。10月10日，他们被英军包围并投降。除了指挥官外，所有卫队成员悉数被杀，尸体扔入大海。
1581年	7月22日，荷兰联省议会发表脱离西班牙统治的独立宣言。
1582年	7月26日，第一代圣克鲁斯侯爵阿尔瓦罗·德·巴赞在发生于葡萄牙亚速尔群岛的圣米格尔战役中打败法国雇佣军舰队。后者支持觊觎葡萄牙王位的克拉托修道院院长安东尼奥。
1583年	8月9日，圣克鲁斯在亚速尔群岛附近的特塞拉海战（battle of Terceira）中打败葡萄牙、法国和英格兰，向腓力建议入侵英格兰。
1584年	1月19日，西班牙驻英大使伯纳迪诺·德·门多萨在针对伊丽莎白的思罗克莫顿阴谋败露后被驱逐出英格兰。
1584年	6月23日，圣克鲁斯被腓力任命为“西班牙舰队总司令”。
1584年	7月10日，荷兰新教领袖来自奥兰治的威廉（“沉默者威廉”）在尼德兰代尔夫特被一个法国的天主教徒巴尔萨泽·热拉尔刺杀身亡。
1584年	9月30日，第四代诺福克公爵托马斯·霍华德（1572年因

	叛国罪被砍头）的长子菲利普·霍华德在苏塞克斯的阿伦德尔城堡接受逃亡牧师威廉·韦斯顿的洗礼皈依天主教。
1584年	10月19日，沃尔辛厄姆和伯利主导签订《联合契约》，声明对任何企图篡权或刺杀伊丽莎白者格杀勿论。
1584年	12月31日，西班牙与第三代吉斯公爵亨利（苏格兰女王玛丽的表弟）及法国的“天主教联盟”秘密签订《茹安维尔条约》，约定支持法国的天主教事业。
1585年	3月，《女王人身安全法案》(见“《伊丽莎白27年法案》第一章”)通过，将任何意图行刺伊丽莎白一世篡夺继承权的的行径界定为非法，并批准了对篡权者的追捕和报复。
1585年	4月24日，枢机主教费利切·佩雷蒂·迪蒙塔尔托接替格列高利十三世任教皇，称西克斯图斯五世。
1585年	5月，第二代埃芬厄姆男爵查尔斯·霍华德被任命为英格兰的海军大臣。
1585年	8月10日，伊丽莎白签署《英荷无双协议》，承诺给予西属荷兰的反叛省份支持，不仅每年提供60万弗罗林的资助，而且派莱斯特伯爵罗伯特·达德利率领一支多达7000人的英格兰军队进驻低地国家。
1585年	10月7—17日，弗朗西斯·德雷克爵士率军占领了西班牙西北部的加利西亚的多处港口，洗劫多处教堂。随后袭击了加那利群岛，劫掠了加勒比地区多座西班牙小镇，然后带着价值约900万英镑（换算成今天的市价）的战利品返回朴次茅斯。
1585年	10月24日，腓力二世决定入侵英格兰，推翻伊丽莎白的统治；12月，他要求帕尔马公爵制订入侵计划。
1586年	1月，腓力二世同意圣克鲁斯同时制订入侵战略。舰队总司令于3月12日递交了计划书和预算报告书，要求派遣5.5万名士兵，共156艘战舰登陆英格兰，并配备400艘辅助船只。该入侵计划因成本过高被驳回。

1586年	3月24日，沃尔辛厄姆致信莱斯特，声称西班牙对英格兰的威胁“今年将难成气候，而我希望明年更不成气候”。
1586年	5月15日，阿伦德尔伯爵菲利普·霍华德在威斯敏斯特的星室法庭（Star Chamber）被提审，他被控未经王室同意企图擅自逃离英格兰，及皈依了罗马教皇，并密谋恢复诺福克公爵的爵位。“女王开恩”，他只是被罚款1万英镑，并被关押在伦敦塔。
1586年	6月20日，帕尔马的入侵条陈送达马德里。条陈建议用平板驳船从佛兰德斯运送3万名步兵和500名骑兵到英格兰，在多佛和肯特郡的马盖特之间登陆。
1586年	9月20—21日，安东尼·巴宾顿等15人因叛国罪被处死。
1586年	10月11日，伊丽莎白的特使团抵达北安普敦郡的福泽林盖城堡，以叛国罪审判苏格兰女王玛丽。审判接着在威斯敏斯特的星室法庭进行，玛丽于10月25日被判有罪。
1586年	11月17日，腓力二世下令那不勒斯和西西里王国运送船只和军火给西班牙。
1587年	2月1日，伊丽莎白签署了对玛丽的死刑执行书。霍金斯建议派遣6艘英格兰军舰进驻到西班牙外海警告西班牙舰队别轻举妄动。建议未被采纳。
1587年	2月8日，苏格兰女王玛丽在福泽林盖被斩首。
1587年	4月29日—5月1日，德雷克对西班牙无敌舰队发动先发制人的攻击，突袭加的斯，摧毁西班牙船只吨数约1万吨。
1587年	6月18日，德雷克在亚速尔群岛沿海俘获葡萄牙“圣费利佩号”大帆船，缴获其船上运自东印度群岛的香料、象牙和丝绸，以今天的市值换算，价值高达1800万英镑。
1587年	7月16日，圣克鲁斯率领的无敌舰队驶入亚速尔群岛水域的约定地点与西班牙珍宝船队会合，并护送其于9月安全返回。
1587年	7月29日，教皇西克斯图斯五世和腓力二世针对恢复英格

	兰的天主教地位签署协定，允许腓力二世指定英格兰王位的人选。西克斯图斯五世在罗马一家银行存款 100 万达克特资助“上帝在英格兰的事业”——但是同时规定其中的 50% 在西班牙军队登陆英格兰后每两个月分期支取。
1587 年	8 月 4 日，在被帕尔马围攻 53 天后，驻守低地国家的英格兰戍卫部队在斯勒伊斯港投降。
1587 年	12 月 21 日，查尔斯·霍华德被任命为英格兰的海军统帅，应对西班牙可能的侵犯。荷兰人部署舰船封锁敦刻尔克。
1588 年	2 月 9 日，圣克鲁斯在里斯本去世，享年 61 岁。
1588 年	2 月 11 日，尽管缺乏海上历练，第七代梅迪纳·西多尼亚公爵唐·阿隆索·佩雷斯·德·古斯曼勉为其难接替圣克鲁斯任西班牙无敌舰队总司令。“可是，大人，我待在海上实在不舒服，我几乎没出过海，每次出海必然晕船难受(发烧)。”
1588 年	3 月 8 日，英格兰和西班牙的特使团在奥斯坦德开始和平谈判。5 月 23 日后移师敦刻尔克附近的布尔堡继续和谈。
1588 年	4 月 6 日，伊丽莎白下诏号令全体将士戍边卫国。
1588 年	5 月 12 日，巴黎天主教市民骚乱，法国国王亨利三世逃出巴黎。吉斯接管首都防务。
1588 年	5 月 30 日，无敌舰队从里斯本起航。
1588 年	6 月 3 日，霍华德和德雷克在普利茅斯集结海军，并将多佛海峡的防务交给了亨利·西摩爵士率领的分舰队。
1588 年	6 月 19 日，舰船在菲尼斯特雷角被风暴吹散和供给腐烂后，无敌舰队驶入西班牙北部的科伦纳进行休整。部分掉队的舰船随风北上，抵达康沃尔郡西南的锡利群岛沿海。
1588 年	6 月 27 日，因供应短缺，无敌舰队在科伦纳召开作战会议，建议腓力二世推迟航程。
1588 年	7 月 1 日，腓力二世对西多尼亚的疑虑和反对置之不理，下令务必尽快实施侵略计划：“我已向上帝表明进取之

心……振作起来，做好你的分内之事。”

1588 年 7 月 4 日，英格兰舰队驶离普利茅斯准备对科伦纳的西班牙舰队给予先发制人的打击，但是风向不利，又恐西班牙舰队已经严阵以待，所以在海上漂泊两周之后霍华德命令舰队返回普利茅斯。

1588 年 7 月 21 日，无敌舰队驶离科伦纳。风暴携卷 4 艘加来船飘至法国海岸，其中“巴扎娜号”在巴约讷附近沉没。“圣安娜号”卡拉克船到勒阿弗尔避风，滞留。

1588 年 7 月 23 日，伊丽莎白下令英格兰南部郡县的民兵组织进入战斗状态。

1588 年 7 月 26 日，因遭遇飓风，40 艘舰船脱离无敌舰队的主力，直到 7 月 30 日才完全归队。

1588 年 7 月 29 日，无敌舰队逼近康沃尔郡的利泽德半岛。

1588 年 7 月 30 日，当无敌舰队进入英吉利海峡时，西多尼亚派出旗舰勤务船前往康沃尔郡沿岸侦察敌情，俘获了一艘来自法尔茅斯的捕鱼船。霍华德的舰队由小船拖曳出普利茅斯。

1588 年 7 月 31 日，无敌舰队已经可以隔海望见英格兰舰队了，西多尼亚升起圣旗号令舰队准备战斗。霍华德率先开火攻击无敌舰队的中心和尾翼。战斗持续 4 个小时，直到英格兰舰队退出战场。安达卢西亚分舰队的旗舰“罗萨里奥号”和战船“圣萨尔瓦多号”发生碰撞，后者发生爆炸，200 名船员丧生，后甲板和操舵室损毁严重。“罗萨里奥号”在海面上由小船拖行前进，但随后又与战船“圣卡塔利娜号”发生碰撞，无法航行了，最后被抛弃。

同日，西多尼亚向帕尔马传递书信，书信于 8 月 6 日抵达敦刻尔克。

1588 年 8 月 1 日，德雷克俘获“罗萨里奥夫人号”。西多尼亚再次向帕尔马传递消息。

1588 年 8 月 2 日，双方舰队在波特兰半岛附近海面交战。

1588 年	8 月 3 日，霍华德将英格兰舰队分成 4 个分舰队，每个舰队约 25 艘舰船，分别由霍华德本人、弗罗比舍、霍金斯和德雷克指挥。
1588 年	8 月 4 日，双方在怀特岛南部附近交战。西多尼亚再次致信帕尔马要求增援小口径炮弹。
1588 年	8 月 5 日，双方舰队风停滞航。
1588 年	8 月 6 日，无敌舰队在加来海岸外抛锚。下锚地距离法国小镇 4 英里（相当于 6.44 千米），距离敦刻尔克 24 英里（相当于 38.62 千米）。而此时的帕尔马尚在布鲁日，侵略部队士兵尚未登船。 同日，英西布尔堡和谈破裂。
1588 年	8 月 7—8 日，英格兰人在半夜派遣 8 艘火船攻击无敌舰队，无敌舰队逃散。“圣洛伦佐号”加里亚斯船与“拉特·因科罗纳达号”船只碰撞，之后在加来港搁浅。 同日，帕尔马组织侵略军登船；有 1.6 万名士兵在纽波特登船。
1588 年	8 月 8 日，格里夫兰海战打响，历时九个小时。在这场战斗中，“玛利亚·胡安号”战船沉没。“圣费利佩号”和“圣马特奥号”盖伦船遭受重创，在奥斯坦德海岸搁浅，随后被荷兰船队俘获。“圣费利佩号”战船后来沉没。无敌舰队陷入在佛兰德斯海域的浅滩搁浅的危险中。 同日，帕尔马在敦刻尔克完成全员登船。
1588 年	8 月 9 日，无敌舰队的作战会议在旗舰“圣马丁号”上召开。会议决定重返英吉利海峡为帕尔马的入侵作掩护。但如果风向不利，就沿岸北上绕过苏格兰返回西班牙。
1588 年	8 月 10 日，西多尼亚下令无敌舰队返回西班牙。英格兰舰队的西摩分舰队继续驻守英吉利海峡，其余舰只北上追赶无敌舰队。
1588 年	8 月 12 日，由于食品和弹药供给不足，英格兰舰队在无敌

	舰队驶过苏格兰的福斯湾后，放弃了追击。
1588 年	8 月 19 日，伊丽莎白在俯视着泰晤士河河口的蒂尔伯里要塞发表了一篇对西班牙舰队充满蔑视的演说。
1588 年	8 月 20 日，伊丽莎白下令解散军队。
1588 年	8 月 21 日，无敌舰队绕过苏格兰的北部海岸，进入北大西洋。
1588 年	8 月 31 日，帕尔马解除入侵舰队的作战计划。
1588 年	9 月 1 日—11 月 5 日，无敌舰队至少有 27 艘船只在苏格兰和爱尔兰的北部和西部海岸沉没。“圣胡安 · 德西西里号”战船在托伯莫里湾被沃尔辛厄姆手下的间谍约翰 · 斯莫利特炸毁。
1588 年	9 月 21 日，西多尼亚返回到西班牙北部的桑坦德。他向腓力陈奏道，“任何远航未曾经历之不幸祸事接连发生……”派往英格兰的无敌舰队原有 129 艘船只之多，此时，至少 50 艘已经或沉没或遇险，战殁者 1.25 万人。
1588 年	9 月 22 日，爱尔兰的总督威廉 · 菲茨威廉爵士下令逮捕并处死所有来自西班牙在爱尔兰西海岸沉船的幸存者。
1588 年	11 月 6 日，“圣佩德罗 · 马约尔号”医务船在德文郡的博尔特泰尔遇难。
1588 年	11 月 12 日，西班牙国事会议呼吁继续同英格兰作战。腓力表示，“为了上帝的事业，为了王国的福祉，朕永远不敢、不会有丝毫懈怠”。
1588 年	11 月 24 日，伦敦在圣保罗大教堂举行祝捷仪式，感恩对西班牙无敌舰队的胜利。
1589 年	4 月 14 日，阿伦德尔伯爵菲利普 · 霍华德因谋划在伦敦塔为西班牙无敌舰队做庆功弥撒在威斯敏斯特大厅受审，并以叛国罪被剥夺财产、判处死刑。但是伊丽莎白没有签署死刑执行书。
1589 年	4 月 28 日，德雷克和约翰 · 诺里斯爵士率领私人赞助的由

126 艘船只和 2.3 万人构成的英格兰远征舰队出发前往西班牙，准备攻击驻扎在桑坦德的无敌舰队残余，并意图挑起葡萄牙叛乱拥立一直觊觎王位的多姆·安东尼奥为王。

1589 年 5 月 4 日，英格兰舰队抵达并攻击科伦纳。

1589 年 5 月 26 日，英军在里斯本北部 45 英里处的佩尼谢登陆，并于 6 月 2 日抵达葡萄牙首都郊外。在围攻首都无果后，撤退到卡斯凯什。

1589 年 6 月 29 日，英军洗劫并火烧比戈港。德雷克搜寻西班牙珍宝船队无果。

1589 年 7 月 8 日至 9 月，英格兰远征舰队几乎两手空空地返回普利茅斯。有 1.1 万名士兵和船员在此次行动中或病死或遭杀戮。

1589 年 10 月底，调查法庭就德雷克和诺里斯的远征展开调查。

1590 年 4 月 6 日，沃尔辛厄姆疑因睾丸癌在伦敦市伦敦塔附近的沸腾巷家中去世，留下了 2.7 万英镑的债务。于次日晚葬于老圣保罗大教堂。

1594 年 11 月 15 日，马丁·弗罗比舍爵士因争夺法国西部的布列斯特在围攻西班牙人据守的克罗宗堡时受弹伤，死于普利茅斯。他的心脏于当日在普利茅斯的圣安德鲁大教堂安葬；遗体后来在伦敦的圣贾尔斯大教堂安葬。

1595 年 10 月 19 日，阿伦德尔伯爵菲利普·霍华德因营养不良——也有人认为是被人投毒——死于伦敦塔。遗体葬于塔内的圣彼得维克拉教堂，但 1624 年被掘出另葬于阿伦德尔城堡的菲查伦小教堂，1971 年又移葬至阿伦德尔的天主教大教堂。1929 年教皇庇护十一世（Pius XI）为他行宣福礼；1970 年 10 月 25 日教皇保罗六世封他为圣徒。

1596 年 1 月 12 日，约翰·霍金斯爵士在波多黎各附近死于痢疾。

1596 年 1 月 28 日，弗朗西斯·德雷克爵士死于痢疾，海葬于巴拿马科隆省的波多贝约附近。

1596 年	6 月 20 日，霍华德和第二代埃塞克斯伯爵罗伯特·德弗罗共同领导了对西班牙加的斯港海军的突袭。西多尼亚因反应迟缓而受到指责，被认为给英格兰人的洗劫创造了机会。
1597 年	10 月 22 日，海军大臣查尔斯·霍华德受封第一代诺丁汉伯爵。
1598 年	8 月 4 日，伯利在伦敦斯特兰德大街的府邸去世。于 8 月 29 日葬于林肯郡斯坦福德的圣马丁教堂。
1598 年	9 月 13 日，腓力二世在马德里附近的埃尔埃斯科里亚尔宫饱受痛风折磨后，全身浮肿伴发高烧去世。享年 71 岁，享国 42 年又 240 天。
1603 年	3 月 24 日，伊丽莎白一世因支气管肺炎和牙齿烂掉引发的败血症在里士满宫去世。享年 69 岁，享国 45 年又 127 天。
1604 年	8 月 28 日，英格兰的詹姆士一世与西班牙签署《伦敦条约》，结束了长达 19 年的英西战争。条约规定英国停止对西属尼德兰叛乱的支援，并不再劫掠西班牙的贸易船只。
1624 年	12 月 14 日，第二代埃芬厄姆男爵即第一代诺丁汉伯爵查尔斯·霍华德在萨里郡克罗伊登的哈林的府邸去世。

人物志

英格兰

爱德华六世（1537—1553）：他是亨利八世与第三个妻子简·西摩所生，是在众人的期盼中出生的王位合法继承人。1547年1月31日他宣布成为国王。他在位期间，政府在政教两界强力推行英文版祈祷书等新教政策。1553年7月6日，他因先后患麻疹和肺结核在格林尼治宫去世。

玛丽一世（1516—1558）：她是亨利八世与第一个妻子阿拉贡的凯瑟琳（共怀孕至少6次）所生的第四个，也是唯一成活的孩子。她的母亲凯瑟琳是西班牙公主，原是亨利的哥哥亚瑟的遗孀。亚瑟亡故于1502年。1553年7月18日玛丽宣布成为女王。她在英格兰恢复天主教信仰，并于1554年7月25日在温彻斯特与西班牙皇帝查理五世的儿子腓力二世结婚。1558年11月17日，她在伦敦圣詹姆士宫因卵巢癌或胃癌去世，无嗣。

伊丽莎白一世（1533—1603）：她是亨利八世与第二个妻子安妮·博林所生。1558年11月17日她继承同父异母的姐姐玛丽一世成为女王。信奉天主教的欧洲视她为不合法的篡位者和异教徒。她把新教重新尊奉为国教；私下鼓励英格兰的海盗船抢掠西班牙财富，并在西属尼德兰为叛军提供军事和财政支持。她处事灵活，但有时在关键问题上下不了决心，也是出名的吝啬鬼。她终身未婚，于1603年3月24日在里士满宫疑因支气管肺炎和牙科脓毒症去世。

以伊丽莎白为首的英格兰政府和宫廷

威廉·塞西尔，伯利男爵（1520—1598）：他是伊丽莎白女王统治时期的政治家和首席大臣。1549 年摄政大臣萨默塞特失势后，他作为萨的秘书被关进伦敦塔。1550—1553 年，他担任爱德华六世的并列国务大臣和伊丽莎白公主的土地管理员。1551 年 10 月 11 日他受封为爵士。伊丽莎白继位后，他再次担任国务大臣。1571 年 2 月 25 日他受封为伯利男爵。1572 年 7 月他开始担任财政大臣。1590 年他失聪，并开始遭受痛风的折磨。1598 年 8 月 4 日，他在伦敦斯特兰德大街的府邸，疑因中风或心脏病晕倒去世。之后，他与第二个妻子所生的、唯一成活的儿子罗伯特·塞西尔成为女王的主要顾问。

罗伯特·德弗罗，第二代埃塞克斯伯爵（1566—1601）：1586 年他因在聚特芬战役（battle of Zutphen）中表现英勇被封为方旗骑士（knight banneret），并开始受到伊丽莎白一世的宠爱。1589 年在没有获得女王恩准的情况下，他与德雷克及诺里斯一起远征西班牙和葡萄牙；女王得知后，去信命他速回，否则“后果严重”。第二年，他与菲利普·西德尼爵士的遗孀、沃尔辛厄姆的女儿弗朗西斯结婚，这让伊丽莎白很生气。1596 年，他与埃芬厄姆的霍华德勋爵及沃尔特·雷利爵士一起成功领导了英格兰对加的斯的突袭。3 年后，他被任命为爱尔兰总督，但在阿尔斯特省试图平定蒂龙伯爵休·奥尼尔领导的叛乱时，他损失惨重，因此被削去公职。1601 年，他试图在伦敦叛乱，于 2 月 25 日在格林塔被处死。

罗伯特·达德利，莱斯特伯爵（1533—1588）：他是被处死的诺森伯兰郡公爵约翰·达德利的第五子。1553 年他在诺福克郡金斯林参与宣布简·格雷夫人（他的弟媳）为女王，不过随后登位的玛丽一世赦免了他。他也是伊丽莎白一世的宠臣，并于 1560 年曾被疑在伯克郡卡姆纳谋杀自己的第一个妻子埃米·罗布萨特。1584 年，他提议枢密院成员联合起来保护伊丽莎白；第二年，他被任命为指挥官在低地国家指挥英格兰军队帮助荷兰摆脱西班牙的统治。1586 年 1 月，他成为尼德兰联邦的统治者。被召回英格兰后，他被任命为驻扎在埃塞克斯蒂尔伯里的陆军中将，负责抵御西班牙入侵。1588 年 9 月 4 日他在位于牛津郡科因伯利的宅内因持续高烧去世。

威廉·菲茨威廉爵士（1526—1599）：他分别于1571—1575年和1588年2月17日到1594年8月11日担任爱尔兰总督、管理者。他还是爱尔兰的财政大臣和战时财政大臣。1588年9月22日他下令逮捕并处死所有西班牙无敌舰队在爱尔兰西海岸沉船上的幸存者。1588年11月4日到12月23日他在爱尔兰西米思、多内加尔、斯莱戈、利屈姆、蒂龙等郡对西班牙的逃兵及保护他们的爱尔兰人进行穷追猛打（punitive expedition)。1599年6月22日他在英格兰北安普敦郡的米尔顿去世，葬于诺福克郡的马勒姆。

亨利·拉德克利夫，第四代苏塞克斯伯爵（约1530—1593)：1560年他担任汉普郡波特切斯特城堡的巡警；1571年他担任朴次茅斯港的管理员和船长。1583年他继承哥哥的伯爵爵位；他曾深度参与汉普郡和怀特岛的防御战，并因此在1589年4月受奖获封为嘉德爵士。

托马斯·拉德克利夫，第三代苏塞克斯伯爵（1525—1583)：1559—1564年他担任爱尔兰总督。1569年他被任命为枢密院北区议长，前去平定诺森伯兰伯爵和威斯特摩兰伯爵的叛乱。他把叛军一直追赶到苏格兰。

弗朗西斯·沃尔辛厄姆爵士（1532—1590）：他是伊丽莎白一世的外交使臣和间谍首脑。1570—1573年他在巴黎担任英格兰的驻法大使；1572年8月24日圣巴托罗缪日他在巴黎目睹对胡格诺派的大屠杀。1573年12月20日他成为枢密院成员和联席国务大臣；1577年12月1日他受封为爵士。在他建立遍布英格兰和欧洲的间谍网的过程中伊丽莎白资助的资金严重匮乏。1590年4月6日他在伦敦沸腾巷的家中去世，留下了2.7万英镑债务。于次日晚葬于老圣保罗大教堂。

海军军事指挥官

理查德·宾厄姆爵士（1528—1599）：士兵。从1584年开始，他任职爱尔兰康诺特省的省长，由哥哥乔治和约翰担任他的助理。1578年，他作为志愿兵在低地国家帮助荷兰作战。1579年，他前往爱尔兰帮助平定第二次德斯蒙德叛乱。1584年初，他在戈尔韦巡回法庭开庭审理叛乱，宣布判处70多名叛乱者死刑。同一年，他攻克位于克莱尔郡的克鲁诺亚城堡，并残杀其守备部队。

1599年1月19日他死于都柏林，葬于威斯敏斯特教堂。

威廉·伯勒（1536—1599）：海军指挥官。1580年他担任负责审计女王船只的官员。1583年6月他在泰晤士河旁的沃平对十名被虏海盗船的船长施以绞刑。1587年4月他在弗朗西斯·德雷克爵士麾下任海军中将，参与突袭加的斯；随后，对他兵变和怯懦的指控撤销。他在与无敌舰队的决战中负责在泰晤士河河口指挥"博纳沃亚号"加来式战船。

弗朗西斯·德雷克爵士（1540—1596）：海军中将及与无敌舰队的决战中统领英格兰舰队的副统帅；富有传奇色彩的海盗和航海家。他被西班牙人称为"龙"。他生于德文郡的塔维斯托克，是信仰新教的农民爱德蒙·德雷克12个儿子中的长子。他是约翰·霍金斯爵士的远房表亲，与他一起从非洲贩奴给加勒比海的西班牙。1577—1580年，他完成环球航行。1581年4月4日，伊丽莎白一世登上他位于德特福德（Deptford）的"金鹿号"舰船亲封他为爵士。1585年他攻克位于现在哥伦比亚的伊斯帕尼奥拉（Hispaniola）和卡塔赫纳（Cartagena）的西班牙圣多明戈（Santo Domingo）多个港口，并夺取西班牙位于佛罗里达的要塞圣奥古斯丁（San Augustine）。1587年他突袭加的斯，摧毁无敌舰队的部分舰船。1589年他与约翰·诺里斯爵士一起率领由私人赞助的船队远征西班牙，旨在攻击无敌舰队的残余船只，鼓动葡萄牙起义，支持王位觊觎者多姆·安东尼奥。结果他失败了，并失宠多年。1596年1月28日他在远征西印度群岛的途中因患痢疾去世，后海葬于巴拿马科隆的波多贝约附近。

马丁·弗罗比舍爵士（1539—1594）：航海家和海军指挥官。1576—1578年他三次远航到"新大陆"，在加拿大的东北部登岸。他在与无敌舰队的决战中以"凯旋号"为旗舰，指挥霍华德麾下的一支分舰队。1588—1589年他被封为爵士，并被任命为英吉利海峡和爱尔兰海分舰队的指挥官。1594年11月，他卷入包围、解放法国布列斯特的战役（siege and relief of Brest），在围困西班牙克罗宗堡时中弹受伤。于该月15日死于普利茅斯。

约翰·霍金斯爵士（1532—1596）：海军指挥官、海盗和奴隶贩子。1562—1568年他三次远航到塞拉利昂贩奴；在最后一次时，一支西班牙舰队摧毁了他的大部分船只，他由于食物短缺，被迫让一些船员在墨西哥登岸。1578年1月

1 日，他被任命为海军财务总管；他引进新设计使战舰速度更快、机动性更强。他在与无敌舰队的决战中以“胜利号”为旗舰，在英吉利海峡指挥后方分舰队。在完成怀特岛旁的行动后，他被霍华德封为爵士。1596 年他和德雷克一起远征西印度群岛，死于波多黎各附近的海中。

查尔斯·霍华德，第二代埃芬厄姆男爵（1536—1624）：后又获封诺丁汉伯爵。他是第二代诺福克公爵托马斯·霍华德与第二任妻子艾格尼丝·蒂尔尼的第一个儿子威廉·霍华德的长子。1563 年他与伊丽莎白一世的远亲汉斯顿勋爵的长女凯瑟琳·凯里结婚。在 1569 年的北方叛乱中他任骑兵首领。1574—1585 年他任宫务大臣。1585 年 5 月他被任命为英格兰的海军大臣。他是审判苏格兰女王玛丽的专员。1588 年他沿英吉利海峡指挥英格兰舰队与无敌舰队进行多次小规模战斗；他参与格里夫兰海战，把敌人残余驱赶到苏格兰水域。1596 年，他成功突袭西班牙加的斯的船舶，后被封为诺丁汉伯爵；1599 年他被任命为全英格兰的陆军中将。1601 年他任审判埃塞克斯的专员。1604 年他任英格兰与苏格兰合并事务的专员；1606 年他任审判火药阴谋（Gunpowder Plot）密谋者的专员。

约翰·诺里斯爵士（约 1547—1597）：士兵。1573 年他在爱尔兰阿尔斯特省任海军上校〔属第一代埃塞克斯伯爵沃尔特·德弗罗（Walter Devereux）爵士麾下〕时，在拉斯林岛屠杀了 200 名苏格兰人，后又屠杀了数百名当地的妇女儿童。1577 年，他在低地国家指挥英格兰志愿兵帮助荷兰与西班牙作战。1578 年 8 月 2 日，在安特卫普战役（battle of Rijmenam）中，接连三匹战马在他身下中弹身亡；两年后，他为斯滕韦克解围。1584 年，他归国，并于当年 7 月担任爱尔兰明斯特省的省长。1585 年他在低地国家指挥一小支英格兰军队作战；次年他为格雷夫镇解围，后莱斯特封他为爵士。在与无敌舰队的决战中，他归西蒂尔伯里的兵营长莱斯特统帅；1589 年，他与德雷克一起率领船队远征西班牙北部和里斯本，结果失败。1591—1593 年，他为法国的亨利四世战斗，支持布列塔尼的新教运动，期间进攻攻占布列斯特外的西班牙堡垒克罗宗。之后他在爱尔兰继续服兵役，没有显绩可述，最后他疑因旧伤引发的坏疽在马洛去世。

威廉·温特爵士（卒于 1589）：海军指挥官。1549—1589 年，他任海军总测量师；1557—1589，他任军械官。1573年他被封为爵士。他在与无敌舰队的决战中指挥“先锋号”舰船。

英格兰处死或囚禁的天主教徒

安东尼·巴宾顿（1561—1586）：阴谋家。他与苏格兰女王玛丽通信密谋外敌入侵英格兰、英格兰天主教徒起义、暗杀伊丽莎白一世等等。这是玛丽女王随后被起诉与处死的主要因素。1586年9月20日，他在泰伯恩行刑场被处决。

圣爱德蒙·坎皮恩（1540—1581）：耶稣会殉道者。1573年他成为耶稣会会士；1578年他被任命为牧师。1580年他被选派与罗伯特·帕森斯一起赴英格兰传播教义。1581年7月17日他在伯克郡莱福德被捕，被收押进伦敦塔。被收押后，他先后三次上刑架被施以酷刑。1581年12月1日他在泰伯恩行刑场被处决。1886年12月天主教为他行宣福礼；1970年教皇保罗六世封他为圣徒。

圣菲利普·霍华德，阿伦德尔伯爵（1557—1595）：他是第四代诺福克公爵托马斯·霍华德的长子。1584年他皈依天主教；1585年在试图从英格兰出逃时被抓囚禁。他因涉嫌聚众支持西班牙无敌舰队而在伦敦塔内被判处死刑，但未执行。他在塔内死于营养不良和严酷刑罚，但是也有人认为他死于投毒。1970年10月25日教皇保罗六世封他为圣徒。

托马斯·霍华德，第四代诺福克公爵（1536—1572）：1554年，其祖父第三代诺福克公爵去世后，他继承了爵位。因为天真轻信和政治上的幼稚，他卷入伦敦天主教的阴谋，计划和苏格兰女王玛丽结婚，于1572年被处死。

威廉·帕里（死于1585年）：阴谋家。约1579年他秘密成为一名天主教徒。1585年他被指控密谋杀害伊丽莎白一世，并于3月2日在威斯敏斯特的宫廷院被处决。

神圣的托马斯·珀西爵士，第七代诺森伯兰伯爵（1528—1572）：他是托马斯·珀西爵士的长子。其父于1537年6月因领导求恩巡礼叛乱，反对亨利八世，而被剥夺财产并处死。1557年玛丽一世盛赞他是忠实的天主教徒，并授予他诺森伯兰伯爵爵位。1569年在获得西班牙给予军事援助的允诺后，他与第六代威斯特摩兰伯爵查尔斯·内维尔一起发动叛乱，旨在释放苏格兰女王玛丽和在英格兰恢复天主教信仰。叛乱失败后，诺森伯兰逃往苏格兰，但是苏格兰以2000英镑的代价将他引渡给英格兰当局。1572年8月22日，他在约克郡的集市被斩首。1895年5月，教皇利奥十三世（Pope Leo XIII）为他行宣福礼。

弗朗西斯·思罗克莫顿（1554—1584）：他来自西米德兰兹郡（West Midlands）的一个天主教大家庭，是苏格兰女王玛丽和她在巴黎的代理人托马斯·摩根之间的联络员。1584年7月10日，他因参与密谋法国入侵英格兰在泰伯恩行刑场被处决；同样参与密谋的西班牙大使伯纳迪诺·德·门多萨于1584年1月被驱逐出英格兰。

流亡的天主教徒

威廉·艾伦博士（1532—1594）：后被任命为英格兰枢机主教。在伊丽莎白一世执政时期，他是流亡欧洲的英格兰天主教徒们的领袖。1556年他开始担任牛津圣玛丽堂的校长，直到1561年他流亡到西属尼德兰。在教皇格列高利十三世的资助下，他在低地国家杜埃（现位于法国北部）建立一所神学院，但是1578年该院被驱逐，然后他在吉斯家族的保护下，在法国香槟－阿登大区的兰斯重建该院。艾伦支持西班牙的腓力二世在英格兰登位，然后任命他在天主教政府中为教廷使节、坎特伯雷大主教和大法官。1587年8月7日西克斯图斯五世应腓力二世的要求任命他为英格兰枢机主教。他死后葬于罗马圣三一教堂，毗邻英格兰圣徒学院。

查尔斯·阿伦德尔（约1540—1587）：他是第四代诺福克公爵托马斯·霍华德的远亲，是苏格兰女王玛丽的忠实追随者。1583年他在思罗克莫顿阴谋败露后逃离英格兰。

弗朗西斯·恩格尔菲尔德爵士（1520—1596）：1551年他因在玛丽公主面前主持弥撒被囚禁。伊丽莎白一世登位后，他失去枢密院的任职席位，并于1559年5月前逃往西班牙的巴利亚多利德。他是苏格兰女王玛丽在西班牙的代理人，后又担任腓力二世的英格兰事务秘书。1564年他被宣布犯有叛国罪，并于1585年被没收全部地产。他在失明中度过人生的最后20年。他死后葬于巴利亚多利德。

查尔斯·内维尔，第六代威斯特摩兰伯爵（1543—1601）：1569 年他与第七代诺森伯兰伯爵托马斯·珀西爵士一起发动叛乱，旨在释放苏格兰女王玛丽和恢复英格兰的天主教信仰。叛乱失败后，他流亡到西属尼德兰，在鲁汶依靠西班牙腓力二世发放的津贴生活。1580 年，他被任命为英格兰难民军团的上校，为西班牙作战；第二年他前往罗马朝圣。1601 年 11 月 16 日，他在纽波特去世，身后留下巨额债务。

尼古拉斯·桑德斯（1530—1581）：伊丽莎白一世登位后，他逃往罗马，并被任命为牧师。1572 年，庇护五世去世，他成为枢机主教的希望破灭；他前往西班牙的马德里试图为英格兰的天主教徒争取军事援助，但是腓力二世的谨慎又使他的愿望落空。1572 年，他出版《论有形教会的君主》一书，首次叙述了英格兰天主教徒遭受的苦难。1579 年，他担任罗马教廷的代表随同入侵爱尔兰；失败后，他在爱尔兰的西南部东躲西藏了两年，最后因痢疾和饥饿去世。

托马斯·斯蒂克利爵士（约 1520—1578）：1563 年，他成为服务于伊丽莎白一世的海盗；但是 7 年后，他逃往西班牙并接受腓力二世发放的抚恤金。后来，他加入葡萄牙的远征船队进攻摩洛哥，在阿尔卡塞尔·吉比尔战役中被一颗炮弹夺去了双腿，之后去世。

苏格兰

苏格兰的詹姆士六世（1566—1625）：他后来继承伊丽莎白一世的王位成为英格兰的詹姆士一世。他是苏格兰女王玛丽与第二个丈夫达恩利勋爵亨利·斯图亚特所生的儿子。

苏格兰的玛丽女王（1542—1587）：她是苏格兰国王詹姆士五世唯一存活的的婚生子；她刚出生六天，父亲就去世了。她先后是法国弗朗索瓦二世和达恩利勋爵亨利·斯图亚特的遗孀，后来是第四代博斯韦尔伯爵詹姆士·赫伯恩的妻子。她的私人纹章中除了添加有苏格兰和法国的纹章，还有 1/4 是英格兰的纹章；并且她宣称因为自己是亨利八世的姐姐玛格丽特的直系后代，所以是英格兰王位最强有力的继承人。1568 年 5 月，她逃离苏格兰，投奔伊丽莎白一世，随后被伊软禁在英格兰至死，长达 19 年。她于 1587 年 2 月 8 日在福泽林盖被处决。

詹姆士·斯图亚特，莫里伯爵（1531—1570）：他是詹姆士五世与拉克利文的罗伯特·道格拉斯爵士的妻子玛格丽特·厄斯金夫人的私生子，是苏格兰女王玛丽同父异母的非婚生哥哥。他是苏格兰宗教改革运动的领袖；1561 年玛丽女王返回苏格兰后，他担任女王的顾问；第二年，他在阿伯丁附近的卡里切战役（Battle of Corrichie）中击败了第四代亨特利伯爵乔治·戈登发动的叛乱。1567 年 7 月玛丽被迫退位后，他被任命为摄政王；1568 年 5 月 13 日在兰塞德战役（Battle of Langside）中他击溃玛丽的军队。1570 年 1 月 23 日，他在林利斯戈被玛丽的拥护者暗杀；当时，他正在队伍中行进，一颗子弹从头顶的窗子里射出，击中他的要害。

法国

弗朗索瓦二世（1544—1560）：法国国王，1559—1560 年在位。他是苏格兰女王玛丽的第一个丈夫；于 1558 年 4 月 24 日与玛丽在巴黎圣母院结婚，现年 14 岁。他在兰斯加冕，但是法国的统治实际掌握在他妻子的两个舅舅弗朗索瓦和查理·德吉斯的手中。他 16 岁时，因耳部感染造成脑脓肿在奥尔良去世。

亨利三世（1551—1589）：法国国王，1574—1589 年在位；1573—1575 年同时获任波兰国王。1576 年他签署了博略敕令，准许法国的胡格诺派拥有的特权，这促使“天主教联盟”形成。1588 年 5 月，第三代吉斯公爵亨利·吉斯进入巴黎，他被迫逃走。后吉斯被暗杀，儿子被他囚禁，但是议会选择以刑事罪罪名起诉。1589 年 8 月 1 日，他在上塞纳省的圣克鲁被道明会的修士雅克·克雷芒刺中，刺客当场被王室卫队诛杀。第二天早晨，他去世，死前指明新教教徒纳瓦尔的亨利为法国的新国王。

亨利·吉斯，第三代吉斯公爵（1550—1588）：他是苏格兰女王玛丽的表弟。他协助筹划了 1572 年巴黎在圣巴托罗缪日对胡格诺派的大屠杀，并成立“天主教联盟”。1575 年 10 月 10 日，在法国与受雇于新教事业的德意志雇佣兵作战的多尔芒战役（Battle of Dormans）中，他的脸颊被火绳枪击中受伤留下疤痕，因而得到绰号“带疤的”。1588 年 5 月 9 日，巴黎的天主教徒骚乱，随后他进入城市，法国国王亨利三世被迫逃离。1588 年 12 月 23 日，亨利任命他为“法国陆军中将”，之后传唤他前往布洛瓦城堡，并在那里将他杀害。

尼德兰

拿骚的贾斯汀（1559—1631）：他是奥兰治亲王威廉与情人伊娃·艾琳克斯的非婚生儿子。1585 年 2 月 28 日，他被任命为泽兰的海军上将。1601 年，他开始担任布雷达的市长，直到 1625 年，在西班牙围困该城 11 个月之后，他弃城投降。

威廉一世（William Ⅰ），**奥兰治亲王**（1533—1584）：又称“沉默者威廉”。他直到被暗杀一直是荷兰叛乱的领袖。1574 年，他加入加尔文教。1582 年 3 月 18 日，他在安特卫普险些被暗杀；当时，西班牙人胡安·德豪雷吉用手枪击中他的脸部。后腓力二世悬赏 2.5 万克朗暗杀这个“基督教世界的害虫和人类的敌人”。一个名叫巴尔萨泽·热拉尔的法国天主教徒在亲王位于尼德兰代尔夫特的宅邸里，用手枪近距离击中他的胸膛，他去世。据说，威廉死前的话语是：“上帝啊，怜悯我的灵魂，怜悯这个年轻人！”

西班牙

西班牙的腓力二世（1527—1598）：又称“谨慎者腓力”。1556 年 1 月，他在父亲查理五世退位后继位。他曾是西班牙、葡萄牙、那不勒斯和西西里的国王。他一生结婚四次，第二任妻子是玛丽一世，所以在 1554—1558 年期间他也是英格兰和爱尔兰国王。1560 年，他率领西班牙、威尼斯、热那亚、教皇国及马耳他骑士团组成的“神圣同盟”与奥斯曼帝国的土耳其人作战；1571 年，在勒班陀战役（battle of Lepanto）中同盟军摧毁了土耳其舰队。1568 年，尼德兰的臣民开始反抗西班牙的统治；1579 年，他们在议会上宣布不再承认腓力二世为国王。伊丽莎白一世与荷兰人的结盟，及德雷克对西班牙舰队的袭击使得腓力二世开始制订入侵英格兰的计划。1590—1598 年期间，腓力二世又和信奉新教的法国国王亨利四世交战。1598 年 9 月 13 日，他在距马德里不远的埃尔埃斯科里亚尔宫去世。

大使

戈麦斯·苏亚雷斯·德·菲格罗亚，第五代费里亚伯爵（约 1520—1571）：他后来成为费里亚公爵。1558 年，他任西班牙警卫队的队长，并且是腓力二世的杰出顾问，属于亲英派。1558 年年底，他开始担任腓力二世驻英格兰的私人代表，并在英格兰一直待到 1559 年 5 月。

伯纳迪诺·德·门多萨（1540—1604）：1578—1584 年，他任西班牙驻伦敦大使。他是苏格兰女王玛丽在英活动的支持者。作为科伦纳伯爵的儿子，他在 1567—1575 年期间，在西班牙驻低地国的军队中担任一名骑兵队长。1584 年 1 月，他因牵涉思罗克莫顿阴谋，被驱逐出伦敦；同年 11 月起，他开始担任西班牙驻巴黎大使。驻法期间，他为法国的"天主教联盟"提供资金支持，但是 1590 年，他因白内障手术失败而失明，然后辞职。他最后在马德里的圣贝尔纳多女修道院内去世。

海军军事指挥官

阿尔瓦罗·德巴赞，第一代圣克鲁斯侯爵（1526—1588）：海军和西班牙舰队的总司令。1568 年，他任那不勒斯舰队的总司令；1571 年，他在勒班陀海战中任预备役舰队的总司令。1583 年，他在特塞拉海战后，从克拉托修道院院长安东尼奥的支持者手中夺取了亚速尔群岛。同年 8 月 9 日，他在给腓力二世的信中建议入侵英格兰。1588 年 2 月 9 日，他在里斯本去世。

马丁·德·贝滕多纳（1604 年去世）：他坐镇"雷加佐娜号"旗舰，指挥无敌舰队的勒凡特分舰队。最后，他把旗舰安全带回了家，并于 1589 年，参加保卫科伦纳的战斗，抗击德雷克和诺里斯的远征。

亚历山大·法尔内塞，帕尔马公爵（1545—1592）：他的母亲是腓力二世同父异母的姐姐。1571 年，他参与勒班陀海战，与土耳其人作战；1578 年，他始任尼德兰总督和西班牙驻尼部队的总司令，镇压荷兰叛乱。1584 年 7 月到

1585 年 8 月，他成功攻陷安特卫普；1587 年 8 月，他夺取斯勒伊斯港。在无敌舰队之役中，他没能与梅迪纳·西多尼亚成功会合。

唐·阿隆索·佩雷斯·德·古斯曼，第七代梅迪纳·西多尼亚公爵（1550—1615）：1588 年 2 月，圣克鲁斯死后，由于缺乏军事经验和担心晕船，本不情愿的他无奈接替圣克鲁斯担任西班牙无敌舰队的统帅。在率领舰队沿英吉利海峡谨慎进行作战后，他被恩准休养，但是保留西班牙舰队和安达卢西亚分舰队统帅的职位。1596 年，他对英格兰突袭加的斯的迟缓反应招致西班牙国内的一致批评；1606 年，他在直布罗陀外与荷兰人作战时，损失一支分舰队，同样招致国内的广泛批评。

米盖尔·德·奥肯多（1588 年去世）：1583 年，他跟随圣克鲁斯参与了特塞拉战役。在无敌舰队之役中，他任吉布斯科安分舰队的总指挥，在坐镇的舰船着火后不久去世。

胡安·马丁内斯·德·里卡尔德（1532—1588）：1572—1580 年期间，他担任西班牙驻尼德兰的海军总指挥；随后的一年，他担任海军统帅远征爱尔兰西海岸。在无敌舰队之役中，他担任比斯开分舰队的总指挥。

费尔南多·阿尔瓦雷斯·德·托莱多，第三代阿尔瓦公爵（1507—1582）：1567—1573 年期间，他担任西班牙属地尼德兰的总督和总司令。

迭戈·弗洛雷斯·德·巴尔德斯（1530—1595）：西班牙的海军上将，并且是梅迪纳·西多尼亚的参谋长和顾问。他是无敌舰队安达卢西亚分舰队的指挥官佩德罗·德·巴尔德斯的表哥和死敌。1550 年，他加入西班牙海军；1555 年，他分别在秘鲁和智利服役；1565 年起，他开始在加勒比海服役。1581—1584 年期间，他担任智利舰队的指挥官，负责保护西班牙在南美洲的贸易免受英格兰海盗的干扰。无敌舰队之役后，他回国被囚禁，关在布尔戈斯。

佩德罗·德·巴尔德斯（1544—1615）：西班牙海军上将，并从 1587 年始任无敌舰队安达卢西亚分舰队的指挥官。他曾在东地中海与奥斯曼帝国的土耳其人作战；并分别在 1566—1573 年期间在佛罗里达沿线海域和墨西哥湾，在 1582—1583 年期间在葡萄牙亚速尔群岛的战役中，与法国的海盗们作战。他是梅迪纳·西多尼亚的参谋长迭戈·弗洛雷斯·德·巴尔德斯的表弟和死敌。在无敌舰队之役中，他的旗舰“罗萨里奥夫人号”遭到数次碰撞后严重损毁，最后被弗朗西斯·德雷克爵士俘获。1593 年 2 月，西班牙把该舰赎回。（莎士比亚于 1607 年或 1608 年初在创作戏剧《泰尔亲王佩力克尔斯》（*Pericles, Prince of Tyre*）时，很可能从他身上获得了灵感，从而有了“伟大的海盗巴尔德斯”。）1602—1608 年间，他在古巴服役，担任西班牙在古巴驻军的总司令，并新受封为卡纳莱哈斯侯爵。他最后在希洪去世。

梵蒂冈

格列高利十三世（1502—1585）：1572—1585 年任教皇。他是一个致力于改革的教皇，通过建立或扶持众多的神学院来培养牧师，以遏制新教势力的发展。1572 年，在巴黎发生圣巴托罗缪日大屠杀之后，他在罗马领导教众齐唱《赞主诗》以示庆祝，并铸造了一枚纪念章，上面刻有“屠杀胡格诺派”的字样。1579—1580 年，他派教皇卫队去爱尔兰支援那里发生的第二次德斯蒙德叛乱。1580 年，英格兰耶稣会会士们劝说他淡化庇护五世的把伊丽莎白一世驱逐出教会的圣谕；而他建议英格兰的天主教徒们表面听命于伊丽莎白，暗中伺机推翻她的统治。

庇护五世（1504—1572）：1566—1572 年间任教皇。1570 年 2 月 25 日，他签发圣谕《在至高处统治》，开除伊丽莎白一世的教籍，剥夺她王位的合法性，因此，她的天主教臣民们不再需要效忠于她。若有不从，也将被开除教籍。

西克斯图斯五世（1520—1590）：1585—1590 年间任教皇。他通过开征新税和贩卖教职来修复格列高利十三世在位时留下的财政烂摊子。尽管他十分钦佩伊丽莎白一世，但他同意开除她的教籍，并同意赞助腓力二世一笔补贴，前提条件是要等到西班牙无敌舰队在英格兰登陆后才给予支付。他还开除了法国亨利四世的教籍。

术语

阿勒芒圆钉装甲胄：轻型甲胄，后为铠甲替代。

阿尔格西大商船：大商船的一种，名字起源于克罗地亚的杜布罗夫尼克。

甲胄：上身护具，一般为长官和长矛兵、重骑兵使用。

火绳钩枪：参见火绳枪。

阿罗瓦：西班牙液体计量单位，相当于 3.5 加仑（15.91 升）

巴尔克帆船：一种三桅帆船，前桅和主桅张横帆，后桅张纵帆。

江浮栅 / 铁索：用于阻止船只进入河道或港口而用巨大的树干绑在一起做成的浮栅。

船首斜桁：一种长圆木，一般位于船艏用于固定船帆。

布里根泰恩船：一种小型双桅帆船的一种，双桅帆浆加来船。

大酒桶：一种酒桶。容量不等。但一般在 108 加仑（合 477 升）左右。

链长：一种长度单位，相当于 100 英寻（188 米），或相当于 1 海里（0.188 千米）的 1/10。

轻型火绳枪：短枪身的肩扛式火枪，后取代了火绳枪。

加农炮：也称大鸩铳。一种口径为 7.25 英寸（18.42 厘米）的前置弹药火器，可发射重量为 30~50 磅（13.61~22.68 千克）的实心弹。射程为 300~2000 码（274.32~1828.8 米）。参见：寇菲林（长炮）、半加农（半鸩铳）、德拉克炮、隼炮、富勒炮、米宁炮、滑膛枪、萨克尔炮、蛇形炮及投石器。

卡拉维尔帆船：挂有三角帆的三桅帆装轻火力船，排水量在 80~130 吨之间。

克拉克船：一种三桅帆式或四桅帆式商船。主要用于大西洋，发展于 15 世纪末。舰首舰尾有高大的船艛。盖伦船就发端于这种样式的商船。

铠甲：保护上半身和大腿的一种护胸护腿的罩具，替代了质地柔软的阿勒芒圆钉装甲胄。

克朗姆斯特帆船：荷兰人制造的一种吃水浅的船，排水量在200吨。船上一般配备蛇铳和半蛇铳。

蛇铳：又称寇菲林炮、大蛇炮。一种后置式口径为5.25英寸（13.34厘米），炮弹重18磅（8.16千克），射程为400~2400码（365.76~2194.56米）的火器。另参见加农炮、半加农炮、半蛇铳、德拉克龙炮、鹰嘴炮、捕鸟炮、米宁炮、滑膛枪、萨克尔散弹炮与射石炮。

柯里尔：大口径肩发式火炮，用于发射短箭和方镞箭。

达格枪：单发手枪的早期形式。

半加农炮：又称半鸩铳，黛米加农炮。一种直接为6.25英寸（15.88厘米），炮弹重32磅（14.52千克），射程为320~1700码（292.61~1554.48米）的火器。另参见加农炮、蛇铳、半蛇铳、德拉克龙炮、鹰嘴炮、捕鸟炮、米宁炮、滑膛枪、萨克尔散弹炮与射石炮。

半蛇铳：口径为4.25英寸（10.8厘米），炮弹重9磅（4.08千克），射程为400~2500码（365.76~2286米）的火器。另参见加农炮、半加农炮、蛇铳、半蛇铳、德拉克龙炮、鹰嘴炮、捕鸟炮、米宁炮、滑膛枪、萨克尔散弹炮与射石炮。

散弹：舰上火炮发射的铁屑等锐器用作杀伤性武器，特别用于击退试图登舰之敌。

德拉克龙炮：一种短炮，类似于萨克尔散弹炮。另参见加农炮、半加农炮、蛇铳、半蛇铳、鹰嘴炮、捕鸟炮、米宁炮、滑膛枪、萨克尔散弹炮、蛇形炮和射石炮等。

鹰嘴炮：一种口径为2.5英寸（6.35厘米）的小型加农炮，炮弹一般重3磅（1.36千克）。

法内加：西班牙干货计量单位，相当于2蒲式耳（70.48升）。

英寻：深度计量单位，相当于6英尺（1.88米），词源为一个普通人伸展双臂的距离。

费卢卡式帆船：（尤指地中海沿岸的）三桅小帆船。西班牙式小型大三角帆帆船。

用于侦察和派送急件。

快速平底船：双桅帆炮艇，排水量不超过 140 吨，一般用于在浅水水域执行作战任务。

纵向桅帆：悬挂于船的龙骨上方的帆。

富勒炮：一种轻型后膛式火炮，用于近距离射击。

加利亚斯式战舰：发源于大型商用加来式桨帆船的三桅帆装军舰，主要靠帆和桨驱动。桨最多可能有 32 支之多，每个桨配备 5 名操桨手，分坐在两边的木凳上。

盖伦船：16 世纪后半叶由克拉克船衍生而来的三桅或四桅远洋船。排水量在 450~1500 吨之间。舰塔高度降低，舰体延长，使得能够应付更加复杂的海况。在英格兰的文件中有时将其称作“大巨船”。

加来式大型桨帆船：一种吃水浅的帆船。一根或两根桅杆上斜挂大三角帆，两侧各有多组操桨手。机动性强，舰首舰尾有炮台可架设火炮。但是在高纬度的北部海域性能不佳。尽管 1798 年拿破仑攻打瓦莱塔时马耳他骑士团还使用过加来式大型桨帆船，但是一般认为加来式大型桨帆船在 1770 年 7 月在东地中海的安纳托利亚和希俄斯岛发生的俄土之间的切什梅海战（Battle of Chesma）之后就退出了历史舞台。

大巨船：参见盖伦船。

骑兵：各种骑兵的总称，包括轻装骑兵和重装骑兵。

霍伊船：大平底船。一种排水量约为 60 吨的沿海船。其名字源自荷兰中古时期的霍厄伊船（hoey）。

圆底船：宽横梁的大型三桅帆装货船。

无袖护具：步兵使用的一种皮质无袖护具，一般上面缝有金属板片。

节：航速计量单位，相当于 1 海里（1.852 千米）每小时。

重骑兵：一种骑兵，身穿三面铠甲，手持长矛，配短剑、手枪及短刀。

拉斯特：火药计量单位，相当于 24 桶，每桶可容纳 100 磅（45.36 千克）。

三角帆船：悬挂于长桁上的三角帆的帆船，纵向挂帆。目前阿拉伯的独桅帆船依然采用三角帆。

里格：距离计量单位，相当于 3 海里（5.556 千米）。

背风处／避风处：船的背风一面，或者是风浪较小的一面。

背风向／下风处：即下风向。

黎凡特大帆船：大型帆船，主要用于地中海一带。

轻骑兵：只装备个人轻型护具、长矛和手枪的骑兵。

顶风航行：指船头迎风行驶。

新月形编队：西班牙无敌舰队的新月形战斗编队，目的是保护补给船安全渡过英吉利海峡。

民兵：受过部分训练的民间军事组织，由英格兰郡县资助。

米宁炮：口径为3.25英寸（8.26厘米），炮弹为4磅（1.81千克），射程为300~1600码（274.32~1463.04米）的火炮。另参见加农炮、半加农炮、蛇铳、半蛇铳、德拉克龙炮、鹰嘴炮、捕鸟炮、滑膛枪、萨克尔散弹炮、蛇形炮及射石炮等。

无面甲的头盔：曲面式无面甲头盔。

火绳枪：轻型后膛枪，有旋转底盘。有时可发射箭矢作为杀伤性武器。相应地，重型火绳枪枪膛长4.5英尺（1.37米），因其较重，必须架设枪架。后被轻型火绳枪取代。

海里：距离计量单位，长度为9076英尺（合1852米），或相当于本初子午线0度1分的长度。

小型递送船：西班牙舰载艇，排水量为180吨。

火枪：骑兵用手枪。

巨战长矛：长矛类，长16~18英寸（4.88~5.49米），步兵用武器，用于抵御骑兵的攻击。舰上使用的长矛比陆上用的要短很多。

大酒桶：大木酒桶，容量105加仑（477升）。可盛淡水或酒。

舰载艇：二桅帆船。排水量为70吨，部分二桅帆船有桨，可用于侦察或运送急件。西班牙式舰载艇又被称作小型递送船或查布拉船。

战利品船：海上被俘获的敌舰。可通过出售战利品船或船上物品获利。获利将在军官和船员之间按照级别分肥。

公担：重量计量单位，相当于102磅（46.28千克）。

女王直属舰队：英格兰皇家海军，由国库资助。

顺风顺水航行：顺着风势航行。

萨克尔散弹炮：又称赛寇炮。一种口径为3.25英寸（8.26厘米）的小型炮。射程为330~1700码（301.75~1554.48米）。参见加农炮、半加农、蛇铳、半蛇铳、德拉克龙炮、鹰嘴炮、捕鸟炮、米宁炮和射石炮等。

蛇形炮：一种轻型后膛枪。另参见加农炮、半加农炮、蛇铳、半蛇铳、德拉克龙袍、鹰嘴炮、捕鸟炮、米宁炮、萨克尔散弹炮（赛寇跑）和射石炮。

射石炮：一种小型炮，用于近舷战。另参见加农炮、半加农炮、蛇铳、半蛇铳、德拉克龙袍、鹰嘴炮、捕鸟炮、米宁炮、萨克尔散弹炮（赛寇跑）。

索科洛战斗编队：旨在增援无敌舰队的薄弱环节的一种特殊的西班牙舰队作战编队形式。

抢风航行：逆风斜切航行。Z字形航形，或逆风换抢。

特西奥斯：西班牙作战单位，约3000人规模的加强团。

尤卡船：一种圆形运输船。

拖曳（船）：通过锚索牵引因无风而滞航的船。由大船上的小艇通过锚索轮流拖曳大船向前行驶。或用拉系于桩基、锚或码头上的绳的方法使（船）移动。

上风头：相对于其他船只来说处于风吹过来的方向。在战斗中处于优势地位。当船只不得不逆风航行时，会受到风力的压制，进而影响射击。然而，如果战船处于上风头，向下风处射击的时候，就可以随意改变航向，使其左右舷的炮火能够对敌人发动攻击。

上风侧：又称“迎风向”，指某个参照位置的上风处。

萨布拉船：装载于舰上的中型艇；舰载艇。

注释

序言

1 参见英国国家档案馆（TNA）馆藏的编号为 12/1/7 的《政府文件》（State Papers）。洛兹（Loades）所著的《伊丽莎白一世》的第 36—37 页及斯塔基（Starkey）所著《伊丽莎白》的第 241—242 页均刊印有这些内容，并均给出有力证据证明，女王发表这番演讲的日期应该是 11 月 17 日而不是传统认为的三天之后。伊丽莎白的确曾安排代理人尼古拉斯·思罗克莫顿（Nicholas Throckmorton）及时告知她玛丽的死讯，但是他前往哈特菲尔德庄园的行程耽搁了。等他抵达时，他所带来的“新闻”已成“旧闻”。另参见斯特里克兰（Strickland）所著《英格兰历代女王的生平》一书第 3 卷第 102 页。

2 参见《费里亚急电》（*Feria Dispatch*）第 336 页。

3 参见农顿（Naunton）所著的《破碎的徽章》（*Fragmenta Regalia*）的第 7 页和注释 1 斯特里克兰著作的第 3 卷第 102 页。

4 关于“汗热病”的更多信息请参见马克·塔韦讷（Mark Taviner）、盖伊·思韦茨（Guy Thwaites）及凡亚·格兰特（Vanya Grant）发表在《病史》（1998 年）（*Medical History*）第 42 卷第 96—98 页的《英格兰 1485—1451 年间的汗热病：病毒性肺炎研究》一文及他们发表在《新英格兰医疗周刊》（1997 年）（*New England Jnl of Medicine*）第 336 卷第 580~582 页的《英格兰红热病》一文。

5 参见《政府文件汇编之西班牙卷》（*CSP Spain*）第 4 卷第 2 部分第 881—882 页。文中记载玛丽的嗓音“像男人的声音一样洪亮而又粗粝”，隔着很远都能听到。

6 参见《政府文件汇编国内卷之亨利八世》（*CSP Domestic Henry VIII*）第 10 卷第 51 页。

7 参见“《亨利八世 28 年法案》第七章”（28 Henry VIII *cap*. 7），于 1536 年颁布的《王位继承之婚姻法》。

8 参见“《亨利八世 35 年法案》第一章”（35 Henry VIII *cap*. 1），《嗣位法》。

9 参见萨默塞特所著的《伊丽莎白一世》第 13 页。

10 参见马姆比（Mumby）所著的《伊丽莎白的少女时代》第 29 页。

11 参见《政府文件汇编之西班牙卷》第 10 卷第 206 页。

12 根据英国国家档案馆馆藏的编号为 11/1/22 的《政府文件》，1553 年 8 月初，一名官员因给玛丽写备忘录，讯问其“建造教堂、大学及诸类建筑所需的铅和钟铜是如何解决的：所剩多少，存放何处……从拆除的修道院、大学和礼拜堂及自 1536 年 2 月 4 日起拘押人员处所获取的珠宝、器皿、装饰物和私人财物是如何处理的”。又根据英国国家档案馆馆藏的编号为 11/4/6 的《政府文件》，1554 年 4 月，玛丽通过售卖教堂所用的钟获得 1 万英镑的收入，用来偿还王室的债务。

13 玛丽重建的修道院包括：毗邻格林尼治宫的圣方济会修道院（the Observant Franciscan friars）（建于 1555 年 4 月），威斯敏斯特修道院（1556 年 11 月），萨里郡希恩（Sheen）的卡尔特修道院（the Charterhouse，1557 年 1 月），米德尔塞克斯郡西恩（Syon，Middlesex）的布里奇坦斯修道院（Bridgettines）（1557 年 4 月），赫特福德郡金斯兰利（King's Langley）的多明我会女修道院 (the Dominican Nuns)（1557 年 6 月），伦敦与威斯敏斯特之间的萨沃伊济贫医院 (the Savoy Hospital)（1556 年 11 月）以及位于伦敦市区圣保罗大教堂内的博爱的耶稣会（the Fraternity of Jesus）。格林尼治和萨沃伊一带的修道院是玛丽的祖父亨利七世在 1499 年和 1505 年所建。参见雷克斯（Rex）所著的《都铎王朝》第 160 页。

14 参见《政府文件汇编之威尼斯卷》第 6 卷第 1074 页。

15 参见《政府文件汇编之西班牙卷》第 11 卷第 220—221 页。

16 参见《政府文件汇编之威尼斯卷》第 6 卷第 1058 页。

17 参见同上，第 1058 页。

18 1554 年 7 月 6 日执行处决。参见梅钦（Machyn）所著的《日志》第 66 页；

另参见尼尔（Neale）所著的《伊丽莎白女王》第 48 页。

19 参见英国国家档案馆馆藏的编号为 11/4/2 的《政府文件》。原文件为伊丽莎白所毁。遗失部分通过大英图书馆馆藏的哈利父子搜集的编号为 7190 的 18 世纪的手稿（BL Harleian MS）第 2 项对折页第 125—126 页补全。

20 参见《政府文件汇编之西班牙卷》第 13 卷第 166—167 页及《政府文件汇编国内卷之玛丽》第 53 页的脚注。1554 年 3 月 17 日的涨潮始于当天下午一时，因此，这封信应该是伊丽莎白在中午前后于威斯敏斯特所写。

21 参见注释 9 萨默塞特著作的第 53 页。

22 参见马尔库斯（Marcus）等著的《伊丽莎白一世：文集》（*Elizabeth I: Collected Works*）第 48 页。

23 参见梅钦所著的《日志》第 60 页。

24 小罗伯特·斯威夫特（Robert Swift the younger）5 月给什鲁斯伯里伯爵写的宫内纪要中提到了伊丽莎白被释的消息，具体见兰贝斯宫图书馆馆藏的编号为 3206 的手稿对折页第 263 页。

25 参见注释 22 马尔库斯等的著作第 46 页。

26 亨利八世在被开除教籍后于 1542 年自封为“爱尔兰国王”，但并不为信仰天主教的国家所认可。1555 年 6 月 7 日，教皇保罗四世颁布圣谕批准腓力二世和玛丽为爱尔兰的国王和王后。

27 参见注释 13 雷克斯的著作第 155 页。

28 参见注释 18 尼尔的著作第 56 页；另参见注释 9 萨默塞特的著作第 64—65 页。伦敦市的市长威廉·杰拉德爵士（Sir William Gerard）收缴的煽动性宣传卷多达 1000 份。

29 参见沃斯利 (Worsley) 与萨乌登（Souden）所著的《汉普敦王宫》(*Hampton Court Palace*) 第 44 页。

30 参见《政府文件汇编之威尼斯卷》第 6 卷第 1548 页。

31 参见《政府文件汇编之西班牙卷》第 13 卷第 372—373 页。

32 参见洛兹所著的《玛丽·都铎》第 380—383 页。

33 参见波特（Porter）所著的《玛丽·都铎：第一女王》第 404—405 页。

34 参见《费里亚急电》第 331 和 335 页。

35 见 1558 年 12 月 4 日腓力二世于布鲁塞尔致葡萄牙王太后的一封信。具体参见《政府文件汇编之西班牙卷》第 13 卷第 440 页。

36 参见《政府文件汇编之西班牙卷》第 13 卷第 441 页。第一张单子上列有一件“法式织金长袍，上面点缀有暗红色的天鹅绒和金线编织的蓟草图案”；1554 年 7 月 25 日，腓力二世在温彻斯特大教堂的婚礼上穿了这件袍服。上面还列有一顶天鹅绒帽子，这顶帽子上镶嵌有奇珍异石和珠宝。腓力二世说，这顶帽子是“在我抵达伦敦的前夜（1554 年 8 月 18 日），女王在我歇息的住所赠送给我的，我当时戴了这顶帽子”。所列的另一件物品是一把“镶满宝石的短剑，是腓力二世在英期间为女王所赠。剑上配有金链，剑鞘上镶满了宝石和珍珠。所有这些物品一件不落全都装在那个箱子里”。腓力二世还说：“这把剑是女王通过彭布罗克勋爵在一个颁发嘉德勋章（4 月 23 日）的日子赠予我的”。

37 参见英国国家档案馆馆藏的编号为 12/1/7 的《政府文件》；注释 22 马尔库斯等的著作第 51~52 页刊印有这些内容。

38 参见《政府文件汇编之西班牙卷（西曼卡斯专辑）》（*CSP Spain*（*Simancas*））第 1 卷第 7 页。

39 参见注释 13 雷克斯的著作第 185 页。

40 玛丽一世也有近视的毛病，近视到“如果不把书或文件放在眼前就看不见，如果不走到跟前就做不了事情”的程度。具体参见海沃德（Hayward）所著的《伊丽莎白女王执政的头四年编年史》第 7 页脚注。

41 参见注释 40 海沃德著作的第 7 页。

42 参见 1559 年 1 月 10 日腓力二世从布鲁塞尔给费里亚伯爵写的信。具体参见《政府文件汇编之西班牙卷（西曼卡斯专辑）》第 1 卷第 22—23 页；另参见注释 9 萨默塞特的著作第 136 页。

43 参见 1559 年 2 月底费里亚伯爵在伦敦给腓力二世写的备忘录；具体参见《政府文件汇编之西班牙卷（西曼卡斯专辑）》第 1 卷第 35 页。

44 参见 1559 年 3 月 19 日费里亚伯爵从伦敦给腓力二世写的信；具体参见《政府文件汇编之西班牙卷（西曼卡斯专辑）》第 1 卷第 37 页。

45 参见注释 18 尼尔的著作第 79 页。

46 腓力二世一生共娶妻 4 人，瓦卢瓦的伊丽莎白是他的第 3 任妻子。他的第 1 任妻子是葡萄牙国王约翰三世（John Ⅲ）的女儿玛利亚·曼努埃拉（Maria Manuela），1545 年去世。他们唯一的儿子阿斯图里亚斯王子卡洛斯（Carlos，Prince of Asturias）还未婚娶便于 1568 年去世。他的第 2 任妻子是英格兰女王玛丽一世。他的第3任妻子伊丽莎白于1568年流产而死，之后腓力二世于1570年娶自己的侄女奥地利的安妮为妻。两人共孕育4个儿子和一个女儿。其中3个儿子早夭，第4子腓力于1598年继任西班牙国王。

47 参见注释9萨默塞特的著作第135页。关于1559年2月10日伊丽莎白在议会发表演讲表明自己决定单身一段时间的信息，参见英国国家档案馆馆藏的编号为12/2/22的《政府文件》。

48 参见注释13雷克斯的著作第185页。

49 参见“《伊丽莎白元年法案》第一章”（1 Elizabeth cap. 1）。

50 参见“《伊丽莎白元年法案》第二章”（1 Elizabeth cap. 2）。

第一章　祸起萧墙

1 参见阿彻与道格拉斯（Archer and Douglas）所著的《英格兰历史文献1558—1603年》第806页。

2 玛丽先后成为法国国王弗朗索瓦二世、得了梅毒的达恩利勋爵亨利·斯图亚特和敢拼敢闯的第四代博思韦尔伯爵詹姆士·赫伯恩的遗孀。她最后一次见到博思韦尔是1567年6月15日发生在东洛锡安郡马瑟尔堡（Musselburgh, East Lothian）附近的卡贝琳山战役（Battle of Carberry Hill）失败之后。博思韦尔逃跑到了斯堪的纳维亚，却被监禁在丹麦的德拉索尔姆古堡（Dragsholm Castle）长达10年之久。1578年4月14日，已经疯癫的博思韦尔在囚禁中去世，时年44岁。据说他的尸体风干后成了木乃伊，约30年前在法瑞维亚教堂（Fårevejle）附近还能看得到。

3 拥护玛丽的军队战败，400余人战死。而主将阿尔盖伯爵（Earl of Argyle）阿奇博尔德·坎贝尔（Archibald Campbell）不幸在开战的关键时刻病倒，致使玛丽的军队主力未参加战斗。玛丽当时在卡斯卡特城堡（Cathcart Castle）以南1英里（1.6千米）处的考特山（Court Knowe）观战。战场所在地于1887年竖起了一座纪念碑，如今很醒目，国家网格参数（National Grid reference）为：NS 57869 61716。

4 莫里伯爵詹姆士·斯图亚特是玛丽的父亲詹姆士五世和拉克利文的罗伯特·道格拉斯爵士的妻子玛丽·厄斯金夫人的私生子，是苏格兰宗教改革运动的领袖。1559年6月，他清除了珀斯（Perth）众教堂里供奉的“带有偶像崇拜色彩的”圣像。1561 年 9 月，他打断了玛丽的天主教牧师在苏格兰议会上主持的弥撒仪式。1570 年 1 月 23 日，他在西洛锡安郡（West Lothian）的林利斯戈被一名来自博思韦尔霍（Bothwellhaugh）的名叫詹姆士·汉密尔顿（James Hamilton）的玛丽的支持者刺杀。汉密尔顿持枪从高处的窗户对正在行进中的摄政王开了枪，莫里伤势严重。当时使用枪械暗杀并不多见。行刺的地点也不同寻常；林利斯戈宫是玛丽出生的地方，现在的林利斯戈宫只剩一个内陆小湖湖畔的一片断瓦残垣。莫里被安葬在爱丁堡的圣吉尔斯教堂（St Giles' Kirk）。为纪念他，其墓前树立了一座黄铜纪念碑，上面刻着著名宗教和司法人物的坐像。雕刻由御用金匠詹姆士·格雷（James Gray）完成。

5 玛格丽特是苏格兰女王玛丽的祖母，1503 年嫁给苏格兰国王詹姆士四世，1541 年 10 月 18 日去世。

6 参见黑格（Haigh）所著的《都铎王朝时期兰开斯特郡的宗教改革运动及其阻力》第 49 页。

7 宗教改革前圣坛屏摆在教堂的中殿和圣坛之间。圣坛屏的上方有一尊耶稣被钉在十字架上的雕像，雕像两侧分别是圣母马利亚和圣约翰的雕像。在爱德华六世执政时期，圣坛屏成了拥护新教的宗教改革人士的首选攻击对象，在玛丽执政时期圣坛屏恢复使用，而到 1561 年圣坛屏则被伊丽莎白下令拆除。人们一定会对各地教区委员的困境表示同情，因为面对政府摇摆不定的宗教政策，他们虽知朝令夕改会损害教区教徒们的利益，也不得不执行。

8 参见麦卡恩（McCann）所著的《伊丽莎白时期奇切斯特的牧师及宗教和解》第 100—101 页；波特（Birt）所著的《伊丽莎白式的宗教和解》第 427—430 页；达菲（Duffy）所著的《清除圣坛》第 494 页和 577 页。

9 参见考克斯（Cox）所著的《教会史》第 74—75 页。

10 关于都铎王朝时期雄心勃勃的霍华德家族的命运沉浮，参见本书作者所著的《叛逆的家族》。

11 参见狄更斯（Dickens）所著的《约克郡天主教徒的不服从性的初期阶段》第 163 页和 166 页。

12 为防止英格兰北部的天主教支持者劫狱释放玛丽，1569 年 1 月底，伊丽莎白政府谨慎地将玛丽从北约克郡的博尔顿城堡押解到了更加靠南部的塔特伯里城堡。

13 苏塞克斯怀疑臣民对伊丽莎白的忠实程度，对此，伊丽莎白很吃惊，因为在她看来，“在这片土地上有很多效忠的臣民”。但是，一旦王室序列中出现任何煽动叛乱的苗头，伊丽莎白就力主“从速从快处决 2—3 名带头闹事者”，以儆效尤。参见夏普所著的《1569 年叛乱纪要》第 50 页。

14 参加注释 13 夏普的著作第 189 页；弗莱切和麦克洛克（Fletcher & MacCulloch）合著的《都铎王朝的叛乱》第 151 页。

15 参见大英图书馆馆藏的哈利父子搜集的编号为 6990 的手稿（BL Harleian MS 6，990）对折页第 44 页，该内容在注释 13 夏普的著作第 42—43 页被引用。这份宣言也发表在达勒姆郡的斯坦德罗普（Staindrop）及北约克郡的里士满。

16 参见注释 14 弗莱切和麦克洛克的合著第 98 页。

17 参见 1569 年 12 月 1 日德·斯派斯从伦敦给阿尔瓦公爵写的信。具体参见《政府文件汇编之西班牙卷（西曼卡斯专辑）》第 2 卷第 213 页。

18 剥夺诺森伯兰的嘉德勋章意在“以儆效尤，警示后人不得效法此类罪行，否则将身败名裂，千夫所指”。参见大英图书馆馆藏的科顿搜集的编号为 Vespasian C，xiv 的手稿（BL Cotton MS Vespasian C，xiv）对折页第 583 页。

19 参见 1569 年 12 月 3 日德·斯派斯从伦敦给腓力二世写的信。具体参见《政府文件汇编之西班牙卷（西曼卡斯专辑）》第 2 卷第 213 页。两周后，他在报告中提到了那些从伦敦征召的不服管束的士兵归乡的场景。这些士兵——“一群卑鄙之徒”——“对他们的一位上级即莱顿船长（Leighton）棍棒相加、刀斧相向，造成莱顿船长重伤。莱顿将他们告上法庭，控诉他们的种种暴行”。参见同上，第 218 页。

20 参见 1569 年 12 月 16 日腓力二世从马德里给阿尔瓦公爵写的信。具体参见《政府文件汇编之西班牙卷（西曼卡斯专辑）》第 2 卷第 217 页。

21 除了逃兵外，围城期间鲍斯的战损并不大，战死者 5 人，伤者 67 人。

22 参见注释 13 夏普的著作第 119 页。

23 参见 1570 年 1 月 17 日孔塔里尼从昂热（Angers）给执政官写的信。具体参见《政府文件汇编之威尼斯卷》第 7 卷第 439 页。

24 参见 1570 年 1 月 9 日德·斯派斯从伦敦给腓力二世写的信。具体参见《政府文件汇编之西班牙卷（西曼卡斯专辑）》第 2 卷第 225 页。

25 1895 年 5 月，教皇利奥十三世为诺森伯兰举行了宣福礼仪式。诺森伯兰被砍头之后，头颅被悬挂在收取过路费的岗亭上。威廉·戴西蒙（William Tessimond）经过时割下了他的部分胡须，1572 年因私藏诺森伯兰的须发他在约克郡出庭。参见沃尔沙姆（Walsham）所著的《奇迹与反改革……》第794页。

26 1601年11月16日，威斯特摩兰在荷兰的纽波特去世。

27 参见1570年1月17日孔塔里尼从昂热（Angers）给执政官写的信。具体参见《政府文件汇编之威尼斯卷》第7卷第439页。

28 这些人中，有一名达勒姆郡的市府参事，一个名叫普拉姆特里（Plumtree）的天主教牧师，40名达勒姆警员及50名士兵。参见大英图书馆馆藏的哈利父子搜集的编号为6991的手稿对折页第31—33页。达勒姆一个郡被处决的就有320人。

29 参见麦考尔（McCall）所著的《北方叛乱事件后的处决行为》第85页和87页。

30 参见注释13夏普的著作第170页。第一代汉斯顿男爵亨利·凯里（1526—1596）是伊丽莎白的姨母玛丽·博林和亨利八世的侍臣威廉·凯里之子。在安妮·博林得宠前，玛丽·博林就是亨利八世的情妇。因此，一直有一种猜测认为，亨利·凯里和他的妹妹凯瑟琳是国王亨利八世的私生子。

31 参见《政府文件汇编之威尼斯卷》第7卷第448—451页。

32 1866年，教皇利奥十三世给费尔顿行宣福礼。

33 参见“《伊丽莎白13年法案》第一章”。该法案于1863年7月28日废止。但是直到1967年，1707年通过的《嗣位法》中“认为议会不能操控王位继承”属于叛国行为的条款依然有效。伊丽莎白执政时期通过第一部叛国罪法案是在1558年（见“《伊丽莎白元年法案》第五章”）。

34 参见“《伊丽莎白13年法案》第二章”。

35 参见帕米特（Parmiter）所著的《私人城堡中天主教的囚禁生活》第16页。

36 参见大英图书馆馆藏的哈利父子搜集的编号为290的手稿对折页第88页。

37 参见威廉斯所著的《都铎王朝的一个悲剧》第199—200页。贝利（1542—1625）从马绍尔西监狱获释，时间可能是1573年。后死于比利时。

38 参见鲁滨孙（Robinson）所著的《历代诺福克公爵》第63页和注释37威廉斯的著作第200—202页。

39 参见哈钦森所著的《背叛的家族》第192页。

40 参见《政府文件汇编国内卷之伊丽莎白1581—1590年》第48页。1581年5月3日，枢密院命令诺顿对“一个自称布莱恩特的耶稣会会士进行审查，看他是否会讲实话，如果不讲实话就对他刑讯逼供，让他痛苦、恐惧，从而使他讲出与此有关的真相”。

41 参见梅里曼（Merriman）所著的《美国历史评论》第13卷第484页的脚注。

42 参见英国历史手稿委员会保存的索利兹伯里档案（HMC Salisbury）第1卷第526页。

43 参见大英图书馆馆藏的编号为48027的增补手稿（BL Add. MS 48，027）对折页第80页~第125页左页和哈钦森所著的《背叛的家族》第201页。

44 参见注释41梅里曼的著作第481页。

45 参见注释35帕米特的著作第16页。

46 参见《枢密院法令全集》（*APC*）第8卷第73页。威斯贝奇城堡最初由“征服者威廉”（William the Conqueror）所建立，于1478—1483年间以砖墙重建，四周挖有壕沟。后被毁。1816年在原址上建立了一座庄园。1579年春被弗朗西斯·沃尔辛厄姆指定为关押异端分子的地点，同时被指定的其他城堡可能还有：牛津郡的班伯里城堡（Banbury）、萨福克郡的弗拉姆灵厄姆城堡（Framlingham）、亨廷顿郡的金博尔顿城堡（阿拉贡的凯瑟琳就死在这里）、朴次茅斯港的波特切斯特城堡、威尔特郡的迪韦齐斯城堡（Devizes）、德比郡的墨尔本城堡（Melbourne）、柴郡（Cheshire）的霍尔顿城堡（Halton）、赫里福德郡（Herefordshire）的威格莫尔城堡（Wigmore），及达勒姆郡的巴纳德城堡。参见大英图书馆馆藏的哈利父子搜集的编号为360的手稿第38条（第65对折页）。

47 参见费奈隆（Fénelon）所著的《外交信函》第3卷第27页。

48 参见同上，第27页。

49 参见布伦南（Brennan）所著的《天主教徒和爱国主义……》第6页。

50 参见迈耶（Meyer）所著的《英格兰与天主教会……》第242页。

51 参见卡里尼（Carini）所著的《在腓力二世宫廷里的教廷大使尼古拉·欧曼尼多修士》第84页及以下。

52 女王玛丽一世，伊丽莎白继承了她的王位。

53 伊丽莎白牵涉进1554年的怀亚特叛乱事件的阴谋之中，因为她和这起事件的两位主谋威廉·皮克灵爵士（Sir William Pickering）及詹姆士·克罗夫茨爵士（Sir James Crofts）关系暧昧。在其舅老爷威廉·霍华德的强势干预和积极运作下，她才免于被以叛国罪起诉。参见萨默塞特所著的《伊丽莎白一世》第47—55页。

54 参见《政府文件汇编之梵蒂冈卷》第 2 卷第 551 页。

55 参见达菲（Duffy）所著的《信仰之火》第 93 页。

56 参见卢米埃（Loomie）所著的《伊丽莎白时期的西班牙裔英格兰人》第 8 页。

57 大理石拱门位于海德公园边上，是泰伯恩行刑场的旧址。1886 年，教皇利奥十三世为斯托里行宣福礼。

58 参见《伊丽莎白 13 年法案》第三章。

59 参见注释 50 迈耶的著作第 239—240 页。

60 让主教和牧师们暴跳如雷的是，伊丽莎白将十字架和圣烛放在了王室教堂的圣坛上，因为在他们看来，这些物件都是“天主教的沉渣”。参见雷克斯所著的《都铎王朝》第 186 页。

61 参见斯塔林（Stählin）所著的《弗朗西斯·沃尔辛厄姆和他所处的时代……》第 527 页的脚注。

62 参见《政府文件汇编之梵蒂冈卷》第 2 卷第 45 页。

63 参见注释 47 费奈隆的著作第 4 卷第 330 页。

64 1572 年 5 月 13 日，教皇庇护五世去世后，格列高利成为新的教皇。1712 年 5 月，教皇克雷芒十一世（Clement Ⅺ）正式宣布他为圣徒。格列高利可能认为胡格诺教派参与了政变，也似乎没有意识到大屠杀的严重性，因此，后人对他的指责未免有点尖刻。他最为人称道的是在 1578 年为天主教国家引入了格列高利历法（公历纪年）。

65 参见 E. 豪（E. Howe）所著的《建筑学与瓦萨里的有关胡格诺派大屠杀的油画》，见沃博格德艺术学院与考陶尔德艺术学院学报（Jnl Warburg & Courtauld Institute），第 39 期（1976）第 258—261 页。

66 参见注释 41 梅里曼的著作第 484 页。

67 参见沃尔顿所著的《情报分析……》第 50 页。这些职能涵盖了今天多个机构的职能：秘密情报局（军情六处）（MI6）、安全局（军情五处，MI5）、政治保安处、电子监听处及国家通讯总局（GCHQ）。

68 1574 年至 1588 年间，共有超过 1310 名天主教牧师到达英格兰。但是每年活跃的牧师不到 150 人，即使是在 1585 年的高峰期也没有达到这个数字。参见麦格拉斯和罗韦（McGrath & Rowe）所著的《重新审视安斯特拉瑟》第 2、6、7 页。

69 参见劳（Law）所著的《卡斯伯特·梅恩与庇护五世的圣谕》第 141—144

页。1577 年 11 月 29 日，梅恩在康沃尔郡的朗斯顿（Launceston）被处决。1970 年 10 月 25 日，教皇保罗六世正式宣布其为圣徒。

70 参见英国国家档案馆馆藏的编号为 12/114/22 的《政府文件》和注释 35 帕米特的著作第 18 页。

71 参见英国国家档案馆馆藏的编号为 12/141/29 的《政府文件》。

72 参见"《伊丽莎白 23 年法案》第 1 章"。

73 参见 1581 年 4 月 6 日门多萨从伦敦给腓力二世寄的信。具体参见《政府文件汇编之西班牙卷（西曼卡斯专辑）》第 3 卷第 97 页。

74 1585—1586 年间，以耶稣会会士威廉·韦斯顿为首的 12 名天主教牧师在德纳姆（Denham）佩卡姆的家中驱魔，据说他家的几个仆人和少年被魔鬼附体了。他们使用耶稣会殉道士爱德蒙·坎皮恩（Edmund Campion）（1581 年被处决）系过的腰带给"魔鬼施加极度的痛苦"。一位目击证认为，有 500 人因此事而接受了天主教信仰；还有很多人估计，因此事而皈依天主教的人数在 3000—4000 左右。参见注释 25 沃尔沙姆的著作第 800 页和第 802—803 页。

75 参见注释 41 梅里曼的著作第 497 页。

76 1519—1521 年期间，西班牙探险家埃尔南·科尔特斯（Hernán Cortés）（1485—1547）征服了在今天墨西哥境内的阿兹特克帝国（Aztec empire）。

77 参见《政府文件汇编之西班牙卷（西曼卡斯专辑）》第 3 卷第 384~385 页和注释 41 梅里曼的著作第 492—499 页。

78 士兵们配备的火绳枪（harquebus），是滑膛枪（musket）的雏形。

79 参见《政府文件汇编之梵蒂冈卷》第 2 卷第 19 页。

80 参见同上，第 54 页。

81 参见《政府文件汇编之梵蒂冈卷》第 3 卷第 208 页。

82 参见《政府文件汇编国内卷之伊丽莎白 1581—1590 年》第 130 页。

83 一名耶稣会会士目睹了思罗克莫顿受刑的过程。他说，思罗克莫顿之死"神圣而具有启迪意义。在临死之前，……他不愿请求女王的宽恕，（他）说女王应该请求上帝宽恕，宽恕她信仰异教和每天屠杀无辜之人的恶政"。（参见爱德华兹所著的《阴谋与阴谋家……》第 99 页）。汉斯顿勋爵证实了此人的描述："他毅然赴死，不愿求得女王陛下的宽宥，也不让任何人为他求情。"（参见英国国家档案馆馆藏的编号为 52/35/18 的《政府文件之苏格兰卷》。）

84 参见威廉·埃尔德顿（William Elderton）所著的《新歌谣：宫廷上恐怖的枪

声……》。

85 参见《政府文件汇编国内卷之伊丽莎白 1581~1590 年》第 126 页。

86 参见《政府文件汇编国内卷之伊丽莎白 1581~1590 年》第 127 页。西班牙驻英大使声称，爱德华·阿登（Edward Arden）及其妻子玛丽，以及天主教牧师休·霍尔（Hugh Hall）将会被处决；然而，女尸是不会被分尸的，因为这不符合当时的英格兰法律。事实上因为爱德华·阿登的妻子已有孕在身，所以推迟了对她的审判。参见《政府文件汇编国内卷之伊丽莎白 1581—1590 年》第 18 卷第 651—652 页。另见里德（Read）所著的《国务大臣沃尔辛厄姆》第 2 卷第 381 页的脚注。

87 参见大英图书馆馆藏的科顿搜集的编号为 Caligula B v 的手稿第 159 对折页。由沃尔辛厄姆手下工作人员记录的、议会对协议的辩论简报参见对折页第 222—223 页左页。

88 参见哈特菲尔德庄园保存的塞西尔家族档案编号为 13/177 的文件（Hatfield House CP 13/177）和大英图书馆馆藏的编号为 48072 的增补手稿对折页第 251 页左页。

89 参见"《伊丽莎白 27 年法案》第 1 章"。

90 参见英国国家档案馆馆藏的编号为 12/176/22 的《政府文件》和格雷夫斯（Graves）所著的《权力的轮廓》第 94 页。1562 年 10 月，伊丽莎白因为得了天花，病情严重以至于一段时间说不了话，伯利在此期间制订了一些相似的计划。

91 参见大英图书馆馆藏的编号为 48027 的增补手稿对折页第 242—247 页左页。

92 参见大英图书馆馆藏的兰斯登搜集的编号为 43 的手稿（BL Lansdowne MS 43）第 3 条；有 3 个对折页。

93 参见哈钦森所著的《伊丽莎白的超级间谍》第 146 页。

94 托马斯·德洛尼所制作的大幅宣传单页，1586 年由理查德·琼斯（Richard Jones）在伦敦印刷出版，以纪念此事。该宣传页标题为《女王陛下的忠实臣民在得悉伦敦破获了一起最新的叛国阴谋后喜不自胜所作的一首欢快歌曲》，内容包括一副粗糙的木刻雕像画及一首简明有力的短诗：

> 心里装着罗马的英格兰人到底是什么恶魔蒙住了你们的心，
> 竟像那些叛国者一样推翻君王搞乱国家，真令人难以置信，
> 难道你们都忘了吗？想想你对女王陛下应尽的义务和承诺，

你的信仰你的誓言荡然无存，邪恶的心竟然全部释放无疑，

愿上帝保佑，戳穿你的伎俩，让你的叛国罪行普天下皆知。

（参见伦敦古文物协会保存的编号为 STC 6557 的《从亨利八世到伊丽莎白时期的平面印刷品 1519—1603》第 83 页对折页）。

95 关于伊丽莎白为逃避担负玛丽死亡的责任所做的非常规计划，参见里德所著的《行刺苏格兰女王玛丽的动议》。

96 关于苏格兰女王玛丽受审和处决的完整描述，参见哈钦森所著的《女王的超级间谍》第 169—220 页。彼得伯勒主任牧师理查德·弗莱切 (Richard Fletcher) 目睹了此事的经过，他对该事件的描述见大英图书馆馆藏的编号为 48027 的增补手稿对折页第 653—658 页左页，第 650 页附有插图。其他记录见大英图书馆馆藏的科顿搜集的编号为 Caligula B. v 的手稿对折页第 175 页左页—176 页及哈特菲尔德庄园保存的塞西尔家族档案编号为 16/17 和 164/170 的文件。

第二章 战端未开，流言四起

1 参见穆丁（Murdin）所著的《政府文件集》第 1 卷第 592 页。

2 韦拉克鲁斯位于墨西哥湾，于 1519 年耶稣受难日那天由埃尔南·科尔特斯首先发现并登上该岛，将其命名为“财富之乡韦拉克鲁斯”（Villa Rica de la Vera Cruz）。把它命名为 Villa Rica（意为“富裕的村庄”），是因为西班牙人在这里发现了大量金矿，而 Vera Cruz（意为“真正的十字架”）指他上岸后于当天所举行的宗教仪式。

3 这是霍金斯第三次为进行奴隶贸易而远航（slaving voyage）。第一个从事奴隶贸易的英格兰人是伦敦商人约翰·洛克（John Lock），1555 年，他从圭亚那（Guinea）带回 5 名奴隶。

4 参见马丁利（Mattingly）所著的《击败西班牙无敌舰队》第 85 页。“宠臣号”上没有足够的粮食储备提供给遭袭击后的幸存者，最后 100 名船员自愿被送上墨西哥沿岸的其他地方——他们上岸后被俘。

5 参见萨默塞特所著的《伊丽莎白一世》第 416 页。

6 参见同上，第 537 页。

7 大开曼岛（Grand Cayman）位于加勒比海，无人定居。英格兰人杀了 20 头

短吻鳄："岛上有鳄鱼，我们撞上了鳄鱼，并与其展开搏斗。海上和陆地上都有鳄鱼的踪影。我们捉住了几只，发现肉味鲜美。这些鳄鱼大都长 10 英尺（3.05 米）。"参见科比特（Corbett）所著的《西班牙战争》第 22—23 页。有关德雷克的行动规划，参见大英图书馆馆藏的兰斯登搜集的编号为 100 的手稿对折页第 98 页。

8 参见马丁和帕克（Martin & Parker）合著的《西班牙无敌舰队》第 91 页。

9 参见注释 4 马丁利的著作第 82 页。

10 参见同上，第 82 页。

11 参见注释 8 马丁和帕克的合著第 95—96 页。1577 年，埃斯卡兰特在塞维利亚出版了《葡萄牙人东方各国各省航海及中国奇观消息记》（也称《远航记》）。该书是最早的关于中国地舆学方面的著作。尽管书名冗长，但是该书只有 200 页，这也反映了那个时代对中国所知甚少。6 年后，艾斯卡兰特出版了《论战争的艺术》。

12 参见注释 8 马丁和帕克的合著第 96 页。

13 参见《政府文件汇编国内卷之伊丽莎白 1581—1590 年》第 11 页。

14 参见科比特所著的《西班牙战争》第 61—63 页。

15 参见《政府文件汇编国内卷之伊丽莎白 1581—1590 年》第 305 页、323 页及 324 页。1583 年，英格兰商人报告称，腓力二世命圣克鲁斯统帅 250 艘加来式战舰，准备从法国的瑟堡出发入侵英格兰，"并且在那里法国国王将协助他们直切过来在朴次茅斯登陆"。参见哈特菲尔德庄园保存的塞西尔家族档案编号为 162/148 的文件。

16 这年 2 月，肯特郡的谢佩岛也发生数起骚乱。在苏塞克斯，据说市场上的谷物供应量充足，但"价格高企，1 蒲式耳（干货计量单位，相当于 9.9 升）的小麦价格为 3 先令 4 侏儒（17 便士，以 2013 年的购买力约合 441 英镑）"。参见《政府文件汇编国内卷之伊丽莎白 1581—1590 年》第 305 页和 323 页。饥荒仍在持续：1587 年 1 月 2 日，英政府发布公告称，"可以预见，由于去年年成不好，今年的玉米和其他食物将继续短缺"，并命令各地市场以"合理的价格"出售食品。公告还指责"玉米大户等太过贪婪，缺乏慈善之心"。参见大英图书馆馆藏的兰斯登搜集的编号为 48 的手稿第 120 对折页及第 8161 项的简化目录。

17 参见里德（Read）所著的《国务大臣沃尔辛厄姆》第 3 卷第 219 页。

18 参见大英图书馆馆藏的哈利父子搜集的编号为6993的手稿对折页第125页和哈钦森所著的《伊丽莎白的超级间谍》第205页。

19 参见注释17里德的著作第3卷第220页。

20 波因茨是伊丽莎白的枢密院司库托马斯·赫尼奇爵士（Sir Thomas Heneage）的妹夫，他还是内殿法律学院（Inner Temple）的一名学生。他是一名公认的双重间谍。沃尔辛厄姆正是利用他将假情报传给西班牙政府。他的上线是时任西班牙驻巴黎的大使门多萨。

21 参见《政府文件汇编国内卷之伊丽莎白1581~1590年》第340页。

22 参见注释8马丁和帕克的合著第96—98页。

23 参见1587年2月11日腓力二世从马德里给奥利瓦雷斯伯爵写的信。具体参见《政府文件汇编之西班牙卷（西曼卡斯专辑）》第4卷第16页。公主是腓力二世和他的第三任妻子瓦卢瓦的伊丽莎白所生的年仅10岁的女儿伊莎贝拉·克莱拉·尤金妮亚（Isabella Clara Eugenia）。她最后嫁给了奥地利大公阿尔贝特七世（Albert Ⅶ），但是无嗣而终。玛丽的遗嘱是1577年2月由她的秘书克劳德·诺（Claude Nau）执笔，她本人修改的，现藏于大英图书馆馆藏的科顿搜集的编号为Vespasian C xvi的手稿第145对折页。另有伊丽莎白的枢密院书记官罗伯特·比尔（Robert Beale）的附有笔记的摘录版存于大英图书馆编号为48027号增补手稿对折页第530页。

24 参见注释4马丁利的著作第83页。

25 参见注释8马丁和帕克的合著第104页。

26 关于成书于1584—1589年间的西班牙岁入概算等类似的文件，参见大英图书馆馆藏的编号为63724号增补手稿对折页第99—105页。

27 参见威尔伍德（Welwood）所著的《大多数材料的交易……》第8—9页；注释17里德的著作第3卷第285—286页的脚注及《大英百科全书》（1747—1766）第6卷第3页和第852页的《萨顿生平》或《大不列颠历史上最显赫人物的生平》。一篇写于17世纪的长达27页的关于萨顿的“生平”部分，并没有提到他曾经参与这场阴谋，该文件为大英图书馆馆藏的斯登搜集的编号为1198的手稿。

28 参见《政府文件汇编之西班牙卷（西曼卡斯专辑）》第4卷第127页。西克斯图斯是首个宣称堕胎即犯杀人罪的教皇。

29 参见迈耶（Meyer）所著的《英格兰与天主教会……》第329页。

30 参见《政府文件汇编之西班牙卷（西曼卡斯专辑）》第 4 卷第 51 页。

31 参见同上，第 114 页。

32 参见同上，第 116~118 页。国王在备忘录中写道：“尽管按照该事件的性质及惯常的处理方式，这封信应该确系玛丽本人所写，但目前所能接触到的文件并不能证明（玛丽的）遗嘱为她亲手所写。我敢肯定您手上并没有遗嘱的原件，如果唐·伯纳迪诺（门多萨）能够弄到原件，我们保证它会安全地送达您手上。但我们现在确有这样一版遗嘱……”

33 参见 1587 年 6 月 17 日、18 日和 22 日弗朗西斯·恩格尔菲尔德从马德里给腓力二世写的信。具体参见《政府文件汇编之西班牙卷（西曼卡斯专辑）》第 4 卷第 112 页。

34 据代号为“B.C.”的英格兰间谍报告，腓力二世起初每天给达德利发放一笔 6 克朗的津贴。“如果我现在有一本字母表（他所使用的密码是一组用字母作为替代的编码），我会详细告诉您他那些下流的话有多让人难堪。”（参见大英图书馆馆藏的哈利父子搜集的编号为 296 的手稿对折页第 190 页。）这个年轻人是否就是“达德利先生”，即流亡牧师罗伯特·珀森斯在 1590 年提到当年派到英格兰的其中一名神学院牧师？（参见英国历史手稿委员会保存的索利兹伯里档案第 4 卷第 69 页）与此相反，大英图书馆馆藏的兰斯登搜集的编号为 53 的手稿第 79 条是一篇安妮·伯内尔（Anne Burnell ）的记述，她在伦敦声称自己是玛丽一世和腓力二世的女儿。并且诡异的是，她的背上竟然有英格兰的纹章的刺青。然而，最后证明她是个疯子。“生活的凄苦和不幸”及被丈夫抛弃的事实把她逼疯了。

35 参见 1587 年 8 月 7 日西克斯图斯五世从罗马给腓力二世写的信。具体参见《政府文件汇编之西班牙卷（西曼卡斯专辑）》第 4 卷第 132—133 页。

36 参见 1587 年 3 月 16 日奥利瓦雷斯从罗马给腓力二世写的信。具体参见同上，第 38—39 页。

37 参见注释 8 马丁和帕克的合著第 105 页。

38 参见 1587 年 3 月 2 日奥利瓦雷斯从罗马给腓力二世写的信。具体参见《政府文件汇编之西班牙卷（西曼卡斯专辑）》第 3 卷第 285 页。

39 协议全文参见注释 29 迈耶的著作第 454 页。另参见麦格拉斯（McGrath）所著的《天主教徒与清教徒……》第 199 页。

40 参见注释 27 威尔伍德的著作第 8—9 页和注释 17 里德的著作第 3 卷第 285 页。

41 该信息的来源是一名枢机主教的侄子奥达·科隆纳（Oda Colonna）。此人被荷兰人抓获并接受了审讯。起初没有人相信他的说辞。参见注释 8 马丁和帕克的合著第 106 页。

42 参见斯特赖普（Strype）所著的《编年史》第 3 卷第 2 册第 551—552 页。

43 参见《政府文件汇编国内卷之伊丽莎白 1581—1590 年》第 386 页和注释 7 科比特的著作第 192~193 页。

44 坎塔尔又称公担，为重量计量单位。1 坎塔尔相当于 102 磅（46.28 千克）。巴特是一种大酒桶，其容量不一，但一般来说可容纳 108 加仑（477 升）。

45 参见《政府文件汇编国内卷之伊丽莎白 1581—1590 年》第 383 页和 388 页。

46 参见罗斯（Rowse）所著的《都铎王朝时期的康沃尔郡》第 395 页。

47 参见《政府文件汇编国内卷之伊丽莎白 1581—1590 年》第 387、391、394 和 399 页。

48 参见劳顿（Laughton）所著的《击败西班牙无敌舰队》第 1 卷第 58—62 页。

49 参见《政府文件汇编之西班牙卷（西曼卡斯专辑）》第 4 卷第 24 页。据西班牙驻法大使门多萨的描述，雷利“对海军的备战相当冷淡，并暗地里努力劝说女王无须准备”。1587 年 1 月，门多萨报告称，他和雷利“数次会晤”并“告诉他为腓力二世效力是明智之举”，因为“女王的恩宠不可能持久”。据说雷利同意阻止英格兰对西班牙和葡萄牙的远征。（参见同上，第 1 页）。

50 按照加利亚斯式战舰类型打造的“彩虹号”几个月前就已经出发。其指挥官为亨利·贝灵厄姆（Henry Bellingham）。

51 这些伦敦市商船有：“皇家商船号”（400 吨），“苏珊号”（Susan）（350 吨），“爱德华·博纳旺蒂尔号”（300 吨），“玛格丽特与约翰号”（210 吨），“所罗门号”（200 吨），“乔治·博纳旺蒂尔号”（150 吨），“托马斯·博纳旺蒂尔号”（Thomas Bonaventure）（150 吨），“宠臣号”（200 吨）。参见科比特所著的《德雷克和都铎王朝的海军》的第 2 卷对折页第 68 页。后来，西班牙人对德雷克率领的舰队这样描述道：“两艘排水量至少为 500 吨的旗舰（capitana）；两艘排水量同样在 500 吨之上的副旗舰；一艘和副旗舰同样造型的舰船；两艘造型极为漂亮的排水量为 200 吨的加利亚斯式战舰；7 艘排水量在 150 吨的舰船及 13 艘排水量在 50—60 吨的三帆快速战舰。”（参见《政府文件汇编之威尼斯卷》第 8 卷第 275 页。）

52 参见大英图书馆馆藏的兰斯登搜集的编号为 56 的手稿对折页第 175 页。协议由德雷克签字确认，由公证人理查德·梅（Richard May）核验和认证。

53 参见《政府文件汇编之西班牙卷（西曼卡斯专辑）》第4卷第97页。

54 参见同上，第63页。

55 参见1587年4月11日托马斯·芬纳从普利茅斯给沃尔辛厄姆写的信。具体参见《政府文件汇编国内卷之伊丽莎白1581—1590年》第401页。

56 参见霍珀（Hopper）所著的《弗朗西斯·德雷克爵士的光辉服役》第5页。

57 参见科比特所著的《西班牙战争》第103~104页。

58 据说传信人是约翰·霍金斯的“贱种”（私生子）。

59 参见注释56霍珀的著作第28~29页。

60 参见尼尔所著的《随笔》第174页；注释8马丁和帕克的合著第106页。据说，门多萨在英格兰大使馆中有3个线人——但是这3个人可能指的是同一个人。

61 参见注释56霍珀的著作第29页。

62 此时，加的斯依然没有完全从1569年烧毁老城区的大火中恢复生机。

63 参见注释4马丁利的著作第96页。

64 参见同上，第97页。

65 此处参考了法国人对德雷克发起的攻击的记述。参见科比特所著的《西班牙战争》第117页。

66 要避免沉没必须登岸。

67 参见大英图书馆馆藏的兰斯登搜集的编号为53的手稿对折页第23页。

68 参见1587年5月7日德雷克在“伊丽莎白·博纳旺蒂尔号”给“布道者”约翰·福克斯（John Foxe）写的信；具体参见大英图书馆馆藏的哈利父子搜集的编号为167的手稿对折页第104页。德雷克亲手在后面做了补充说明：“敌人纵然千千万万，但是我们的主（Protector）却主宰着这个世界。让我们继续祈祷，我们的主耶稣能继续帮助我们，在需要的时候展现他的仁慈。”但是喜欢辩论的新教徒福克斯并没有收到这封信。德雷克写这封信之前，福克斯就已经去世了。

69 参见奥利亚（Oria）等人所著的《不可战胜的无敌舰队》，文件14 bis。

70 参见注释4马丁利的著作第107页。

71 参见大英图书馆馆藏的哈利搜集的编号为167的手稿对折页第104页右页。这份手稿可能出自罗伯特·伦（Robert Leng）之手。

72 因为在加的斯战役的表现，德·阿库尼亚变得声名狼藉。后来在无敌舰队之役中，他仅仅是一名随从指挥官，不能单独指挥战斗。

73 参见奥利亚等人所著的《不可战胜的无敌舰队》第 230 页。

74 参见注释 8 马丁和帕克的合著第 104 页。

75 参见注释 56 霍珀的著作第 7 页。

76 参见鲍德温（Baldwin）主编的《牛津国家人物传记词典》（ODNB）第 6 卷第 671 页《威廉·伯勒》部分。

77 参见大英图书馆馆藏的兰斯登搜集的编号为 52 的手稿第 39 条。

78 参见注释 56 霍珀的著作第 42 页。

79 参见同上，第 19 页。

80 参见科比特所著的《西班牙战争》第 107—108 页。

81 参见《政府文件汇编之威尼斯卷》第 8 卷第 283 页。

82 参见注释 48 劳顿的著作第 2 卷第 101 页。伯勒针对德雷克的指控的辩护词参见现存于大英图书馆的兰斯登搜集的编号为 52 的手稿第 31 条。1587 年 5 月 30 日在"伊丽莎白·博纳旺蒂尔号"的甲板上召开的军事法庭审判的记录见大英图书馆馆藏的编号为 12505 的增补手稿。

83 参见 1587 年 7 月 3 日"蓬佩奥·佩莱格里尼"（别名安东尼·斯坦登）给雅克莫·马努奇（Jacomo Manucci）写的信。具体参见大英图书馆馆藏的哈利父子搜集的编号为 296 的手稿对折页第 44 页。马努奇是佛罗伦萨人，被囚禁之前于 1573—1574 年间在法国效力于沃尔辛厄姆。回到伦敦后，他在圣安德鲁井下教区（St Andrew Undershaft）生活，掌管着英格兰在欧洲的部分间谍网。

84 参见大英图书馆馆藏的哈利父子搜集的编号为 6994 的手稿对折页第 76 页。沃尔辛厄姆的计划得到了海军大臣霍华德及枢密院的科伯姆和汉斯顿勋爵的支持。

85 参见注释 1 穆丁的著作第 2 卷第 592 页。

第三章　守土卫国

1 参见《政府文件汇编国内卷之伊丽莎白 1581—1590 年》第 483 页。

2 其真实姓名为约翰尼斯·马勒（Johannes Müller）（1436—1476）。探险

家克里斯托弗·哥伦布（Christopher Columbus ）正是利用他所著的《历书》（Ephemeris）才成功地预测了1504年2月29日发生的月食，从而打动牙买加岛（Jamaica ）上的居民（当时他被困在了牙买加），说服他们给了他一些食物。“雷乔蒙塔努斯”是新教改革者菲利普·梅兰克森（Phillip Melanchthon）在1534年给马勒起的称呼。皇家城堡（Königsburg）是当时东普鲁士（east Prussia）的首都，即今天的加里宁格勒州（Kaliningrad），两者实为同一地方，同一名字。

3 参见马丁利所著的《击败西班牙无敌舰队》第167页。

4 参见大英图书馆馆藏的科顿搜集的编号为Caligula C ix的手稿对折页第2页。

5 伊丽莎白希望能像父亲亨利八世在1513年和16世纪40年代所做的一样，能够不惜一切代价避免两线作战。

6 参见马丁和帕克合著的《西班牙无敌舰队》第103页。马克斯韦尔（1553—1593）采用神圣罗马帝国的双头鹰旗帜作为自己的个人旗帜。他被囚禁但是在无敌舰队带着残兵败将回到西班牙后即被释放。随后，他当上了马克斯韦尔家族的族长，他带头入侵了约翰斯通家族（Johnstone）古老的土地安嫩代尔（Annandale）。但是1593年12月3日，他的部队在洛克比（Lockerbie）附近的德莱弗沙洲（Dryfe Sands）遭遇伏击，手下700人丧命。传说中他是准备投降的，但他的手才刚伸出去就被一把剑削掉，随后他被砍成了碎块儿。

7 参见《政府文件汇编国内卷之伊丽莎白1581—1590年》第314页。

8 参见同上，第322页。

9 参见大英图书馆馆藏的哈利父子搜集的编号为296的手稿对折页第48页。事实上西克斯图斯对刺杀伊丽莎白的建议根本就不想听。这和他的前任格列高利十三世的做法全然相反。格列高利的国务大臣曾宣称：“现在，这个罪恶的英格兰妇人用篡权夺位的手段霸占着基督教两个尊贵的王国（英格兰和爱尔兰），并且正是因为她天主教信仰才遭受了巨大的伤害，数百万的人才失去了生命。鉴于此，无论是谁，只要是为了服务上帝这一正当目的，都可以将其从这个世界中铲除。这样做非但不是作恶，而恰恰相反，是在做一件令人称赞的壮举。特别是现在，庇护五世对那个妇人的宣判仍音犹在耳。”参见麦格拉斯所著的《天主教徒与清教徒……》第195页。

10 参见《政府文件汇编国内卷之伊丽莎白1581—1590年》第484页。

11 参见《政府文件汇编国内卷之伊丽莎白1581—1590年》第323页。这几个人中，托马斯·霍尔曼（Thomas Hollman）、汉弗莱·霍尔曼（Humphrey Hollman）、威廉·斯旺利（William Swanley）、罗伯特·彭特科斯特（Robert Pentecost）、罗伯特·奥尔德（Robert Alder）、威廉·道森（William Dawson）、拉尔夫和理查德·萨德勒（Ralph and Richard Sadler）及理查德·詹姆士（Richard James）都是布里斯托尔的商人。而约翰·罗伯茨（John Roberts）、罗伯特·巴勒特（Robert Barratt ）及弗朗西斯·鲍莉斯（Francis Poyllis）的籍贯未知。

12 参见 1587 年 4 月 5 日门多萨从巴黎给腓力二世写的信。具体参见《政府文件汇编之西班牙卷（西曼卡斯专辑）》第 4 卷第 62 页。

13 参见大英图书馆馆藏的科顿搜集的编号为 Vespasian C viii 手稿第 207 对折页。

14 参见 1587 年 7 月 12 日门多萨从巴黎给腓力二世写的信。具体参见《政府文件汇编之西班牙卷（西曼卡斯专辑）》第 4 卷第 123 页。

15 后来，乌斯利作为一名绅士志愿者加入德雷克的“复仇者号”与无敌舰队作战。海军大臣霍华德表达了对他的嘉奖：“女王陛下对其在西班牙开展的……工作十分满意……鉴于其在以往及最近在对西班牙舰队的战斗中做出的卓越的情报工作，特将伦敦圣海伦大教堂（教区长住宅区）租借给他，以示嘉奖。”参见《政府文件汇编之西班牙卷（西曼卡斯专辑）》第 4 卷第 123 页脚注。

16 参见里德所著的《国务大臣沃尔辛厄姆……》第 3 卷第 290 页。

17 参见大英图书馆馆藏的哈利父子搜集的编号为 6994 的手稿对折页第 76 页。

18 相比之下，今天的英国情报与安全部门，军情五处、军情六处及政府通讯总局（在职能上分别对应美国的联邦调查局、中央情报局和国家安全局）2013 年的预算费用为 22 亿英镑。

19 参见《政府文件汇编之西班牙卷（西曼卡斯专辑）》第 4 卷第 123 页。

20 参见迪肯（Deacon）所著的《英国情报史》第 20 页。

21 北福尔兰角。

22 参见 1587 年 9 月 4 日腓力二世从埃尔埃斯科里亚尔宫给帕尔马写的信。具体参见《政府文件汇编之西班牙卷（西曼卡斯专辑）》第 4 卷第 136—137 页。

23 参见注释 6 马丁和帕克的合著第 119 页。

24 参见英国国家档案馆馆藏的编号为 9/210/33 的《政府文件》。

25 参见《政府文件汇编国内卷之伊丽莎白 1581—1590 年》第 472 页。

26 参见同上，第 486 页。

27 发生在1554年5月。

28 参见劳顿所著的《击败西班牙无敌舰队》第1卷第213页。

29 参见《哈德威克档案》(*Hardwick Papers*)第1卷第360页。

30 参见《政府文件汇编国内卷之伊丽莎白1581—1590年》第470页。

31 参见《枢密院法令全集》第16卷第168页;《政府文件汇编国内卷之伊丽莎白1581—1590年》第507页;费尔南德斯-阿梅斯托(Fernandez-Armesto)所著的《西班牙无敌舰队:亲历战争》第111页。伯利承认,自己因为担忧泰晤士河高达1470英镑的防务开支而整宿地失眠。沃尔辛厄姆在里斯本安插了一个间谍,叫理查德·吉布斯(Richard Gibbes)。他的伪装身份是苏格兰人。当西班牙人问他无敌舰队的船只可以在英格兰的哪些河流、港口驻泊通行时,他故意误导他们说,泰晤士河的水路"极其糟糕,整条河到处都是沙坝,海军船队绝对无法通过"。参见注释20迪肯的著作第20页。

32 参见大英图书馆馆藏的编号为44839的增补手稿。

33 参见《政府文件汇编国内卷之伊丽莎白1581—1590年》第304页。

34 参见博因顿(Boynton)所著的《伊丽莎白时期的民兵》第129页。

35 参见英国国家档案馆馆藏的编号为MPF1/134的文件。

36 参见麦克德莫特(McDermott)所著的《英格兰与西班牙:一场必要之争》第187页。

37 1587年3月,沿海各郡县均只有萨克尔炮、米宁炮、鹰嘴炮各2门。参见同上,第184页。

38 乔治爵士是汉斯顿勋爵之子。历史证明他的论点是正确的:1545年,一支2000多人的法国部队在怀特岛登陆。

39 参见英国国家档案馆馆藏的编号为12/168/4的《政府文件》。1587年3月,英格兰人对卡里斯布鲁克城堡进行整修加固,并在城堡外围加挖壕沟。

40 参见《枢密院法令全集》第14卷第229页。

41 棱堡突出于主城堡之外,可以在侧翼提供火力,阻止攻击者攀爬城墙。

42 参见注释34博因顿的著作第130页。

43 参见《政府文件汇编国内卷之伊丽莎白1581—1590年》第440页。

44 参见奥尼尔和斯蒂芬斯合著的《诺福克郡考古史》第28卷第5—6页。

45 参见《枢密院法令全集》第15卷第351页。

46 参见《关于推进亨利八世执政第33年出台的关于火炮保养维护及打击非法

游戏等法案的执行力度的公告》。(见《古文物协会公告集》第4卷对折页第26页的《伊丽莎白 1558—1590 年》)。

47 参见《枢密院法令全集》第14卷第110页和212页。

48 参见霍格(Hogg)所著的《英格兰的战果》第25页。

49 参见注释34博因顿的著作第141页。

50 参见休斯和拉金合著的《都铎王朝的皇家声明》第2卷第541—542页。

51 参见英国历史手稿委员会保存的福尔贾姆档案(HMC Foljambe)第40页。除了克里斯托弗·哈顿和苏塞克斯伯爵,沃尔辛厄姆要比任何英格兰贵族和枢密院成员的贡献都要大。

52 参见《枢密院法令全集》第15卷第88—89页和大英图书馆馆藏的编号为21565的增补手稿对折页第21页。

53 参见大英图书馆馆藏的编号为21565的增补手稿对折页第21页。

54 参见注释34博因顿的著作第143页。

55 参见同上,第143页。

56 钩镰兵(Billmen)一般手持戟和矛等"棍状兵器"。这些兵器有些是从农具演化而来的。

57 参见《政府文件汇编国内卷之伊丽莎白 1581—1590 年》第75页。

58 参见同上,第485页。

59 在亨廷顿郡,其中一名叫"奥利弗·克伦威尔"的船长,手下有200号弟兄(参见穆丁所著的《政府文件集》第2卷第601页)。在内战中他支持王室,捐了一大笔钱。据说,1655年克伦威尔在洗完澡擦干身体之后跳进火坑,离开人世,享年92岁。此克伦威尔并非17世纪中叶统治英格兰共和国的护国公"克伦威尔"(生于1599年),而是护国公的叔叔和教父。

60 参见《政府文件汇编国内卷之伊丽莎白 1581—1590 年》第521页。

61 参见麦克格(McGurk)所著的《肯特郡对无敌舰队的备战工作》第80页。

62 参见注释6马丁和帕克的合著第255页。

63 一种带帽舌和护颊的头盔。

64 参见《政府文件汇编国内卷之伊丽莎白 1581—1590 年》第520页。

65 参见英国历史手稿委员会保存的福尔贾姆档案第35页。

66 参见注释61麦克格(McGurk)的著作第71页。

67 参见英国国家档案馆馆藏的编号为12/199/93的《政府文件》。

68 参见英国历史手稿委员会保存的福尔贾姆档案第 33 页和 39 页。

69 参见卢米埃（Loomie）所著的《伊丽莎白时期的西班牙裔英格兰人》第 7 页。

70 参见大英图书馆馆藏的兰斯登搜集的编号为 50 的手稿第 19—21 项。

71 参见《政府文件汇编国内卷之伊丽莎白 1581—1590 年》第 445 页。

72 参见同上，第 449 页。有不少人在那个艰难的年代死去。16 世纪 80 年代，塞缪尔·卢克诺（Lewknor）加入了帕尔马的军队担任上尉，在战斗中胳膊负伤。他娶了一个布拉班特商人的女儿为妻，却为妻子的嫁妆打官司而丧尽家产。1590 年一文不名的卢克诺请求英格兰给他发放护照。5 年后他出版了《英格兰流亡者的生存状态》一书。在这本书中他发出警告，提醒人们西班牙人帮助英格兰流亡者的动机不纯。他们是为了在英格兰“播下不和的种子”或让流亡者加入腓力二世的军队然后要他们的命。参见注释 69 卢米埃（Loomie）的著作第 10 页。

73 参见《政府文件汇编国内卷之伊丽莎白 1581~1590 年》第 472 页。

74 参见同上，第 463 页。

75 参见沃森（watson）所著的《威斯贝奇镇的历史概述》（威斯贝奇，1827 年）第 127 页和哈钦森所著的《伊丽莎白的超级间谍》第 305—306 页。

76 参见卡温顿（Covington）所著的《殉道之路……》第 70 页。

77 参见《政府文件汇编国内卷之伊丽莎白 1581~1590 年》第 425 页。

78 参见同上，第 458 页。

79 参见注释 34 博因顿的著作第 149 页。

80 理查德·奈特莉爵士负责汉普郡新的烽火台的建设。1586 年 12 月他致信爱德华·蒙塔古，询问“构筑一个烽火台所需的伐木数量”，蒙塔古认为“除非所伐的树特别大，比一般的树木大得多，否则每个烽火台至少需要伐 3 棵树”。参见英国历史手稿委员会蒙塔古档案（HMC Montague）第 12 页。最早的烽火警报系统始建于 1324 年，当时在怀特岛建了 31 个烽火台。无论是在 1745 年查尔斯·斯图亚特亲王——即“美王子”查理——准备在英伦岛南部登陆时，还是在 1804 年拿破仑·波拿巴磨刀霍霍准备入侵英格兰时，这些烽火台都依然还在发挥着作用。（参见怀特所著的《肯特郡的烽火报警系统》第 78—79 页和第 91 页。）

81 参见基钦（Kitchen）所著的《恐怖的战火：埃塞克斯郡的烽火报警系统》第 42 页。距今天最近的肯特郡的烽火台分布图参见大英图书馆馆藏的编号为

62935 的增补手稿。

82 人们推测敌人不会在冬季发动入侵。1580 年 12 月，汉普郡的法官们接到命令，鉴于“天气恶劣”，暂停烽火台的监控工作。

83 参见注释 34 博因顿的著作第 130 页和注释 81 基钦的著作第 42 页。

84 参见《政府文件汇编国内卷之伊丽莎白 1581—1590 年》第 339—340 页。

85 参见萨里郡地方志历史文献中心保存的编号为 LM/1945 的手稿。

86 参见怀特所著的《汉普郡烽火报警系统》第 279 页。

87 参见《枢密院法令全集》第 15 卷第 xi 页和 17 页。

88 普尔市向枢密院陈情，报告普尔正遭遇“衰退并丧失部分功能”，因此他们认为“宜便宜行事，给予普尔市宽松政策，缓解该市的沉重负担”。参见《枢密院法令全集》第 16 卷第 23 页。

89 参见《政府文件汇编国内卷之伊丽莎白 1581—1590 年》第 473 页；《枢密院法令全集》第 15 卷第 59 页。

90 参见尊敬的 J. 西尔维斯特 · 戴维斯所著的《南安普敦的历史》（南安普敦，1883）第 253 页。

91 参见《政府文件汇编国内卷之伊丽莎白 1581—1590 年》第 447 页；《枢密院法令全集》第 15 卷第 60 页。

92 参见《枢密院法令全集》第 15 卷第 92 页。

93 相较而言，1547 年 1 月亨利八世去世时英格兰海军共有战舰 53 艘，总排水量 1 万吨。

94 参见注释 28 劳顿的著作第 1 卷第 23 页。

95 参见注释 6 马丁和帕克的合著第 33 页。

96 参见同上，第 34—35 页。

97 参见注释 36 麦克德莫特的著作第 77 页。

98 参见英国国家档案馆馆藏的编号为 12/208/79 的《政府文件》对折页第 181 页。

99 该船的原船主是沃尔特 · 雷利爵士，他以 5000 英镑的价格将该船售卖给海军，抵偿其欠女王的款项。1587 年 6 月 12 日，该船首次下水。

100 参见英国国家档案馆馆藏的编号为 12/208/87 的《政府文件》对折页第 201 页左页。

101 参见英国国家档案馆馆藏的编号为 12/209/40 的《政府文件》对折页第 77 页。

第四章　壮哉！海军！

1　参见劳顿所著的《击败西班牙无敌舰队》第 1 卷第 175 页。

2　身在罗马的西克斯图斯教皇认为，海军司令圣克鲁斯侯爵是“愤恨而死，因为国王颁布了两条敕令：其一，他必须与托莱多家族的唐 · 佩德罗 · 德 · 丰特斯同行；其二，他必须听命于帕尔马公爵”。参见《政府文件汇编之威尼斯卷》第 8 卷第 343 页。

3　1643 年圣克鲁斯的遗体被移葬于圣弗朗西斯科的女修道院。

4　参见《政府文件汇编之威尼斯卷》第 8 卷第 339 页。

5　参见马丁利所著的《击败西班牙无敌舰队》第 192 页。

6　1 月初，威尼斯大使列出了一份花名册。花名册上病故者 3000 人，染病者 1000 人，还有 1000 人当了逃兵。

7　参见《政府文件汇编之威尼斯卷》第 8 卷第 329 页。

8　1587 年，这艘威尼斯船在西西里港时被征用。西班牙人雇用它来往里斯本转移部队。

9　参见《政府文件汇编之威尼斯卷》第 8 卷第 336 页。西班牙人打算用木头建一些临时要塞来防卫肯特郡的桥头堡。

10　参见同上，第 337—338 页。

11　参见《政府文件汇编之西班牙卷（西曼卡斯专辑）》第 4 卷第 187—188 页。

12　参见同上，第 200 页。

13　参见汤普森（Thompson）所著的《梅迪纳 · 西多尼亚……》第 198 页。

14　参见《政府文件汇编之威尼斯卷》第 8 卷第 30 页。

15　里亚尔（real）是一种较小的西班牙银币，直径 0.8 英寸（20.3 毫米）。8 个里亚尔相当于 1 个银元。

16　参见 1588 年 2 月 16 日梅迪纳 · 西多尼亚从桑卢卡尔 – 德巴拉梅达（San Lúcar de Barrameda）给胡安 · 德 · 伊迪亚克斯写的信。具体参见《政府文件汇编之西班牙卷（西曼卡斯专辑）》第 4 卷第 207—208 页。杜罗（Duro）所著的《不可战胜的无敌舰队》第 1 卷第 414—417 页刊登了信的全文。梅迪纳 · 西多尼亚的收入主要来源于对外贸易（尤其是对英贸易）；尽管有人指控他出于一己之私纵容非法贸易，但事实上在两国敌对期间，他的收入是急剧下降的。参见注释 13 汤普森的著作第 213 页及布罗代尔（Braudel）所著的《地中海的……》第 575—576 页。虽然梅迪纳 · 西多尼亚哭穷，但他还是为无敌舰队出资 7 827 358 个铜币，约合 2245 英镑。

17 参见《政府文件汇编之威尼斯卷》第 8 卷第 319 页。

18 参见奥利亚等人所著的《不可战胜的无敌舰队》第 1 卷第 148 页；注释 13 汤普森的著作第 213 页；马丁和帕克合著的《西班牙无敌舰队》第 125 页。

19 参见《政府文件汇编之西班牙卷（西曼卡斯专辑）》第 4 卷第 209 页。

20 参见注释 5 马丁利的著作第 196 页。

21 在莱斯特返回英格兰后，他成了英格兰军队的统帅。

22 参见林肯郡档案馆馆藏的 1588 年 3 月（具体日期未知）编号为 8ANC/58 的文件。

23 参见费尔南德斯－阿梅斯托所著的《西班牙无敌舰队：亲历战争》第 15 页。

24 参见《政府文件汇编之威尼斯卷》第 8 卷第 341 页。

25 参见德库西 · 爱尔兰所著的《拉古萨与西班牙无敌舰队》。一些历史学家认为多达 23 艘拉古萨的船只加入了无敌舰队，其中有 12 艘是盖伦船；同上，第 254—255 页。

26 参见《政府文件汇编之威尼斯卷》第 8 卷第 332 页。

27 参见同上，第 340 页。

28 参见同上，第 351 页。

29 参见注释 18 奥利亚等人的著作第 112、114、125 和 136 页；注释 16 杜罗（Duro）的著作第 1 卷第 385 页；注释 13 汤普森的著作第 207 页。

30 参见《政府文件汇编之西班牙卷（西曼卡斯专辑）》第 4 卷第 225—226 页。

31 参见《政府文件汇编之西班牙卷（西曼卡斯专辑）》第 4 卷第 232—233 页和第 239 页。

32 参见《政府文件汇编之威尼斯卷》第 8 卷第 331 页和 336 页。

33 参见《政府文件汇编之西班牙卷（西曼卡斯专辑）》第 4 卷第 201 页。

34 参见《政府文件汇编之威尼斯卷》第 8 卷第 329 页。英格兰企图将觊觎王位的多姆 · 安东尼奥扶上葡萄牙的王位。这对于西班牙人来说是个重大威胁，也是他们打造无敌舰队的主要动机。参见阿姆斯特朗所著的《威尼斯急件》第 673—674 页及注释 13 汤普森的著作第 203 页。

35 参见《政府文件汇编之威尼斯卷》第 8 卷第 332 页和第 335 页。

36 参见《政府文件汇编之西班牙卷（西曼卡斯专辑）》第 4 卷第 202 页。

37 沃尔辛厄姆反复高烧，身体虚弱，“以至于几乎手无扶笔之力”。

38 参见《哈德威克档案》第1卷第360—361页。

39 参见《政府文件汇编之西班牙卷（西曼卡斯专辑）》第4卷第191页。

40 参见同上，第201页。伊丽莎白给参与谈判的主要负责人瓦伦丁·戴尔下达的指示，见哈特菲尔德庄园保存的塞西尔家族档案编号为17/2的文件。

41 参见注释5马丁利的著作第180页。

42 参见注释5马丁利的著作第223页和穆塞（Mousset）所著的《外交急件》第380页。

43 参见《政府文件汇编之威尼斯卷》第8卷第344页。后来，据格里蒂所说，贿赂金额高达50万克朗。

44 1576年开始鲁道夫二世（Rudolf Ⅱ）开始统治神圣罗马帝国。帝国的疆域涵盖了德国、奥地利，今天的捷克共和国，意大利北部及波兰和瑞士的西部。

45 参见《政府文件汇编之威尼斯卷》第8卷第345页。

46 参见同上，第363页。

47 参见《富格尔通讯》(1924）第122页。

48 再洗礼教教徒只承认成年后接受再洗礼的教徒为真正的教徒。

49 参见威廉·艾伦所著的《劝诫书》第xi页。落款处写着“1558年4月28日于罗马的圣彼得我自己的寓所”。为了知会教皇和帕尔马公爵，他们还将其翻译成意大利文。派驻伦敦的一名西班牙间谍在3月下旬警告说英格兰人打算下毒毒死艾伦，“我很确定英格兰人已经在部署此计划”。具体参见《政府文件汇编之西班牙卷（西曼卡斯专辑）》第4卷第239页。

50 参见同上，第289页；迈耶的《英格兰与天主教会……》第326页的脚注。

51 参见1588年7月21日帕尔马从布鲁日给腓力二世写的信。具体参见《政府文件汇编之西班牙卷（西曼卡斯专辑）》第4卷第351页。

52 参见1588年4月5日门多萨从巴黎给腓力二世写的信。具体参见《政府文件汇编之西班牙卷（西曼卡斯专辑）》第4卷第258页。

53 参见同上，第240—241页。

54 参见同上，第252页。

55 参见同上，第265页。

56 此处的“萨里伯爵”指的是阿伦德尔伯爵菲利普·霍华德。枢密院宣判第三代哈罗登的沃克斯男爵威廉·沃克斯（1535—1595）犯了违反国教罪并将其收监在弗利特监狱（the Fleet）。1581 年 2 月他在星室法院被控和他的姐夫托马斯·特雷瑟姆一道窝藏天主教牧师爱德蒙·坎皮恩。弗利特监狱位于伦敦城西城墙外的弗利特河东岸的法灵顿街。弗利特监狱始建于 1197 年，历史上 3 次被毁，分别是：1381 年的农民叛乱，1666 年的伦敦大火及 1780 年的戈登骚乱。1846 年，弗利特监狱被夷为平地，终于成为历史。

57 伊丽莎白在伍德斯托克期间被贝丁菲尔德软禁在家中。

58 在兰开斯特郡的花名册上，伯爵的兄弟威廉·斯坦利是一个“善良的天主教徒”。

59 参见《政府文件汇编之西班牙卷（西曼卡斯专辑）》第 4 卷第 184—186 页。文件的结尾这样写道：“我向上帝祈祷，希望我这把老骨头能够为陛下的这份伟大事业尽绵薄之力。上帝保佑国王，国王维护天主教信仰，为了天主教信仰，我愿意献出我的生命”。

60 参见《政府文件汇编之西班牙卷（西曼卡斯专辑）》第 3 卷第 80—86 页。

61 坎塔尔（金塔尔，也叫公担）：一种干货重量计量单位，1 坎塔尔相当于 102 磅（46.28 千克）。

62 法内加：容量单位。1 法内加的豆子相当于 2 蒲式耳（70.48 升）的。

63 阿罗瓦：液体体积计量单位。1 阿罗瓦相当于 3.5 加仑（15.91 升）。

64 大酒桶：无敌舰队的巨大的木质酒桶容量为 105 加仑（477 升）。

65 参见保存在哈特菲尔德庄园的塞西尔家族档案编号为 17/23 的文件。

66 和无敌舰队不同的是，英格兰舰队的“皇家方舟号”“伊丽莎白乔纳斯号”“复仇者号”“狮子号”“熊号”及“彩虹号”的随军牧师并未单独列出，而是计算在全体船员内。

67 参见《政府文件汇编之西班牙卷（西曼卡斯专辑）》第 4 卷第 284—285 页。

68 参见注释 23 费尔南德斯 - 阿梅斯托的著作第 52 页。

69 参见注释 23 费尔南德斯 - 阿梅斯托的著作第 8—9 页；《政府文件汇编之西班牙卷（西曼卡斯专辑）》第 4 卷第 269—270 页和第 284—286 页；《政府文件汇编国内卷之伊丽莎白 1581—1590 年》第 16 页。1588 年 3 月，伯利对英格兰舰队的食品供应成本感到震惊。他从每磅牛肉中削减 2 便士的供应量，并引入了“吃鱼日”（fish day）来减少牛肉的消耗。参见《政府文件汇编国内卷之伊丽莎白 1581—1590 年》第 468 页。

70 1588 年 4 月，在威廉·斯坦利变节，将代芬特尔镇献给西班牙人之后，帕尔马将一支 900 名爱尔兰人组成的部队交给威廉·斯坦利，同时帕尔马将 804 名苏格兰人士兵交给阿奇博尔德·佩顿。一份从佛兰德斯传来的情报显示帕尔马军队中的爱尔兰裔士兵凶残野蛮、行为不端，西班牙人将他们称为“邪恶的野蛮人”。参见《政府文件汇编国内卷之伊丽莎白 1581—1590 年》第 446 页。

71 参见 H. 奥唐奈（H. O’Donnell）所著的《征服英格兰，帕尔马公爵需具备的条件》，见加拉格尔和克鲁克香克（Gallagher & Cruickshank）合编的《一切都是上帝的安排》第 96—97 页。

72 参见大英图书馆馆藏的科顿搜集的编号为 Vespasian c viii 的手稿对折页第 105 页左页。

73 参见《政府文件汇编之西班牙卷（西曼卡斯专辑）》第 4 卷第 261—262 页。

74 参见怀特黑德（Whitehead）所著的《吹嘘与炫耀》第 58—78 页。

75 参见《政府文件汇编之威尼斯卷》第 8 卷第 351—352 页。

76 参见注释 5 马丁利的著作第 202—203 页；注释 18 马丁和帕克的合著第 128 页。

77 这是 16 世纪西班牙和其他天主教国家遵守的一种海军习俗。男童先念一遍祈祷文，后敲钟 3 次。整个过程共重复 3 次。

78 参见《哈利父子杂集》第 1 卷第 111—114 页。

79 参见英国国家档案馆馆藏的编号为 94/3 的《政府文件》对折页第 227 页右页。

80 参见《政府文件汇编之西班牙卷（西曼卡斯专辑）》第 4 卷第 245—252 页。

81 参见奈什（Naish）所著的《解说西班牙无敌舰队的历史》第 21—22 页。

82 参见《政府文件汇编之西班牙卷（西曼卡斯专辑）》第 4 卷第 273 页。

83 参见大英图书馆馆藏的哈利父子搜集的编号为 288 的手稿对折页第 187 页和里德所著的《国务大臣沃尔辛厄姆》第 2 卷第 423 页。

84 参见戈麦斯 - 森图里翁所著的《不可战胜的……》第 70 页。

85 参见《政府文件汇编国内卷之伊丽莎白 1581—1590 年》第 483 页和 486 页。

第五章　眼见为实

1 参见《政府文件汇编之西班牙卷（西曼卡斯专辑）》第 4 卷第 357 页。

2 参见西曼卡斯历史档案馆馆藏的编号为 CS 2a/278、f.167 和 CMC 2a/772 的文件。

3 随后它被发现已“无法继续服役”。

4 参见 1588 年 6 月 10 日梅迪纳·西多尼亚在“圣马丁号”上给腓力二世写

的信。具体参见《政府文件汇编之西班牙卷（西曼卡斯专辑）》第 4 卷第 309 页。

5 参见《政府文件汇编之威尼斯卷》第 8 卷第 362 页。

6 参见 1588 年 6 月 24 日梅迪纳·西多尼亚在科伦纳“圣马丁号”上给腓力二世写的信。具体参见《政府文件汇编之西班牙卷（西曼卡斯专辑）》第 4 卷第 316 页

7 参见同上，第 328~329 页。

8 参见同上，第 330~332 页。7 月 6 日，几艘平驳船平安返回科伦纳。两艘沉没的战俘船都是从都柏林驶来的；运载小麦和鞣制皮革的那艘船驶向比斯开，另一艘运载木炭的驶向法国。船上共有两名修道士，分别是圣贝尔纳教派修士（Bernardin）和圣方济各会士（Franciscan）。

9 参见毛拉（Maura）所著的《腓力二世的旨意……》第 258—261 页。

10 参见西曼卡斯历史档案馆馆藏的编号为 Estado 455/320–1 的文件 .

11 参见 1588 年 7 月 2 日胡安·德·伊迪亚克斯给腓力二世写的备忘录。具体参见《政府文件汇编之西班牙卷（西曼卡斯专辑）》第 4 卷第 332 页。

12 参见博德利图书馆馆藏的编号为 Douce Prints a.48 的文件和麦格拉斯（McGrath）所著的《天主教徒与清教徒……》第 200 页。

13 此处指的是，腓力二世为了和玛丽成婚于 1554 年 7 与 20 日在南安普敦登陆英格兰。当时奥利瓦雷斯是随从人员。

14 参见 1588 年 7 月 8 日奥利瓦雷斯从罗马给腓力二世写的信。具体参见《政府文件汇编之西班牙卷（西曼卡斯专辑）》第 4 卷第 333—334 页。

15 参见同上，第 321—324 页。唐·佩德罗·德·巴尔德斯在作战会议上发表自己的意见，几天后，他向腓力二世发牢骚，说到梅迪纳·西多尼亚“看他时目光很不友善，言辞伤人。这让他很伤心”。

16 参见奥利亚等人所著的《不可战胜的无敌舰队》第 210—214 页；奈什（Naish）所著的《解说西班牙无敌舰队的历史》第 23 页；马丁和帕克合著的《西班牙无敌舰队》第 143 页和 163 页。

17 参见《政府文件汇编之西班牙卷（西曼卡斯专辑）》第 4 卷第 327—328 页。

18 参见同上，第 329—330 页。

19 参见杜罗所著的《不可战胜的无敌舰队》第 2 卷第 169—170 页。

20 参见同上，第 199 页。

21 参见《政府文件汇编之西班牙卷（西曼卡斯专辑）》第 4 卷第 334—335 页。

22 参见注释 16 马丁和帕克的合著第 145 页。

23 参见《政府文件汇编之西班牙卷（西曼卡斯专辑）》第 4 卷第 334 页的脚注。

24 建造准备工作始于 1587 年。现在，防波堤和考古与历史博物馆已经将要塞和大陆连接在了一起。

25 参见西曼卡斯历史档案馆馆藏的编号为 GA 225/55–6 的文件 .

26 参见第四章注释 1 劳顿的著作第 1 卷第 176 页。

27 1588 年，英格兰商船总数为 1392 艘，其中排水量在 100 吨以上者有 183 艘。（参见 1883 年在南安普敦出版的尊敬的 J. 西尔维斯特 · 戴维斯所著的《南安普敦的历史》第 481 页。）1588 年 3 月 31 日，英格兰各郡县接到封港令。与其说封港是为了征用民船，不如说是为了阻止船员出海。在战争期间，为了保障后勤，英格兰皇家海军有权便宜行事，租用民船，即所谓的“自贸易征召”（ STUFT ）。

28 7 月 23 日，西摩的船队中有艘“罗姆尼的船（“约翰扬号”），该船被派去攻击、洗劫布拉斯布里奇（Brasbridge）”。参见英国国家档案馆馆藏的编号为 12/213/14 的《政府文件》。

29 参见第四章注释 1 劳顿的著作第 1 卷第 189~190 页。6 月 13 日，海军大臣霍华德告诉沃尔辛厄姆“船员们的表现让人称羡。尽管物资供应短缺，但没有人闹事哗变。只要善待士兵，即使物资短缺，船员们也可以忍受，并赴汤蹈火在所不辞。但是食物的短缺依然让人忧心忡忡”。（参见《政府文件汇编国内卷之伊丽莎白 1581—1590 年》第 488 页。）霍华德征用了普利茅斯港的“汉堡的玛丽号”货船上的大米、杏仁及其他食物，以缓解食物供应的短缺。

30 参见林肯郡档案馆馆藏的编号为 8ANC10/114 的文件（海牙，1588 年 4 月 5 日）。

31 当时的人们将其称为“隐形的堡垒”，因为它建在 3 年前解散的修道院的地皮之上。

32 参见《古董商杂志》（1960）第 28 卷第 155—156 页上刊登的 A.D. 桑德斯所著的《泰晤士河河口的蒂尔伯里要塞和炮兵防御工事的发展》。蒂尔伯里的吊桥、城门、木栅所需的原木成本为 247 英镑 8 先令 4 便士，需要人工 300 人，每人每天薪水为 8 便士。参见《政府文件汇编国内卷之伊丽莎白 1581—1590 年》第 550 页。10 月 8 日，蒂尔伯里又提出了额外支出的请求。

33 参见威廉 · 佩奇主编的《肯特郡维多利亚县的历史》第 2 卷（伦敦，1926）

第 296 页。

34 参见第四章注释 1 劳顿的著作第 1 卷第 206—207 页。

35 诺尔岬角（Nore）位于埃塞克斯郡的海文格溪与肯特郡的瓦尔登角之间。

36 伯勒之所以能够取得防御的胜利是凭借着一幅加的斯的航线图。德雷克分派给“金狮号”的作战任务可能遇到的危险在航线图上都有详尽的标注。参见鲍德温主编的《牛津国家人物传记词典》（ODNB）第 6 卷第 671 页的《威廉·伯勒》篇。1598 年 11 月，伯勒去世，死前加入了领港公会（Trinity House）。在遗嘱中，他给领港公会的教友留了 10 英镑，用作缅怀他的晚餐费用。（参见英国国家档案馆馆藏的编号为 11/92 的 PROB 档案对折页第 229—230 页。）

37 参见英国历史手稿委员会保存的福尔贾姆档案第 43 页。

38 参见《政府文件汇编国内卷之伊丽莎白 1581—1590 年》第 489—490 页。

39 参见《政府文件汇编国内卷之伊丽莎白 1581—1590 年》第 488 页。

40 参见英国国家档案馆馆藏的编号为 12/211/56 的《政府文件》。

41 参见斯特赖普所著的《编年史》第 3 卷第 2 部分第 522 页和英国历史手稿委员会保存的巴斯档案（HMC Bath）第 98 页。

42 参见《政府文件汇编国内卷之伊丽莎白 1581—1590 年》第 487 页和第四章注释 1 劳顿的著作第 1 卷第 192—193 页。

43 参见《政府文件汇编国内卷之伊丽莎白 1581—1590 年》第 489 页和第四章注释 1 劳顿的著作第 1 卷第 195—197 页。天气状况令霍华德很沮丧：“在这样的狂风大作的天气下，我们只能无所作为。西南偏西风劲吹，除了女王直属舰队的船只，其他船都不敢出港。而即使出了港，女王的船也不愿在海面上逗留……我们只能窝在港口，无计可施……”

44 参见英国国家档案馆馆藏的编号为 12/211/47 的《政府文件》。

45 参见第四章注释 1 劳顿的著作第 1 卷第 221—222 页。

46 参见英国国家档案馆馆藏的编号为 9/210/34 的《政府文件》。这封给沃尔辛厄姆的信是西摩口述、别人代笔的。找人代笔是因为他“一直在牵引船上的绳索结果拉伤了手，以至于虽想自己动手也不能为也”。

47 参见第四章注释 1 劳顿的著作第 1 卷第 278—284 页。

48 帕拉维希诺是一名定居在伦敦的热那亚银行家。他在伦敦积攒了一笔巨额财富，并被伊丽莎白政府聘请参与财政事务。1587 年他被封为骑士。

49 斯塔德是汉萨同盟的重要港口，后被汉堡港超越。

50 参见英国国家档案馆馆藏的编号为 12/212/66 的《政府文件》。

51 “戴安娜号”的船员和枪炮被抢救了出来，但是船体破裂。事后，船上的一名来自威尔士的名叫大卫格温的奴隶向人们吹嘘自己如何解救了同为奴隶的其他船员，如何杀掉西班牙船员，及如何俘获另外 3 艘加来船。不幸的是，他讲的都不属实。参见马德里所著的《击败西班牙无敌舰队》第 247 页。

52 参见注释 16 马丁和帕克的合著第 146 页。

第六章 战端既开

1 参见劳顿所著的《击败西班牙无敌舰队》第 1 卷第 289 页。

2 这一天正好是腓力二世在南安普敦登陆与英格兰女王玛丽一世成婚 34 周年纪念日。

3 参见格雷厄姆（Graham）所著的《西班牙无敌舰队》第 98 页。

4 参见《富格尔通讯》（1926）第 165 页和 169 页。

5 参见 1588 年 7 月 24 日门多萨从巴黎给腓力二世写的信。具体参见《政府文件汇编之西班牙卷（西曼卡斯专辑）》第 4 卷第 353 页。

6 参见 1588 年 7 月 30 日梅迪纳·西多尼亚在“圣马丁号”上给腓力二世写的标题为《利泽德半岛已然在望》的信。具体参见《政府文件汇编之西班牙卷（西曼卡斯专辑）》第 4 卷第 357—358 页。

7 参见帕克所著的《埃尔宫的政治遗嘱》第 22—24 页和第 29 页。

8 显然，上流社会成员及绅士不受保龄球禁令的约束。

9 参见巴勒特（Barratt）所著的《无敌舰队 1588》第 47 页。在 1624 年的一个名为《人民的心声》的小册子（讲述了查尔斯·斯图亚特亲王在西班牙的冒险经历）的后半部分，有一份讨论对英政策的科尔特斯（西班牙议会）报告。在这份报告中，布拉甘萨公爵（Duke of Braganza）说：“英格兰海军的指挥官还在普利茅斯的平坦的场地上打保龄球，难道 1588 年我们不应趁此机会秘密执行我们对英格兰的计划，让我们的士兵在英格兰海滩登陆吗？”当时保龄球引发的故事十分流行，几乎人人都耳熟能详，由此可见保龄球的流行程度。

10 用绞船索牵拉（warping）是指海上无风停航时，借助绞盘（capstan）牵引锚缆实现船只前行的一种极其缓慢的方式。通常先借助小船将锚牵出，在大船前方落锚。整个过程不断重复，从而实现大船行进的目的。在这次战斗中，部分大船可能就是通过小船牵引的方式拖曳离港的。

11 在战场上，处于别的船只的上风处具备不少优势。

12 参见马丁和帕克合著的《西班牙无敌舰队》第 146 页和 149 页。

13 参见注释 3 格雷厄姆（Graham）的著作第 100 页。

14 恰恰相反，一个名叫卡瓦列雷弗拉·狄波提奥·斯帕诺基的嗜杀成性的意大利人向腓力二世建言，请他“下定崇高的决心对英格兰宣战”，但是他认为：“踏上敌国的领土已经够了”。参见《富格尔通讯》（1926）第 152 页。

15 参见《政府文件汇编之西班牙卷（西曼卡斯专辑）》第 4 卷第 440 页。

16 “抢风行驶”是指调转船头，使船迎风航行。

17 参见注释 7 帕克的著作第 29 页。

18 参见注释 1 劳顿的著作第 1 卷第 302 页。

19 参见杜罗所著的《不可战胜的无敌舰队》第 2 卷第 230 页。

20 参见注释 12 马丁和帕克的合著第 149 页。

21 参见《政府文件汇编之西班牙卷（西曼卡斯专辑）》第 4 卷第 441 页。

22 参见马丁利所著的《无敌舰队折戟录》第 259 页。

23 参见《哈利父子杂集》第 1 卷第 120 页。

24 参见注释 9 巴勒特的著作第 57 页。

25 卡尔德隆列出了当时依然在“圣萨尔瓦多号”上的人员名单。64 名水手；佩德罗·德·普列戈上尉（严重烧伤）及其手下 94 名士兵；唐·弗朗西斯科·德·查韦斯上尉（未受伤）及其手下 133 名士兵；杰罗尼莫·德·巴尔德拉马上尉（也未受伤）及其手下 92 名士兵。参见《政府文件汇编之西班牙卷（西曼卡斯专辑）》第 4 卷第 441 页。据英格兰方面的记载，爆炸造成的死亡人数约为 120 人（参见注释 1 劳顿的著作第 2 卷第 56 页）。

26 参见注释 12 马丁和帕克的合著第 151 页。

27 参见奥利亚等人所著的《不可战胜的无敌舰队》第 352—352 页；注释 12 马丁和帕克的合著第 152 页和第 164 页的脚注。

28 参见注释 1 劳顿的著作第 2 卷第 135 页。

29 参见 1588 年 7 月 31 日海军大臣霍华德在普利茅斯“皇家方舟号”上给沃尔辛厄姆写的信。具体参见英国国家档案馆馆藏的编号为 12/2/12 的《政府文件》对折页第 167 页。

30 参见注释 1 劳顿的著作第 1 卷第 290 页。

31 参见 1588 年 7 月 31 日梅迪纳·西多尼亚在距离普利茅斯 2 里格的“圣马丁号”上给帕尔马写的信。具体参见《政府文件汇编之西班牙卷（西曼卡斯专辑）》第 4 卷第 358 页。

32 参见注释 22 马丁利的著作第 2 卷第 263—264 页。

33 这艘船是沃尔特·雷利爵士的私人船。

34 参见注释 1 劳顿的著作第 2 卷第 136 页。

35 参见詹姆斯·A. 弗劳德（James A Froude）所著的《16 世纪英格兰的水手们》（伦敦，1896）第 264 页。

36 让人吃惊的是女王竟然赦免了温斯莱德。据说 1600 年他在变节的英军士兵威廉斯坦利的领导下在尼德兰的外籍军团为西班牙人效力（参见卢米埃所著的《伊丽莎白时期的西班牙裔英格兰人》第 203 页）。对他的审讯记录保存在萨里郡地方志历史文献中心洛斯利搜集的编号为 LM/1339/370 的手稿中。在西班牙人眼中，温斯莱德是一个忠心耿耿的“出身高贵而又饱受折磨的绅士”（参见麦克德莫特所著的《英格兰与西班牙：一场必要之争》第 369 页）。

37 两艘巴尔克船押解西班牙战俘在达特茅斯靠港。对“罗萨里奥夫人号”上的战利品清点发现船上有青铜加农炮 26 门，2 门铸铁带炮架的加农炮。在托贝所取得的战利品消耗的代价如下：“海军大臣手下的士兵每人消耗从朴次茅斯运送来的火药 2 英镑”；为战俘提供的鱼干共计消耗 5 英镑；上岸后看管西班牙战俘两天一夜耗费 1 英镑 10 便士。参见注释 1 劳顿的著作第 190—194 页。“罗萨里奥夫人号”被带回朴次茅斯交由乔治·凯利（Cary）和约翰·吉尔伯特爵士处置。不幸的是约翰·吉尔伯特盗走了“罗萨里奥夫人号”上的 85 桶酒。诚实的凯利在给沃尔辛厄姆的信中对盗窃战利品的行为感到绝望：“看管得如此严密依然没有挡住他们的盗窃行为。”参见《枢密院法令全集》第 16 卷第 24—25 页。

38 参见注释 9 巴勒特的著作第 62 页；注释 12 马丁和帕克的合著第 152—153 页；注释 22 马丁利的著作第 266 页。

39 参见注释 9 巴勒特的著作第 62—63 页。

第七章　冰与火的考验

1　参见劳顿所著的《无敌舰队折戟录》第 2 卷第 63 页。

2　参见英国历史手稿委员会保存的福尔贾姆档案第 48 页。例如，格洛斯特郡首席治安长官钱多斯勋爵（Lord Chandos）就接到命令，令他任命宪兵司令“抓捕和惩治游手好闲的无业游民，以阻止流言的传播”（参见格洛斯特郡档案馆馆藏的编号为 GBR/H/2/1 的文件对折页第 1 页）。

3　参见英国历史手稿委员会保存的福尔贾姆档案第 50 页。

4　参见格尔森（Gerson）所著的《英格兰叛乱分子与无敌舰队》第 590 页。

5　参见麦克德莫特所著的《英格兰与西班牙：一场必要之争》第 244 页。

6　参见英国国家档案馆馆藏的编号为 12/211/95 的《政府文件》。

7　参见《政府文件汇编之西班牙卷（西曼卡斯专辑）》第 4 卷第 372—373 页。

8　参见同上，第 480 页。

9　1584 年，议会成员乔布·思罗克莫顿在一次辩论中声称“上帝亲自发誓上帝本人就是英格兰人”，他还说教皇是“基督的敌人”，凯瑟琳·德·美第奇（法国国王亨利三世的母亲）是“要让骨血蔓延全球的蝰蛇”，西班牙国王腓力二世是“不听上帝的劝告，崇拜偶像，还乱伦成性”。让他愤恨不已的不仅仅是外国王室：“法国人卑鄙肮脏，他们无论犯什么恶行也不会脸红。”在孩提时期，他就听说“苏格兰人天生谎话连篇”。后来担任大法官的克里斯托弗·哈顿爵士指责他“对王室家族出言不逊”，思罗克莫顿就被囚禁在了伦敦塔。参见布伦南所著的《天主教徒和爱国主义……》第 8 页和尼尔所著的《伊丽莎白与她的议会》第 28、168 页和第 169—173 页。

10　参见马丁利所著的《无敌舰队折戟录》第 311 页。

11　参见注释 5 麦克德莫特的著作第 62 页。

12　参见《政府文件汇编之西班牙卷（西曼卡斯专辑）》第 4 卷第 378 页。

13　9 月 7 日，一名住在伦敦的西班牙间谍报告称荷兰滑膛枪兵因“没有拿到一便士的薪水”而发生哗变。他们打死了一名上校和一名中校。“据说他们以桑威奇附近的城堡为据点，但是我从其他渠道得知他们现在已经平定下来并已登上”返回尼德兰的船只。参见《政府文件汇编之西班牙卷（西曼卡斯专辑）》第 4 卷第 421 页。

14　参见马丁和帕克合著的《西班牙无敌舰队》第 255 页和 257 页。P. 克拉克所著的《从宗教改革到革命：英国乡土社会的变迁及1500—1640肯特郡的宗教、政治与社会》（哈索克斯，1977）第249页。

15 8月2日，莱斯特向枢密院报告称："我已经用最短的时间竭尽所能地加强了（蒂尔伯里和格雷夫森德的）防御，但是现在急需木板，务请尽速运来，另建造炮台的人工请速速安排到位。"参见R.P.克鲁登所著的《伦敦港和格雷夫森德的历史》（伦敦，1843）第237页。

16 参见《枢密院法令全集》第16卷第174—176页。

17 参见同上，第183页。

18 参见注释1劳顿的著作第1卷第319页。

19 参见同上，第321页。

20 参见第三章注释48霍格的著作第34—35页。

21 参见注释1劳顿的著作第1卷第331页。

22 参见大英图书馆馆藏的科顿搜集的编号为Caligula D i的手稿对折页第420页。原文是用英语写的，但是由于受到苏格兰方言的影响，有一些拼写错误。

23 参见注释14马丁和帕克的合著第63页。

24 参见《政府文件汇编之西班牙卷（西曼卡斯专辑）》第4卷第397页。

25 参见大英图书馆馆藏的科顿搜集的编号为Otho E ix的手稿对折页第185页左页。

26 参见《政府文件汇编之西班牙卷（西曼卡斯专辑）》第4卷第460页。

27 参见注释14马丁和帕克的合著第155页。

28 参见英国国家档案馆馆藏的编号为94/3/11的《政府文件》和《政府文件汇编之西班牙卷（西曼卡斯专辑）》第4卷第359页。

29 参见帕克所著的《埃尔宫的政治遗嘱》第31页。

30 参见《政府文件汇编之西班牙卷（西曼卡斯专辑）》第4卷第442页。

31 参见大英图书馆馆藏的科顿搜集的编号为Julius F x的手稿对折页第114页和科比特所著的《德雷克和都铎王朝的海军》第2卷第227页。"愉悦号"的船主是海军总测绘师威廉·温特。

32 支架（crock或crook）是指为了瞄准和射击方便而为重型火绳枪配置的木质或金属质地的Y型支架。

33 参见大英图书馆馆藏的科顿搜集的编号为Julius F x的手稿对折页第114页。这表明加农炮可以像陆战中的滑膛枪一样进行快速射击。

34 参见《政府文件汇编之伊丽莎白时期涉外卷》第22卷第5页。这名水手也说了他从西班牙船长那儿听到的消息。消息称“西班牙人将把所有的英格兰女性都抓到西班牙去，并且国王（腓力二世）命令他们在英格兰要见人就杀，连孩子也不要放过”。因为消息的来源渠道只有英格兰人，所以这种说法的真实性就打了折扣。

35 参见注释31科比特的著作第2卷第228页。

36 参见大英图书馆馆藏的科顿搜集的编号为Julius F x的手稿对折页第114页。

37 参见格雷厄姆所著的《西班牙无敌舰队》第117页和帕克所著的《无畏的革命》第269页。

38 参见英国国家档案馆馆藏的编号为12/213/71的《政府文件》对折页第164页。

39 参见1588年8月3日梅迪纳·西多尼亚在皇家盖伦船“马丁号”的甲板上给唐·雨果·德蒙卡达写的信。具体参见《政府文件汇编之西班牙卷（西曼卡斯专辑）》第4卷第359页。

40 此处的某处指的是斯皮特角（Spithead），这是地处汉普郡沿岸绵长3.1英里（5千米）的沙坝。后来，斯皮特角成为皇家海军的传统的下锚地，该锚地长14英里（22.5千米），平均宽度4英里（6.5千米）。8月2日，西摩写信给枢密院，警告他们西班牙人很可能从怀特岛登陆。参见注释1劳顿的著作第1卷第300页。

41 参见注释14马丁和帕克的合著第157页。

42 参见费尔南德斯－阿梅斯托所著的《无敌舰队：亲历战争》第259页。

43 1588年，双方舰队看到的很可能是4个石垛，而非我们今天看到的3个“尼德尔斯尖石柱”。居中的石垛以北还有一个高达120英尺（36.58米）的巨石。该巨石在1764年坍塌。

44 参见大英图书馆馆藏的科顿搜集的编号为Julius F x的手稿对折页第115页。

45 西班牙的一位领航员这样写道：“穿越该海域是很危险的，因为在陆上有一座叫赫斯特（Hurst）的城堡。该城堡是英格兰防御力量最强的地方。其火炮射程可以打到英吉利海峡。”该城堡始建于16世纪30年代，是亨利八世建造的一处滨海火炮要塞。1585年，城堡的主堡修缮完毕。1588年初，该城堡共购入实心炮弹约800枚，火药2拉斯特。参见裘德詹姆士所著的《赫斯特城堡：图解历史》（利明顿，2003）第21页。

46 圣海伦浅水区也十分危险：该岛的夹石角（Horsestone Point）突出部附近便是暗藏水下的沙洲。后人给夹石角取了一个“笨笨”（Ben Ben）的昵称。夹石角附近有一个延伸 600 码（548.64 米）的岩石质地的高原。该地位于今天怀特岛的赖德和本布里奇之间的内特斯通角的南部。

47 参见巴勒特所著的《无敌舰队 1588》第 81 页。

48 梅迪纳·西多尼亚要求供应口径较小的实心弹——重量为 4 磅、5 磅、10 磅（1.81 千克、2.27 千克、4.54 千克）的炮弹，“数量上多多益善”。

49 参见 1588 年 8 月 4 日梅迪纳·西多尼亚在怀特岛附近皇家盖伦船上给帕尔马写的信。具体参见《政府文件汇编之西班牙卷（西曼卡斯专辑）》第 4 卷第 360 页。

50 一艘大型盖伦船。

51 参见注释 1 劳顿的著作第 1 卷第 13 页。

52 参见《政府文件汇编之西班牙卷（西曼卡斯专辑）》第 4 卷第 398—399 页。

53 参见同上，第 443 页。

54 参见注释 37 帕克的著作第 32 页；注释 14 马丁和帕克的合著第 160 页。

55 参见注释 42 费尔南德斯 - 阿梅斯托的著作第 160 页和注释 1 劳顿的著作第 2 卷第 40 页。伤员收到一笔 80 英镑的团体津贴。

56 18 英里（28.97 千米）。但是凯利的旱鸭子手下过高地估计了这个距离。事实上交战海区距离陆地的距离要近得多。

57 参见英国国家档案馆馆藏编号为 12/213/40 的《政府文件》对折页第 97 页。据威尼斯驻法国大使乔瓦尼·莫赛尼戈后来的报告称，西班牙自称在怀特岛附近的战役中，他们“占尽了上风，击沉敌舰 15 艘，包括敌人的旗舰。其余敌舰也死伤惨重……带着无数尸体逃往多佛海域。据他们说，他们俘获了三艘桅杆损毁的敌舰，一艘大船着了大火。德雷克带着一个英格兰人……回到了家中。此人声称他们的旗舰遭到了加利亚斯式战舰的攻击，第一波舷炮齐发打掉了旗舰的桅杆，第二波将其击沉。德雷克乘着小船在滚滚的浓烟的掩护下才逃出生天”。参见《政府文件汇编之威尼斯卷》第 8 卷第 373 页。

58 参见大英图书馆馆藏的科顿搜集的编号为 Otho E ix 的手稿对折页第 214 页右页。

59 参见大英图书馆馆藏的编号为 33740 的增补手稿对折页第 2—3 页。英政府从汉普郡增派 400 人前往支援英格兰舰队。就在沃尔辛厄姆收到霍华德的请求信的当天，苏塞克斯伯爵也给沃尔辛厄姆写了一封信。在信中，他请求提供火药和炮弹支援。“他说自己确确实实太缺这些东西，并且缺得太多了”，他还说如果自己将收到的从伦敦塔运送过来的 5 特斯特的火药送出去，自己就“一无所有了”。参见注释 1 劳顿的著作第 1 卷第 323 页。

60 参见注释 1 劳顿的著作第 1 卷第 331 页。

61 参见《政府文件汇编之伊丽莎白时期涉外卷》第 22 卷第 85 页。

62 兰开斯特郡的一名绅士也因为坚持天主教信仰而被囚禁。

63 哈蒙德（Hammond）是一个“老妇人……在伦敦塔做洗衣工”。

64 参见大英图书馆馆藏的编号为 48029 的增补手稿对折页第 102 页。

65 参见同上，对折页第 81 页。

66 参见诺福克所著的《菲利普·霍华德……和妻子安妮·戴克斯的生活》第 87—89 页。

67 参见阿彻所著的《伊丽莎白女王的游行、集会与娱乐》第 196—197 页。蒙塔古抨击 1559 年的《至尊法案》，他认为新教即将成为英格兰国教必然会引发外患，所以建立天主教定居点一事已迫在眉睫。他警告说：“我对君王的大位及祖国的安危甚为忧虑。倘若王之不存，国将不国，我到哪里找到我王，我又何处安身为臣，我怎能眼睁睁看着危险一步步靠近女王陛下而不有所行动？”参见注释 9 布伦南的著作第 5 页。

68 参见西曼卡斯历史档案馆馆藏的编号为 Estado 693/30 的文件。

69 参见 1588 年 8 月 6 日梅迪纳·西多尼亚在“抵达加来之前从无敌舰队”给帕尔马写的信。具体参见《政府文件汇编之西班牙卷（西曼卡斯专辑）》第 4 卷第 362—363 页。

70 参见大英图书馆馆藏的斯隆搜集的编号为 262/62 的手稿（BL Sloane MS）。

71 参见西曼卡斯历史档案馆馆藏的编号为 594/113 的文件。7 月 25 日，由无敌舰队发出的关于无敌舰队已经从科伦纳出发的消息的信一直到 8 月 2 号才送达佛兰德斯。参见注释 14 马丁和帕克的合著第 182 页。

72 参见奥利亚等人所著的《不可战胜的无敌舰队》第 42 页和注释 14 马丁和帕克的合著第 168 页。

73 参见注释 14 马丁和帕克的合著第 171—172 页。

74 参见 1588 年 8 月 8 日帕尔马从布鲁日给腓力二世写的信。具体参见《政府文件汇编之西班牙卷（西曼卡斯专辑）》第 4 卷第 366 页。

75 参见1588年8月7日梅迪纳·西多尼亚从“圣马丁号”盖伦船上给帕尔马写的信。具体参见《政府文件汇编之西班牙卷（西曼卡斯专辑）》第4卷第364—365页。

76 参见西曼卡斯历史档案馆馆藏的编号为594/113的档案。

77 参见注释1劳顿的著作第2卷第9页。温特的如意算盘失策了：没有一艘西班牙船只着火。

78 参见《政府文件汇编之西班牙卷（西曼卡斯专辑）》第4卷第443—444页。采用火攻船的策略是都铎王朝时期代价最小收益最大的军事策略。据估计，日后这8艘火攻船的维修和改造费用只有5111英镑10先令。

79 很多人相信阿斯科利是腓力二世的私生子。

80 参见注释14马丁和帕克的合著第175—176页。

81 参见同上，第176页。

82 参见注释1劳顿的著作第1卷第347—349页。

83 参见《政府文件汇编之西班牙卷（西曼卡斯专辑）》第4卷第377页和383页。英格兰人本来想等涨潮时将“圣洛伦佐号”拖走，但是尝试了3次均告失败，只好一把火将它烧掉。

第八章 逃回老巢

1 参见英国国家档案馆馆藏的编号为12/213/64的《政府文件》。

2 参见西曼卡斯历史档案馆馆藏的编号为SP 12/213/64的档案。最终，8月9日，阿斯科利亲王在敦刻尔克上岸，他祈求能够回到无敌舰队，但是遭到了帕尔马的拒绝。他告诉腓力二世，“除非上帝有明确的指示，否则我不愿离开无敌舰队，我愿与其共进退。离开无敌舰队只能让我痛不欲生。我唯愿能为陛下尽忠，尽我所能，不负自己的身份”。

3 参见科比特所著的《德雷克和都铎王朝的海军》第2卷第258—259页。一名“疲惫不堪”的士兵正躺在放置在“复仇者号”舰尾床上休息。一枚实心弹打过来，将床打坏。

4 参见劳顿所著的《击败西班牙无敌舰队》第2卷第102—103页。

5 粗麻填缝的麻絮。

6 参见《政府文件汇编之西班牙卷（西曼卡斯专辑）》第4卷第444页。

7 很可能是西摩的“彩虹号”。

8 一种小型盾牌。

9 参见巴勒特所著的《无敌舰队之 1588 年》第 114 页。

10 参见《政府文件汇编之西班牙卷（西曼卡斯专辑）》第 4 卷第 444—445 页。

11 参见同上，第 401 页。

12 参见注释 9 巴勒特的著作第 120 页。

13 腕尺（cubits）是一种古老的长度计量单位，接近于 18 英寸。西班牙舰船的底层甲板的高度为 8 腕尺，约相当于 12 英尺（3.66 米）

14 参见注释 9 巴勒特的著作第 112—113 页。据说在格里夫兰海战中，梅迪纳·西多尼亚的腿部被撕开了一个深深的口子。梅迪纳·西多尼亚将自己的水手斗篷送给了贡嘎拉，另一个斗篷盖在了躺在他船舱里的一名受伤的男童身上。参见马丁利所著的《击败西班牙无敌舰队》第 308 页。

15 参见杜罗所著的《不可战胜的无敌舰队》第 2 卷第 405 页。

16 参见注释 4 劳顿的著作第 2 卷第 20 页。

17 参见同上，第 58 页；马丁和帕克合著的《西班牙无敌舰队》第 179 页；注释 15 杜罗的著作第 2 卷第 271 页和 400 页。

18 参见注释 4 劳顿的著作第 2 卷第 10—11 页。

19 参见注释 15 杜罗的著作第 2 卷第 407 页

20 参见英国国家档案馆馆藏的编号为 12/213/64 的《政府文件》对折页第 148 页。

21 参见英国国家档案馆馆藏的编号为 12/213/65 的《政府文件》对折页第 150 页。

22 参见注释 4 劳顿的著作第 2 卷第 40 页。

23 参见英国国家档案馆馆藏编号为 12/213/71 的《政府文件》对折页第 165 页。

24 唐·佩德罗·德·门多萨率领的比斯开分舰队的副旗舰“伟大的微笑号”也因舰载火炮的强大后坐力而严重受损。

25 参见 1588 年 8 月 13 日法拉盛总督威廉·博拉斯给沃尔辛厄姆写的信。具体参见《政府文件汇编之伊丽莎白时期涉外卷》第 22 卷第 104 页。西班牙驻伦敦间谍的急件报告称布朗和他手持武器的同伴均被处以绞刑。在这份急件的空白处，腓力二世写道：“请弄清楚被处以绞刑的都有哪些人。”参见《政府文件汇编之西班牙卷（西曼卡斯专辑）》第 4 卷第 372 页。第三份报告出自法拉盛的商人冒险家公司牧师理查德·厄舍尔顿之手。报告称囚犯们告诉他那两个英格兰人在格里夫兰海面上的行动中丧生。参见《政府文件汇编之伊丽莎白时期涉外卷》第 22 卷第 113 页。

26 参见《政府文件汇编之伊丽莎白时期涉外卷》第 22 卷第 111 页。16 世纪初至 1588 年期间，伦敦的历史上并没有一位名字叫托斯塔尔或者类似名字的市长或地方长官。而那两个英格兰人的最终的命运并不为后人所知。

27 参见《政府文件汇编之西班牙卷（西曼卡斯专辑）》第 4 卷第 445 页。

28 参见注释 15 杜罗的著作第 2 卷第 407 页；奥利亚等人所著的《不可战胜的无敌舰队》第 325 页；注释 17 马丁和帕克的合著第 180 页。

29 参见注释 9 巴勒特的著作第 129 页。

30 参见费尔南德斯－阿梅斯托所著的《西班牙无敌舰队：亲历战争》第 202 页。

31 参见《政府文件汇编之西班牙卷（西曼卡斯专辑）》第 4 卷第 403 页。

32 参见注释 4 劳顿的著作第 2 卷第 65 页。

33 参见大英图书馆馆藏的编号为 33740 的增补手稿对折页第 6 页。决议中“严正声明，如果我们弹药粮草能够及时得到补给，无论敌人到哪里，我们就追他们到哪里”。

34 参见《政府文件汇编之西班牙卷（西曼卡斯专辑）》第 4 卷第 403 页。

35 参见大英图书馆馆藏的编号为 32092 的增补手稿对折页第 102 页。

36 参见《政府文件汇编之西班牙卷（西曼卡斯专辑）》第 4 卷第 384 页。巴尔德斯被关押在弗朗西斯德雷克的一个名叫理查德·德雷克的伦敦西南部萨里郡的伊舍的家中，一同被关押的还有步兵上尉唐·阿隆索·德·加雅斯（Çayas）和唐·巴斯克·德·门多萨·德希尔瓦。在此地，他们“受到了最好的款待，用的都是上好的物品”。在伦敦，约 40 名“上等”囚犯寄宿在伦敦富商的家中。很可能他们做了承诺——答应不会逃走。参见注释 4 劳顿的著作第 2 卷第 136 页。

37 参见注释 4 劳顿的著作第 2 卷第 24—29 页。

38 参见格尔森（Gerson）所著的《英格兰的叛乱分子和西班牙无敌舰队》第 594 页。

39 参见《政府文件汇编国内卷之伊丽莎白 1581—1590 年》第 527 页。已经 60 岁的什鲁斯伯里是伊丽莎白的坚定的支持者；1569—1583 年期间，他负责看守苏格兰女王玛丽。作为王室总管大臣，1571 年，他主持了对托马斯·霍华德的审判。

40 参见《政府文件汇编国内卷之伊丽莎白 1581—1590 年》第 526 页。

41 参见注释 4 劳顿的著作第 2 卷第 93 页。这个信息出自司各特的童子军团团长“内尔森先生”，很可能他误解了德雷克。

42 参见注释 4 劳顿的著作第 2 卷第 54 页。

43 参见《政府文件汇编国内卷之伊丽莎白 1581—1590 年》第 527 页。

44 参见注释 15 杜罗的著作第 2 卷第 407—408 页。

45 梅迪纳·西多尼亚睡意昏沉，下令任何人不得打搅。他没有出席军事法庭。据库埃利亚尔所说，梅迪纳·西多尼亚“一个人待在舱室里闷闷不乐，不愿和任何人交谈”。

46 参见注释 15 杜罗的著作第 2 卷第 337 页。

47 参见《政府文件汇编之西班牙卷（西曼卡斯专辑）》第 4 卷第 447 页。

48 参见注释 4 劳顿的著作第 2 卷第 54 页。

49 参见《政府文件汇编之西班牙卷（西曼卡斯专辑）》第 4 卷第 404 页。

50 参见同上，第 447 页。

51 参见 1588 年 8 月 19 日奥利瓦雷斯从罗马给腓力二世写的信。参见同上，第 368 页和 385 页。

52 参见 1588 年 8 月 20 日格里蒂给威尼斯执政官和参议院写的信。具体参见《政府文件汇编之威尼斯卷》第 8 卷第 379 页。西克斯图斯热衷于将耶路撒冷的圣墓迁往罗马的计划。格里蒂说：“对于教皇来说，也可以考虑将其从土耳其人手中买下来，但是同时他不愿意让世人知道他已经放弃了用武力夺取的所有希望。”令教皇生气的是西班牙军队“明明有实力助他一臂之力”，却跑去打什么英格兰，而不是帮他实现“重建圣城”的伟大抱负。

53 参见腓力二世从圣洛伦佐的埃斯科利亚尔宫给伯纳迪诺·德·门多萨和梅迪纳·西多尼亚写的信。具体参见《政府文件汇编之西班牙卷（西曼卡斯专辑）》第 4 卷第 384—385 页。

54 参见 1588 年 8 月 20 日利博马诺从马德里给威尼斯执政官和参议院写的信。具体参见《政府文件汇编之威尼斯卷》第 8 卷第 378 页。

55 参见 1588 年 8 月 20 日门多萨从巴黎给腓力二世写的信，具体参见《政府文件汇编之西班牙卷（西曼卡斯专辑）》第 4 卷第 586 页。参见 1588 年 8 月 19 日斯塔福德从巴黎给沃尔辛厄姆写的信，具体参见《政府文件汇编之伊丽莎白时期涉外卷》第 22 卷第 115 页。

56 参见《政府文件汇编之西班牙卷（西曼卡斯专辑）》第 410—411 页。

57 参见注释 14 马丁利的著作第 320—321 页。

58 迎驾女王的准备工作做得很充分，所有的府邸都做了准备，女王愿意在哪入住均可。

59 参见《政府文件汇编国内卷之伊丽莎白 1581—1590 年》第 525 页。

60 参见同上，第 529 页。

61 参见《英明神武的女王陛下心系国之安危，值此危难之秋，着令召集一批船长和士兵以保卫女王陛下的人身安全……兹下诏令，所有团体、个人……务必维持各类食品、肉类、住宿及其他一切必需品之供给充沛和价格之稳定……》1588 年 8 月 17 日在圣詹姆士宫签署的公告。

62 莱斯特只得是自己在西蒂尔伯里的驻地。

63 参见克里斯蒂所著的《伊丽莎白女王游历蒂尔伯里》第 47 页。

64 参见同上，第 52 页。

65 参见约翰·斯托所著的《简明英格兰编年史：从上古时代至 1590 年》第 751 页。这是埃塞克斯郡治安法官爱德华·里奇的家。

66 参见托马斯·德洛尼所著的《女王视察蒂尔伯里兵营……》对折页第 3 页。

67 参见凯伦·赫恩（Karen Hearne）所著的《伊丽莎白一世和西班牙无敌舰队》第 131 页。

68 参见大英图书馆馆藏的哈利父子搜集的编号为 6798 的手稿对折页第 87 页。马尔库斯等人编著的《伊丽莎白一世：研究文集》第 325—326 页刊印了 16 世纪末该手稿的一个拷贝本。

69 参见 1588 年 8 月 15 日莱斯特从蒂尔伯里的兵营给什鲁斯伯里伯爵寄的信。具体参见兰贝斯宫图书馆馆藏的编号为 3198 的手稿对折页第 284 页。

70 参见大英图书馆馆藏的科顿搜集的编号为 Otho，E ix 的手稿对折页第 180 页左页。埃里斯编著的《书信原稿……》第 3 卷第 142 页刊印了这封信。这个流言是不是为了伊丽莎白的利益而故意散布的呢？其目的都是为了使她的演讲更有戏剧性，更让人觉得胜利的来之不易？

71 参见大英图书馆馆藏的科顿搜集的编号为 Caligula D，i 的手稿对折页第 420 页。

72 参见《政府文件汇编国内卷之伊丽莎白 1581—1590 年》第 519 页。

73 1588 年 9 月 29 日，该信附在由马德里派出的一封急件中。参见《政府文件汇编之威尼斯卷》第 8 卷第 395 页。

第九章　异国海滩上的尸骸

1　参见《政府文件汇编之爱尔兰卷伊丽莎白时期 1588.8—1592.9》第 68 页。芬顿（1539—1608）是一个狂热的新教徒，早年因欠债不还而被时任总督约翰·佩罗特爵士下令逮捕，并身戴镣铐在都柏林街头游街示众。但是他很快获释并于 1589 年被封为骑士。

2　参见英国国家档案馆馆藏的编号为 63/137 no.1，ii 的《政府文件》对折页第 4 页。9 月底，康诺特省省长理查德·宾厄姆收到了这一命令。

3　1590 年出版的该地地图标注了挪威贝尔根和松恩峡湾之间两处无敌舰队的灾难性沉船事故的疑似位置。

4　参见《政府文件汇编之西班牙卷（西曼卡斯专辑）》第 4 卷第 448 页。当时无敌舰队手中的海图并不完整。从苏格兰的莫里湾到爱尔兰西南端的班特里湾的贝亚拉半岛一线以北的海区在海图上没有标识。参见马丁和帕克合著的《西班牙无敌舰队》第 212 页。

5　饼干是无敌舰队给养的主食。但是这些饼干的面粉中却被掺杂了石灰。

6　参见《政府文件汇编之西班牙卷（西曼卡斯专辑）》第 4 卷第 393~394 页。

7　1708 年之前，该地一直是设德兰的首府。

8　参见注释 4 马丁和帕克的合著第 212 页。

9　参见大英图书馆馆藏的科顿搜集的编号为 Caligula D. i 的手稿对折页第 292 页。“圣马丁号”共有 4 名领航员——其中一人为英格兰人，而竟然有 3 名死在了海上。参见马丁利所著的《击败西班牙无敌舰队》第 331 页。

10　据怀特岛总督乔治·凯里的报告，9 月初从设德兰过来的一艘南安普敦的巴尔克渔船汇报称他们在 8 月 18 日看到“一支宛如庞然大物的庞大舰队航行在……奥克尼岛和费尔岛之间的海面上”。参见第八章注释 4 劳顿的著作第 2 卷第 137—138 页。

11　参见《政府文件汇编之西班牙卷（西曼卡斯专辑）》第 4 卷第 448 页。

12　1997 年，皇家空军洛希茅斯基地的潜水员在萨瑟兰西北部的金洛赫博韦附近海面 5 英寻（30 米）处发现一艘沉船、数门铸铁火炮及 4 个船锚。起初人们认为是无敌舰队某艘船的残骸，但后来发现了 1570—1610 年间烧制的意大利产花饰陶器残片，证明该船应该是 16 世纪 90 年代甚至 1600 年之后沉没的商船。参见2002年的《国际海洋考古期刊》第33卷第29页上D.H.布朗和C.科诺合著的《苏格兰金洛赫博韦海底发现的陶器碎片研究》及第14页上P.罗伯逊所著的《苏格兰萨瑟兰的金洛赫博韦附近的海难》。

13 参见注释4马丁和帕克的合著第213页。

14 1971年2月，沉船被潜水员发现，沉船上打捞出来的工艺品陈列在伦敦德里郡的公会大厅区（Union Hall Place）的塔楼博物馆。

15 主教于1612年被英格兰人处死。

16 很可能是凯利（Kelly）雇用的两名船长，即第三代蒂龙伯爵休·奥尼尔的结义兄弟理查德和亨利·奥文登。

17 参见西曼卡斯历史档案馆馆藏的编号为GM 262/147的档案第34份文件的附录。

18 参见西曼卡斯历史档案馆馆藏的编号为Estado K–1567的档案第23份文件的附录。

19 詹姆士六世对他们不错，送给他们衣服和一些钱。最后苏格兰派两艘船将32名西班牙人送往法国的波尔多并遣返回国。

20 参见《政府文件汇编之西班牙卷（西曼卡斯专辑）》第4卷第508页。

21 参见罗德里格斯和阿拉德伦（Rodríguez & Aladrén）合著的《无敌舰队在爱尔兰的沉船劫难……》，见加拉格尔和克鲁克香克所著的《一切都是上帝的安排》第146—147页。

22 时任西班牙驻英大使的门多萨安排了他的逃亡。参见《政府文件汇编之西班牙卷（西曼卡斯专辑）》第4卷第454—455页。

23 此人很可能是威廉斯塔塞。他的姐夫阿隆索德拉塞尔纳船长被监禁在伦敦的布莱德韦尔监狱，9月底去世，死因很可能是伤寒。

24 参见《政府文件汇编之爱尔兰卷伊丽莎白时期1588.8—1592.9》第26页和28页；注释4马丁和帕克的合著第216页。

25 参见同上，第29页。

26 参见同上，第6页。

27 参见同上，第35页；注释4马丁和帕克的合著第216页。

28 参见《政府文件汇编之爱尔兰卷伊丽莎白时期1588.8—1592.9》第43页

29 参见加拉格尔和克鲁克香克所著的《一切都是上帝安排》第238—239页。

30 参见伊芙琳·哈代所著的《无敌舰队的幸存者》第41页和罗伯特·吉宾斯所著的《可爱的李》（伦敦，1945）第22页及以下诸页。

31 参见福尔斯（Falls）所著的《伊丽莎白对爱尔兰的战争》第166页。武装随员（gallowglass）指的是为爱尔兰族长效力的苏格兰职业士兵。道格拉斯在他的著作《无敌舰队的覆灭》中认为这个故事并不可信，因为麦卡布（M'Cabb）的雇员的雇员威廉·伯克一个人就抓了72个西班牙人，其中有一名大主教、一名修道士和三名贵族，确实让人难以置信。

32 参见注释21罗德里格斯和阿拉德伦的合著，见145页。

33 参见1588年9月16日，克兰西从利斯坎诺战场上给理查德·宾厄姆爵士写的信。具体参见《政府文件汇编之爱尔兰卷伊丽莎白时期1588.8~1592.9》第29—30页。

34 马顿岛（Mutton意为羊肉/羊排）（海角清晰可见的海岛）因为其形状酷似一根羊腿而得名。西班牙角（Spanish Point）就在该岛的西北方向。

35 参见注释4马丁和帕克的合著第216—217页。

36 参见同上，第217页。

37 参见同上，第218页。注释21罗德里格斯和阿拉德伦的合著，见第154页。1968年“罗莎的圣玛丽亚号”的残骸被发现，其残骸显示“罗莎的圣玛丽亚号”在暴风和洋流裹挟下随波逐流时，船体中部触礁，龙骨断裂。

38 400名西班牙囚犯在噶威监狱被处决。

39 参见道格拉斯所著的《西班牙无敌舰队在爱尔兰的覆灭》第118页。

40 参见巴格韦尔（Bagwell）所著的《都铎王朝统治下的爱尔兰》（*Ireland under the Tudors*）第3卷第179页。

41 参见英国国家档案馆馆藏编号为63/139/25的《政府文件》对折页第83页。

42 参见注释4马丁和帕克的合著第222页；注释21罗德里格斯和阿拉德伦的合著，见第150—151页。

43 参见《政府文件汇编之爱尔兰卷伊丽莎白时期1588.8—1592.9》第97页。

44 北爱尔兰第一信托银行发行的纸币的背面印着“赫罗纳号”的沉船图像。1967年6月，潜水员打捞了该沉船，并发现了西班牙军官们佩戴的6条金链——其中一条金链长达8英尺（2.78米）。除此之外潜水员还打捞上来45件金器与珠宝，这其中有一枚戒指，戒指上用西班牙文写着：“我愿为你倾我所有”。“赫罗纳号”上发掘的器物现陈列于阿尔斯特（Ulster）博物馆。

45 参见《政府文件汇编之爱尔兰卷伊丽莎白时期1588.8—1592.9》第68页。

46 参见西曼卡斯历史档案馆馆藏的编号为GM 244.42的文档第26篇的附录；

西曼卡斯历史档案馆馆藏的编号为 Estado 2219/64 的档案第 29 篇的附录。

47 参见英国国家档案馆馆藏的编号为 63/139/25 的《政府文件》第 83 对折页。

48 参见注释 4 马丁和帕克的合著第 219 页。

49 参见注释 40 巴格韦尔的著作第 2 卷第 176 页。

50 参见加拉格尔和克鲁克香克所著的《一切都是上帝的安排》第 238—239 页。这里的修道院指的是施塔德修道院，据说是圣莫莱斯（St Molaise）所建。该修道院位于格兰奇以西 2 英里（3.22 千米）处，距离斯特里达海滩 1.5 英里（2.5 千米）。目前，修道院中殿的西墙遗址依然可以看到一个出口，但是海风海浪的侵蚀使得海涯距离废弃的墙体只有 6.5 码（6 米）。2000 年进行的考古调查表明，施塔德的宗教建筑至少在公元 5 世纪之后已经出现，甚至时间可能更早。

51 参见《政府文件汇编之爱尔兰卷伊丽莎白时期 1588.8—1592.9》第 93 页。

52 参见同上，第 61 页。

53 参见注释 40 巴格韦尔的著作第 3 卷第 183—184 页和第 188 页。作为报复手段，西班牙人将 400 名荷兰囚犯斩首。

54 参见《政府文件汇编之爱尔兰卷伊丽莎白时期 1588.8—1592.9》第 47 页。

55 参见注释 21 罗德里格斯和阿拉德伦的合著，见第 152 页。

56 沉船地点的英国国家网格参数为 HZ 2117 7007。

57 150 年后，以为作家将费尔岛战役人们的英勇归因于鳞屑病———种遗传性皮肤病“寻常性皮炎”（*Ichtyosis vulgaris*）。事实上，头皮部位的银屑病（*psoriasis*）和展示型脱皮症（*alopecia areto*）的可能性更大。参见蒙迪斯（Monteith）所著的《奥克尼岛概览》第 53 页。

58 参见注释 57 蒙迪斯的著作第 54 页。

59 参见注释 21 罗德里格斯和阿拉德伦的合著，见第 155 页；注释 4 马丁和帕克的合著第 215 页。

60 参见西曼卡斯历史档案馆馆藏的编号为 Estado K–1568，140 的文件。

61 参见《政府文件汇编之爱尔兰卷伊丽莎白时期 1588.8—1592.9》第 108 页。最后他们送给伊丽莎白女王一个金楔子（gold wedge）。

62 参见注释 4 马丁和帕克的合著第 224 页。

63 沉船地点的英国国家网格参数为 NM 51 55。

64 参见 1588 年 J. 鲍特洛利尔（J. Vautrollier）出版社出版的理查德 · 菲尔德所

著的《爱尔兰发布的关于西班牙海军从苏格兰北部诸岛返回西班牙途中在爱尔兰西海岸遭受的不幸和损失的公告》。

65 参见《哈德威克档案》第 1 卷第 363—364 页。

66 参见《政府文件汇编之爱尔兰卷伊丽莎白时期 1588.8—1592.9》第 38 页。

67 参见奎因（Quinn）所著的《从爱尔兰逃跑的西班牙无敌舰队俘虏》第 117~118 页；哈特菲尔德庄园保存的塞西尔家族档案编号为 186/2 的文件；英国国家档案馆馆藏的编号为 63/137/17 和 63/149/30 的《政府文件》。

68 参见西曼卡斯历史档案馆馆藏的编号为 247 和 249 的文件。

69 参见注释 21 罗德里格斯和阿拉德伦的合著，见第 156—157 页。

70 参见《政府文件汇编之爱尔兰卷伊丽莎白时期 1588.8—1592.9》第 38 页。

71 参见注释 21 罗德里格斯和阿拉德伦的合著，见第 158 页。

72 参见《政府文件汇编之爱尔兰卷伊丽莎白时期 1588.8—1592.9》第 38 页。

73 参见《政府文件汇编之西班牙卷（西曼卡斯专辑）》第 4 卷第 465 页。

74 1250 年的第 7 次十字军东征。

75 参见注释 4 马丁和帕克的合著第 238—239 页。

76 参见《政府文件汇编之西班牙卷（西曼卡斯专辑）》第 4 卷第 432—433 页。

77 参见《政府文件汇编之威尼斯卷》第 8 卷第 390 页。

第十章　上帝与我们同在

1 参见《哈利父子杂集》第 1 卷第 157 页。马腾是伊丽莎白枢密院的裁缝。

2 参见沃特斯所著的《伊丽莎白的海军和无敌舰队的交战战役》第 125 页。

3 参见锡古恩萨所著的《创办修道院……》第 120 页。

4 参见《政府文件汇编之西班牙卷（西曼卡斯专辑）》第 4 卷第 467 页。

5 参见马丁和帕克合著的《西班牙无敌舰队》第 242 页。

6 参见《政府文件汇编之爱尔兰卷伊丽莎白时期 1588.8—1592.9》第 127 页。

7 参见注释 5 马丁和帕克的合著第 241—242 页。

8 参见迈耶所著的《英格兰与天主教会……》第 340 页。当年 11 月，西班牙当局禁止公开的悼念活动。参见《富格尔通讯》（1924）第 130 页。

9 参见《政府文件汇编之威尼斯卷》第 8 卷第 404 页。

10 参见《政府文件汇编国内卷之伊丽莎白 1581—1590 年》第 255 页。

11 参见《政府文件汇编之威尼斯卷》第 8 卷第 396 页。

12 参见同上，第 411 页。

13 参见注释 5 马丁和帕克的合著 240—241 页。

14 参见《政府文件汇编之威尼斯卷》第 8 卷第 405 页。

15 参见同上，第 399 页。但有报告认为梅迪纳·西多尼亚请求朝见国王，但被腓力二世拒绝了："国王禁止他前来觐见，并命令他直接回家，因为国王陛下不愿跟他交谈。"参见《富格尔通讯》(1926)第 182 页。

16 参见《政府文件汇编之爱尔兰卷伊丽莎白时期 1588.8—1592.9》第 126—127 页。该消息的来源是爱德华·沃尔什。他已经从毕尔巴鄂返回沃特福德。据他说，"无敌舰队"的船员十分虚弱，必须乘坐马车才能赶往陆上的住所。

17 参见皮尔逊所著的《无敌舰队指挥官》第 74—76 页。

18 参见《富格尔通讯》(1926 年)第 181 页。

19 参见《政府文件汇编之西班牙卷（西曼卡斯专辑）》第 4 卷第 466 页。

20 参见同上，第 474 页。

21 参见《政府文件汇编之威尼斯卷》第 8 卷第 406 页。

22 参见同上，第 412 页。

23 参见同上，第 407 页。

24 参见《政府文件汇编之伊丽莎白时期涉外卷》第 22 卷第 104 页。

25 参见同上，第 113 页。

26 参见劳顿所著的《击败西班牙无敌舰队》第 2 卷第 150 页。温特告诉沃尔辛厄姆说，帕尔马"本欲仓促兴兵，派骑兵从布鲁日出发攻打布拉班特……但担心突然爆发叛乱而放弃了这个念头"。为入侵英格兰，帕尔马招募不少水手进舰队。现在，"每天都有水手当逃兵，不少人在逃跑时被抓……并被即刻关押"。参见同上，第 150 页。

27 参见《政府文件汇编之威尼斯卷》第 8 卷第 399 页。

28 参见同上，第 402 页。

29 参见同上，第 407 页。

30 参见《政府文件汇编之西班牙卷（西曼卡斯专辑）》第 4 卷第 474 页。

31 参见西曼卡斯历史档案馆馆藏的编号为 Estado 1261/115 的文件，文件日期为 1588 年 9 月 6 日。

32 参见注释 5 马丁和帕克的合著第 254 页。

33 参见《政府文件汇编之西班牙卷（西曼卡斯专辑）》第 4 卷第 502 页。

34 参见帕克所著的《无畏的革命》第 278—279 页。

35 参见注释 5 马丁和帕克的合著第 189—190 页和第 194 页。

36 参见汤普森所著的《西班牙无敌舰队的火炮》第 358 页。

37 关于无敌舰队舰载火炮设备本身及操作技巧的精彩详尽的论述，参见注释 5 马丁和帕克的合著第 184—205 页。

38 参见劳顿所著的《击败西班牙无敌舰队》第 2 卷第 250—253 页。

39 参见英国国家档案馆馆藏的编号为 E 351/225 和 AO1/1686/23 的文件。

40 关于火炮的详细论述，请参见汤普森所著的《西班牙无敌舰队的火炮》第 355—371 页。

41 参见《富格尔通讯》（1924）第 182 页关于 1588 年 11 月 10 日的部分。

42 参见《政府文件汇编国内卷之伊丽莎白 1581—1590 年》第 557 页。

43 参见注释 5 马丁和帕克的合著第 251 页。

44 参见注释 8 迈耶的著作第 341 页。

45 参见《政府文件汇编之威尼斯卷》第 8 卷第 401 页。门多萨数年前曾因白内障而动过手术。他说自己“只能模模糊糊地看到物体的影子，就好像是隔着一层黑玻璃”。

46 参见《政府文件汇编之西班牙卷（西曼卡斯专辑）》第 4 卷第 470 页。

47 参见 1588 年 8 月 19 日莫赛尼戈从巴黎给威尼斯执政官和参议院写的信。具体参见《政府文件汇编之威尼斯卷》第 8 卷第 378 页。

48 参见注释 8 迈耶的著作第 342 页。根据普卢塔赫（Plutarch）的说法，这些话是公元前 47 年，恺撒在土耳其北部发动对蓬塔斯王国的战争，后期在泽拉战役取得胜利后写下的。他们声称腓力二世已经将“英格兰的王冠和权杖”送给他了，并且他还得到了教皇的赐福。

49 参见杜罗的著作《不可战胜的无敌舰队》第 1 卷第 217 页。

50 参见《政府文件汇编之伊丽莎白时期涉外卷》第 22 卷第 111 页。他们声称腓力二世已将“英格兰的王冠和权杖赠予了他”，还声称他“得到了教皇的祝福”。

51 9 月 27 日，忧心忡忡的拉尔夫·莱恩写信给伯利，向他表露了自己的忧虑。他向女王呈送了一张长长的花名册，花名册上的人依然可以从女王那儿领取薪水。他“十分担心女王陛下会对此不悦”。他解释了这么做的原因：即使将来解散了军队，也要保留将官随时待命。参见《政府文件汇编国内卷之伊丽莎白 1581—1590 年》第 545 页。

52 1588 年 8 月 25 日，圣詹姆士宫，《呈女王陛下的关于蒂尔伯里兵营解散后解散士兵在回家途中售卖武器和铠甲的奏章》。伊丽莎白的吝啬无处不在。驻奥斯坦德的部队闹了哗变。那里的士兵们"晚上只能睡在稻草上，没有更好的床铺可睡，部队还缺乏炭火，连响应警报所需的蜡烛都少得可怜"。虽然士兵们都发誓"为了女王，甘愿时刻献出自己的生命"，但他们还是祈求"先给自己发放半年的薪水来缓解困顿，慰劳自己"。参见《政府文件汇编之伊丽莎白时期涉外卷》第 22 卷第 166 页。

53 参见注释 26 劳顿的著作第 2 卷第 138—141 页。

54 参见同上，第 96 页。

55 参见同上，第 97 页。

56 11 月，弗朗西斯 · 科顿告诉伯利他已经多次"含泪乞求，替参与防卫朴次茅斯的可怜的士兵们诉苦、陈情，这些士兵从去年 4 月起，再没有领到哪怕 1 便士的薪水"。参见《政府文件汇编国内卷之伊丽莎白 1581—1590 年》第 561 页。

57 参见注释 26 劳顿的著作第 2 卷第 159 页。

58 参见费尔南德斯 -- 阿拉德伦所著的《无敌舰队：亲历战争》第 226 页。

59 参见大英图书馆馆藏的兰斯登搜集的编号为 144 的手稿对折页第 53 页。

60 这是否是对所描述的画面的一种讽刺？"prick"这个粗鄙的俚语用于指代男性，而在 1592 年该词却被广泛接受和使用，并无禁忌。这句铭文所可能隐含的双关很好地说明了都铎王朝时期幽默的低俗这一特点。

61 该纪念币很可能是为了奖赏在无敌舰队之役中的指挥官，其正面为女王头像，背面是月桂树的图案，据说月桂树可以避雷。这象征着伊丽莎白女王在守护这片领土，在这片领土上月桂树参天，可以避雷。而西班牙的船只就没有那么幸运了。

62 这意味着他们无所畏惧。

63 参见《政府文件汇编之西班牙卷（西曼卡斯专辑）》第 4 卷第 419 页。梅塞亚是圣克鲁斯派到英格兰的间谍。

64 参见萨默塞特所著的《伊丽莎白一世》第 595 页。

65 参见《政府文件汇编之西班牙卷（西曼卡斯专辑）》第 4 卷第 420 页。前一周，莱斯特乘车经过伦敦的街道时，梅塞亚看到“随行的队伍恢宏壮观，莱斯特本人面色红润健康，怎么看都至少还能再活 5 年时间”。一个名叫斯密斯的人声称自己用蛊杀死了莱斯特伯爵，但是枢密院在认定伯爵的死因并没那么惊悚，而是死于常见的疟疾后便将其释放。

66 参见朗利特庄园收藏的编号为 DU/Vol. 3 的手稿（Longleat House MS）第 91—102 对折页。

67 参见《政府文件汇编之西班牙卷（西曼卡斯专辑）》第 4 卷第 431 页。

68 参见《政府文件汇编之威尼斯卷》第 8 卷第 404 页。

69 参见尼古拉斯所著的《进步……》第 3 卷第 537 页。

70 参见《枢密院法令全集》第 116 卷第 292 页。

71 尼古拉斯的《进步……》第 3 卷第 540 页。

72 参见《苏塞克斯考古学文集》（*SAC*）第 23 卷（1871）第 114 页。

73 参见 L.F. 萨尔兹曼所著的《刘易斯地方志 1542—1701》（苏塞克斯档案协会，1946 年）第 36 页。

74 参见 R. 威尔逊编著的《伦敦城的三位爵爷和三位贵妇人》（伦敦，1912 年）。

75 参见雷蒙德（Raymond）所著的《宣传卷及其宣传策略……》第 119 页。

76 参见 T. 库克（Cooke）所著的《*A Skeltonical Salutation* 斯克尔顿体短韵诗——致敬》（伦敦，1589）。该书没有标注页码，但是应该是在对折页第 3—4 页。

77 骑兵马刺上的刺（prick）。

78 参见德洛尼所著的《欢快的新歌谣……》，1588 年。

79 1588 年，理查德·利被囚禁在伦敦塔。这年 8 月 30 号，年仅 27 岁的他在泰伯恩行刑场被处决，一同被处决的还有 5 名天主教徒：爱德华·雪莱、理查德·马丁、理查德·劳埃德、约翰·罗奇和玛格丽特·沃德。1929 年，梵蒂冈为理查德·利举行了宣福礼。

80 参见阿农（Anon）所著的《英格兰人寄来的一封信的复印件……》，1588 年。

81 关于这张巨幅画像的讨论，参见罗伊·斯特朗爵士（Sir Roy Strong）所著的《女王伊丽莎白一世的肖像》（牛津，1963）。

82 参见尼古拉斯所著的《进步……》第 3 卷第 539 页。

83 参见莱希（Leahy）所著的《伊丽莎白时期的胜利大游行》第 75—76 页。

第十一章 英格兰无敌舰队的诞生

1 参见兰贝斯宫图书馆馆藏的编号为 647 的手稿对折页第 235—238 页。
2 参见沃纳姆（Wernham）所著的《约翰·诺里斯和弗朗西斯·德雷克的远征……》第 xiii 页；《伊丽莎白女王和远征葡萄牙》第 3 页；F.C. 迪茨（F.C. Dietz）所著的《伊丽莎白统治时期的国库》（北安普敦，马萨诸塞州，1923）第 84—86 页和第 100—101 页。
3 参见 F.C. 迪茨所著的《英格兰的公共财政 1558—1640 年》（*English Public Finance* 1558—1640 年）（伦敦，1932）第 59 页。1589 年 2 月，英格兰召集议会表决通过两项新的补贴和税收项目，这一举措将在未来的 4 年中使政府增加 28 万英镑的收入。
4 参见沃纳姆所著的《伊丽莎白女王》（*Queen Elizabeth*）第 5 页。
5 参见剑桥大学图书馆馆藏的编号为 Hh. 6.10 的手稿对折页第 1—59 页。
6 参见《政府文件汇编国内卷之伊丽莎白 1581—1590 年》第 545 页。
7 参见同上，第 551 页。
8 参见 1588 年 9 月 29 日门多萨从巴黎给腓力二世写的信。具体参见《政府文件汇编之西班牙卷（西曼卡斯专辑）》第 4 卷第 454 页。
9 参见同上，第 470 页。
10 11 月 3 日，西班牙军队不再围攻贝亨奥普佐姆，帕尔马将部队遣往冬季营区。
11 参见《政府文件汇编国内卷之伊丽莎白 1581—1590 年》第 254 页；《政府文件汇编之威尼斯卷》第 8 卷第 426 页和第 435 页。
12 参见《哈德威克政府文件》第 1 卷第 365 页和第 367—368 页。
13 参见《政府文件汇编之伊丽莎白时期涉外卷》第 22 卷第 227 页。
14 参见沃纳姆所著的《远征……》（*Expedition ...*）第 xxix 页。
15 参见大英图书馆馆藏的兰斯登搜集的编号为 103 的手稿对折页第 93 页。
16 参见《政府文件汇编之西班牙卷（西曼卡斯专辑）》第 4 卷第 525 页。
17 参见《枢密院法令全集》第 18 卷第 297 页。
18 英国历史手稿委员会关于南安普敦档案（HMC Southampton）第 126 页。
19 《政府文件汇编国内卷之伊丽莎白 1581—1590 年》第 398 页。
20 参见罗斯所著的《都铎王朝时期的康沃尔郡》第 398 页。
21 参见沃纳姆所著的《远征》第 xxi 页。荷兰快速平底船船主们向德雷克和诺里斯陈情，表示“他们的船只现在缺乏食物供应及远航所需的其他必需品，因此希望英格兰人不要强迫他们加入远征行动”。此外，他们还说滞留他们的船只“违反女王陛下和荷兰之间达成的协议”。参见《政府文件汇编国内卷之伊丽莎白 1581—1590 年》第 591 页。

22 参见注释 20 罗斯的著作第 399 页。

23 盔甲的另一种说法。

24 参见沃纳姆所著的《远征》第 126—127 页。

25 参见沃纳姆所著的《伊丽莎白女王……》第 24 页。

26 参见大英图书馆馆藏的编号为 12497 的增补手稿对折页第 183 页。

27 参见哈特菲尔德庄园保存的塞西尔家族档案编号为 18/82 的文件。该文件落款为“埃塞克斯伯爵，于动身前往葡萄牙前”，标题为“起程前几天，书房中的思考”。

28 参见《政府文件汇编国内卷之伊丽莎白 1581—1590 年》第 592 页。

29 参见 1589 年 5 月 24 日孔塔里尼从马德里给执政官和参议院写的信。具体参见《政府文件汇编之威尼斯卷》第 8 卷第 439 页。

30 参见沃纳姆所著的《远征》第 222 页。

31 参见同上，第 146 页。土石方的倒塌导致 30 人毙命。

32 参见同上，第 153 页。

33 参见《政府文件汇编之威尼斯卷》第 8 卷第 438—439 页。

34 参见沃纳姆所著的《远征》第 xiv 页。

35 诺里斯和德雷克向枢密院汇报说他们的确在菲尼斯特雷角附近遇上了埃塞克斯，但是他们辩解称“无法早日将其送回，因为他们不能误了‘迅捷号’的大事儿”。参见《政府文件汇编国内卷之伊丽莎白 1581—1590 年》第 604 页。

36 参见大英图书馆馆藏的斯托搜集的编号为 159 的手稿（BL Stowe MS 159）对折页第 370 页。

37 参见《政府文件汇编之西班牙卷（西曼卡斯专辑）》第 4 页第 554 页。

38 参见《政府文件汇编国内卷之伊丽莎白 1581—1590 年》第 603 页。

39 参见科比特所著的《德雷克和都铎王朝的海军》第 2 卷第 326 页。

40 参见沃纳姆所著的《远征》第 137 页。

41 参见同上，第 182 页。

42 参见麦克卡弗里（MacCaffrey）所著的《伊丽莎白一世：战争与政治

1588—1603年》第87页。

43 参见《政府文件汇编之西班牙卷（西曼卡斯专辑）》第4卷第549页。

44 参见《枢密院法令全集》第18页第49页。

45 参见莱希所著的《伊丽莎白时期的胜利游行》第80页。

46 参见哈特菲尔德庄园保存的塞西尔家族档案编号为18/54的文件。

47 参见大英图书馆馆藏的兰斯登搜集的编号为59的手稿对折页第105页。

48 fother是用于计量海上堵漏的铅的重量单位。在16世纪，1 fother相当于一车的载量，或相当于19.5英担（990.65千克）。

49 参见哈特菲尔德庄园保存的塞西尔家族档案编号为18/26的文件。

50 参见罗杰（Rodger）所著的《海上保卫战》第274页。

51 参见《政府文件汇编之威尼斯卷》第8卷第437页。

尾声

1 参见1588年11月21日乔瓦尼·莫赛尼戈从桑迪给威尼斯执政官和参议院写的信。具体参见《政府文件汇编之威尼斯卷》第8卷第413页。

2 参见夏洛特·斯尼德（Charlotte Sneyd）译的《1500年前后英格兰岛的故事》（伦敦，1847）第413页。

3 参见S. 多尔特里（S. Daultrey）所著的《1588年欧洲东北部夏秋之际的天气状况》，见加拉格尔和克鲁克香克所著的《一切都是上帝的安排》第114—116页和第138页。

4 参见注释3多尔特里的著作，第117—136页。

5 参见1978年出版的道格拉斯、兰姆和洛德（Loader）所著的《一个关于……的气象学研究》。

6 参见《政府文件汇编之西班牙卷（西曼卡斯专辑）》第4卷第450页。

7 “罗萨里奥夫人号”投降时，他们和佩德罗·德·巴尔德斯一同被俘。

8 参见《政府文件汇编之西班牙卷（西曼卡斯专辑）》第438页和455页。

9 参见同上，第551页。

10 参见马丁和帕克合著的《西班牙无敌舰队》第226页。

11 参见同上，第227页。

12 这笔钱装在一个大箱子里。1623年该箱子的一个箍铁仿制品现陈列于皇家海军的查塔姆船坞基地。箱子上落有5把锁，每把钥匙由不同的人持有。1802年，“查塔姆铁箱”被格林尼治海军医院所侵吞。关于这个箱子从1594—1987年的来龙去脉的林林总总的详细记录收藏于梅德韦档案馆查塔姆地方志历史文献中心，文件索引号是CH–108。

13 参见基维尔（Keevil）所著的《医疗与海军》第1卷第54页。

14 参见《政府文件汇编之威尼斯卷》第8卷第414页。

15 两艘船在船长放火焚烧前都触了礁。沃尔特·雷利爵士栩栩如生地描述了两船触礁的场面：“成群的士兵跌跌撞撞掉入水中，好像从舱门抛入大海的一袋又一袋的煤灰。有些人溺水而亡，有些人陷在淤泥中不得脱身。”然后船爆炸了。“许多西班牙人掉入海中溺亡；有些人身上燃着大火跳入水中；更多人死死地抓住船舷的缆绳，泡在水中，有的人甚至都呛到了水；有的重伤员还在拼命地游泳，海水拍打着他们，最终了结了他们的生命和痛苦……大火熊熊，将‘圣费利佩’号的火药库引燃……如果真的有人愿意一睹地狱的模样，这里就是最真切的地狱。”参见格雷厄姆所著的《西班牙无敌舰队》第214页。

16 两名英俊水手因在加的斯调戏一名妇女被处以绞刑。埃塞克斯发扬骑士风度放走了1500名女修士。连腓力二世都赞道，“异教徒之中如此有情有义的绅士真是鲜见”。

17 参见皮尔逊（Pierson）所著的《无敌舰队的指挥官》第212页。

18 参见《政府文件汇编之西班牙卷（西曼卡斯专辑）》第4卷第635页。

19 在圣保罗大教堂的殡葬登记簿有这样一条记录，记录员是教堂牧师约翰·特里梅因。记录上写道：“公元1595年7月23日，即礼拜三这天……教区的教堂、塔楼及一切与此相关的物什，连同屋舍及屋舍内的所有财物尽皆为西班牙人所焚毁或毁坏。”他还记录了鼠洞村的“被西班牙人杀害的”詹金基格温及“被敌人残害的纽林的詹姆士……及蒂克科纳尔”等人的葬礼。

20 参见麦格拉斯和罗韦所著的《解析安斯特拉瑟：伊丽莎白时期的神学院牧师们》第8—9页。

21 参见帕米特所著的《私人城堡中天主教的囚禁生活》第29—30页。

22 参见布伦南所著的《天主教徒和爱国主义……》第10页。

23 参见兰贝斯宫图书馆馆藏的编号为250的手稿对折页第170—175页。

24 参见哈钦森所著的《叛逆的家族》第217—218页和第220—221页。

25 参见奎因所著的《同时代人眼中的弗朗西斯·德雷克》第13—14页。

26 他的内脏器官被安葬在普利茅斯的圣安德鲁大教堂，而他的遗体被运往伦敦安葬在圣吉尔斯大教堂（St Giles-without-Cripplegate）。

27 参见马丁利所著的《击败西班牙无敌舰队》第343页。

28 参见第八章注释9巴勒特的著作第244—249页。

29 参见哈钦森所著的《伊丽莎白的超级间谍》第253—254页。

30 参见迈克尔·格雷夫斯所著的《权力的轮廓：伯利》（伦敦，1998）第100页。

31 腮腺炎是一种腮腺炎症。腮腺是口腔后部分泌唾液的最主要的器官。伊丽莎白在分泌唾液或进食时必定承受了剧烈的疼痛——因此，她拒绝进食。参见克利福德·布鲁尔（Clifford Brewer）的《君主之死》（伦敦，2000）第151页及格雷厄姆的上述著作第273页。

32 参见雷克斯所著的《都铎王朝》第235页。

33 1605年6月15日，腓力三世签署了《伦敦协议》。参见英国国家档案馆馆藏的编号为E30/1705的《政府文件》。